高等院校旅游管理类应用型人才培养“十三五”规划教材

总主编 ◎ 马 勇

会展营销

MICE Marketing

主 编 ◎ 黄 鹂 杨 洋

副主编 ◎ 崔红波

華中科技大學出版社
http://press.hust.edu.cn
中国 · 武汉

图书在版编目(CIP)数据

会展营销/黄鹂,杨洋主编. —武汉:华中科技大学出版社,2019.6(2024.8重印)
ISBN 978-7-5680-5397-6

Ⅰ. ①会… Ⅱ. ①黄… ②杨… Ⅲ. ①展览会-市场营销学-高等学校-教材 Ⅳ. ①G245

中国版本图书馆CIP数据核字(2019)第137238号

会展营销 黄 鹂 杨 洋 主编
Huizhan Yingxiao

策划编辑:王 乾 李 欢
责任编辑:王 乾
封面设计:原色设计
责任校对:阮 敏
责任监印:周治超
出版发行:华中科技大学出版社(中国·武汉) 电话:(027)81321913
武汉市东湖新技术开发区华工科技园 邮编:430223
录 排:华中科技大学惠友文印中心
印 刷:武汉科源印刷设计有限公司
开 本:787mm×1092mm 1/16
印 张:16.5
字 数:396千字
版 次:2024年8月第1版第7次印刷
定 价:59.80元

内 容 提 要

本教材共有十二章，分别为会展营销导论，会展服务期望、质量与满意，会展消费者，会展营销信息与调研，会展目标市场战略，会展服务与定价，会展营销渠道与促销，会展服务过程与人员管理，会议营销，奖励旅游营销，节事营销，新技术下的会展营销等内容，其中第二章到第九章是重点章节。本教材具有以下两个特点。

一是明确了会展营销的理论基础。会展是服务产品，为参与者提供交流与贸易服务，表现为一个过程、系列活动和参与绩效，具有无形性、不可储存性、服务的提供与消费同时进行等特征。因此，会展营销的理论基础是服务营销。本教材第二章到第九章以市场营销战略和服务营销的7P策略为理论基础，阐述了会展营销的主要内容。

二是突出了会展行业特征。首先，会展营销从会展主办方角度出发，讨论参展商、观众的预期，以及如何调研与满足他们的需求。教材案例与营销分析围绕参展商、观众等会展消费者进行。其次，从会展产业（MICE）的四个领域，即展览、会议、节庆、奖励旅游入手，按类型进行营销活动分析。第十章到第十一章对会议、奖励旅游和节事营销做分类阐述。最后，在本书很多章节中都介绍了会展的概念、类型，并结合会展发展中的新技术，在第十二章阐述了会展营销对新技术的运用，展现了会展营销的前沿工具。

总之，该教材从服务营销理论和会展产业实际出发，理论清晰，实用丰富，力求实现激发学生兴趣，引导学生思考，满足熟悉产业和会展营销的目的。

总 序

Introduction

伴随着旅游业上升为国民经济战略性支柱产业和人民群众满意的现代服务业，我国实现了从旅游短缺型国家到旅游大国的历史性跨越。2016年12月26日，国务院印发的《"十三五"旅游业发展规划》中提出要将旅游业培育成经济转型升级重要推动力、生态文明建设重要引领产业、展示国家综合国力的重要载体和打赢扶贫攻坚战的重要生力军，这标志着我国旅游业迎来了新一轮的黄金发展期。在推进旅游业提质增效与转型升级的过程中，应用型人才的培养、使用与储备已成为决定当今旅游业实现可持续发展的关键要素。

为了解决人才供需不平衡难题，优化高等教育结构，提高应用型人才素质、能力与技能，2015年10月21日教育部、国家发改委、财政部颁发了《关于引导部分地方普通本科高校向应用型转变的指导意见》，为应用型院校的转型指明了新方向。对于旅游管理类专业而言，培养旅游管理应用型人才是旅游高等教育由1.0时代向2.0时代转变的必由之路，是整合旅游教育资源、推进供给侧改革的历史机遇，是旅游管理应用型院校谋求话语权、扩大影响力的重要转折点。

为深入贯彻教育部引导部分地方普通高校向应用型转变的决策部署，推动全国旅游管理本科教育的转型发展与综合改革，在教育部高等学校旅游管理类专业教学指导委员会和全国高校旅游应用型本科院校联盟的大力支持和指导下，华中科技大学出版社率先组织编撰出版"全国高等院校旅游管理类应用型人才培养'十三五'规划教材"。该套教材特邀教育部高等学校旅游管理类专业教学指导委员会副主任、中国旅游协会教育分会副会长、中组部国家"万人计划"教学名师、湖北大学旅游发展研究院院长马勇教授担任总主编。

在立足旅游管理应用型人才培养特征、打破重理论轻实践的教学传统的基础上，该套教材在以下三方面作出了积极的尝试与探索。

一是紧扣旅游学科特色，创新教材编写理念。该套教材基于高等教育发展新形势，结合新版旅游管理专业人才培养方案，遵循应用型人才培养的内在逻辑，在编写团队、编写内容与编写体例上充分彰显旅游管理作为应用型专业的学科优势，全面提升旅游管理专业学生的实践能力与创新能力。

二是遵循理实并重原则，构建多元化知识结构。在产教融合思想的指导下，坚持以案例为引领，同步案例与知识链接贯穿全书，增设学习目标、实训项目、本章小结、关键概念、案例解析、实训操练和相关链接等个性化模块。为了更好地适应当代大学生的移动学习习惯，本套教材突破性地在书中插入二维码，通过手机扫描即可直接链接华中出版资源服务平台。

三是依托资源服务平台，打造立体化互动教材。华中科技大学出版社紧抓"互联网＋"发展机遇，自主研发并上线了华中出版资源服务平台，实现了快速、便捷调配教学资源的核心功能。

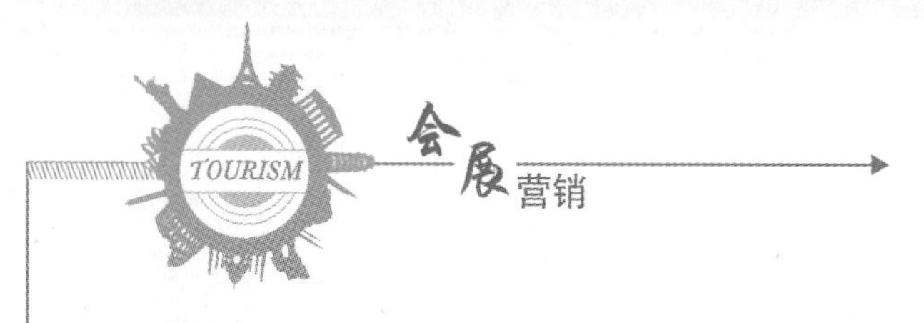

在横向资源配套上，提供了教学计划书、PPT、参考答案、教学视频、案例库、习题集等系列配套教学资源；在纵向资源开发上，构建了覆盖课程开发、习题管理、学生评论等集开发、使用、管理、评价于一体的教学生态链，真正打造了线上线下、课堂课外的立体化互动教材。

基于为我国旅游业发展提供人才支持与智力保障的目标，该套教材在全国范围内邀请了近百所应用型院校旅游管理专业学科带头人、一线骨干“双师双能型”教师，以及旅游行业界精英共同编写，力求出版一套兼具理论与实践、传承与创新、基础与前沿的精品教材。该套教材难免存在疏忽与缺失之处，恳请广大读者批评指正，以使该套教材日臻完善。希望在“十三五”期间，全国旅游教育界以培养应用型、复合型、创新型人才为己任，以精品教材建设为突破口，为建设一流旅游管理学科而奋斗！

总主编

Preface 前言

党的二十大报告深刻阐述了在新时代背景下，我国需坚定不移地推进高水平对外开放，致力于构建一个以国内大循环为主体、国内国际双循环相互促进的新发展格局。作为现代市场体系和开放型经济体系中不可或缺的关键一环，会展业被赋予了前所未有的重要使命与责任。会展活动在搭建高效的国际交流平台、深化全球范围内的产业合作与技术交流、促进资源的优化配置与共享等方面具有重要作用，需要高素质、专业化的人才队伍予以保障，以推动会展业专业化、绿色化、数字化等高质量发展。

会展业作为现代服务业的重要组成部分，在促进区域经济与不同文化交流、带动相关行业发展、提高举办城市知名度等方面有着重要意义。随着我国成为世界第二大经济体，信息交流与贸易需求剧增，展览数量和展览面积居全球第一，成为世界展览大国。但欧洲作为世界会展业的发源地，实力强、规模大，形成了德国、意大利、英国为代表的会展强国。美国因经济持续增长，培育了一大批知名的展会品牌。要在全球展览业的激烈竞争中立于不败之地，实现从展览大国到展览强国的飞跃，展览的品牌化、国际化离不开有效的营销。学习服务营销知识，树立社会营销观念，掌握会展营销方法与工具，是实现我国会展业由数量扩张向质量提升转变的途径。

会展项目的成功举办离不开会展营销活动。因此，会展营销知识对会展从业人员来说是必须掌握的一门专业技能，对于会展专业的学生来说，是一门重要的专业核心课程。本书在编写过程中，参考了市场营销、服务营销、会展营销专著与教材，查阅了会展营销论文，收集了会展网站的案例，对本教材基础理论、结构、内容进行了多次研究和调整，完成了从拟定提纲到最终成稿的全过程。本教材力求理论清晰、案例丰富、会展产业特征明显，以满足学生对会展营销理论知识的系统学习和对会展市场的熟悉。本教材有以下三个特点。

第一，教材内容与会展业最新发展现状紧密联系。本教材在分析国内外会展业发展趋势与问题上，参考了目前发布的会展业发展相关权威报告，并根据国际会展概念 MICE 中包含的一般会议、展览、奖励旅游、大型会议和事件，逐一分析了其发展趋势，着重介绍了会议营销、奖励旅游营销、节事营销和新技术下会展营销的特点和策略，使教材与会展实践相联系。

第二，充分突出教材的实用价值和课程思政融入。为了使学生能够更好地理解会展和会展营销的相关知识点，本教材使用了新颖的案例，并按模块化教学的形式编排，在每章开头深入分析典型案例，引出章节所要阐述的内容。同时，每个章节的内容阐述中都伴有会展行业的相关案例或知识链接，实用性强。此外，教材中的案例多选用我国会展发展过程中的典型案例，将课程思政“润物无声”地融入其间，较为充分地体现了我国会展发展的成果，帮助学生树立起对会展经济与管理专业的认同感，对我国会展的自信心和自豪感。

第三，理论的系统性较强。会展本质上是一种服务，它由管理状态下的有限时间内的无形体验组成。因此，本教材立足服务营销，以服务营销三角形、服务差距模型、服务营销组合等理论为基础，结合会展组织市场特征，阐述了会展消费者的购买行为、参展决策过程以及会展顾客关系管理；结合 7s 营销理论，分析了会展服务与定价、会展营销渠道与促销、会展服务过程与人员管理等内容；并将相关理论运用于会议营销、奖励旅游营销、节事营销和新技术下的会展营销，教材理论体系较为完整。

本书具体分工如下：黄鹏教授任第一主编，杨洋副教授任第二主编，英富曼维纳展览（成都）有限公司崔红波总经理任副主编，并为本教材提供了相关会展营销案例。由于编写人员经验和水平有限，本教材还存在疏漏和错讹，敬请读者批评指正！

编　者

目　录

Contents

第一章

会展营销导论

学习目标

通过本章的学习，使学生了解会展的概念与类型，明晰会展业发展趋势及面临的营销问题，熟悉会展营销的四大主体和客体类型，着重了解以顾客为中心的会展营销理念的重要性，对如何开展会展营销工作有整体的把握，为后续章节的学习奠定基础。

案例引导　中国进出口商品交易会

中国进出口商品交易会，又称广交会，创办于 1957 年春，每年春秋两季在广州举办，由商务部和广东省人民政府联合主办，中国对外贸易中心承办，是中国目前历史最长、规模最大、商品种类最全、到会采购商最多且分布国别地区最广、成交效果最好、信誉最佳的综合性国际贸易盛会。截至第 124 届，广交会累计出口成交约 13536 亿美元，累计到会境外采购商约 861 万人。目前，每届广交会展览规模达 118.5 万平方米，境内外参展企业近 2.5 万家，210 多个国家和地区的约 20 万名境外采购商与会。

展会向参展商和采购商提供了一系列配套服务，包括商旅服务、旅游服务、餐饮服务、交通服务、翻译服务等。如展会筛选了广州酒店信息（包括房型、价格等）供参展者参考选择。面对参展商，展会在现场设立了客服中心，提供一系列服务项目，包括标准展位拆改、展具出租、水电安装、花木出租、备案资料补录文字制作、电话业务、网络接入、加班申请、收费及开具发票、退押金等；同时，展会还向参展商提供了展品运输、仓储、搬运服务、现场施工管理服务和撤展服务等。面对采购商，展会提供了跨国公司采购服务，即为采购企业设置定点采购区，其个性化的现场服务和有效的供采互动得到了大小采购企业的一致好评。展会还专设“广交会合作伙

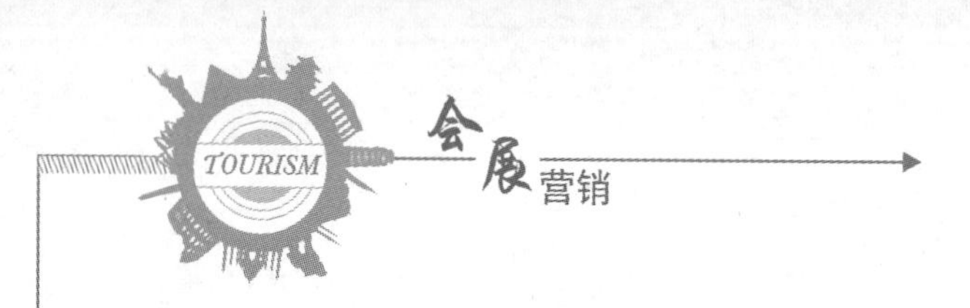

伴服务中心”,为合作伙伴及会客商提供专属服务场地和洽谈场所,为客商提供相关咨询和采购协助服务。广交会致力于为每届与会的企业提供优质的现场服务,以更好地展示中国形象和发展成就,开拓国际市场。

(资料来源:中国政府网. http://www.gov.cn. 中国进出口商品交易会. http://www.cantonfair.org.cn.)

■案例思考:

1. 中国国际进口博览会主办方提供了哪些会展服务?

2. 会展营销中的主体、客体有哪些?

3. 做好会展营销的关键是什么?

第一节　会展概念与类型

会展营销人员需要真正了解会展的内涵,清楚各种不同会展活动类型的特点和作用,才能够根据不同的会展活动类型制定出不同的营销策略,顺利开展营销工作。

一、会展的概念

(一) 会展的内涵

会展是指在一定的地域空间和时间内,为达到某些预期的目的,有组织地将许多人与物聚集在一起,而形成的具有物质交换、精神交流、信息传递等功能的社会活动。会展活动以必要的会展企业和会展场所为核心,以完善的基础设施和配套服务为支撑,通过举办各种形式的会议和展览活动,吸引大批与会人员、参展商、贸易商及一般观众前来进行洽谈、交流或旅游观光。例如,糖酒会为国内外食品、饮料、酒类等生产者和经营者提供了信息交流与贸易活动的平台。

(二) 会展的作用

1. 经济作用

会展业是现代服务业的重要支柱,凭借其较高的产业关联度带动区域产业聚集及所在城市的资源运行。随着经济全球化水平的不断提升,会展业具有极强的产业带动效应,不仅可以培育新兴产业群,还可以拉动交通、旅游、餐饮、广告、金融等行业发展。根据专家测算,国际展览业的产业带动系数可达到 1∶9[1]。

2. 社会文化作用

各类会展活动大大地推动了世界各国和地区间的各种交流与往来,会展日益成为国际间政治、社会、文化和先进科学技术交流及国际信息沟通的重要渠道。会展的集中性、直观

[1] 数据来源:中国产业信息网. http://www.chyxx.com.

性、生动性和便捷性，使其在新理念、新技术、新知识的传播推广方面起着不可替代的作用。

此外，大型会展活动汇集了不同国家或地区的不同文化、不同观念的人士，举办地的居民在与来自各地的会展参与者的接触过程中，可以接受新鲜的知识和思想，有利于提高当地居民的综合素质。

3. 环境作用

一个城市或地区要举办会展活动，都会积极进行综合性、全方位的城市和地区建设，如建设交通通信网络和现代化的大型会展中心，完善旅游接待设施，加强环境保护工作，推动"人文生态"环境营造等。会展设施建设直接目的是构建承办会展的基础条件，争取会展举办权，对举办地的基础设施建设和环境卫生的维护提出了较高的要求，也客观上改善了当地的社会自然环境和居民的生活环境。

二、会展的类型

会展在国际上通常表述为 MICE Industry，MICE 即一般会议（Meeting，主要指公司会议），奖励旅游（Incentive Tour），大型会议（Conferencing/Conventions，主要指协会或团体组织会议）和展览会（Exhibitions/Exposition），节事活动（Event）等。

（一）会议

会议是人们为了解决某个共同的问题或出于不同的目的聚集在一起进行讨论、交流的活动，已成为人们政治生活中主要的沟通形式，一般形式为董事会、管理者与股东大会、合伙人会议、产品发布会、员工大会等。2018 华为用户大会安排如表 1-1 所示。

表 1-1　2018 华为用户大会安排

案例名称	2018 华为用户大会
时间	2018 年 6 月 25—26 日
地点	西安
会议主题	携手前行，共创未来
会议内容	探讨如何激发现网价值，降本增效，以及如何数字化转型等问题；2017 年 Top 问题改进成果汇报，共同讨论 2018 年新的 Top 问题。

（资料来源：华为科技有限公司官网. https://www.huawei.com.）

（二）奖励旅游

奖励旅游是一种向完成了显著目标的参与者给予一个尽情享受、难以忘怀的旅游假期作为奖励，从而达到激励目的的一种现代管理工具。不仅能为优秀员工提供直接的奖励，而且有助于企业文化建设，增强企业的凝聚力。君德财富 2016 年度优秀员工奖励旅游之"最美日本"安排如表 1-2 所示。

表 1-2　君德财富 2016 年度优秀员工奖励旅游之"最美日本"安排

案例名称	君德财富 2016 年度优秀员工奖励旅游之"最美日本"
企业	北京君德财富投资管理股份有限公司

续表

时间	2017 年 6 月
奖励人数	15 人
奖励旅游内容	2017 年 6 月 2 日，君德财富为传承企业文化，奖励在 2016 年业绩突出、表现优异的 15 名优秀员工赴日本进行为期一周的旅行与考察。大家先后游览了日本关西的京都、奈良、大阪等城市，并通过自由行充分融入和深入感受日本当地文化。本次活动开阔了君德财富管理团队的眼界，提升了团队凝聚力，提高了员工的工作热情与士气

（资料来源：北京君德财富投资管理股份有限公司官方公众号。）

（三）大型会议

大型会议通常是指主办机构或协会的全体成员（许多国家或地区的代表）参加的主题会议，如国际性会议，大型会议一般由国际性协会组织，规模在 800—1000 人之间，如联合国大会、APEC 会议、G20 峰会、世界经济论坛年会、博鳌亚洲论坛等。博鳌亚洲论坛 2019 年年会安排如表 1-3 所示。

表 1-3　博鳌亚洲论坛 2019 年年会安排

案例名称	博鳌亚洲论坛 2019 年年会
时间	2019 年 3 月 26 日至 29 日
主题	共同命运、共同行动、共同发展
参会人员	各国政府和国际组织官员、世界 500 强企业和知名企业高管、企业家以及专家学者
参会人数	4000 多名，其中正式代表 2000 多名
论坛议题	聚焦开放、多边合作和创新等议题，包括开放型世界经济板块；多边主义、区域合作、全球治理板块；创新驱动板块；高质量发展板块；热点前沿板块等五大具体议题板块

（资料来源：海南日报。）

（四）展览会

展览会是一种具有一定规模，定期在固定场所里举办的，通过集中的实物展示和示范表演，配之以多种传播媒介的复合传播形式，来宣传产品和组织形象的专门性公共关系活动。主要分为三类，即综合性展览会（如中国进出口商品交易会）、专业展览会（如上海国际专业灯光音响展览会）、消费型展览会（如中国国际日用消费品博览会）。首届中国国际进口博览会安排如表 1-4 所示。

表 1-4　首届中国国际进口博览会安排

案例名称	首届中国国际进口博览会
时间	2018 年 11 月 5 日至 10 日
地点	国家会展中心（上海）
主题	新时代、共享未来
参展国家、企业	来自五大洲 172 个国家、地区和国际组织，共 3600 多家企业参展

续表

展览总面积	30万平方米
展区	包括国家展(71个展台,展览面积约为3万平方米)和企业展(分7个展区,展览面积27万平方米)

(资料来源:中国青年网。http://www.youth.cn/)

(五)节事活动

节事是一个外来的组合概念,指以各种节日(Festival)和特殊事件(Special Event)的举办和庆祝为核心吸引力的一种特殊旅游形式。根据活动内容划分为文化庆典、文艺娱乐事件、体育赛事、教育科学事件、休闲事件等多种类型。上海国际马拉松赛事安排如表1-5所示。

表1-5　上海国际马拉松赛事安排

案例名称	上海国际马拉松赛
时间	2018年11月18日
地点	上海
比赛项目	马拉松、10公里跑、健身跑
比赛路线	(一)起点:外滩金牛广场 (二)马拉松终点:上海体育场 (三)10公里跑终点:复兴公园 (四)健身跑终点:上海展览中心 比赛路线沿途经过外滩、南京路步行街、静安寺、淮海路、新天地、徐汇滨江、上海体育场
赛事主题	“和世界一起跑”
赛事目的	引领市民健康向上的生活方式,提高赛事普及力,以打造时尚潮流的路跑文化,提高赛事影响力,以形成创新活力的产业链,提高赛事带动力。打造与上海这座国际化大都市相匹配的令人向往的卓越的全球赛事
赛事影响	提高了上海城市影响力,向公众传播了健康向上的生活方式,促进了上海旅游业的发展,并以此带动了区域经济的发展

(资料来源:上海国际马拉松赛官网。http://www.shmarathon.com/)

第二节　会展业发展趋势与问题

随着社会经济的发展,市场需求的变化,会展活动类型越来越呈现出多样化的趋势。目前,世界会展业已经发展成为独立产业,会展对经济的带动作用日益明显。从全球来看,欧洲为世界会展业的发源地,实力最强。我国会展业起步较晚,但发展较快,如今已经成为世界会展大国之一,随着国民经济的持续增长,我国会展业仍将保持快速增长的势头。

一、会展业发展概况

（一）国际会展业发展情况

欧洲作为世界会展业的发源地，在国际上整体实力最强，规模最大，形成了德国、意大利、英国为代表的全球会展强国。经过多年的发展，欧美发达国家的会展业已经成为成熟的产业，在组织管理、市场拓展、品牌扩张等方面都积累了丰富的经验，并在行业内倡导形成了国际展览局(BIE)、国际展览业协会(UFI)、国际展览与项目协会(IAEE)、独立组展商协会(SISO)等国际性行业协会组织。

国际大型展览场馆主要集中在欧洲，大多数行业顶级和世界大型展会在欧洲举办，其展出规模、参展商数量、国际参展商比例、观众人数、贸易效果及相关服务质量等均居世界领先地位。例如，国际消费类电子产品展览会(International Consumer Electronics Show，简称CES)由美国电子消费品制造商协会(简称CEA)主办，创始于1967年，50多年历史见证了超过70万件产品的发布。在2016第48届CES上，共有来自150个国家的4300多家展商参加，约21000个新产品在展会上推出，展出净面积19万平方米，展览总面积为38万平方米，观众超过15.3万人次，其中国际观众达3.4万人次，5000家媒体报道此次盛会，共举办41场主旨演讲，200场学术研讨会，同期颁发了年度创新产品奖[①]。作为国际消费电子产业风向标，每届CES都吸引全球厂商云集于此，并会有特定的科技趋势凸显出来，指引未来的科技发展走向。国际性行业协会组织基本情况如表1-6所示。

表1-6 国际性行业协会组织基本情况

组织或协会	基本情况
国际展览局(Bureau of International Exhibitions，简称BIE)	协调、管理、举办世界博览会的政府间国际组织，根据《国际展览会公约》于1931年成立，总部位于法国巴黎，宗旨是通过协调举办世界博览会，促进世界各国经济、文化和科学技术的交流和发展，目前主要举办世博会(World Expos)、国际专业博览会(International Specialized Expos)、园艺博览会(Horticultural Exhibitions)和米兰三连展(Triennale di Milano)四类展览会项目
国际展览业协会(Union des Foires Internationales，简称UFI)	原名为国际展览联盟(Union des Foires Internationales，简称UFI)，是由20家主要展览公司于1925年在米兰发起成立，此后不断吸纳展览馆、会展公司、贸易协会、展览服务机构、展览媒体及其他会展行业相关机构，并对展览公司及展会项目进行UFI认证。2003年，UFI更名为国际展览业协会(The Global Association of the Exhibition Industry)，并继续沿用UFI标志和简称

① 案例来源：东方福泰(北京)国际会展有限公司官网。http://www.eastfutai.com/

续表

组织或协会	基本情况
国际展览与项目协会（International Association of Exhibitions and Events，简称 IAEE）	前身成立于 1928 年的国际展览管理协会（International Association for Exhibition Management，简称 IAEM），总部位于美国达拉斯，2006 年更名为国际展览与项目协会（International Association of Exhibitions and Events，简称 IAEE），目前共有近 1300 家是展览组织。2006 年中国国际贸易促进会（CCPIT）以团体会员的身份加入 IAEE
独立组展商协会（The Society of Independent Show Organizers，简称 SISO）	由 12 家展览公司牵头于 1990 年成立，是世界上有影响、实力雄厚的展览组织者协会，总部设在芝加哥，在全球拥有 170 家会员，该协会的会员每年在全世界举办 3000 多个贸易展览会

（资料来源：《2017 年国内外国际会展行业发展现状及趋势分析》。）

（二）我国会展业的发展概况

我国的会展业起源于 20 世纪初，北京、上海等地借鉴海外博览会，先后举办过“国货博览会”。中国进出口商品交易会，又称广交会，是中国目前历史最长、规模最大、商品种类最全、到会采购商最多且分布国别地区最广、成交效果最好、信誉最佳的综合性国际贸易盛会，被誉为“中国第一展”。改革开放以来，我国会展业获得了前所未有的进步，尤其是 20 世纪 90 年代以后，我国会展业以年均 20%的增长速度高速发展，引起了世界的关注。2004 年开始，我国的会展业逐步进入市场化的阶段，在我国经济社会发展中的作用日益凸显。2015 年国务院印发《关于进一步促进展览业改革发展的若干意见》（国发〔2015〕15 号），这是国务院首次全面系统地提出展览业发展的战略目标和主要任务，标志着国家对会展业的重视程度日渐提高。

我国已经成为世界会展大国之一，会展业发达的城市如北京、上海、广州、深圳等均出台相关文件，进一步促进会展业的改革发展。随着国民经济的持续增长，我国会展业仍将保持快速增长的势头，并将实现由数量扩张型向质量提升型内涵发展的转变。据上海市会展行业协会统计，近几年，上海主要场馆承接的展览会总数波动很小，总体上较为稳定；但上海主要场馆的总展出面积仍保持稳步增长，2017 年的增长率约为 7%，且单一展览总体平均超 2.7万平方米，展会规模经济效益明显。图 1-1 为 2013—2017 年上海主要场馆办展数量和规模情况。

二、会展业发展趋势

国际会展业总体上呈现品牌化、集团化，并加速国际化及信息化扩张趋势，全球市场规模正逐步扩大。据前瞻产业研究院发布的《2018 年中国会展行业市场前瞻与投资机会分析报告》统计数据显示，2013 年全球会展行业市场规模已达 275.8 亿美元，2016 年全球会展行业市场规模突破 300 亿美元，截至 2017 年全球会展行业市场规模达到了 3273.6 亿美元。随着经济全球化的趋势深入发展，全球会展服务行业呈平稳发展的态势。全球会展行业将

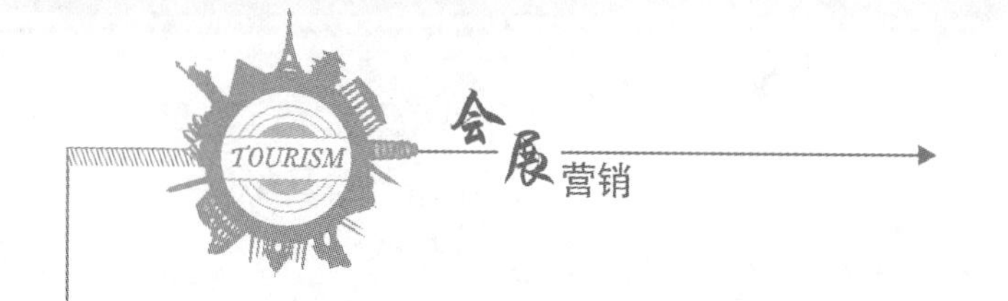

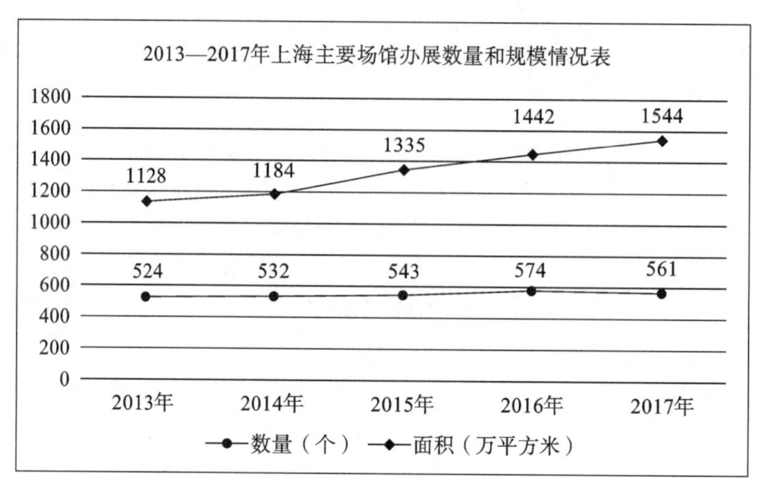

图 1-1　2013—2017 年上海主要场馆办展数量和规模情况表

（资料来源：上海市会展行业协会。）

以 5.19％的年复合增长率增长，预计 2018 年全球会展行业市场规模将达到 355.2 亿美元，如图 1-2 所示。其中，新兴市场如亚太和中东非地区将迎来高速增长，欧美等成熟市场将会保持稳定的增长。亚太地区会展业成为高速发展的市场，得益于经济的快速增长，促进了信息交流、商业贸易需求的剧增，对 MICE 需求不断扩大，我国会展行业年均增速已高达 20％。

图 1-2　2013—2018 年全球会展行业市场规模统计情况及预测

（数据来源：前瞻产业研究院。）

（一）一般会议趋势

全球知名商旅管理公司 CWT(Carlson Wagonlit Travel)发布的 2017 会议与活动业预测称，在所有会议中，一般会议占到了 70％—80％。全球会奖行业报告称，对于中小型会议，场馆的 IT 支持日趋重要，因为越来越多的人选择远程参会。虽然采用虚拟技术的前期投入较高，但可大大提高远程参会者的参与度，距离不再是障碍，参会者可方便地与他人分享会议的内容，开展双向互动，而且整个活动可以录下来，会后分享，便于更广泛地传播。据中国会议产业网报道，在中国会议市场，企业会议占 65.1%，社团会议占 9.3%，政府会议和事业单位会议占 25.6%。商务会议是会议市场最主要构成类型，从我国主要大城市的发展趋势来看，该类会议举办数量一直在增加，且对会议服务的要求越来越高。

（二）大型会议趋势

国际性会议是一个巨大的市场，根据国际大会及会议协会（ICCA）统计，全球每年召开的国际会议超过 16 万次，产值约为 2800 亿美元。据《中国会议行业现状分析与发展趋势研究报告（2015 年版）》显示，在中国会议市场，国际性会议因其影响力大，带来的市场消费高，已成为备受业界争取举办的会议类型之一，许多企业都愿意举办更多的国际性会议，同时，举办要求也越来越趋于国际化趋势。随着越来越多的国际性会议在中国的成功举办，中国越来越受国际性会议组织者的青睐，如 2017 年厦门金砖国家领导人第九次会晤、2016 年 G20 杭州峰会、2016 年第十一届中欧工商峰会等国际性会议纷纷选择在中国举办，这对于中国大型会议产业的发展具有很大的推动作用。

（三）展览业趋势

据国际展览业权威人士的估算，国际展览业的产值约占世界各国 GDP 总和的 1%，如果加上相关行业从展览中的获益，展览业对全球经济的贡献则达到 8%的水平。据中国商务部测算，截至 2018 年国内展览馆数量为 164 个，同比增长 7%。室内可租用总面积约 983 万平方米，同比增长 5%，展会经济直接产值接近 5000 亿元人民币。据《中国展览经济发展报告 2018》指出，2018 年中国境内共举办经贸类展览 3793 个，较 2017 年增加 130 个，同比增长 3.5%；举办展览总面积为 12949 万平方米，较 2017 年增加 570 万平方米，同比增长4.6%。中国的展会数量、展览总面积、展览场馆数量以及室内可供展览总面积四大指标，均居全球第一。

（四）奖励旅游趋势

由 Meetings Net 与美国奖励研究基金会发布的《2016 年奖励旅游业调查报告》显示，2016 年奖励旅游项目和预算都有所增长，奖励旅游人均支出预算超 3000 美元，且奖励旅游策划者选择的目的地范围也在增长，整体发展态势良好。国内奖励旅游发展较晚，但目前发展较快，市场仍有较大的发展空间，随着我国旅游环境日益完善，许多跨国公司将企业年会放在我国举办，我国正在成为奖励旅游的首选目的地国家，奖励旅游业的投资额也相应地增长。

（五）节事活动趋势

节事活动种类越来越多，越来越受到人们的欢迎，已经发展成为一个庞大的体系，从社区娱乐活动到国际级的大型艺术交流，表现形式多种多样。如今，世界各国政府都非常重视节事活动的发展，很多国家的大城市都纷纷争夺大型活动如奥运会、世界博览会等的举办权。国际节事活动将更具综合性、更为多样化、品牌化和专业化。我国现代节事活动的发展，基本上可以追溯到 1978 年改革开放以后。进入新世纪后，节事活动的举办更加理性化、科学化，我国不少城市具备了举办国际性大型节事活动的能力。目前，我国节事活动从数量上看，规模非常庞大，据统计，全国各类节事活动已有 6000 多个，我国是个名副其实的节事大国。因此我国节事活动总体上呈现国际化、市场化、个性化、专业化、品牌化、产业化的

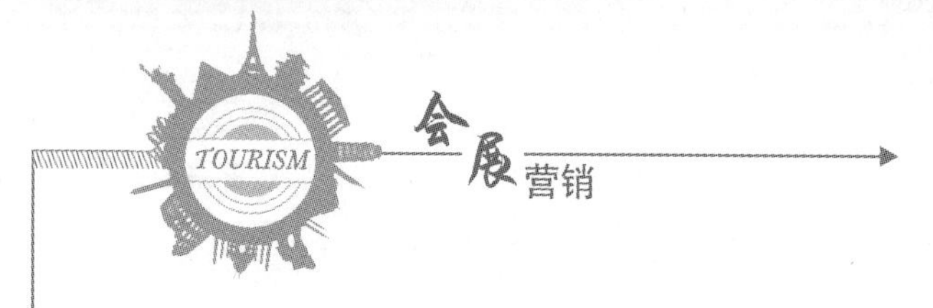

趋势。

三、会展业面临的营销问题

面对全球经济一体化趋势，会展业的发展伴随着机遇与挑战，机遇促使会展业向好的方向发展，但同时会展业也面临着许多营销上的挑战。

（一）国际会展市场竞争加剧

举办品牌会议、展览、节庆与赛事活动能给区域带来经济收益，并对地区形象产生积极影响，各国加强了对国际会议或展览吸引策略。如泰国会议展览局(TCEB)推出了“东盟＋6国买家推广计划”，以吸引9个东盟国家和中国、日本、韩国、印度、澳大利亚和新西兰等6个国家的专业买家到泰国参观贸易展览会。中国各大城市如苏州、杭州、厦门等也纷纷出台相关政策，向会展活动提供扶持资金和奖励。

同时，新兴会展国家加大了场馆建设，场馆存量面积的增多，更加大了会展市场的竞争。近年来，我国上海、广州、长沙、昆明、重庆等地陆续建成20万平方米以上超大型展馆，如上海国家会展中心和广州琶洲国际会展中心展览面积均达50万平方米，长沙国际会展中心和重庆国际博览中心展览面积均达25万平方米，云南昆明滇池国际会展中心展览面积达40万平方米。据不完全统计，2017年，全国投入使用的展览场馆达348座，较2016年增长10.12%。其中室内可供展览总面积为1187.99万平方米，较2016年增长18.71%。[①] 从展览馆数量来看，美国是全球当之无愧的老大，展览馆数量高达326座(其中国际知名展览中心——拉斯维加斯国际展览中心展览面积超过200万平方英尺)，接近于中德两国展览馆数量之和的两倍；中国展览馆数量为110座；德国展览馆数量只有60座。从全球地区室内场馆总面积分布来看，由于中美德三大巨头的存在，欧洲、北美和亚太地区在全球所有地区中分列前三位。2017年UFI统计数据显示，欧洲地区室内展览面积达到1560万平方米，约占全球室内展览总面积的46%；亚太地区室内展览面积为822万平方米，约占全球室内展览总面积的24%；北美地区室内展览面积为817万平方米，与亚太地区相差不大，同样约占全球室内展览总面积的24%。[②]

（二）会展顾客需求改变

市场营销观念强调“以顾客为中心”，基于市场营销观念，会展市场营销要求会展企业围绕参展商和观众的需求开展经营活动。近年来，顾客对参展体验、会展信息获取的即时性和互动性等有了更高要求，这需要主办方及时调整活动设置方式。如瑞士达沃斯论坛在视频网站You Tube上开通了提问频道，为普通网民与达沃斯论坛的与会者搭建起了沟通平台。不了解顾客需求，盲目的举办会展活动，导致会展顾客需求得不到满足，将影响会展活动的持续发展。

同时，随着对环境的关注，参展商和观众对绿色会展的需求增加，政府的环境政策也要求会展企业使用绿色材料，如我国国务院曾发布《关于进一步促进展览业改革发展的若干意

---

① 中国产业信息网。http://www.chyxx.com/

② 《2018—2023年中国会展行业市场前瞻与投资机会分析报告》。

见》，商务部也出台了《会展业节能降耗工作规范》，倡导会展行业的低碳、环保、绿色理念。因此，建设绿色场馆、举办绿色会展已成为行业发展趋势，对会展主办方的社会营销观念提出了更高的要求。

（三）新技术促进营销方式的转变

随着数字技术、网络技术、VR、IoT、大数据、云计算、AI 等新技术的发展，以及即时通信、微信、微博等等信息传播新方式不断出现，会展营销沟通方式也在悄然发生着变化，虚拟网站营销与传统会展营销开始逐渐关联、转化与融合。会展在线营销(Online marketing，即网络营销)，线上和线下的双线营销，扩大了会展信息传播的广度。大数据、云计算、人工智能技术的运用，提高了会展的精准营销。同时，通过互联网的自媒体将参展商和观众集合在一起，形成了会展营销社区，会展活动在论坛、新闻组、布告栏、留言板和网络社区的讨论中得到推广。在互联网＋的大背景下，会展组织、活动设计、现场服务、舆论趋势、参展体验价值形成了展会口碑传播。新技术普及，要求会展营销机构转变思路，利用网络技术、大数据、人工智能技术手段，设计即时、互动、精准的营销工具，促进传统营销方式与互联网技术的融合发展。

第三节　会展营销

会展产业属于生产性服务业，不同于传统的有形产品营销，会展营销的对象是服务，服务具有无形性、不可储存性、生产与消费同时进行等特征，会展营销的理论基础是服务营销，除产品、价格、渠道、促销等传统营销工具外，会展有形展示、过程、人员是重要的营销组合要素。同时，会展服务的参与者(组织者、顾客、各服务供应者)共同完成会展服务的提供，它们之间形成内部营销、外部营销和互动营销活动，会展营销工作的开展也较为复杂。

一、会展营销的概念

会展营销是指会展企业寻找目标市场、研究目标顾客需求、设计会展产品和服务、制定营销价格、选择营销渠道以及保持良好顾客关系等一系列销售活动的总和。会展营销以参展商与观众需求为中心开展服务营销活动，其目的是实现会展活动的市场价值，促进会展产品和服务的供需结合。具体来说，会展营销是满足顾客需求、创造利润的出发点，利用有效的营销手段吸引并留住更多的参展商和观众。

二、会展营销主体

会展市场营销涉及组织者、顾客、服务供应商(含场馆)等主体，以企业或机构顾客需求为中心，以场馆服务为载体，主办方根据会展市场环境的变化对会展项目进行策划、设计、定价、招展以及展后服务的计划和执行，服务供应商配合主办方提供各类服务。会展营销实际上就是这四大主体之间进行的内部营销、外部营销和互动营销的整合。2018 年中国国际进口博览会营销主体如表 1-7 所示。

表 1-7　2018 年中国国际进口博览会营销主体

主办单位	中华人民共和国商务部、上海市人民政府（主要负责中国国际进口博览会主场外交、国际展览、国际论坛等各项工作任务。其中，商务部负责邀请有关国家组团组展、邀请相关国际组织与会，协调各地、有关部门组织交易团与会采购、洽谈合作等工作；上海市负责安全保卫、嘉宾接待、交通等城市服务保障工作）
协办单位	世界贸易组织、联合国贸易和发展会议、联合国工业发展组织等国际组织（辅助博览会的工作，起到协助作用）
承办单位	中国国际进口博览局、国家会展中心（上海）有限责任公司（主要负责拟定办展方案，承担中国国际进口博览会的招展、招商、布展、现场组织、管理服务等具体工作）
服务供应商	北京策马翻译有限公司、光明乳业下属全资子公司领鲜物流、长城物业等（主要负责博览会期间各种服务需求的供应，包括食品、翻译、安全保障等）
会展场馆	国家会展中心（上海）
参与者	参展商（包括欧莱雅集团、乐高集团、德勤有限公司、美国通用电气公司等）和采购商（包括中国石油化工集团、国家电网有限公司等国家央企及其下属企业）等专业观众；各国受邀嘉宾（包括阿里巴巴集团董事局主席马云、汇丰集团主席杜嘉祺等）；以及各大媒体

（资料来源：中国国际进口博览会。https://www.ciie.org/）

（一）组织者

会展组织者是会展活动的发起者，也是整个活动的组织运营者，在会展营销主体中处于主导地位，主要有主办方、承办方和协办方三大类。

1. 主办方

会展活动的主办方包括政府部门、行业协会、商会和会展企业，不同的主办方所代表的利益不同。各级地方政府代表国家和地方利益，主要考虑国家和地方的政策、经济发展等。商会、行业协会代表行业的利益，主要考虑行业的发展，我国大多数的国际性会展活动都是由行业协会主办。会展企业则主要考虑自身的发展及利益，其举办活动的目的主要是发布新产品，增加销售额，提升企业形象。会展企业通常与政府部门或者行业协会结成会办关系，以便提升会展的知名度，扩大会展的影响力。

2. 承办方

会展承办方是指对会展活动进行具体运作的会展企业，负责会展具体事物的处理以及整个会展的运作执行。随着经济全球一体化，会展活动越来越呈现出国际化发展趋势，为了提升会展质量，主办方已经开始采用招标的方式来选择承办方，有助于促进会展市场运作更加规范化。

3. 协办方

会展协办方是指参与会展策划、组织和操作过程，并参与、协助会展活动的招展、招商、宣传等工作的支持单位，也称为代理商，在实际运作过程中既是活动的协办单位，也是会展组织者的重要组成部分。会展协办方可以拓展主办方和承办方的业务网络，扩大业务规模，提升办展水平。

（二）参与者

会展参与者指会议或展览活动运作过程中的参展商、观众等主要参与者。

1. 参展商

参展商是指受会展组织者邀请，为了促销商品或展示形象，在特定的时间利用有限的展位空间，搭建展台展示产品或提供服务的机构。对于参展商来说，参展的主要目的有：宣传新产品、新技术；寻找潜在顾客，了解顾客需求；进行贸易洽谈、投资合作、树立企业形象等。参展商是会展活动的主要参与者，是会展组织者最主要的顾客，因此最大限度地满足参展商的需求是会展组织者的需要。

2. 观众

观众是会展组织者的另一大类营销服务对象，指通过购买通行证或接受邀请等形式得以进入会展活动现场的自然人、企业以及其他相关市场主体。展览会的观众根据其身份和目的，可以划分为专业观众和普通观众。

专业观众又称为“买家”，他们是出于贸易目的而来，所从事的职业一般指与展览主题相关的产品或服务设计、开发、生产、销售或者为其提供相关配套服务的专业人士或企业代表。按照专业观众的观展目的又可分为产品供需型和技术探索型两类，前者以产品交易为最终目的，通常由市场人员构成，如采购员、市场部经理等；后者的观展目的往往是探求相关领域技术的发展状况，了解该领域的最新动态，该类观众主要由技术人员构成，如软件开发者、工程师、设计师等。

普通观众指那些出于个人喜好，自发前往展会现场了解展会情况的群体，通常情况下，他们不以达到交易为目的参展，很少进行大宗型的采购。普通观众通常只是希望初步了解会展的情况，或只是进行简单的参观、浏览，并不过多涉及技术交流、市场交易、产品改进、服务创新等内容，他们更倾向于参加那些综合性的展览会、博览会。不同性质的展会参展商对普通观众的重视程度不同，专业性、技术性较强的展会参展商一般不太重视普通观众，他们更看重专业观展者，而消费类产品和服务的展会参展商会较看重普通观众的需求。

（三）服务供应商

会展服务供应商是指在展览中为展会主办者、承办者、参展商、观众等各方提供专业服务的承包商或被委托方。提供的服务一般包括设备与材料的保管、运输与搬运；展台搭建、维修与拆卸，水、电、燃气、照明的接入，场地装饰，安保服务，保洁卫生，医疗救助，网络支持等。服务供应商是会展活动运作中必不可少的主体，没有服务供应商，会展活动就无法顺利进行。

（四）场馆

场馆一般包括会展中心、会议中心和会议酒店等，是会展营销活动的重要主体，也是会展组织者举行会展活动的空间载体，是影响会展参加者进行决策的一个重要条件。

1. 会展中心

会展中心也称展览场馆，是提供展览场地及举办展览会所需要的一切设施设备和服务的机构，包括硬件和软件两部分，不同级别的会展中心在硬件和软件条件上也有所差别。衡

量会展中心硬件的主要内容包括：会展中心的地理位置，内部布局，展览结构（展厅外观、面积、层高、地面条件等），设施设备（供电、空调、电梯、照明、消防、通信、网络和信息系统等）。

2. 会议中心

会议中心是为各种不同规模的会议提供专门场地、设施设备和服务的场所，一般是专业会议、论坛、交流发布的场地。一般来说，会议中心具有最新的视听和通信技术装备，能够提供专业的会议视听服务，还配套提供餐饮、商务、信息咨询、票务、旅游等服务以及视听、办公等设施设备的出租服务。另外，对室内温度、湿度、采光、音响以及室外的交通等要求也很高。

3. 会议酒店

会议酒店指的是酒店的主要服务就是会议接待，一般作为综合性会议、展览、餐饮和住宿的场所。会议酒店通常能够提供多样化的会议场所，包括各种主题的大宴会厅，这些宴会厅是整个酒店的主要功能区，并且基本可以用移动的轻型墙壁分开。大多数会议酒店都不会忽视会场的建设，布置华丽，设备齐全。另外，会议酒店一般拥有漂亮的室外场地和华丽的游泳池，以支持社交活动功能。

三、会展营销客体

会展活动作为一种市场活动，为参与者搭建了一个信息与贸易的交流平台，并为他们提供顺利参展和参会的服务，会展营销就是向顾客传递会展活动的平台价值和独特服务。不同的会展活动类型有不同的主题和内容，所吸引的参与者也不尽相同。正是这些有差异的主题和内容，形成了不同展会的吸引力。如达沃斯论坛以“研讨世界经济领域存在的问题、促进国际经济合作与交流，致力于通过公私合作改善世界状况”作为会议的独特卖点，吸引了关注国际政治、经济、文化变化的各国政要、企业高层、学者等参与。中国西部国际博览会以构建西部“投资促进平台、贸易合作平台和外交服务平台”为核心价值，吸引了想了解西部、投资西部的国内外客商。

四、会展营销三角形

由于会展活动中所提供的服务是无形的，生产与消费同时进行，既难以大规模生产，也无法提前储存，因此顾客感知服务质量和顾客满意度很大程度上取决于服务过程中会展企业、会展服务提供者、顾客三者之间关于服务承诺的相互联系。著名的服务营销专家Gronroos提出“服务营销三角形”，阐释了三者之间的相互作用与联系（见图1-3），该三角形是一个以顾客为中心的服务质量、服务承诺管理模式。

图中企业指会展的组织者，包括主办方、承办方和协办方，提供者包括会展服务人员、服务供应商（含场馆服务）等服务提供者，顾客主要指参展商和观众。会展营销活动的开展需要会展活动的组织者、服务供应商、服务人员和顾客共同参与服务生产与消费，实现建立和维持顾客关系，满足顾客需求的目的。

会展作为服务产品，其服务质量受到多方面的影响，如服务提供者的专业知识、技能和情绪的影响，会展组织者与服务提供者沟通合作的影响等。会展组织者通过外部营销所作的承诺应该与服务人员所传递的服务一致，服务人员提供的服务应该与顾客对服务的期望

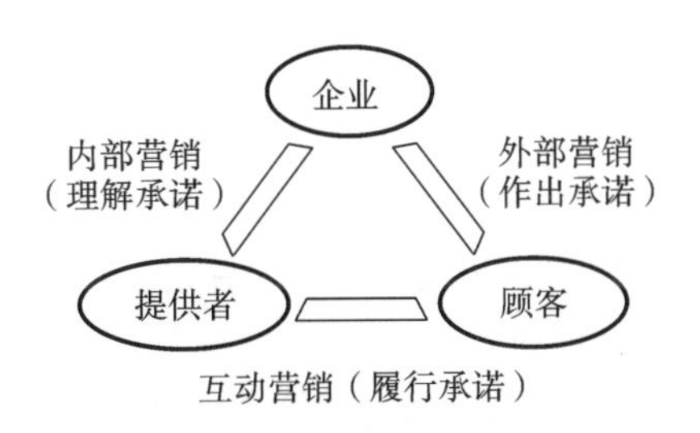

图 1-3 服务营销三角形

（资料来源：瓦拉瑞尔 A.泽丝曼尔，玛丽·乔·比特纳，德维恩 D.格兰姆勒.服务营销（第六版）[M].北京：机械工业出版社，2014.）

一致，才能实现顾客满意，取得会展活动的成功。因此，在会展营销过程中，内部营销、外部营销、互动营销是缺一不可的，三者相互配合方能顺利进行并取得成功。

（一）外部营销

外部营销是指企业与顾客之间的营销活动，即会展组织者向参展商、观众对所提供的产品或服务作出承诺，设定顾客期望。外部营销的核心在于以顾客为中心，将顾客需求和利益放在最前面，在服务传递前与顾客沟通的任何事物或任何人员都可以看作外部营销功能的一部分。会展企业需要开展广泛的市场研究，定期进行顾客调查，包括顾客的满意度以及顾客的反馈意见，以便了解自己的顾客，从而通过广告以及员工等渠道进行宣传，有效地向顾客传达承诺。北辰时代会展公司自成立以来，对中国会展市场进行了充分的调研和分析，并针对市场需求，制定了"一核双驱、多维引领、全域覆盖"的创新发展模式，该模式的确立，有效地满足了市场的专业化诉求，同时，北辰时代会展公司能够通过市场调研结果，及时获取顾客需求变化，以便提前介入，针对性地满足不同顾客的需求，从而提升市场驾驭能力和竞争优势。[①]

（二）内部营销

内部营销指的是企业和提供者之间的营销活动，即会展组织者与服务人员的相互联系，Philip Kolter 指出："内部营销是指成功地雇佣、训练和尽可能激励员工很好地为顾客服务的工作。"为了促使服务人员实现顾客导向的服务承诺，会展组织者需要保证服务人员有履行承诺的能力，保证服务人员能够按照外部营销作出的承诺提供服务或产品。在会展内部营销中，组织者需要通过雇佣合适的服务人员，通过培训、激励、薪酬等方式，提升服务人员的服务意识与能力，确保服务人员具有以客为尊的服务态度，并留住优秀员工。纽伦堡会展（上海）有限公司采取定向重点培养项目所需的专业人才，同时也开放员工转岗、跨项目实践等人才培养工具，使员工在最短的时间内得到最大、最有效的业务和个人素质的提升。公司采取一对一导师制，帮助员工更快地进入工作状态，并且在每年年末，都会根据年终考核成绩，对每一位员工的岗位职级进行调整，以保证员工的岗位职级及薪资与工作表现相匹配。同时，公司也会协助外地员工申办上海户口。

① 资料来源：北京北辰实业股份有限公司。http://www.beijingns.com.cn/

（三）互动营销

互动营销指的是服务提供者与顾客之间的营销活动，即会展服务人员从顾客的角度出发，将会展服务准确地提供给顾客的互动行为。互动营销也称为交互营销或实时营销。这种互动可能是面对面的，也可能是借助电话、电子邮件、传真等方式进行。在此环节，服务人员最为关键，服务系统、技术和有形资源都需要依靠他们才能发挥作用。同时，服务人员需要及时发现顾客需求，并以专业水平和服务态度作出反应，为顾客提供可信赖的服务，若未能信守承诺，顾客就会感到不满，最终流失。如 2018 年线下草莓音乐节的 Warm-up 预热季，其中第一个单元叫“草莓镇”，与陈冠希合作开设潮牌快闪店，开幕当天有数千人来现场参观和消费。陈冠希本人也到现场与大家合影，隔天成为社交媒体的热点。第二个单元是“草莓星球”，公司邀请李诞与潮流艺术家大悲宇宙合作出一个多媒体装置艺术作品，在上海展出两周，每天的观展观众络绎不绝，并愿意主动分享到线上。可见，草莓音乐节能够抓准目标顾客群体的需求，制定出有效的营销策略，将与顾客之间的互动营销做到位，成功达成营销目的和效果。①

五、会展营销组合

1964 年，麦卡锡提出 4Ps 营销组合，即产品（Product）、价格（Price）、渠道（Place）和促销（Promotion）。1981 年布姆斯和比特纳在此基础上提出了 7Ps 营销组合，增加了人（People）、有形展示（Physical Evidence）和过程（Process）这三项元素，构成了服务营销组合的要素，忽略任何一个要素都会关系到会展营销的成败。

1. 产品要素

以展览会的举办为例，展览会中的产品主要指展会组织者所提供的整个展览及展位本身。展会营销既是对展位的营销，也是对展会的整体推广。

2. 价格要素

价格包括展位的价格和展会支出中的一切费用成本，低成本、低价格对参展商具有很大的吸引力。因此在展会营销中，要考虑价格水平、付款条件、折扣幅度、展会品牌等总和因素，制定出合理的价格水平。

3. 渠道要素

展会营销中的渠道是指如何将参展产品卖出去的途径，包括直接渠道和间接渠道两种。直接渠道指通过组展方向参展商直接销售展会产品，间接渠道指通过招展中介、广告公司等进行营销。在考虑采取哪种方式时，应充分考虑展会的类型及会展公司的实力，最大限度地节约成本、扩大营销市场份额。

4. 促销要素

展会营销的促销手段多样，包括人员推销、广告促销、电话营销、营业推广等传统方式，此外还包括关系营销、合作营销、直接邮寄、电话营销、传真营销、直接拜访、网络营销、公共关系营销等招展营销方法。在会展营销中需要选择性组合搭配使用促销方式，更好地促进

---

① 中国音乐财经网。http://www.chinambn.com/

营销工作。

5. "人"要素

展会营销中的"人"主要包括组展方的工作人员和会展顾客两方面。展会工作人员的服务理念关系到营销的成败，现代服务业提倡的服务营销理念在会展服务中更应该贯彻。顾客对展会营销的贡献不仅体现在他们是会展产品的消费者，同时也可以通过口碑传播吸引更多的新顾客。因此，努力做好对老顾客的关系管理和服务，也是现代展会营销中的有效手段之一。

6. 有形展示要素

有形展示就是将会展中无形的产品转化为有形的展示，如展示环境、设施设备、员工着装和服务、展会标志等，让顾客能实实在在地体会到、感受到和享受到无形的服务。

7. 过程要素

展会是一个系统工程，由多方面密切配合协调而成。展会的运作策略、运作程序和手续、服务中的自动化程度、顾客的参与、咨询等都是这个过程中不可缺少的一部分。在会展营销过程中，要重视每个环节的工作要点，同时做好整个过程的整合优化。

第四节　以顾客为中心的会展营销

会展营销就其过程来看，是会展营销组织者利用其占用的资源向目标市场传递会展产品信息，实现预期经济目标的行为，也是一个综合利用资源的过程。会展营销的关键在以顾客为中心，围绕顾客需求开展营销活动，最大化实现顾客价值，并与顾客维持良好的关系，为企业赢得好口碑，最终实现会展企业利益最大化。

一、树立市场营销观念

市场营销观念最早出现于 20 世纪 50 年代，本质是关于企业、顾客和社会三者之间的利益。它强调"以顾客为中心"，要求企业围绕满足顾客需求开展营销活动。企业市场营销观念经历了从最初的生产观念、产品观念、推销观念到市场营销观念和社会营销观念的发展和演变过程。营销观念形成于第四个阶段的市场营销观念，营销观念导向型企业的特点不再是为自己的产品找到合适的顾客，而是为顾客设计适合的产品。

会展营销是成功举办一个会展项目的核心环节，树立市场营销观念，会展营销管理坚持以顾客为中心，根据顾客的需求设计会展活动项目，提高顾客满意度，从而实现会展企业目标。

二、分析会展顾客需求

会展营销观念强调对顾客需求的满足，因此会展企业首先要真正理解顾客需求是什么，才能有针对性地开展营销。根据顾客需求的清晰程度可将其划分为显性需求和隐性需求。

1. 显性需求

显性需求指参展者清楚并能够准确表达出自己期望得到的服务。一般情况下，会展企

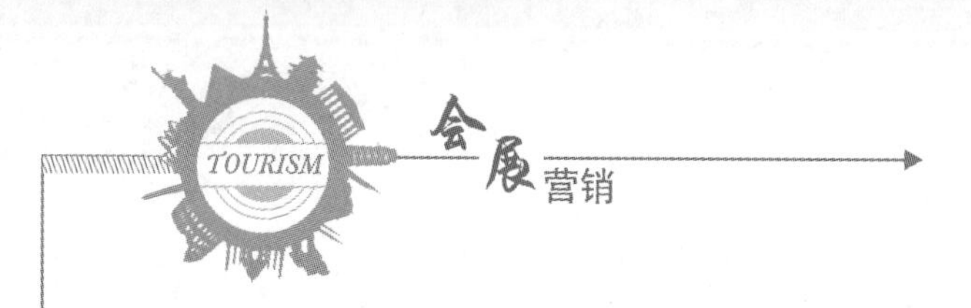

业能够较轻易地识别出该类需求，并采取措施给予满足，从而使参展者感到满意。但是显性需求不一定都是合理的需求，可能会因参展者自身的想象而产生一些非现实的需求，此时企业无法给予满足，需要企业引导参展者意识到自己真正现实的需求，从而更好地采取措施给予满足。

2. 隐性需求

隐性需求一般是参展者认为理所当然的事情，无需表达出来，但一定要提供服务的需求。这类需求往往在服务过程中被忽视了，企业未能及时识别并给予满足，从而会导致参展者的不满情绪，影响参展者的满意度。面对隐性需求，企业需要通过市场调研更加了解参展者，从参展者的角度开发设计会展服务内容及流程，才能更好地满足参展者的隐性需求。

三、建立会展顾客关系

会展顾客关系管理是一个获取、保持和增加顾客的过程，通过有效整合人力资源、服务流程和服务技能，收集和整理顾客数据资料，并据此分析顾客的行为偏好和购买模式，使会展企业能够针对性地提供个性化产品和服务，最大限度地提高顾客满意度和忠诚度，发掘并牢牢把握住给企业带来最大价值的顾客群体。

会展顾客关系管理模式体现了“以顾客为中心”的经营理念，结果表现为顾客满意、顾客信任、顾客忠诚以及口碑宣传。管理好会展顾客关系可以提高会展企业的竞争力，会展顾客关系管理发挥着重要作用。

（一）增强营销针对性

做好会展顾客关系管理能够帮助会展企业进行顾客数据分析，并据此判断不同顾客的需求差异，采用合适的营销手段将产品或服务的信息精准地传达给感兴趣的顾客，既提高了效率，也节省了各项资源的使用成本。同时，管理好顾客关系，可以减少顾客的反感机率，当顾客不再收到那些厌烦的、不感兴趣的宣传信息时，可以降低顾客对会展企业抱有负面情绪的影响。如第二届北京国际无人售货及新零售展览会通过利用公司已有的国内外专业买家数据库，全面启动“参观商一对一邀请计划”，通过工作人员进行电话、邮件、传真等方式，针对性地向专业买家宣传展会信息。

（二）提高顾客满意度

开发一个新顾客的成本比维持一个现有顾客的成本要高出许多，因此会展企业应重视顾客关系管理，提前进行顾客资料分析，在展前、展中、展后为顾客提供满足其需求的服务，有利于将其发展成为长期顾客，获得更高的持续收益。当顾客对每项会展服务质量都感到满意的时候，他们连续参展的意愿会更高，此时会展企业招展费用将会降低，企业利润也会呈现出增长的趋势。2018 年第十一届上海国际水展在国际会展中心（上海）成功举办，大多数老顾客对此次参展表示较为满意。如开能集团副总裁表示：“几乎每年都会参加水展，该次展会增加了直播、App 等增值服务，可以看出主办方在帮助展商宣传方面真的做了很大的努力。”北京 ABB 电气传动系统有限公司市场活动负责人庞炜则表示：“水展是一个新产品发布的绝佳平台。在这次展会上，我们推出了一些全新产品，展示的效果都非常好，有些设备现场就已经直接被订购，十分期待今年北京展也可以有令人满意的成果！”①

（三）实现双赢

顾客关系管理有助于实现顾客和会展企业的双赢。对顾客来说，顾客关系管理有利于其获得准确的产品或服务信息，减少选择、沟通各方面的成本。对会展企业来说，良好的顾客关系管理能够使其及时了解不同顾客的需求，并据此采取不同的营销策略，为顾客提供满意的服务，从而赢得顾客满意度忠诚度。

四、提升会展顾客价值

会展顾客价值是顾客对会展产品或服务的一种感知，是顾客在消费会展产品或服务过程中对所获得的价值的总称，是决定顾客忠诚度的关键因素。会展顾客价值已经成为会展企业竞争优势的重要来源，进行会展顾客价值管理显得尤为重要。

一个展会创造和赢取顾客最根本的办法就是为参展顾客创造最大的价值。会展顾客价值是会展总顾客价值与会展总顾客成本之差。会展总顾客价值指的是会展顾客期望从参展中获得经济、功能、心理等一系列可感知的利益，也就是说，参展企业通过参展获取了预期的成交数量、与客户建立了良好的关系、企业品牌形象得到推广等价值。会展总顾客成本指的是会展顾客搜索会展信息、耗费精力参展、支付参展费用等方面形成的时间与货币成本、体力和精力成本的总和。会展顾客价值最大的实现是会展活动赢得顾客进而取得市场领先地位的关键。

本章小结

会展是指在一定的地域空间和时间内，为达到某些预期的目的，有组织地将许多人与物聚集在一起，而形成的具有物质交换、精神交流、信息传递等功能的社会活动。会展活动类型多样，主要有一般和大型会议、展览、奖励旅游、节事、赛事等，不同的活动类型所具有的特征与功能不同，所吸引的目标顾客群体也不同。因此，会展营销工作需要坚持以顾客为中心，通过收集信息、制定方案、实现互动、改善顾客关系等流程实现会展顾客关系管理，尽量实现顾客价值最大化，满足顾客需求，提高顾客满意度和忠诚度。

关键概念

会展营销　以顾客为中心　会展组织者　参展商　顾客需求

① 资料来源：上海国际水展官网。http://www.aquatechchina.com/

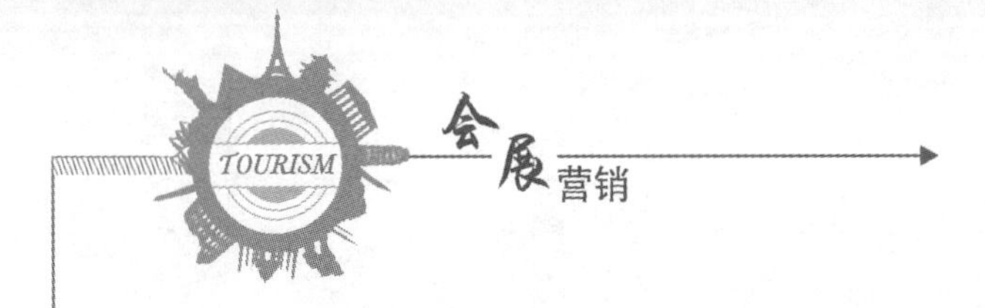

复习思考题

1. 会展活动包括哪些类型？每种活动类型各有什么特点？
2. 会展营销主体包括哪些？不同主体的职责是什么？
3. 会展服务相对实物产品，具有哪些特征？
4. 外部营销、内部营销和互动营销分别需要注意什么？
5. 维护顾客关系可以实现哪些作用？

第二章

会展服务期望、质量与满意

学习目标

通过本章的学习，明晰会展服务期望的含义类型；了解影响会展服务期望的因素及管理会展服务期望的措施；熟悉会展顾客感知服务质量的测量方法；在理解管理会展顾客满意度作用的基础上，掌握实施会展顾客满意管理的措施。

案例引导　“一带一路”国际合作高峰论坛

“一带一路”国际合作高峰论坛（以下简称高峰论坛）属于国家级别的会议，参会人员都是各国和各国际组织的重要领导人，他们对于会议的服务质量会有更高的要求，会带着较高的服务期望出席会议。他们期望在参与会议的过程中体验舒心且周到的服务，如专业贴心的现场接待、齐全且可以使用的设施设备，以及餐饮服务等。为了能圆满完成高峰论坛服务接待任务，国家会议中心从各个方面精心准备。

高峰论坛的现场接待分为三个部分。首先是会前的培训与准备：国家会议中心派团队到钓鱼台国宾馆进行交流学习，力求高水平、高规格、高质量完成高峰论坛接待任务，向世界全面展示中国服务的最高水准。另外，国家会议中心还开展了“一带一路背景知识”普及、消防、急救等专项培训，共计 1121 人参加。同时，国家会议中心对接人民大会堂、钓鱼台国宾馆，制定了签约流程专项培训。从常规的右手服务，变更为客人外侧服务，为的是使签约者互通。从简单的服务站位、开合签约本、吸墨器用法、递换签约本到挪椅离场地，每个环节都不厌其烦地反复演练，力求达到标准统一、动作一致。其次是接待方案的差异化订制：此次高峰论坛的接待

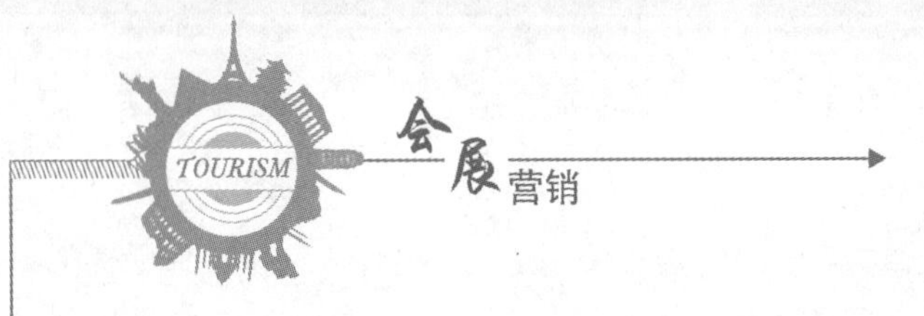

对象包括国家元首、高官、企业家、随行人员、媒体、会务保障人员等，国家会议中心针对不同层面的服务对象制订了差异化的接待方案，以媒体为例，考虑到媒体记者们工作量大、时间紧、效率高的特点，国家会议中心要求服务人员全天候服务，设计的菜品健康且热量相对较高，提供的糕点美味且易于拿取，充分考虑媒体需要。最后是现场服务的工作目标制定：国家会议中心要求一线服务人员面面俱到、精益求精，力求实现"安全运行万无一失，接待服务滴水不漏"的工作目标，用首善标准完成高峰论坛服务保障工作。服务人员会在会议开始前 4 个小时到岗，摆放好桌椅、台布、茶杯、杯垫、纸、笔、矿泉水等物品，再吊线进行调整，保证会场的整齐划一。主管人员还将检查会场的频次由平时的 2 次增加到 5 次，保证会议细节毫厘不差。

为了保障高峰论坛的圆满成功，国家会议中心对场馆的设施进行了维护和升级改造，为与会者提供舒适的会议环境。国家会议中心大修改造工作从 2016 年下半年开始，对饰面、设备等进行了 34 项工程改造。

高峰论坛的餐饮服务同样是亮点。国家会议中心厨师团队从 2016 年年底便开始构思高峰论坛相关的餐饮设计，结合会议主题，设计出了调众口、显特色的主题餐饮设计和摆台装饰，让与会代表既饱口福，又饱眼福，体现丝路文化，感受北京特色。结合"一带一路"会议主题、沿线国家风土人情、文化内涵，国家会议中心用面塑、糖艺、果蔬雕等工艺设计了 37 组 884 件特色摆台，糖艺作品有"大漠风情""乘风破浪""百花争艳""竹上生辉""万里长城"等，面塑作品有"四大发明"等。为满足各国代表们的不同口味，厨师团队不断查阅资料，研究各国饮食喜好和禁忌，设计多项茶歇菜品，经过反复试验与修改，最终制作出"花开富贵""鲜花玫瑰饼""什锦迷你馕"及"宫廷芸豆卷"等十余种小吃点心。可见师傅们的用心与专业精神。

最终，此次高峰论坛取得圆满成功，并获得广泛赞誉，而这都离不开国家会议中心对接待工作中每一个细节的认真对待。

（资料来源：中国经济网。http://www.ce.cn/）

■案例思考：

1. 是什么使 2017 年"一带一路"国际合作高峰论坛取得圆满成功，并获得广泛赞誉？

2. 又是什么使国家会议中心如此看重会议服务的每一个细节？

3. 对于会展服务，顾客都抱着怎样的期望？

4. 会展顾客满意受什么因素影响？

5. 管理好会展顾客满意度会给会展企业带来怎样的影响？

第一节　会展服务期望

顾客对服务的期望在顾客认知和判断服务的过程中起着关键性的作用。会展作为服务业，企业能否实现顾客对服务的期望是企业经营成功与否的关键因素。由于顾客对服务的期望贯穿始终，可以将其看作是评估会展服务质量的重要标准。每个会展营销人员都应该了解服务期望的详细信息，包括顾客对服务抱着怎么样的期望标准？存在哪些因素影响顾客期望？是顾客个人因素还是外部因素？了解了上述信息之后，营销人员需要对其进行引导和管理，主动采取措施和行动尽量满足顾客的期望和需求，从而留住顾客并在竞争中取得一定的优势地位。

一、会展服务期望的含义和类型

（一）含义

会展顾客对服务的期望，指的是会展顾客在实施购买行为前，通过一定的渠道（如企业的宣传、口碑、顾客自身经验等）来获取有关会展本身及其提供的产品、服务的相关信息，从而形成的一种“事前期待”，也是顾客对会展服务行为和服务绩效的一种心理标准。实际上，会展顾客期望是一种“满意期望”，即理想的、称心如意的、想要的、渴望的期望。按照不同的标准，会展服务期望可以分为不同的类型。如展会参展商在决定参加一个展会之前，通常会通过主办方的招商手册、身边亲戚朋友的口碑推荐或自身的参展经验来获取与展会有关的信息，从而形成对该展会的服务期望。

（二）类型

（1）按照服务期望的清晰程度划分，可将顾客期望分为三类：显性期望（Explicit expectation）、隐性期望（Implicit expectation）和模糊期望（Fuzzy expectation）。

显性期望（Explicit expectation）是指会展顾客在接受服务之前，心中已经清楚并能够表达出需要会展企业应该提供的服务细节，相信会展企业可以且应该提供这种服务。如参展商参展需要考虑展位租赁的各种情况，包括展位的位置、价格、配套基础设施（水、电、光、桌椅等），参展商会希望并要求主办方提供一份清晰的价格表、规格表。这便是参展商的显性期望。但是，需要注意的是，会展顾客的显性期望并非都是能够实现的，按照这个标准，显性期望又分为非现实期望和现实期望。

隐性期望（Implicit expectation）是指有些会展服务要素对于会展顾客来说是属于常规要素，无需表达出来，但却是一定要提供服务的期望。很多时候，会展企业在服务过程中往往忽视了这些期望，未能很好地满足或者根本就没有满足这些期望，此时顾客会感到不满，进而影响顾客满意。例如，参展商希望主办方邀请到合适的专业观众前来参展，以实现自己能接触更多潜在顾客的参展需求。但参展商对于这一期望并不一定会直接跟主办方表达，可能会选择默认是主办方一定会提供的专业服务。对于参展商这一隐性期望，许多展会的主办方都未能很好地满足。

模糊期望(Fuzzy expectation)是指顾客希望会展企业能为其解决需求问题,但并不知道如何表达自己的服务期望。这表明,这些期望处于不明确的状态,若顾客的模糊期望得到了满足,顾客将感到非常满意。例如对于来自外地的参展商,且是第一次参展,他们很多时候对于当地的运输情况并不清楚,但他们需要将展品运到展会场馆并储存。此时,参展商这一期望是模糊、不明确的,不知道如何向主办方表达。如果主办方在能够主动推荐一些运输公司,当展品到达展会场馆时,主办方能够积极与参展商取得联系,并在第一时间引导参展商将展品放入仓储室。如此,参展商对于展会提供的专业服务是感到满意的。

会展营销人员需要注意的是,顾客对服务的期望具有动态性,即显性期望、隐性期望和模糊期望三者在不同的阶段会相互转化。图 2-1 是顾客期望的动态理论模型。

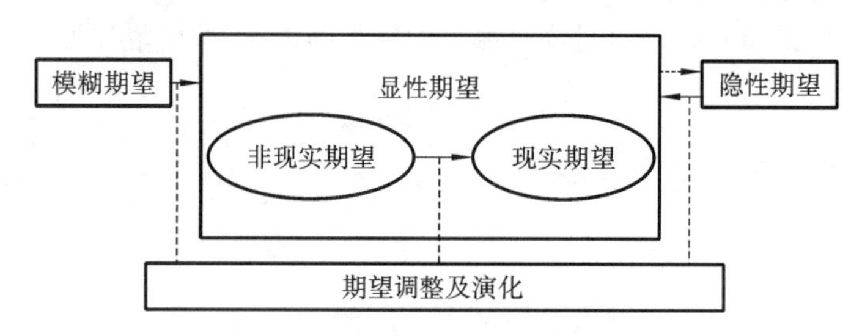

图 2-1　顾客期望动态理论模型

从该模型可以看出,顾客期望总是处于不断的调整转化中。例如第一次参展的顾客,对于展会的期望一般是模糊的。但随着参展经历次数的增加,顾客会越来越了解展会服务水平。此时,模糊期望开始转变为显性期望。同样的,总会有顾客带有非现实的期望,这种非现实的期望会随着顾客参展次数的增加,顾客意识到自己真正的需要,逐渐转化为现实期望。但有时候顾客参展次数越来越多,会导致顾客的显性期望慢慢转化为隐性期望,因为顾客开始认为展会理所应当要提供一定的服务,不用特意表达出来。一般情况下,如果顾客的隐性期望得不到满足,或当会展企业未能识别到顾客需求的改变,所提供的还是原有的服务,隐性期望便会转化为显性期望。

(2) 按照顾客对期望的要求程度划分,可以将顾客期望分为两类:适当期望(Adequate expectation)和理想期望(Desired expectation)。

适当期望是一种较低水平的期望,是顾客认为可以接受的服务水平。若会展服务水平低于顾客可以容忍的服务水平的底线,就会引起顾客不满。例如,参展的观众一般希望通过参展能够有所收获,无论是实物产品还是知识层面的,在参展过程中,如果参展商或展会无法积极主动地向其介绍想了解的产品,那么观众会感到失望。

理想期望则代表顾客希望得到的服务水平,是一种较高水平的服务预期,若顾客的实际体验与服务预期越接近,顾客满意度便会越高。参展时间一般较长,其间,参展观众可能会产生疲惫,此时如果展会提供的休憩服务较为到位,能够提供休息区,伴有餐饮服务,那么参展观众会感到较为满意。

图 2-2 是顾客期望概念模型。从模型可以看到,合理期望和理想期望之间存在差距,这个差距称为容忍区域(Zone of tolerance)。容忍区域是指顾客认可的,并且愿意接受的服务水平区间。会展营销人员需要了解会展顾客容忍区域是怎么变化的,以及受什么因素变化。

不同的顾客由于自身需求不同，面对同一要素，一位顾客较其他顾客更为看重，那么他/她的容忍区域就会较其他顾客的窄。

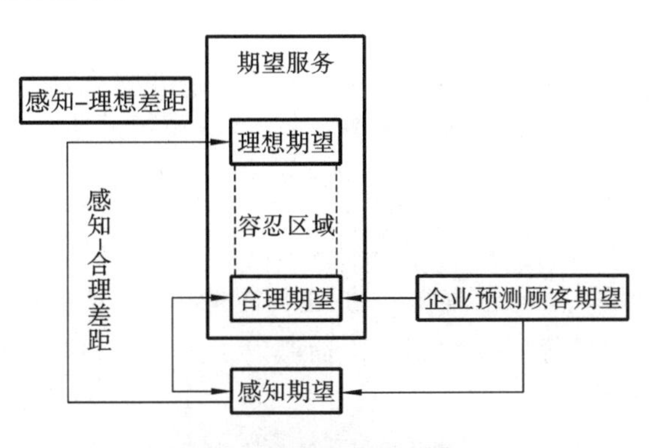

图 2-2　顾客期望概念模型

实际上，不同的服务特性也可能会促使顾客形成不同的容忍区域，因素越重要，容忍区域就可能越窄。图 2-3 显示了不同服务维度的容忍区域，以及受初次服务和补救服务的影响，容忍区域会变现出不同的水平。从图 2-4 可以看出，无论是服务流程还是服务结果，初次服务的容忍区域都是大于补救服务的容忍区域。可见，初次服务的质量是至关重要的。而且，无论是初次服务还是补救服务，顾客对服务流程的容忍区域一般要比服务结果的容忍区域更大一些。可见，会展企业可以在服务流程中提供较宽松的服务。

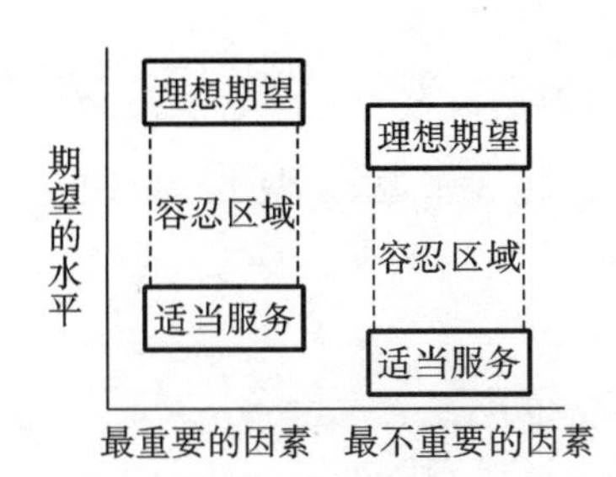

图 2-3　不同服务维度的容忍区域

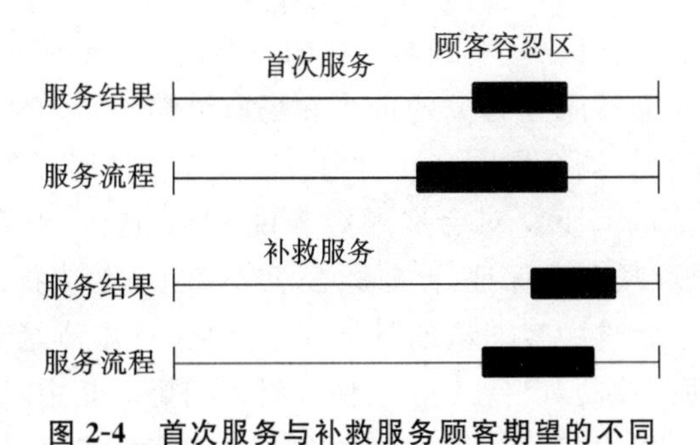

图 2-4　首次服务与补救服务顾客期望的不同

了解并掌握服务期望的相关理论可以帮助会展营销人员、管理人员更清楚地、更快速地识别会展顾客的需求。在服务开发设计及服务流程中，可以通过划分不同的会展服务期望来把握需要优先考虑的要素，采取有效的营销措施满足甚至超越顾客对服务的期望，从而使

顾客感到满意。

二、影响会展服务期望的因素

会展服务期望的形成受到多方面因素的影响，每个因素的影响途径和机制是不同的，对不同顾客的影响程度也存在差异。概括来说，影响会展服务期望的因素主要包括以下几个方面。

（一）顾客个人需求

这种需求可能是会展顾客自己察觉到的，也可能是在外部因素的刺激下激发出来的，如在市场沟通、有形证据、价格等因素的刺激下而激发出来的。顾客的个人需求越强烈，对会展服务的期望值就会越高。

（二）参展经历/经验

参展经历影响顾客期望，可以将顾客期望看作是有经历的期望和无经历的期望。当顾客没有某一展会的参展经历，那么他/她对该展会的服务期望是较不清晰的，并且在购买过程中会表现出犹豫性，因为他/她没有过去的经验当作参考标准。而当顾客有参展经历，此时的顾客期望是属于比较明确的，这种期望是建立在过去参展感知到的服务质量的基础上的。而且，顾客期望会随着参展经历的变化而有所变化，一般情况下，经历越丰富的顾客所抱有的期望值越高。

（三）口碑传播

口碑传播是会展顾客获取展会服务信息至关重要的间接来源。口碑传播对于没有参展经历的潜在顾客，以及难以抉择的顾客来说，是做出最终决定的一个重要参考标准。积极的口碑传播容易在顾客心目中形成较高的预期。反之，消极的口碑会降低顾客对展会服务的期望，甚至失去兴趣。

（四）企业承诺

会展企业一般会通过销售、广告、宣传等手段向顾客传达展会服务信息，这些信息便是会展企业向顾客做出的明确承诺，会直接影响顾客期望形成的水平。但明确的服务承诺实际上是由会展企业控制的，是可以影响顾客期望的重要因素。除了明确服务承诺，企业承诺还包括含蓄服务承诺。与会展服务有关的价格和场所设施设备、环境情况都属于会展企业所暗示的承诺，这些承诺会影响会展顾客心目中对服务期望值形成的水平。例如，会展服务的定价会影响顾客期望值的高低。对会展顾客来说，支出越多，对会展服务的期望值就越高；并且高价位意味着高品质和高保证，此时顾客期望值也会相应提高。

会展营销人员了解了影响顾客期望的具体因素之后，还需清楚哪些因素是可以直接加以控制，哪些因素只能间接控制，以便更好地管理服务期望。其中，会展企业明示的服务承诺和暗示的服务承诺是可以直接引导并加以控制的因素，而其他因素只能间接引导控制。同时，会展营销人员需要正确把握优先因素，虽然现实中口碑宣传的影响力度很大，但是，顾客所能影响的人群是有限的，大多数会展顾客对服务的期望更多的还是受会展企业承诺的影响。

三、有效管理会展顾客期望的措施

会展营销人员需要明确管理会展顾客期望可以在企业的发展中发挥怎样的作用，才能有针对性、有重点地制定并实施相应的会展服务营销策略，有效地管理顾客期望，以便为企业赢得顾客满意度。管理会展顾客期望，有助于改善会展顾客感知服务质量，帮助企业获得会展顾客对企业形象的认同感，赢得会展顾客满意度，促进积极的口碑宣传，从而给企业带来较高的服务收益。

为了实现会展顾客满意，并进一步赢得会展顾客的忠诚，会展营销人员需要根据以下几种措施，有效地管理会展顾客期望。

（一）锁定目标顾客

会展企业需要明确不同细分市场的顾客对产品或服务的期望并不相同。因此每一个会展企业都需要进行市场细分工作，以便锁定目标顾客群体。只有明确了目标顾客，才能有针对性地了解和管理顾客期望，才能根据目标顾客群体的需求进行服务的流程和标准的设计与开发，才能在实际提供服务的过程中更好地满足甚至超越目标顾客的期望，进而实现顾客的满意。

（二）明确顾客期望

顾客期望需要会展企业利用各种渠道去了解，尤其是适当期望，并在服务流程中及时给予满足。同时，会展企业也需要注意留意顾客的理想期望，并尽可能给予满足。接着尽量采取措施使顾客的模糊、隐性期望显性化，以便能够针对性地满足顾客的需求。最后企业应该实事求是地建立顾客的现实期望，避免过度承诺、不实承诺而造成顾客形成非现实的期望。对于那些顾客自身原因而产生的非现实的期望，会展企业实在无法满足他们，可以选择不与其进行交易，以避免顾客产生不满情绪，进而破坏企业形象。

（三）挖掘顾客期望

很多时候，顾客无法明确地表达自己的期望，或者心理明确但是不表达出来，这些期望显著影响顾客的质量感知，并直接决定顾客满意。如果会展企业忽视了顾客的这种模糊或者隐性期望，顾客会感知到较差服务质量水平，进而产生不满情绪。因此，会展企业需要通过运用相关的市场营销工具和沟通技巧，发现顾客的模糊期望和隐性期望，并使其显性化。

（四）兑现顾客承诺

很多时候，会展企业为了吸引顾客，做出不切实际的承诺，如过早承诺、过度承诺、模糊承诺、虚假承诺等，都会彻底毁掉企业所做的营销努力。顾客期望是一把“双刃剑”。每一个会展企业都需要基于实际的服务交付能力，把握好“与自己的服务能力相符”这一原则，作出适时、适度、清晰、真实的有效承诺。

（五）稳定服务质量

展会需要提供稳定的服务质量。对于具备参展经历的顾客来说，他们对展会服务的期望是建立在上一次所体验到的服务质量水平的基础上，若展会无法提供与上一次同水平的服务，会导致顾客期望水平的降低。对于无参展经历的顾客来说，他们的期望容易受到亲戚

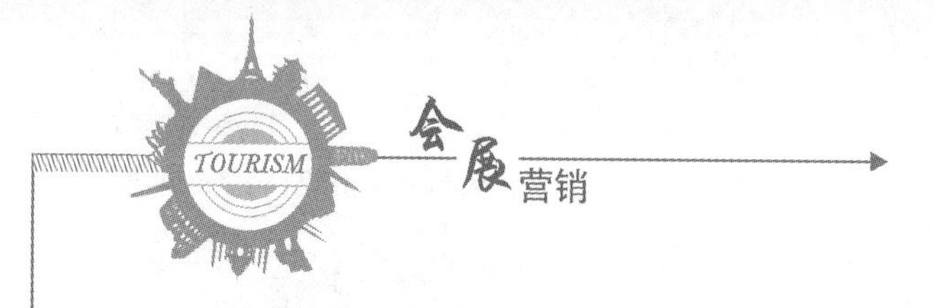

朋友口碑传播的影响，较不稳定。若展会无法提供稳定的服务质量，顾客实际体验到的与口碑传播的会出现不一致，那么顾客期望水平的形成就不容易把握。这些都是不利于会展企业长期发展的。

（六）补救服务失败

在实际的服务流程中，由于服务的无形性，顾客需求易变性等特点，即使会展企业已经做出了最大的努力，还是无法避免出现服务失败。而面对服务失败，企业如何采取有效措施进行服务补救将影响到顾客的期望，进而甚至对顾客满意和忠诚产生影响。会展行业包括各种现场举办的大型活动，突发事故经常会发生，那么对于会展企业来说，建立一个快速灵活解决服务失败的补救措施体系，是其及时修正不利的顾客期望的重要手段。

（七）超越顾客期望

会展作为服务业，满足顾客期望，使顾客感到满意是基础，若想进一步获得顾客忠诚，还需要尽量超越顾客期望，给顾客带来满意和欣喜。然而，需要注意的是，顾客需求是动态变化的，若会展企业总是能够超越顾客期望，那么顾客对展会的服务期望将会相应地上升，顾客会默认展会接下来每一次都能够提供期望的服务，最终可能导致会展企业无法达到而使顾客不满。因此，展会主办方需要不断思考顾客满意与顾客期望的尺度把握。

知识链接 科隆国际家具展 & 科隆国际厨房展首次吸引超过 15 万名观众

作为全球家具行业的顶级盛会之一，由科隆国际展览有限公司主办的每年第一个国际家具展科隆国际家具展和科隆国际厨房展两大展会于 2017 年 1 月 16—22 日在德国科隆国际博览中心落下帷幕。本年度科隆国际家具展和科隆国际厨房展的观众人数达到了历史新高。接近 50％的参观人员和二分之一的专业参观人员来自国外，这让科隆国际展览有限公司主席 Gerald Böse 兴奋地说道："我们已经达到了目标，我们的品牌吸引了 15 万参观人员。""这是我们展会一贯坚持的国际化路线"，他进一步补充道。对此，德国家具工业协会会长 Dirk-Uwe Klaas 也表示赞成。"科隆家具展当之无愧的是一台精彩纷呈的家具行业盛会。整个德国家具行业认为此次展会为 2017 家具主题年营造了一个开门红的良好势头"，Klaas 如此说道。德国联邦家具、厨房设备与装潢商业联合会主席 Hans Strothoff 做出如下总结："此次展会满足了贸易期望。参展商水准高，同时展会上还展示了众多新颖产品。参观者也可以亲身体验感兴趣的产品。所有这一切，都为此次参观带来了超值体验。因此，各参展商也将这次展会视为 2017 家具年的伟大序幕。"

（资料来源：http://www.sohu.com/a/195700525_816429/）

第二节　会展服务质量

会展服务质量是会展活动可持续发展的关键因素，因为它是影响会展顾客满意的重要因素之一。会展顾客评价一个会展活动是基于感知到的服务质量与事先对服务的期望之间的差距情况。若顾客在会展活动过程中感知到的服务质量较好，能够满足其期望的服务质量水平，那么顾客对该次会展活动是感到满意的，便会给予较高的评价，并考虑再次参加。

一、会展服务质量的概念

1982年，芬兰学者Gronroos根据认知心理学的理论，率先提出了“顾客感知服务质量”概念。他认为，顾客感知服务质量是顾客期望的服务质量与顾客实际接受的服务质量的差异。如果顾客感知的服务质量超过预期，则感知服务质量较高，否则感知服务质量较低。它的本质是一种感知，属于个人的主观范畴。

会展服务质量是建立在顾客感知服务质量的基础上，会展顾客会将其在参展过程中所得到的服务与其期望的服务进行比较，从而对会展服务质量进行评估。会展顾客期望与会展顾客感知之间的不一致是会展顾客进行服务质量评估的决定性因素。会展服务质量由“硬件”质量和“软件”质量这两部分构成，“硬件”质量更多地是指展会的基础设施设备情况、服务内容等，“软件”质量则是指会展服务人员的服务质量水平。

二、顾客感知服务质量模型

Gronroos提出的顾客感知服务质量模型认为总体感知服务质量是顾客期望质量与实际感知质量的差距，如果实际感受满足了顾客期望，那么顾客感知质量就是上乘的，如果顾客期望未能实现，即使实际质量以客观的标准衡量是不错的，顾客可感知质量仍然是不好的。模型中的顾客期望质量受市场沟通、形象、口碑和顾客需要等因素的影响，企业的技术质量和功能质量通过企业形象决定了实际感知质量，同时，总体感知服务质量反过来影响企业形象。

基于前人的研究，Rust和Oliver提出了顾客感知服务质量的三因素模型，即顾客感知服务质量由服务产品（Service product）、服务传递（Service delivery）和服务环境（Service environment）三个部分组成。在会展服务中，服务产品指的是会展顾客从被提供的会展服务中所获得的价值，即Gronroos所说的技术质量，指顾客在服务中得到了什么，是会展服务的结果；服务传递则包括了会展顾客获取服务的方式，即Gronroos所说的功能质量，表示会展服务的提供过程，指顾客是如何得到服务的；而环境质量也就是美国营销学家Parasuraman等人所说的服务质量的有形性，指会展企业提供服务，并与顾客进行交易的环境场所，如会议中心、会议酒店、展览馆等。

三、会展服务质量的评价

会展服务质量直接影响到顾客的满意程度和后续参展行为，是会展企业提高竞争力的

关键因素。会展企业需要掌握服务质量的测量方法，以便及时对服务作出调整改善，提供给顾客更为优质的服务，实现顾客满意。SERVQUAL 量表和 SERVPERF 量表是测量会展顾客感知服务质量的两个重要工具，它们都遵循一个基本思路，即首先归纳出会展服务的若干属性，然后通过问卷调查的方式了解会展顾客对这些属性的看法，最后根据所收集的信息来判断会展企业的服务质量状况。因此，Gronroos 认为它们是以属性为基础的测量方法(Attributes-based approach)。

（一）SERVQUAL 模型

SERVQUAL 模型最初是由美国营销学家 Parasuraman，Zeithaml 和 Berry 提出的，通过对顾客服务期望与顾客实际体验质量之间的差距进行评价分析，以此来衡量服务质量。至今为止，SERVQUAL 模型是服务质量领域应用最广泛的服务质量计量量表，同样适用于衡量会展顾客服务期望与实际服务体验质量之间的差距。SERVQUAL 模型指出服务质量具有可靠性、响应性、保证性、移情性和有形性五个维度。

1. 可靠性

可靠性是指会展顾客感知到会展企业能够准确可靠地执行所承诺服务的能力，被消费者认为是服务质量感知最重要的决定因素。如会展企业能够准确及时地完成对顾客作出的服务承诺，那么企业便会在会展顾客心中形成一个值得信任、有诚信的良好企业形象，此时，会展顾客所感知到的会展服务质量是较好的。

2. 响应性

响应性指帮助会展顾客以及提供便捷服务的自发性，与会展服务人员提供服务的意愿和质量有关。如果会展服务人员能够对顾客的要求、询问、投诉等作出即刻处理，积极主动地为会展顾客提供便捷的、适当性的服务，那么会展顾客此时所感知到的服务质量便是较为满意的。

3. 保证性

保证性指的是会展服务人员的知识和恭谦态度，及其能使会展顾客信任的能力。当会展顾客面临高风险的服务或无法依据自己知识能力评价服务的情况，保证性对于会展顾客感知的服务质量至关重要。会展企业需要与会展顾客建立信任感和安全感，而这同时需要会展服务人员一起来完成。

4. 移情性

移情性指会展企业给予顾客的关心和个性化的服务。移情性的本质是通过个性化的或者顾客化的服务，使每个会展顾客感到自己是独特的，感到自己的需求被正确理解并认真对待。如果会展企业能够做到以顾客需求为中心，时刻关注顾客需求变化，提供定制化、个性化的服务，那么顾客所获得会展服务感知质量水平便是较高的。

5. 有形性

有形性指的是使用有形的工具、设备、人员等来代表会展服务。会展企业可以通过有形性来提升企业形象，同时，也有许多会展企业将有形性和质量维度结合起来建立服务质量战略，如同时强调有形性和响应性——提供给会展顾客快速有效的会展服务和舒适清洁的等待区域，有利于提高会展顾客感知服务质量水平。

该模型的中文名称为服务质量的差距分析模型，这些差距具体体现在五个方面：一是认识差距，即会展顾客期望的服务与管理层对顾客期望的服务之间存在感知上的差距。二是制定标准差距，即会展组织者对会展顾客感知服务质量的预测与实际制定的服务质量标准之间的差距。三是会展服务绩效差距，即具体会展服务质量标准与实际提供服务之间的差距。四是传递差距，即会展企业实际提供的服务与通过外界宣传之间的差距。五是期望与感知差距，即会展顾客期望的会展服务质量与真实感知的会展服务质量之间的差距，即会展顾客感知服务质量。

（二）SERVPERF 量表

Cronin 和 Taylor 提出的 SERVPERF 量表，摒弃了 SERVQUAL 所采用的差异比较法，只是利用一个变量(即服务绩效)来度量顾客感知服务质量，即绩效感知服务质量方法。而在评价的维度和指标上，SERVPERF 模型依然沿用 SERVQUAL 模型的五个一般化维度和 22 个标准。可以看出，SERVPERF 模型是在 SERVQUAL 模型的基础上进行的改进。SERVPERF 模型由于无需考虑顾客的期望，评价体系的数据处理并不复杂，节省大量的时间。

SERVQUAL 和 SERVPERF 都是从可靠性、保证性、有形性、响应性及移情性 5 个属性出发，让受访者评价感知的服务质量。但因为不同的服务行业存在差异，不可能确定出具有普遍意义的服务属性，故无法设计出一种普遍适用的准确测量方法。而且，由于服务属性是由测量人员事先设计好的，顾客是在一个固定的框架中回答问题，以属性为基础的测量方法较难充分捕捉到顾客对服务质量的各方面的感知。此外，以属性为基础的测量方法只能对服务进行评分，无法提供如何改善这一服务的信息，这样也就不能为服务质量管理提供更多的帮助。

知识链接　进博会首票进境展品通关

2018 年 9 月 11 日，距中国国际进口博览会开幕还有 55 天时间，一辆重 1110 千克、价值 3 万欧元的生物概念车 Biofore，从芬兰经布鲁塞尔转机运抵上海，并带着展览品国际通行"护照"ATA 单证册向上海海关申报，成为首届中国国际进口博览会首票通关的进境展品。芬兰 UPM 芬欧汇川(中国)有限公司利益相关方关系总监马源源透露，生物概念车 Biofore 从上周境外出运时开始办理相关手续，到货物正式通关成功，前后只用了不足 1 周时间，"而且，过去 ATA 单证册上的海关签注期限为 6 个月，考虑到大量展品在展后还有续展需求，此次上海海关专门针对进博会展品发布了 ATA 单证册首次进境期限延长至单证有效期满的便利措施，这对参展商而言是非常贴心的举措，可以让我们有充足的时间展现自己！"为了此次进博会，上海海关率先在现场业务二处设立进博会海关专用窗口。"专窗"还将入驻国家会展中心(上海)。

（资料来源：http://news.sina.com.cn/c/2018-09-12/doc-ihiixzkm7629143.shtml/）

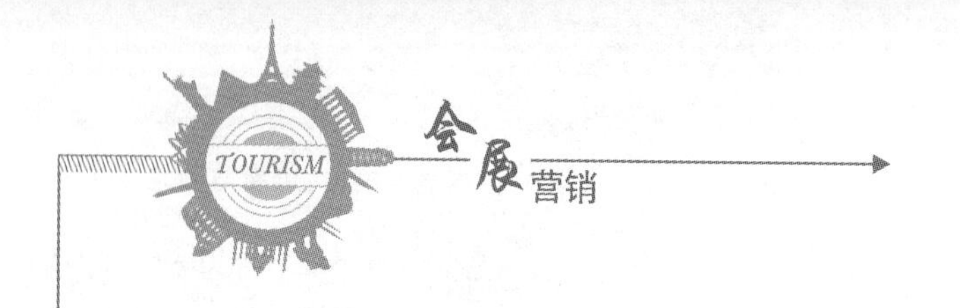

第三节　会展服务满意

华远国旅会奖事业部高级副总经理蒋伟曾提出:"实现顾客满意度,使企业达成举办活动的目的,也是会展从业人员的根本。"杰出的会展企业会想方设法地使顾客感到满意,通过展前调研了解顾客期望,或者在活动中为顾客寻找亮点,帮助顾客解决问题,让顾客真正从中获利。因为只有当会展顾客感到满意了,才有可能产生忠诚感,提高反复参展的机率,并积极向他人传播分享自己参展的美好体验,会展企业才能从中获取利益,在顾客心目中塑造出良好的企业形象。

一、会展顾客满意的内涵

1965 年,美国学者 Cardozo 将顾客满意的观点首次引入营销领域,Kotler 指出顾客满意是"一个人通过对一个产品的可感知效果与他的期望值相比较后,所形成的愉悦或失望的感觉状态"。这种感觉状态实际上是可感知效果和期望值之间的差异距离,即顾客满意=顾客感知－顾客期望。若顾客感知到的实际服务水平低于预期,那么顾客会感到不满意;若顾客感知到的实际服务水平符合预期,那么顾客就会感到满意;若感知到的实际服务水平超过预期,那么顾客会感到非常满意甚至惊喜。

会展顾客满意是顾客满意理论在会展业中的延伸,指的是会展顾客将其所体验到的会展服务与期望的会展服务相比较后,形成的一种感觉状态。Kolter 曾指出:"企业的整个经营活动要以顾客满意度为指针,要从顾客角度,用顾客的观点而非企业自身利益的观点来分析考虑消费者的需求。"德国展览界的普遍观点是:"对于成功的展览会而言,绝不是简单地用出租了多少面积来衡量。对参展商和观众的服务是必不可少的。"可见,会展顾客满意对会展企业经营发展的重要性。若会展顾客感到满意了,便会对会展企业形成良好的印象,甚至产生忠诚感。

会展顾客满意具有主观性,其满意程度是建立在会展服务的体验上,感受的对象是客观的,而结论是主观的。会展顾客满意的程度与顾客的自身条件,如知识和经验、收入状况、生活习惯、价值观念等有关,他们习惯于把所体验的服务质量与和过去感知到的服务质量相比较,由此得到的满意或不满意具有相对性,并且处于不同层次需求的会展顾客对会展服务的评价标准也不同。

二、服务质量差距模型

20 世纪 80 年代中期到 90 年代初期,美国营销学家 Parasuraman 等人提出服务质量差距模型(见图 2-5),并分析了服务传递中的 5 种差距,服务质量的高低取决于服务传递过程中自然产生的这五种差距,差距越小,表明传递越充分,与顾客期望的差距越小,服务质量越高。该模型可以作为服务企业营销的基本框架,它能够指导管理者发现质量问题的根源,并寻找消除差距的适当措施。

服务质量差距模型指出，缩小顾客感知和顾客期望产生的差距即为服务质量感知差距(差距 5)，是企业营销的主要目标。要弥合这一差距，就要对以下 4 个差距进行弥合：差距 1——管理者认知差距；差距 2——质量标准差距；差距 3——服务交易差距；差距 4——营销沟通差距。以展会为例，参展商对服务的期望与参展商实际感知服务质量之间的差距主要表现在展会组织者认知差距、标准差距、服务交易差距和营销沟通差距这四个方面。认知差距是指展会组织者认为的参展商期望与参展商真实期望间的差距。标准差距是指展会组织者制定的会展服务标准低于同行业服务水平而产生的差距。服务交易差距是指在服务生产和交易过程中，展会服务人员的行为不符合质量标准而产生的差距。营销沟通差距是指展会组织者向参展商和观众作出的承诺与实际提供的服务不一致而产生的差距。为了弥合参展商服务质量感知差距(差距 5)，展会组织者需要采取适当的措施消除以上 4 个差距，以提高参展商感知服务质量水平，赢取参展商满意度。

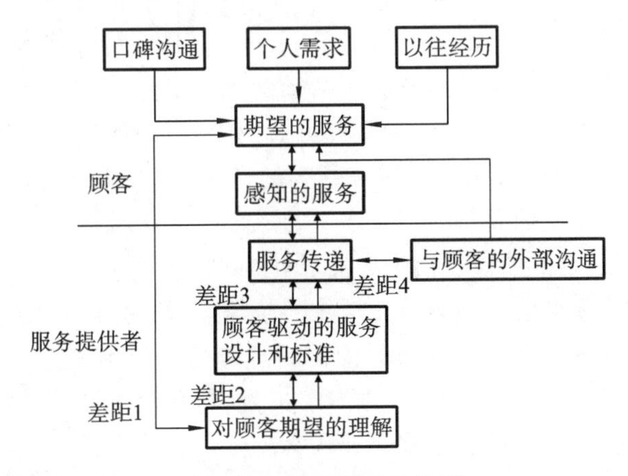

图 2-5　服务质量差距模型

(资料来源：克里斯廷·格罗鲁斯. 服务管理与营销(第二版)[M]. 北京：电子工业出版社，2002.)

三、顾客满意对参与行为的影响

会展的顾客包括参展商和专业观众，他们都是购买会展服务的消费者，顾客对会展服务质量的满意度情况将会影响他们后续的参会行为。

参展商是会展企业最直接、最重要的顾客，同时又是向专业观众展示产品和服务的供给方。影响参展商满意度的因素包括会展企业的形象、员工满意、对会展企业提供服务的感知质量等方面，参展商满意与否很大程度上关系到展会的成败。若参展商对展会所提供的服务感到满意，参展的目标基本实现了，那么他们才会考虑继续购买下一次参展的展位，甚至形成忠诚感，成为该展会的忠实顾客。若参展商对展会所提供的服务感到不满意，那么他们选择继续参展的机率将会大大降低，甚至会对该展会形成不好的印象，进行不利的口碑传播。

专业观众作为参展商的直接顾客，影响其满意度的因素包括会展企业的形象、员工满意、对会展企业提供服务的感知质量等方面，但更重要的还是参展商形象、对参展商展示产品和服务的感知质量等。若专业观众对展会及参展商所提供的服务感到满意，他们才会考虑再次购买展会门票，连续参展。若专业观众对所提供的服务感到不满意，那么他们可能会考虑选择别的展会。

四、会展顾客满意度管理

研究发现，平均而言，一个非常满意的顾客会将其满意的产品或服务传达给其他 12 个人，其中大约有 10 个人在产生相同需求时会光顾该企业。每个非常不满意的顾客会向至少 8—10 个人传达他们的不满，这些人在产生相同需求时几乎不会光顾被抱怨的企业，而且还会继续扩大这一负面影响。可见，顾客满意问题将直接影响企业的形象、声誉以及持久竞争力和利润获得能力，因此，对会展顾客满意进行管理是至关重要的。会展企业应该以提升满意度为核心，展开其经营管理工作。

（一）会展顾客满意管理的概念

顾客满意管理(Customer satisfaction management)是一种追求顾客满意的管理活动，它将追求顾客满意的理念融入企业经营管理活动的每一个环节。顾客满意管理是现代市场竞争和信息时代的管理理念、管理战略和管理方式的综合，是现代市场经济体制下组织管理的基本模式。现代市场竞争，归根结底是对顾客的竞争。“关注顾客，让顾客完全满意”，已成为企业在竞争中能否取胜的关键。过去的企业强调外在形象和企业利润，忽略了顾客的需求，而如今的企业已从之前的以利润为中心转化为以顾客为中心。

会展顾客满意度管理将会展顾客的需求作为企业进行服务内容、流程设计的源头，从顾客的利益出发考虑服务设计、价格设定、分销促销环节建立等问题，并建立完善的展后服务系统。会展组织者需要从参展商和观众的需求出发，考虑展会设计、招商、招展、促销等问题，以提高顾客满意度为最终目标，赢取会展顾客忠诚。

（二）管理会展顾客满意度的作用

会展顾客包括参展商和观众，这两个主体的满意是会展企业发展壮大的助推器，是企业效益的源泉。管理会展顾客满意既有利于帮助会展顾客获得更好的会展服务质量，也有助于促进会展企业更好地发展，增强会展企业竞争力。

1. 对会展顾客来说

1）获取真实可靠的会展服务信息

会展顾客满意的高与低，一定程度上直观反映出会展服务的相关信息，可以作为顾客在考虑参展与否、判断取舍的重要依据。

2）获取满意的展中、展后服务

会展顾客如果在参展期间遇到任何不懂的问题，都可以在顾客满意中直接反映出来。会展服务提供者将会十分重视这种信息，迅速采取措施加以弥补和纠正，加大对服务内容及流程的投入与管理，使会展服务更加完善、可靠，力争使会展顾客从不满意转向满意，从而有利于会展顾客获得较为满意的展中、展后的服务。

3）获得超越期望的会展服务

通过对会展顾客满意的调查，会展企业能够较为准确地把握会展顾客明示和隐含的需求，并将这些需求及时地转化成会展服务质量要求，进而实现超越会展顾客的期望。并且，不同会展企业提供同类会展服务之间的竞争目标都是为了赢得会展顾客的满意度。因此，会展顾客在参展中获得超越期望的服务所形成对会展企业的满意度会较高，这有利于会展企业在市场竞争中保持优势地位。

2. 对会展企业来说

1）及时转变经营战略

随着生产力的不断发展，市场从“卖方”转向“买方”，会展顾客在同会展企业的关系中由从属地位走上了主导地位。市场由企业主导转变为顾客主导，此时，会展企业必须转变经营战略，即“顾客要什么你就生产什么”，但是由于受传统的价值观念的“惯性”作用，许多企业在一段时间内很难转变经营视角。通过管理会展顾客满意度，可以较快地促进会展企业牢固确定“以会展顾客为关注焦点”的经营战略，在追求顾客满意的进程中求得不断发展。

2）提高工作人员素质

通过外部会展顾客满意度测评，会展服务人员可以了解到会展顾客对服务的需求和期望，有助于增强其市场观念和质量意识；服务人员可以感觉到竞争对手所处的位置，有助于增强危机感和紧迫感；服务人员可以感受到会展顾客对服务的不满和抱怨，有助于增强责任心和事业心。通过内部顾客满意度测评，企业经营领导者和管理者可以了解到会展服务人员对企业的需求和期望，进而在内部创造良好的工作环境和组织氛围、建立良性的激励机制和管理机制，从而形成强大的凝聚力和战斗力，最大限度激发服务人员的积极性和创造性。

3）改进服务质量

会展顾客的需求和期望不是一成不变的，会展顾客满意是一种动态的、相对的概念。从时间意义上讲，今天的会展顾客满意是相对于昨天的不满意而言的，更不能代表明天顾客也一定会满意；从空间意义上说，会展顾客满意可能是相对于企业竞争对手的不满意而言的，如果企业的竞争对手提高了顾客满意度，顾客就会不满意。通过会展顾客满意，会展企业可以及时把握顾客满意或不满意的原因，分析预测会展顾客隐含的、潜在的需求，从而有力地推动会展企业对服务质量的持续改进和创新。

4）增强竞争能力

会展企业调查顾客满意的一个主要目的，是把握与其竞争者满足顾客期望和需求的程度，了解竞争者在提高顾客满意度等方面的经验和做法，寻找自己与竞争者之间的差距，从而采取有效措施和对策，不断提高会展顾客满意度，赶上并超过竞争者，增强企业竞争能力。同时，通过开展会展顾客满意度指数测评，可以引导帮助会展企业建立起以顾客满意度为目标的新的经营战略、企业文化、服务人员队伍和创新机制，大大增强企业在市场经济体制下的适应能力和应变能力，从而在各方面增强企业的竞争力。

5）提高顾客忠诚

会展企业的市场营销人员需要不断地收集、整理、分析参展商、观众以及与展会相关的资料，并且追踪分析这些信息资料，以利于对参展商和观众进行市场细分，从中找到较为稳定的、可盈利的长期顾客，并不断寻求这些顾客的新的市场需求，针对这些顾客和需求研究开发稳固这些市场的营销策略。尤其是对于一些重要的参展商和观众实施具有针对性的、差异化的营销策略，以提高他们的满意度和忠诚度，进而带动其他潜在参展商和观众的购买，扩大销售，增加盈利。

6）提高服务水平

会展企业需要从会展顾客的立场出发，提供顾客化的展会服务，这有利于培养专业素质高的会展从业人员。不管是从场馆建设、公共设施的合理配套等硬件方面，还是服务人员的专业技能配套、城市服务资源的优惠便捷吸引等软件方面，“面向顾客”是会展业的灵魂。会展服务水平的高低优劣决定了参展商和观众对会展业专业性的认可程度，只有满意的顾客才有可能是忠实的顾客，这是展览业最宝贵的资源。

（三）实施会展顾客满意管理的措施

会展企业实施顾客满意度管理应分成参展商和专业观众两个层次，这就需要分别针对参展商和专业观众进行顾客度满意调查和测评，进而对目前造成业绩不够突出而又影响巨大的满意度影响因素给予重点关注和积极改善。会展企业可以通过以下措施进行顾客满意度的管理。

1．营造顾客满意文化

组织文化的建设一般需要较长的过程，围绕会展顾客满意建设企业文化不仅需要取得员工的一致认可，还需要员工全体参与到文化建设过程当中，并接受相应的资源与技能培训，真正做到细致策划，认真执行。

2．促进内部员工满意

会展企业的顾客满意度管理必须有全体员工的通力合作才能顺利实施。为了让员工重视顾客满意度，会展企业必须将员工的工作绩效同顾客的满意程度挂钩，将顾客满意度作为衡量员工工作绩效的重要指标，改变目前企业员工报酬和奖励只与其负责项目数量有关的做法。同时要奖励那些顾客非常满意的员工，从而激励员工更好地为顾客服务，增强顾客满意度。

3．提供顾客预期服务

会展企业必须进行市场调研，了解各参展商的参展目的，根据调研结果进行展会的策划、推广、营销、宣传等活动。会展企业应为各参展商提供个性化服务，以帮助其实现参展目的。如根据参展商“获得订单”的目的，会展企业应极力邀请那些“为下一生产季度寻找原料”“建立新的顾客关系”的专业观众参展，同时尽力使展会提供的各类手册、资料内容更完整，更有针对性。

知识链接 2018 山东国际印刷、包装工业展览会为地方印刷展会“打样”

40 余年办展历史，五大展区，展览面积达 2 万平方米，参展企业 301 家，展位 736 个，纸品包装设备占据 70%的参展份额……如上数字出自 3 月 27—29 日在山东济南举行的集展览展示、洽谈交易、交流互动于一体的 2018 山东国际印刷、包装工业展览会。作为颇具影响力的区域性展会之一，山东国际印包展可以说是为地方举办印刷包装设备展“打样”。

主办方服务到位，多方协作服务给力，为参展商、参观者提供了个性化服务。

比如为给参展商做好收货及卸货服务，主办方将布展时间提前安排，并安排专人为参展商代收参展设备，保证参展样机提前就位，节省参展商布展时间。此外还提前走访客户，根据客户的采购需求和反馈，及时与参展商沟通，建议参展商携带市场反馈好、需求旺盛的设备参展。

作为承办方，山东省印刷物资有限公司总经理沈铁告诉记者，展会举办地在山东省印刷物资有限公司内，核心优势就是有自己的场馆，进馆和撤馆时间比较灵活。同时，印刷物资公司具备自己的装卸队伍，为参展商提供免费的装卸服务。

“还有较为关键的一点是，机械设备销售是我们的主营业务之一，日常经营中能够较为精准地掌握客户的购买意向，因此可以和参展商会前沟通，推荐他们带什么样的设备参展，进而提高展会现场成交率，这也是众多参展商青睐我们的原因。”沈铁说。

（资料来源：http://www.keyin.cn/news/zhhd/201804/10-1110257.shtml/）

4. 提高会展服务质量

会展组织者需要树立国际化的服务观念，借鉴会展发达国家成熟的会展服务运作模式，按照市场化、商业化、专业化的要求进行服务运作，帮助参展商、采购商解决各种具体问题，实现服务流程的规范化、标准化。从硬件方面来看，会展企业应保证展览场馆服务设施的齐备，设置就餐中心区、休息场所、电动通道等人性化配套设施，同时服务区域内按照一定的比例配置服务人员。从软件方面来看，会展企业应通过培训等方式提高员工综合素质，包括专业技能和服务理念。专业技能可以通过组织培训加以强化，但是服务理念需要服务人员自身的文化认同，也需要会展企业时刻关注服务人员的状态，必要时候加以引导。

知识链接 建设智慧广交会提升服务智能化水平

第123届广交会于2018年4月15日至5月5日在广交会展馆分三期举办，总面积118.5万平方米，展位总数60475个，境内外参展企业25171家。出口展展区51个，展位总数59483个，其中品牌展位11925个，参展企业24554家；进口展展区分设于第一、三期，展位总数992个，34个国家和地区的617家企业参展。

智慧广交会建设是广交会改革发展、提升服务的重要一环，为服务智能化水平的提升奠定了良好基础。这届广交会继续深入推进了智慧广交会建设：一是完成A区展厅无线网络建设并试运营，网络硬件设施大为改观，WIFI上网速度显著提升。二是建成多层次全面防护网络安全架构，为展客商提供更为安全稳定的网络保障服务。三是提高了现场采购商办证效率，对采购商办证系统进行了优化改进，全面引入摄像头翻拍、自动裁剪相片、人像识别辅助查找历史办证记录、证件自动绑定等多项智能办证技术，提升了采购商信息采集质量和办证体验效果。四是优化了采购商证预申请流程，简化采购商电子服务平台(BEST 平台)预申请办证信息提交手续，并将广交会官网的“采购商证预申请”服务专栏与 BEST 平台的预申请界面进行整合，提高预申请办证效率。五是提升了大数据看板展示效果，扩充看板展现内容，优化升级展现方式，以实时动态的方式展示广交会大数据成果。六是推进展品搬运服务智能化，指导和敦促承运商提供优化智能化服务手段，加快服务响应速度，为参展商提供了便利。

(资料来源：http://silkroad.news.cn/2018/0413/91766.shtml/)

5. 提升会展顾客价值

会展顾客的满意在于通过参展能够有所收获，包括知识层面和业务层面。对于参展商而言，主要利益在于主办方能否为其提供良好的交易环境和市场信息。主办方需要帮助参展商向更多的观众展示产品和企业形象，以获取订单和顾客来源。只有参展商获得的实际服务和收益(关键是观众数量和质量)符合或超过他们的潜在预期时，参展商才会觉得满意，才能实现他们的价值。

知识链接　任性渔具展：我们就是不要高人气

由中国国际贸易中心股份有限公司、北京澳钦润江展览有限公司主办，北京澳钦润江展览有限公司承办的渔具展于 2015 年 3 月 2 日至 4 日在北京新国展拉开帷幕。展台工作人员操着流利的英语为海外买家答疑解惑，就连旁边树立的提示牌也是英文呈现。随意翻看几个展台的宣传册，发现上面基本都选用了中英文或者全英文介绍，甚至连现场工作人员的名片也印制了英文版。此外，现场观众的观展目的也非常明确：寻求合作。现场不少观众手里拿着小纸条，来到相应展台，对照小纸条寻找合适的产品。他们中，也有不少人和参展商已是老朋友，握手、拥抱……展台现场的气氛很是熟络。

参与调研的参展商普遍对参展的效果表示满意，其根本原因就在于主办方对高大上的国际买家的精准定位与邀约。

(资料来源：https://mp.weixin.qq.com/s/VX0dc2GthaXDNL3C-ERr_g/)

6. 重视展后顾客跟踪

1) 做到会展后续服务专业化

展后结束半个月内会展企业应该主动与顾客联系沟通，了解展会效果，另外可将整理好的现场图片和详细的展会报告反馈给顾客，并请顾客提出下一届改进的意见。这些展后市场调研工作体现了专业的服务态度，能够增加顾客对企业的满意程度，留住顾客；同时，有助于会展企业及时掌握市场反馈，保证能够准确快速地作出市场反应。

2）建立长期合作关系

会展企业想赢取长期的参展商必须具有长远眼光，要努力了解参展商的业务和参展目的。会展企业可以保持半个月一次的联系，既不让顾客忘记，也不能让顾客反感，尽可能了解顾客的活动和需求情况，主动向顾客提供行业咨询，以便建立长期的合作伙伴关系。

总之，只有提高会展顾客的满意度，才能提高顾客的反复参展率，才能提高会展顾客忠诚度，最终巩固和提升会展企业的市场份额。

本章小结

会展顾客对会展服务都抱有一定的期望，可以按照服务期望的清晰程度分为显性期望、隐性期望、模糊期望，也可以按照顾客对期望的要求程度划分为适当期望和理想期望。

显性期望(Explicit expectation)是指会展顾客在接受服务之前，心中已经清楚并能够表达出需要会展企业应该提供的服务细节，相信会展企业可以且应该提供这种服务。隐性期望(Implicit expectation)是指有些会展服务要素对于会展顾客来说是理所当然的事情，无需表达出来，但却是一定要提供服务的期望。模糊期望(Fuzzy expectation)是指顾客希望会展企业能为其解决需求问题，但并不知道如何表达自己的服务期望。

适当期望是一种较低水平的期望，是顾客认为可以接受的服务水平。若会展服务水平低于顾客可以容忍的服务水平的底线，就会引起顾客不满。理想期望则代表顾客希望得到的服务水平，是一种较高水平的服务预期，若顾客的实际体验与服务预期越接近，顾客满意度便会越高。

不同的参展者对同一会展服务所抱有的期望不一致，因为受到多方因素的影响，如顾客个人需求、参展经历/经验、口碑传播和企业承诺等。

会展企业可以通过采取一定的措施管理顾客期望，并从多方面提升会展服务质量，如基础设施设备、服务人员专业技能的提升，提高顾客感知会展服务质量水平，使顾客实际体验到的服务质量与其期望的服务质量相符合，从而实现顾客满意。会展企业可以采取以属性为基础的测量方法，获取顾客感知到的会展服务质量，并根据实际情况针对性地改善服务质量，提高会展顾客连续参展的意愿。

关键概念

会展期望　顾客感知会展服务质量　会展顾客满意

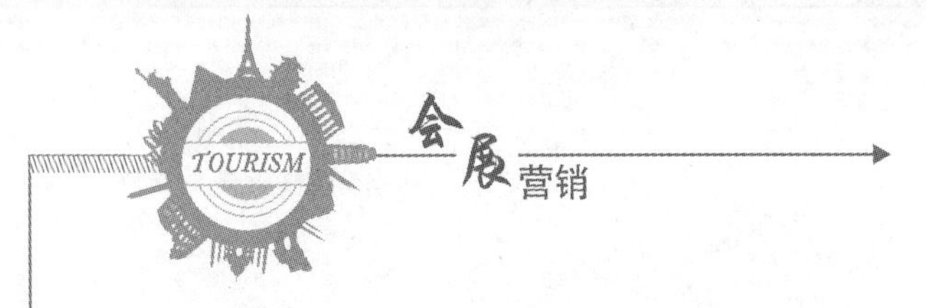

复习思考题

1. 顾客对会展服务的期望包括哪些类型,这些期望在什么情况下会相互转化?

2. 什么因素会影响顾客对服务的期望?有哪些措施可以有效管理顾客期望?

3. 会展顾客感知服务质量存在哪些维度?不同的维度分别有什么表现?

4. 测量顾客感知会展服务质量有哪些方法?有什么利弊?

5. 如何管理会展顾客满意度?

第三章

会展消费者

学习目标

了解会展消费者的构成，明晰会展个人消费者和机构消费者的行为特征及其影响因素；掌握会展参与的动机和决策过程，包括会展的机构消费者及个人消费者参与会展活动的动机和决策过程；熟悉关系营销和会展顾客关系管理。

案例引导　正博会招商招展方案

中国·石家庄（正定）国际小商品博览会（以下简称正博会）是河北省重点培育的8个省部级品牌展会之一，为进一步扩大对外开放提供合作平台，着力推动现代服务业加快发展。本届正博会立足省会、融合京津、辐射全国、放眼世界，有机整合商贸流通、文化旅游资源，以游带商、以商兴市、以市促产，为广大企业提供宣传推介、合作交流的平台。2008年至今，正博会已连续举办了十届，吸引了大批高层次的商会代表、企业家到正定进行经贸洽谈，其影响力、知名度、美誉度不断提升，曾先后荣获“全国知名品牌展会”“全国政府主导型展会50强”“中国会展业优秀展会奖”“中国十佳优秀特色展会”等殊荣。

本届正博会于2018年4月在河北正定举行，由河北省人民政府和中国商业联合会主办。现面向社会进行招商，具体如下。

1. 展览展示

本届正博会展览面积50000 m^2，其中主展馆设在石家庄国际展览中心，设特装展位若干，标准展位约500个，室外展场设特色美食展位约100个。主要展示展销服装纺织、电子电器、文体饰品、汽车用品、家居用品、日化用品、工艺品、特色食品等。另外设置4个分展馆，展位1000个，根据不同业态设置不同展区，展示展销各类小商品、家居家具商品等。

本届大会诚邀国内外小商品企业及相关行业客商洽谈采购投资。目前意向邀请到中国商业联合会、中国东盟农资商会、中华两岸投资创业协会等行业协会及京津等地分会负责人、企业家代表参会，参会客商涵盖欧美、东北亚、东盟、港澳台等20多个国家和地区的几千家采购商和参展企业。

2. 主要活动

以“4＋4”现代产业发展为主线，结合石家庄及正定经济发展实际，重点围绕旅游发展、文化创意、商贸物流、生物医药、信息技术等方面组织策划会展活动。主要活动包括开幕式、经贸洽谈活动及项目签约仪式、石家庄文化旅游发展峰会、第十九届千年古韵历史文化旅游节等活动。另有区域发展相关的推介活动，及产业相关的论坛、峰会等活动。

3. 招商政策

为鼓励境内外(含香港、澳门、台湾地区)高质量、高层次参展商踊跃参展，大力促进会展业的快速发展，组委会研究决定，本届正博会参展企业免收展位费、免收证件办理费，需特装的企业要委托有资质的单位进行设计和布展，特装费用给予一定补贴。

招商招展采取两种方式全面推进市场化运作，一是鼓励组团参会参展，由正博会组委会与有关单位和专业会展公司签订协议，分别在招商招展的类别、数量、费用三个方面进行约定，享受《2018年第十一届正博会招商招展政策》；二是参展企业自主报名，接受大会统一安排。

（资料来源：人民网《2018年第十一届中国·石家庄(正定)国际小商品博览会招商招展方案》，有删减。http://he.people.com.cn/n2/2018/0309/c192235-31325619.html/）

■案例思考：

1. 正博会的招商政策面对的群体有哪些？

2. 正博会通过什么方式吸引机构参展及观众观展？

3. 参展企业为什么要参与正博会？其决策过程可能有哪些？

第一节　会展消费者行为

消费者是市场营销活动的主要对象。现代市场营销理论认为，了解消费者的需要和欲望、分析消费者的行为，是市场营销的出发点。了解消费者的需求是企业组织生产的前提；对消费者行为进行研究，是企业进行市场营销活动的基础，也是整个营销管理学科体系的基础。不同的消费者有不同的消费行为，同一个消费者也会因为所处的情景不同、所购买的产品不同等，表现出不同的消费行为。因此，消费者行为具有复杂性、多面性。在服务营销领域，由于服务的独特特征，使得消费者在评价和选择服务时更加困难，消费者的行为也更为复杂。会展消费者研究以及行为分析，是会展营销的重要内容。

一、会展消费者构成和特点

认识和了解会展企业消费者的构成对于会展营销工作具有重要意义。一方面，由于展览会的产品和服务通常包含的内容非常丰富，付款者未必全部是参展商，其他机构（如赞助商）也可能付款却并不订购展位；另一方面，由于展览会是一种旨在构筑贸易平台的特殊服务，而贸易是参展商和专业观众的互动行为，不是其中任何一方能够单独完成的。所以，会展营销人员不但要把展览会推介给参展商，还要把展览会推介给观众尤其是专业观众。

因此，会展的消费者不仅仅是参展商，还包括观众、广告客户、赞助商等多种机构和个人。会展营销人员只有清楚地了解会展产品的消费者构成及其需求特点，才能在实际工作中找准对象，提高营销工作的效率。

（一）会展消费者构成

会展消费者既包括机构消费者，如参展商、赞助商以及广告客户等；也包括个人消费者，即展览会的专业观众和普通观众。

1. 机构消费者

1）参展商

参展商是从展览会组织者手中订购展位、并利用有限的展位空间，通过声光电等多种形式展示产品和形象的机构。参展商支付的款项是组展企业最重要的收入来源，参展商是会展企业最主要的消费者。最大限度地满足参展商的需求，是组展商一切经营活动的出发点。

2）赞助商

赞助商是以现金或者实物等形式为展览会提供赞助的机构。展览会赞助是一种商业行为，这一点不同于具有慈善性质的“捐助”。展览会赞助商在向组织者提供赞助的同时，需要组织者提供特别的宣传促销方案作为交换条件。在大多数情况下，展览会的赞助商同时也是参展商。

3）广告客户

广告客户是指展览会期间各种宣传机会和宣传媒介的购买者。尽管展位租金通常是组展商的主要收入来源，但是如果展览会期间的广告产品销售比较理想，广告费同样会成为组展商不菲的收入来源。所以，许多有经验的组展商总是善于挖掘展览会期间的宣传机会，并将其转化为可以出售的广告产品，以获取最大限度的商业利益。

2. 个人消费者

主要包括参与展览会的观众，是通过购买门票或提前注册入场参观、与参展商进行洽谈的自然人。按照观众的身份、目的的不同，可以分为专业观众和普通观众两类。

1）专业观众

专业观众包括产品供需型、技术探求型和情报收集型三类。其中，产品供需型的观众以产品交易为最终目的，通常由企业和公司的采购员、市场部经理等人员组成；技术探求型观众的目的是探求相关领域技术的发展状况，了解该领域的最新动态，其参加人员一般是企业

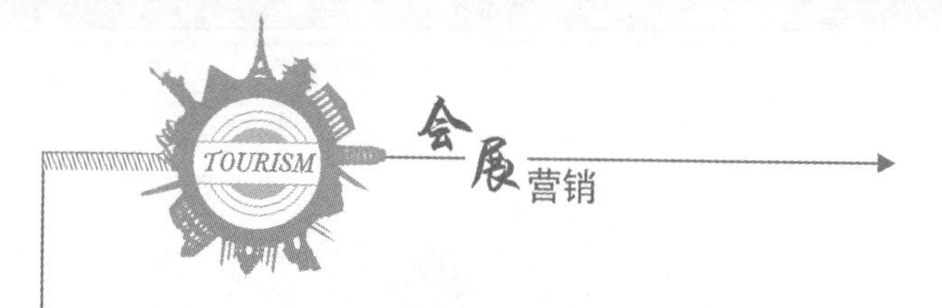

的工程师、设计师等技术人员；情报收集型的观众主要目的在于收集竞争对手的产品、价格等情报，从各个方面实际了解竞争者的现状，一般由企业的战略层人员和市场部人员参与。专业观众又称为“买家”，是展览会中不可缺少的部分。因此，在组展商的销售工作中，应当安排充足的时间和人力进行专业观众的邀请工作。一般来说，专业观众主要由组展商的营销人员负责邀请，特别重要的专业观众还需要组展商为其支付交通、住宿、餐饮等差旅费用。除此之外，协办单位、支持单位以及参展商对专业观众的邀请通常也是专业观众邀请工作的重要途径。

2）普通观众

普通观众是指为了获取新知识、新观念以及了解新产品等目的而前往展览会现场参观的普通群体。除了汽车展、航空展等观赏价值高的展览会需要普通观众购票入场外，大多数展览会普通观众可以免费参观。普通观众虽然不像专业观众那样具有明显的贸易动机，但他们同样是参展商的目标消费者。一般情况下，组展商通过展览会广告、邮寄邀请函、现场赠送小礼品等方式吸引普通观众的注意。

（二）会展消费者特点

会展产品与服务的特点以及展览会的核心功能，决定了会展企业的消费者与其他企业的消费者具有明显不同。主要特点表现在以下三个方面。

1. 会展消费者以机构客户为主

展览会本质上是一种贸易促进平台，因此其主要服务对象是商人，主要功能是展示企业的商品、技术和形象，主要目的是寻找商业合作伙伴。尽管展览会上也有大量基于个人行为而参观的普通观众，但真正购买组展商产品和服务的消费者几乎全部是“机构客户”，不管参展商、赞助商还是广告客户，都是如此。

2. 会展消费者不一定是购买者

在大多数行业中，谁付款购买企业的产品和服务，谁就是消费者。但是，在会展企业中情况有所不同。一部分机构参加展览会，或者在展览会上宣传和推广自己是需要付费的，主要包括参展商、赞助商和广告客户；但是，也有一部分消费者如专业观众和普通观众，他们参加展览会并不一定需要付费。从发展趋势看，除了部分观赏性较高的展览会外，大部分展会对观众免费开放。不仅如此，对一些购买力非常强的专业买家，组展商通常还需要采取为其支付差旅费用等方式邀请对方参观。

3. 会展消费者之间相互依存

虽然从组织者的角度看，参展商和观众都是组展商的消费者，但是在会展行业中，这两类消费者并不是“独立消费”的，而是具有非常高的相互依存性。没有参展商一流产品和技术的吸引，就不会有观众；同理，如果没有实力强大的买家的参观，展览会上就无法产生可观的交易成果，参展商也就没有参展的积极性。赞助商和广告客户的情况也是如此，他们愿意给展览会提供赞助，或者在组展商提供的宣传平台上做广告，最根本的一点是他们看重组展商能够给他们提供接触最有价值的目标客户的机会，如果没有一流的买家参与，就没有企业愿意为展览会提供赞助与广告费用。

二、会展消费者购买特征

通常情况下，产品和服务的购买主体有两类：一是自然人消费者；二是机构消费者。由于展览会的参与者以机构为主，所以会展产品和服务的购买从总体上属于机构购买行为。与消费者个人购买行为相比，机构购买具有以下三个典型特征。

（一）具有事前的计划和预算

个人购买商品和服务时，除了住房、汽车等耐用消费品需要带有一定的“不成文的计划”外，绝大多数产品和服务的购买带有很大的随机性。但是企业很多购买行为都必须在事前列入书面的计划和预算，展览会的机构消费者也是如此。针对本来就列有参展预算的企业进行营销相对容易成功，而对那些在计划和预算方面执行比较严格的企业来说，如果没有事前的参展计划和预算，企业就无法参展。因此，会展营销人员在针对机构消费者进行营销时，需要首先了解其在参加展览会方面的“计划和预算”情况，如在本财政年度内是否有参展计划、是否为参展列出了相应的预算等。

（二）遵循一定的决策程序

机构作为一种“法人”，通常需要按照法人的办事规则行事。机构是否决定参加展览会，一般情况下不是机构中某一个人说了算，而是需要通过正规决策程序才能最终决定下来。当然，由于企业规模、企业文化、领导人的权力偏好等因素，会导致不同企业在参加展览会的过程中遵循不同的决策程序。有的企业倾向于在与展览会内容有关的部门负责人提议后由公司高层领导决策，有的企业倾向于由公司高层领导直接决策，当然也有些企业倾向于由与展览会内容有关的部门负责人直接决策。

（三）由专门的部门来完成

这一点显然不同于个人的购买与消费行为。在很多情况下，个人的购买与消费是结合在一起的，而企业的参展行为则有所不同。企业通常委托与展览会内容相关的部门或者公司行政部门具体负责采购，然后委派相关的业务人员参展。实际参加展览会的人员与购买展览会产品和服务的人员往往是分开的，参展人员通常对具体业务比较熟悉，但是对参展过程中具体产品和服务的购买情况不一定非常清楚。

三、影响会展消费者行为的主要因素

不同类型的会展机构消费者，影响其消费行为的因素也各有不同（见图 3-1），主要可分为五大类：环境因素、组织因素、团体因素、个人因素和文化因素。会展营销人员应了解和运用这些因素，引导机构购买者的消费行为。

（一）影响机构消费者行为的因素

（1）环境因素。指机构消费者无法控制的宏观环境因素，包括国家的经济情况、市场需求水平、技术发展、竞争态势、政治法律状况等。

（2）组织因素。指机构消费者组织的有关因素，包括经营目标和战略、采购程序、政策、组织结构制度等。企业营销人员必须了解的问题有：购买机构的经营目标和战略是什么？为了实现这些目标和战略，他们需要什么产品？他们的采购程序是什么？有哪些人参与采

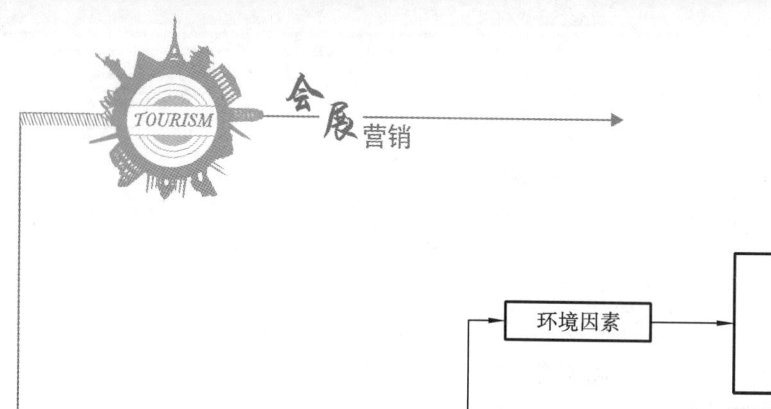

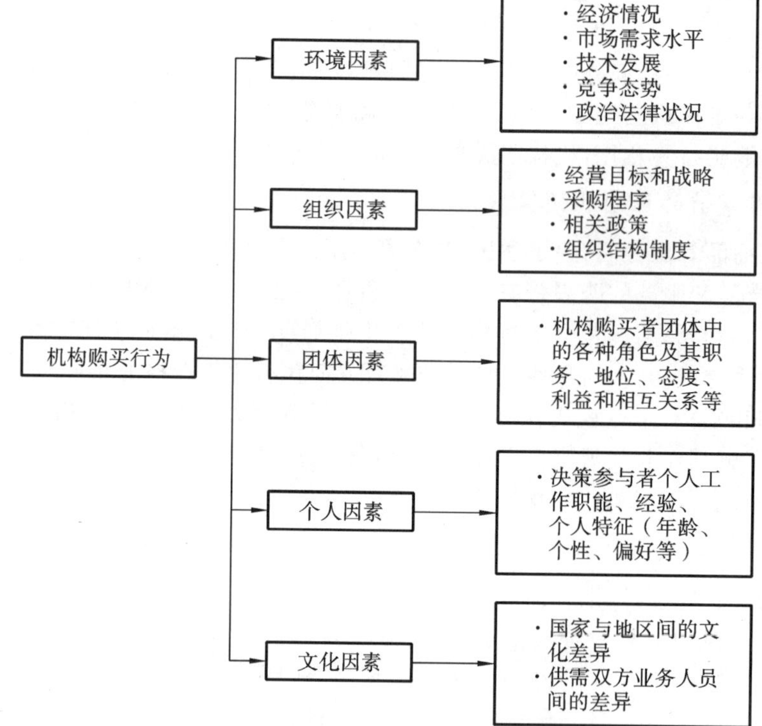

图 3-1 影响机构消费者行为的因素

购或对采购发生影响？他们的评价标准是什么？该公司对采购人员有哪些政策与限制？比如，以追求总成本降低为目标的企业，会对低价产品更感兴趣；以追求市场领先为目标的企业，会对优质高效的产品更感兴趣。

（3）团体因素。指机构消费者内部参与购买过程的各种角色（发起者、使用者、影响者、决策者、批准者、采购者和信息控制者）的职务、地位、态度、利益和相互关系对购买行为的影响。供应商的营销人员应当了解每个人在购买决中扮演的角色是什么、相互之间关系如何等等，利用这些因素促成交易。

（4）个人因素。指机构消费者内部参与购买过程有关人员的个人工作职能、工作经验，以及年龄、教育、个性、偏好、风险意识等个人特征对购买行为的影响，与影响消费者购买行为的个人因素相似。比如，有些采购人员是受过良好教育的理智型购买者，选择供应商之前经过周密的竞争性方案比较；有些采购人员个性强硬，总是同供应商反复较量。

（5）文化因素。不同国家与地区的文化差别很大，在外地或外国做业务时，要了解当地的社会和业务标准。我国各民族比较注重人与人之间的交流沟通，交易过程中供需双方业务人员建立相互间良好的情感和牢固的个人关系非常重要。

（二）影响政府购买行为的主要因素

政府购买和机构购买类似，也受到环境因素、组织因素、人际因素和个人因素的影响，但是在以下方面有所不同。

1. 受到社会公众的监督

虽然各国的政治经济制度不同，但是政府采购工作都受到各方面的监督。主要的监督者有以下几个方面。

(1) 国家权力机关和政治协商会议，即许多国家的国会、议会或我国的人民代表大会、政治协商会议。政府的重要预算项目必须提交国家权力机关审议通过，经费使用情况也受到监督。

(2) 行政管理和预算办公室。有的国家成立专门的行政管理和预算办公室，审核政府的各项支出并试图提高使用的效率。

(3) 传播媒体。报刊、杂志、广播、电视等传播媒体密切关注政府经费的使用情况，对于不合理之处予以披露，起到了有效的舆论监督作用。

(4) 公民和民间团体。国家公民和各种民间团体对于自己缴纳的税赋是否切实地用之于民也非常关注，通过多种途径表达自己的意见。

2. 受到国际国内政治形势的影响

比如，在国家安全受到威胁或出于某种原因发动对外战争时，军备开支和军需品需求就大；和平时期用于建设和社会福利的支出就大。

3. 受到国际国内经济形势的影响

经济疲软时期，政府会缩减支出，经济高涨时期则增加支出。国家经济形势不同，政府用于调控经济的支出也会随之增减。我国出现“卖粮难”现象时，政府按照最低保护价收购粮食，增加了政府采购支出。美国前总统罗斯福在经济衰退时期实行“新政”，由国家投资大搞基础设施建设，刺激了经济增长。

4. 受到自然因素的影响

各类自然灾害会使政府用于救灾的资金和物资大量增加。

(三) 影响个人消费者行为的因素

对于个人消费者而言，影响会展消费者行为的刺激因素可以分成文化因素、社会因素、个人因素和心理因素。包括人们所从属的或想要从属的社会和文化群体，如以家庭或以性别为基础的群体，以及内驱力、感知和态度等形成消费者行为的因素。会展企业和营销人员需要根据不同的情况，采用灵活的营销策略，增强个人消费者的购买意愿和参与动机。

1. 文化因素

每个人都有各自的社会文化环境，文化对消费者的购买行为具有“潜移默化”的、深刻的和广泛的影响。且文化具有区域性，不同社会文化环境中的人们认识事物的方式、行为准则和价值观念差异很大。同时，不同文化区域的节事庆典活动的形式、内容的差别也是显而易见的。除了大的文化群体，亚文化群及社会阶层等也直接影响着人们的消费特征与购买行为。因此，会展企业也可通过多种途径来开发不同文化群体的消费市场。

2. 社会因素

会展消费者的购买行为也会受到社会因素的影响，主要有参考群体、家庭以及社会角色与地位。因此，会展企业在制定营销策略时也应当加以考虑。

人们都生活在一定的社会群体之中，会经常主动向周围的人征询决策的参考意见，思想

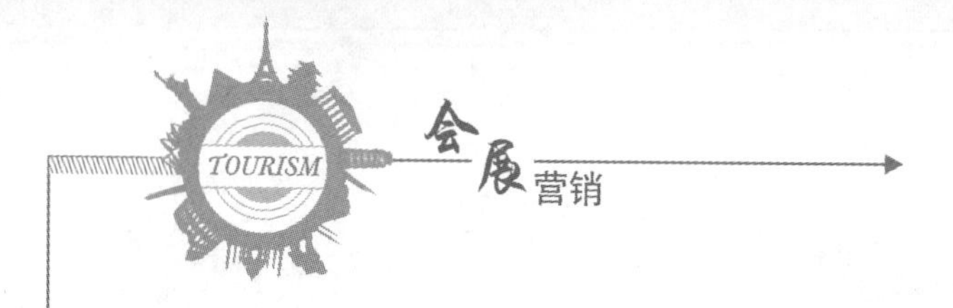

和行为不可避免地要受到周围其他人直接或间接的影响。不同性质的群体对其成员行为的影响程度是不同的。因此，会展企业可以通过明星或者知名人物代言来宣传展会，从而增强向往型群体对消费者行为的影响。

家庭是社会中最典型的消费单位。各个家庭的规模、生命周期，以及对购买组织和营销对象的认识不同，因此在进行购买决策时的方式也会有较大差异。

每个人都在一定的组织和群体中拥有一定的地位，扮演一定的角色。个人角色不仅影响一般行为，还影响购买行为。比如某位先生打算在车展上买一辆车，他的父母、妻子、朋友等会从不同角度界定其地位，从而给他提出不同的建议。

3. 个人因素

影响个人消费者行为的个人因素包括年龄与性别、职业与教育、经济状况、个性与生活方式等方面。年龄与性别是消费者最基本的个人因素，具有较大的共性。如年轻人充满活力，喜欢接受新事物，大都追求时髦。男女之间在购买内容和购买方式上的差异特别明显。职业与教育实际上是社会阶层因素在个人身上的集中反映。从事一定的职业以及受过不同程度教育的人会产生明显的消费行为差异，这主要是由于角色观念的作用。一个人的经济状况决定的个人购买能力，在很大程度上制约着个人的购买行为。消费者一般都在可支配收入的范围内安排支出，以便有效地满足自己的需要。个性是对人们的行为方式稳定持久地发挥作用的个人特征。

4. 心理因素

消费者的购买行为模式在很大程度上是建立在其对外界刺激的心理反应基础之上的。这些心理反应包括消费者的购买动机、对商品的认知、通过学习获得商品知识和购买经验、购买和使用商品的过程中形成的信念和态度等。

只有充分了解会展消费者及其行为，把握其需要、动机、个性、态度和学习的内在心理因素，掌握它们的购买决策过程以及分析影响消费者行为的内外在因素，才能使会展市场营销管理建立在科学的基础上。

第二节　会展参与决策过程

在不同的会展消费者行为动机的全部或部分的驱使下，产生了需求者的购买行为，这些动机的强弱和结构的变化决定了会展需求量和质的变化；参展企业用于营销的费用越多，倾向于选择会展营销的可能性就越大，会展需求量也就越大；会展需求主体对会展产品满足自己需要的偏好越强，选择消费会展产品和服务的可能性就越大。

一、会展参与动机

（一）参展商参与动机

参展商是会展中主要的机构消费者。企业参展有利于企业降低营销成本，增加企业的知名度，从而促使企业快速健康发展。主办单位会向参展商提供展台、展馆设施设备、展品运输、媒体广告等相关服务。参展商则需向主办方支付相关服务费用。参展商参加展会的动机是多重的，而且不同参展商的参展动机会有所侧重。参展商的参展动机主要为市场动机、宣传动机、信息动机、交易动机。因此，展会的主办方和承办方应该从这几个方面着手，以满足参展商的需要，使展会健康发展。

1. 市场动机

市场动机包括了解行业情况、寻求合作机会、确定竞争地位、挖掘新市场等。这几乎是每一个企业参加展览的动机，同时，也是所有主办方最为关注的动机。一般来说，观展观众的数量越多，专业观众的比重越高，企业参展的市场动机表现的就越为明显。

展览会上往往同行企业云集。竞争者很有可能展示他们研发的新产品、新技术、新材料、新工艺，主办单位有时还会专门安排一些行业性论坛，邀请业内专家学者开展讲座，这正是了解行业市场变化、行业政策动向、行业发展趋势等信息的好机会。

展览会也是产品链众多上下游企业（买家）汇聚的场合，使参展商能在一定的时间、空间内接触众多客户。每个企业都可以使出浑身解数让自己的产品受到关注，还可以专门邀请有长期合作关系的客户来参会洽谈，听取老客户意见和要求，这样可以显示出企业对客户的信任，从而使之提出更为中肯、客观的建议来。据统计，德国企业80%的贸易量是通过展览会实现的。当然，参展商不应该只把目光放在现场交易上，更重要的是通过现场洽谈签订长期合作协议。

不同企业生产的产品在性能、规格款式、价格、包装、服务等各方面或多或少都存在差异。参展商要在充分了解自己和竞争者产品的基础上，发现产品的优劣势，并将产品的差异性展示给观众，才更可能培养稳定的客户群，获得稳固的竞争地位。在此基础上，明确企业竞争地位。

研究显示，企业每年平均会流失10%的客户群。因此，参展商还需要在巩固原有市场的前提下，充分利用展会平台，寻找新的有潜力、有诚实合作意向的客户，将产品投向新市场，以提高销售量和市场占有率。

2. 宣传动机

宣传动机包括产品的市场测评、新产品宣传与发布。带着宣传企业品牌、推介企业产品的动机参加展会，几乎是每一个生产型的企业的参展动机。

展览会上批发商、零售商以及最终消费者齐聚一地，正好可以利用这个机会测评产品投放市场的情况，了解用户对产品的评价和建议，了解消费者的偏好，这样可以对产品进行改进，更有针对性地满足消费者需求。

在展会上发布和宣传新产品，特别要突出企业产品的创新之处，这样不仅可以吸引消费者的兴趣和注意，在竞争中占得先机，还可以引起新闻媒体的注意，通过新闻报道做一次免费广告。

即使对于还没有投入市场的产品，也可以在展会上展出样品，认真征询客户和最终消费者的意见，降低新产品投放不受欢迎的风险。

3. 信息动机

传播信息，展示企业和产品的形象，获取行业发展情况的最新信息，了解竞争对手的发展情况，掌握顾客的需要等等，是企业参展的信息动机的重要表现。主要是与新老客户之间

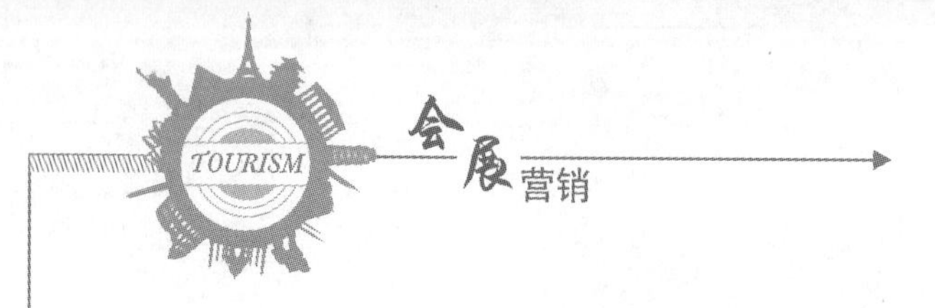

的互动交流、与竞争者之间的交流、与大众媒体之间的交流等。

与客户之间的交流，不只是向客户征求对产品、价格等方面的意见，还可以就如何提供更好的服务，如何更好地满足消费者需求、如何开发新市场等交换看法，保证双方长期良好合作及互利共赢。

参展商之间也需要交流。现代的观点认为，与竞争者之间，不是单纯的竞争关系，而是“竞合”关系，既有竞争更要合作。竞争对手之间，不应该把眼光放在如何“分蛋糕”上，而要更重视如何“做大蛋糕”。如果都只关注分蛋糕，就容易陷入恶性竞争，最终大家所能分得的蛋糕会越来越小。每个企业在人才、技术、生产、销售等方面存在不同的优势，应该建立稳定的合作关系，互相取长补短，共同培育市场。

与大众媒体交流的目的在于为本企业保持或争取行业领导者的地位，提高知名度，树立企业的良好形象。

知识链接　为何参展？——励展博览集团给参展商的有用提示

1. 与您的市场建立连接

参加我们的展会，您将成为您所在行业贸易活动重要的一部分。在拓展潜在客户，建立客户关系，提升品牌形象，以及加速销售进展上，没有比这更行之有效的方法。

(1) 拓展优质客户：加强客户忠诚度，满足客户需求，吸引国际买家，建立或扩展您的网络人脉。

(2) 完成交易：确定合同，接受订单，拓展国际市场，提升投资回报率。

(3) 展现产品和服务：展现您的产品、服务和创新概念，向市场推出新品。

(4) 提升品牌形象：提升品牌知名度，宣传品牌形象，展现品牌活力，从竞争对手中脱颖而出，使自己成为市场中的关键人物。

(5) 市场洞察：观察市场发展趋势和竞争变化。

2. 和我们一起计划您的展会活动，助您成功策划一场精彩的展览

展览会是建立并维持良好客户关系的最有效方法之一。在这个日益电子化的时代，展会能将买方、卖方和产品真正汇聚一处。因此，展会具有促进交易的巨大力量。

向我们的员工咨询如何最大化您的展台投资回报。他们在组织贸易和消费者活动方面拥有丰富的经验，能够提供给您建议和指导。

(1) 您此次参展的目标是什么，它们是否清晰可衡量？

(2) 您想要呈现或突出什么产品或吸引点？

(3) 您应该如何设计和运行您的展台，以使其成为一个活跃的交流互动空间？

(4) 您在展会之前、期间和之后需要做些什么？

3. 展览成功的四步曲

(1) 定义您的目标和成功指标。

（2）为活动之前、期间和之后制订完善的营销计划。

（3）把您的活动作为项目来管理。

（4）预算，优化，衡量。

（资料来源：励展博览集团官网. https://www. reedexpo. com. cn/zh-cn/Exhibitors1/）

4. 交易动机

带着增加交易额的动机参加展会的企业一般是小型企业或代理商和经销商，这种参展商希望有更多购买行为的观众，他们可能没有准备最基本的宣传资料或产品赠送等宣传行为。一般来说，展销会上这种参展商相对较多。

此外还有一些参展商参与的动机是扩大分销网络。在尽量减少中间环节，保证产品以尽可能低的价格卖给消费者的情况下，扩大分销地区的网络，特别是新市场的分销网络。

（二）政府参与动机

除了参展商，各级政府及所属机关有时也会成为会展的机构消费者，主要目的是推介地区形象、提供公共产品和服务、招商引资等。比如为了推介地区旅游产品而参加国际旅游交易会，为了招商引资参加投资洽谈会等。政府参与会展动机包括以下两个方面。

1. 推介整体形象

许多国家和地方政府希望通过参加国际、国内大规模的展览会和会议、论坛推介整体形象。世界博览会这类世界最高级别的展览会，更是各国政府争相参与的。参加大规模、知名度高的综合性展览会，在国内外新闻媒体和来自世界各地五湖四海的观众前展示国家和地区的整体形象，可以提升在国内外的知名度，进而为招商引资、吸引旅游者做铺垫。如广州国际旅游展在广州市委市政府的领导下，已成功举办 26 届，成为全国乃至全世界重要的旅游展览活动之一。广州将进一步发挥文化和旅游的独特优势，焕发“云山珠水，吉祥花城”的无穷魅力，推动更多的优秀文化产品、优质旅游产品走向海外，为提高国家文化软实力和中华文化影响力做出贡献。在文旅融合发展战略的背景下，广州国际旅游展览会也将真正做到“让旅游更有文化品格”。[①]

2. 促进经济发展

我国许多地方政府把参加投资、贸易以及行业性展会作为促进地方经济发展的措施。在投资洽谈会、旅游交易会等展会上，政府及相关部门往往成为参展的主角，而最终的成果也往往喜人——引进了成百上千亿的资金、签署了若干项地区合作协议、地区旅游业形象得到推广、引起旅游者人次大幅度增加等。有时，地方政府还会扮演地方企业的“父母”，组织当地企业参加一些行业性展会。展会能成为招商引资、区域合作的良好平台。如四川省各州市政府机构会积极利用中国西部博览会（简称“西博会”）的优质平台，举办投资推介暨项目签约仪式，通过西博会平台吸引投资、促进合作。比如，在第十七届中国西部国际博览会

---

① 资料来源：汉诺威米兰展览（上海）有限公司官网。http://www.hmf-china.com/Cn/Co/? CID=20&AID=363/

期间，凉山州的签约投资合作项目 24 个，投资总额达 330.08 亿元，覆盖康养旅游、农业、环保、化工、能源、教育等领域。①

（三）观众参与动机

会展参展观众，可分为专业观众和普通观众。专业观众也称专业买家，作为参展商品的批量采购者，代表各自的企业来展会了解新产品、新工艺、新技术、新材料，是参展商在展会上最为重视的群体，不会发生大量的现货交易，但最终可能与参展商签订合同，成为长期生意伙伴。普通观众参观展会则多数希望在现场买到自己心仪的商品，了解新信息、新潮流。也有一些纯粹是出于自己的爱好，比如军事迷参观航空展、车迷看车展等。正因为如此，通常只能在消费性及综合性展览会上看到普通观众的身影。观众参与会展的动机包括以下几个方面。

1. 购买动机

展会上不仅产品品牌繁多、种类齐全，还常常会出现新奇的产品，便于比较和选择。因此，无论是专业观众还是普通观众，参观展会的主要动机之一就是购买产品。只不过专业观众一般不在现场完成钱货交割，往往以合同方式会后履行。专业观众购买参展产品是为了满足其生产或贸易的需要。通过参加展会，专业观众往往只要花较少时间和精力就能以较低的价格买到合适的原材料和适销对路的产品，并与多方发展和建立贸易关系。

普通观众则会在现场一手交钱一手交货。他们认为参展商会在展会上以更低的价格展示自己最好的产品。而且，由于大量卖方的存在，他们在展会现场能接触到大量的专业化的产品，可以节省很多的时间。有些观众事先有明确的购买目标，对于需要购买的产品门类、价位、总体预算等相关情况胸有成竹。也有部分普通观众似乎只是闲逛，没有具体确定要买什么，购买与否要视产品情况和参展商宣传介绍而定。这类观众是参展商应该尽力争取的，因为他们没有明确预算，有可能大量购买。

2. 信息动机

专业观众参加展览会的另一个动机是希望了解到产品、价格、技术、竞争者及相关领域的信息，据此评估市场现状，预测市场趋势。如在德国汉诺威举行主题为“智能科技驱动未来生产!”的 2019 年汉诺威金属加工世界展览会，其国际观众的重心就是获取信息和动态，包括世界各地供应商对最新发展动态，自动化、能源效率、职业安全、新制造工艺和材料等的发展趋势，新业务模式的发展方向，初创企业合作机会，技术人员需求满足，或招募新一代员工等内容的意见与看法。② 而普通观众也可以通过展会了解最新产品和技术，为未来的消费做好安排和预算。比如，一些有购车计划的消费者喜欢通过参加展会了解不同品牌轿车的性能和价位等信息。

3. 研究动机

有关技术人员、设计人员等为了了解行业动态，以及参加展会期间的会议，为技术开发、产品设计积累素材。有时，一些独立的科研机构或市场调查机构的工作人员会在展会现场

---

① 资料来源：四川博览事务局网站。http://www.scbea.org.cn/11498/11770/11772/2018/09/21/10261782.shtml/

② 资料来源：汉诺威米兰展览（上海）有限公司官网。http://www.hmf-china.com/Cn/Co/?CID=20&AID=368/

对参展商、观众、展会组织方等进行调查,利用调查结果进行理论、实践研究。

4. 欣赏动机

许多爱好者成为相关展览会的常客,并非出于上述动机,而是为了欣赏自己爱好的产品。比如,车迷逛车展、军迷看航展等。另外,许多展览会开幕式安排有精彩的文艺演出,也会吸引部分观众欣赏。

二、会展参与决策过程

消费者(包括个人、家庭、公司及其他非营利组织)购买、使用产品和服务以满足自己的需要,并实现自己预定的目标。消费者在进行购买决策和处理有关产品的信息时,通常会采用动态的、系统的、循序渐进的过程。他们首先感知到某一需求,考虑满足这一需求不同的替代品,评估每一个选项,然后选择其中一种物品。这就是消费者购买产品的决策过程。而会展消费者的购买决策过程,根据消费者类型的不同,又包括机构消费者和个人消费者两种不同的购买决策过程。

(一) 机构消费者购买决策过程

正如图 3-2 所示的购买过程框架中所示,机构消费者的购买决策过程包括八个购买步骤。接下来将对这八个步骤逐一进行介绍。

图 3-2 机构消费者购买过程框架

1. 问题识别

当企业中有人认识到某个问题或某种需求可以通过获得某一产品或服务得到满足时,

便开始了采购过程。问题识别可以由内在或外在的刺激因素引起。就内在因素而言,问题识别通常在下列情况下出现:公司决定开发一种新产品或服务而需要新的设备;决定寻找新的供应商、更为低廉的价格或者是更优良的品质。从外在因素来看,购买者从展销会上获得新的想法,看到某则广告,浏览某个网站,或者接到某位能提供质量更好或价格更低的产品的销售代表的电话时,问题识别就会出现。企业营销人员可以通过直接邮寄、电话营销、人员销售以及网络沟通来激发问题识别。

2. 总需求说明和确定产品规格

问题一经识别,采购者就应当确定所需物品的总体特征和需要的数量。对于标准的物品,这一过程比较简单。对于复杂的物品,采购者将与其他人员(如工程师、用户等)共同决定所需的特征,这些特征可能包括可靠性、耐用性、价格或者其他属性。企业营销人员可以通过说明其产品如何能满足这些需求来协助采购者。

在这一步,采购组织制定出物品的技术规格。通常,企业将指派一个产品价值分析工程师团队来参与项目。产品价值分析(PVA)是一种降低成本的方法,通过价值分析,对各部分加以研究,以确定能否对它进行重新设计,或者进行标准化,或者采用更便宜的生产方法。

3. 寻找供应商

采购者接下来设法找出最适宜的供应商。他们查找交易指南,联系其他公司请求其推荐,浏览贸易广告,参加贸易展览会,或者上网搜索。通过网络采购的公司正在利用多种形式的电子市场。采购网站的组织形式有两种:垂直网络聚焦于行业(塑料、造纸等),职能网络则聚焦于特定的职能(媒体购买、能源管理等)。

进入电子采购的时代绝不仅仅意味着采购软件,还要求对采购战略和采购决策进行调整。不过,电子采购的好处有很多:跨部门整合采购可以凭借更高的采购量、更集中的谈判力量争取到更低的折扣;采购人员可以得到精简,降低从经过审核的供应商名单之外采购到低于标准的产品的概率。

供应商的任务是当顾客在市场上搜寻供应商时,让自己被列入考虑的范围。发现好的线索并将其转化为销售,要求营销人员和销售人员在一个协调的、多渠道方法下互相配合,让潜在顾客将自己视为可信赖的顾问。营销人员必须与销售人员配合,确定哪些是"可成交"的潜在顾客,并通过销售电话、贸易展览会、在线活动、公共关系、事件、直接邮件和熟人介绍等方式发送适当的信息。

缺乏能力和没有良好声誉的供应商将遭到拒绝,合格的供应商将接受购买代理的考察,这些购买代理将审核供应商的设施并会见其职员。在对每个企业进行评估后,购买者会建立一个简短的合格供应商列表。

4. 征求方案

在这一步,购买者邀请合格的供应商提交方案。对于复杂或昂贵的产品,购买者将要求每一个合格的供应商提供一份详细的书面方案。在对方案进行评估后,购买者将邀请少数几家供应商进行最后的演示。企业营销人员必须精于对方案进行调研、撰写和演示他们的书面方案必须是用顾客的语言描述价值和利益的营销文件。他们的口头演示应该能鼓舞信心,他们应该使自己公司的能力和资源处于强有力的地位,以便在竞争中胜出。

5. 供应商选择

在选择一家供应商之前，购买中心将规定所希望的供应商品质。要想写出有说服力的价值建议书，企业营销人员需要更好地了解企业购买者是如何得出评估意见的。研究人员对企业营销人员用来评估客户价值的主要方法做了调研，发现了八种不同的客户价值评估(Customer Value Analysis，简称CVA)方法。公司倾向于使用较为简单的方法，尽管较为复杂的方法能够得出有关客户价值的更准确的结论(如产品可靠性和服务可靠性)，并指明它们的相对重要程度。尽管存在向战略性采购、合伙以及交叉职能团队参与发展的趋势，购买者仍然把他们大量的时间花在讨价还价上。营销人员有很多方法可以达到购买者对较低价格的要求，他们可以证明使用他们的产品的“生命周期成本”比竞争对手低，他们还可以引证购买者现在所得到的服务价值，特别是这些服务优于其竞争对手所提供的服务。服务支持、人员接触以及为顾客节省选购时间上的技术诀窍和能力，对于取得重要的供应商地位来说是很有用的差异因素。

越来越多的公司在削减供应商的数量，甚至出现了只采用一个供应商的单采购趋势。因此，留下来的供应商有责任管理更大的部件系统，实现持续的质量和绩效改进，并且每年按一定的百分比降低价格。可以预期的是在产品开发阶段，供应商还要与企业顾客密切合作。

6. 常规订购的规定

选择了供应商之后，采购人员就最后的订单进行谈判，列明技术规格、所需的数量、交货时间等。对于保养、维修和操作(Maintenance，Repair and Operation，简称MRO)项目，采购人员正转向一揽子合同，而不采用定期订单。一揽子合同建立了一种长期的关系，在这种关系下，供应商承诺在特定的时间内按照议定的价格多次向购买者提供所需的物品。因为存货由卖方保存，所以一揽子合同有时被称作无存货采购计划。当需要存货时，采购者的计算机就会自动地把订单发送给销售商。该系统使得外部的供应商难以涉足其间，除非采购者对现有供应商的价格、质量或服务不满意。

害怕原材料短缺的公司常常购买和储存大量的库存，并与供应商签订长期的供货合同，以保证原材料有稳定的供应。企业营销人员还在建立外部网，以便使订购更加快速、简单，成本也更低廉。顾客输入订单后，订单会自动提交给供应商。有些公司甚至通过被称为销售商管理的库存系统将下订单的职责交给供应商。这些供应商掌握顾客的库存水平并负责通过不间断补货项目自动将缺货补足。

7. 绩效审核

购买者定期用三种办法之一来审核选定的供应商的绩效：购买者可以接触最终用户，请求他们做出评价，或者采用加权打分的方法，用几个标准对供应商进行评分；或者购买者对绩效差的供应商的成本进行汇总，得出经过调整的包括价格在内的采购成本。绩效审核可以引导采购者继续、修正或终止与供应商的关系。

（二）个人消费者购买决策过程

与其他消费者相比，会展消费者购买的不仅有展会门票、参展商品等有形产品，也有服务等无形产品。但是，服务的特性使得服务购买决策与有形商品购买决策过程存在着不同

之处。在服务消费的过程中，消费者主要通过人际交流获取服务信息，即通过服务产品的口碑来判断产品质量的高与低。而对于有形产品的购买来说，消费者可以比较容易地通过直接观察有形产品了解到产品的相关信息，如形状、颜色等。因此，在服务购买以及有形产品购买决策过程中，消费者在信息搜集环节所采取的具体行为是不同的。另外，在服务购买决策中对可选购买方案的评价要难于对有形产品可选方案的评价。因为服务的无形性以及服务行为易受人及服务场所的环境因素所影响，使消费者特别是新消费者，在购买服务产品前较难审视服务产品的特点和功能，因此也难于准确预测享用服务后所带来的利益和价值。

尽管在服务购买决策中消费者所采取的具体行为、消费者所需要投入的时间和精力，以及评价的准确程度等方面与有形产品购买决策过程不同，但是会展服务消费者的决策过程同样包括以下五个步骤。

1. 确认需要

消费者在受到购买刺激后，就会进入到问题确认阶段，检查自己是否确实存在对产品的需要。如果消费者既无短缺，也无需要，那么决策流程就会停止。在这一阶段，购买实体产品和购买服务产品是一样的。无论是购买什么产品，消费者都是发现自己短缺或需求该种商品或服务。消费者认识到自己有某种需要时，就是引发其购买决策过程的开始。这种需要可能来自内在生理、心理活动刺激，也可能是受到外界的某种刺激引起的，或者是内外两方面因素共同作用的结果。

消费者首先要根据自己的情况，按照轻重缓急确认希望得到满足的某种需要。满足的需要到底是什么？希望用什么样的方式来进行满足？能否通过某个展会使需要得到满足——能否在展会上购买到希望购买的产品，或者能否在展会上看到期待的某种产品？想满足到什么程度？这些都是在确认需要的过程中要考虑的。因为消费者只有意识到其有待满足的需要到底是什么，才会发生一系列的购买行为。

会展活动组织者要通过适当的方式，比如广告、新闻发布会等刺激消费者，使之了解展会内容和活动，并产生参观的想法。

2. 收集信息

确认需要后，消费者便会着手收集有关信息，寻找和分析与满足需要有关的商品和服务的资料。一般会通过以下几种途径去获取其所需要的信息：①个人来源，如家庭、朋友、邻居、熟人、同事等；②商业来源，如广告、推销员、经销商、产品资料、展览会等；③公共来源，如大众传播媒体、消费者评价机构；④经验来源，如以往购买经验、产品的检查、比较和使用等。

一般说来，就某一产品而言，消费者最多的信息来源是商业来源，也就是营销人员所控制的来源。另一方面，最有效的信息展现来自个人，每一信息来源对于购买决策的影响会起到某些不同的作用。商业信息一般起到通知的作用，个人信息来源起着对做出购买决定是否合理或评价的作用。比如某车迷通过新闻了解到当地有一个汽车展开幕，很想去看看，但跟朋友了解到车展上并没有他最希望看到的几款车，所以不准备去了。

消费者一般不可能收集到有关产品的全部信息，他们只能在其知晓的范围内进行选择；而对于其所知晓的信息进行比较筛选后，会挑出其中一部分进行认真的选择；最终又会在它们中间选出两三个进行最后的抉择，直至做出购买决策。在这逐步筛选的过程中，每进入一个新的阶段都需要进一步收集有关产品更为详细的资料和信息。如果某一产品在这一选择过程中被首先淘汰，除了是因为不适应消费者的需要之外，很大程度上是由于所提供的信息资料不够充分。因此，积极向消费者提供产品和服务的有关资料在消费者收集信息阶段是十分重要的。由于服务供应商品一般是经验特性和信任特性高的商品，消费者不去亲身体验，只通过相关群体的影响，一般很难明确服务提供的水平是否能够进行比较。

一般来说，普通的会展消费者，不会像专业买家那样长途奔袭去参加展会，而多半选择本地举办的。因此，其信息收集涉及的地理范围比较窄，渠道则以当地媒体居多。

3. 评价方案

消费者在收集了各种有关信息之后，就要对所收集到的各种信息进行整理，形成不同的购买方案，然后按照一定的评估标准进行评价和选择。消费者对商品信息的比较评价，主要是以商品属性为基本指标做出判断。消费者会特别注意与他们的需要有关的属性，所以评价会因人而有所不同，有的注重价格，有的注重质量，有的注重款式，但产品性能始终是每位消费者关注的焦点。

4. 做出决策

消费者在进行了评价和选择之后，就形成了购买意图，最终进入做出购买决策和实施购买的阶段。但是，在形成购买意图和做出购买决策之间，仍有一些不确定的因素存在，会使消费者临时改变其购买决策。这些因素主要来自两方面，他人的态度和意料之外的变故。

其他人如果在消费者准备进行购买时提出反对意见或提出了更有吸引力的建议，则有可能使消费者推迟购买或放弃购买。他人态度影响力的大小主要取决于两点：反对的强烈程度以及其在消费者心目中的地位。反对的越强烈，或其在消费者心目中的地位越重要，其对消费者购买决策的影响力也就越大；反之，其影响力就比较小。

在消费者准备进行购买时所出现的一些意外变故也可能使消费者改变或放弃购买决策。如家中突然有人生病，需要照顾或公司临时安排出差，参加不了展会等都是一些有可能改变消费者购买决策的突变因素。

对购买风险的预期会最终影响消费者的购买决策。在预期风险较大的情况下，如所购商品技术含量高，或价格昂贵，或容易破损等，消费者就很可能采取避免或减少风险的做法，包括推迟购买甚至改变购买意向。

在消费者决定进行购买以后，他还会在执行购买的问题上进行一些决策，大体上包括5个方面：购买地点（到哪里购买）；购买数量（要购买多少）；购买时间（什么时候去购买）；购买产品的特征（购买哪种款式、颜色和规格等）；支付方式（现金、支票还是其他方式支付）。

5. 购后评价

消费者买了商品，不意味着购买行为的终止，他们还会对商品本身进行评价。满意或不满意是消费者购买商品之后最主要的感觉，其他购后行为都基于这两种不同的感觉。而满意与否则取决于两方面：一方面取决于其所购买的商品是否同期望（理想产品）相一致，若符合或接近期望，消费者就会比较满意，否则就会感到不满意；另一方面则取决于他人对其购买商品的评价，若周围的人对其购买的商品持肯定意见的多，消费者就会感到比较满意，若持否定意见的多，即使消费者原来认为比较满意的，也可能转为不满意。

感到满意的消费者在行为方面会有两种表现：向他人进行宣传和推荐，或不进行宣传。企业要设法促使消费者对企业的产品进行积极的宣传。感到不满意的消费者行为则比较复

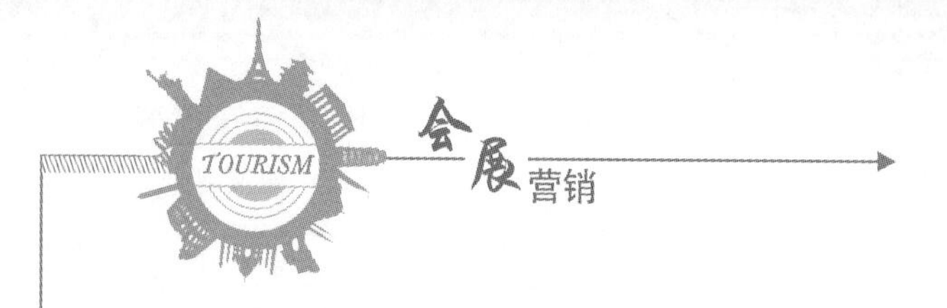

杂，首先也有采取行动和不采取行动之分。一般而言，若不满意的程度较低或商品的价值不大，消费者有可能不采取任何行动；但是如果不满意的程度较高或商品的价值较大，消费者一般都会采取相应的行动。不满意的消费者所采取的是一种个人行为，如到商店要求对商品进行退换，将不满意的情况告诉亲戚朋友，以后再也不购买此种品牌或此家企业的商品等等。消费者的个人行为虽然对企业有影响，但是影响的程度相对小一些。消费者另一种可能的做法就是将其不满意的情况诉诸公众，如向消费者协会投诉，向新闻媒体披露，甚至告上法庭。这种行为就会对企业造成较大的损失。企业应当尽可能避免这种情况出现。即使出现消费者不满意的情况，企业若能妥善处理，也是能够使消费者转怒为喜的。如妥善处理好退换商品的工作，耐心听取消费者意见并诚恳道歉，公开采取积极的改进措施，在必要的情况下，主动对消费者进行赔偿等。

稳定的市场份额比高额的利润更为重要，所以企业应该密切注意消费者购后感受和行为，采取适当措施，消除不满，提高满意度。在会展活动中也是如此。近年来，在一些展会上，有不良参展商利用展期短、展后难以理赔的缺点，出售假冒伪劣产品。这样不仅损害商家自身信誉，也会让展会变味，破坏展会形象，不利于会展业的健康持续发展。

知识链接　发展会展经济需要政府之手——以进博会为例

无论在中国还是其他国家，一个地方会展业的快速发展，政府的角色必不可少。政府的支持，特别是具有长远性和一致性的支持，将会使会展业的发展之路更稳、更快、更强！

2018 年 11 月 5 日，首届中国国际进口博览会(下称“进博会”)在上海开幕。国家主席习近平出席开幕式并发表主旨演讲。来自 16 个国家的元首首脑，11 个国家的王室代表、副元首首脑及 13 个国际组织的负责人齐聚上海，部级以上外方嘉宾超过 400 位。习近平表示：中国国际进口博览会，是迄今为止世界上第一个以进口为主题的大型国家级展会，是国际贸易发展史上的一大创举。习近平还表示，中国国际进口博览会不仅要年年办下去，而且要办出水平、办出成效、越办越好。

在多方努力下，首届进博会不负众望，交出了亮眼的成绩单：共有 172 个国家、地区和国际组织参会，3600 多家企业参展，展览总面积达 30 万平方米，超过 40 万名境内外采购商到会洽谈采购。交易采购成果丰硕，按一年计，累计意向成交 578.3亿美元。

进博会可谓“根正苗红”。早在 2017 年 5 月，国家主席习近平在“一带一路”国际合作高峰论坛上宣布，中国将从 2018 年起举办中国国际进口博览会。习主席还指出，“举办中国国际进口博览会是中国政府坚定支持贸易自由化和经济全球化、主动向世界开放市场的重大举措……努力把中国国际进口博览会打造成国际一流的博览会，为各国开展贸易、加强合作开辟新渠道，促进世界经济和贸易共同繁荣”。

在展会组织层面，进博会由中华人民共和国商务部和上海市人民政府主办。

在展会的筹备与整个运营阶段，政府强势参与。据媒体报道，为了保证盛会的顺利进行，上海以“最充足的准备、最亮丽的风采、最诚挚的热情”，打造非同一般的参会体验。可以说，如果没有政府的全力支持，要顺利举办规模如此庞大、规格如此之高、对服务要求如此细致的展会，几乎不太可能。此次展会得到了公安、海关、消防、卫生、交通等诸多政府部门的大力协助，甚至为了防止酒店价格借势上涨太过，政府还对酒店价格采取了行政干预措施。展会期间，上海市委书记李强在市委会议室视频连线进口博览会现场指挥部，实时检查服务保障、安全保卫等各项任务细化落实情况。在政府的鼎力支持下，进博会的成功可以说是情理之中。

不只是中国，在会展业发达的国家，政府的作用同样重要。以德国为例，汉诺威、法兰克福、杜塞尔多夫、慕尼黑展览公司等不仅在德国本地所办的展会高居行业首位，每一届均吸引全球客商，其业务足迹更已遍布全球各地。巨大商业成功的背后，是其强大的政府支持。在德国的这些展览公司中，当地市政府均为主要投资方和控股方之一，市长本人就是监事会负责人，直接监管公司的重大决策。一场展会的成功召开，需要多个政府相关部门的协调。

总而言之，虽然会展业市场化是行业的发展路径之一，但我们看到无论中国还是其他国家，一个地方会展业的快速发展，政府的角色必不可少。政府的支持，特别是具有长远性和一致性的支持，将会使会展业的发展之路更稳、更快、更强。

（资料来源：大连会展经济研究中心网站。会展讲堂《发展会展经济需要政府之手》. http://219.216.224.100/hzjj//kzjt/37376.htm/）

第三节　会展顾客关系管理

实现顾客价值最大化是顾客关系管理的出发点。任何企业实施顾客关系管理的初衷都是为了增加为顾客创造的价值，从而实现顾客价值最大化，增加顾客的满意度，使顾客增强对企业的忠诚度，发展长期的客户关系。

未来成功的会展企业必须能够智能化地运用顾客信息，传送顾客满意的服务方案，实现有效的顾客挽留，从而构筑与顾客之间的长期关系。

一、关系营销

（一）关系营销的概念

自 20 世纪 80 年代以来，关系营销悄然兴起。这种理论建立在服务提供者或商品提供者与产品购买者或顾客，即买者与卖者互动关系的基础之上。关系营销的定义是：识别、建立、保持和强化与顾客的关系，并且在需要的情况下，中断与某些顾客的关系，以保证关系双方的经济和其他各项利益。通过不断提供和履行承诺，双方可以实现此目的。

关系营销是一种经营理念，它注重的是保持和改善企业与现有顾客的关系，而不是获取

新的顾客。这种理念认为,顾客更愿意同一家公司保持长久的关系,而不愿意在寻求价值时不断变换供应商。因此,对于企业而言,保留一位老顾客常常要比吸引一位新顾客的成本低得多。

关系营销就是要建立和维持一个对组织有益的、有承诺的顾客基础。首先,组织会寻找开发那些可能保持长期关系的顾客。通过市场细分,组织能逐渐明确建立长期顾客关系的最佳目标市场。一旦顾客开始与组织建立关系,并且当顾客持续获得优质服务时,他们就极有可能留在组织中。同时组织通过不断改进这种关系以留住顾客。

虽然如此,很多组织还只是频繁地关注于获得顾客,而不是考虑如何留下他们。假日饭店市场部执行副总裁詹姆斯·L·肖尔(James·L·Schorr)在一次访问中提出了著名的"水桶理论"。他认为,营销可以被看作一只大水桶,所有的销售、广告和促销计划都可以看作是从桶口往桶里倒水,只要这些计划是有效的,水桶就可以盛满水。然而,这里有一个问题,如果桶上有一个洞,即使饭店按照服务承诺提供服务,顾客也会像水一样从桶里流失。尤其当运营管理不善,顾客对服务感到不满意时,他们就会更大量地流失。

因此,服务组织应从思想上转变观念,从文化上改变行为,从制度上得到支持,将顾客变成自己的合作伙伴,长期致力于通过质量和创新来留住顾客。

关系营销包括两个基本点:在宏观上认识到市场营销会对范围很广的系列领域产生影响;在微观上认识到企业与顾客相互关系的性质在不断改变,市场营销的核心从交易转到了关系。关系营销把一切内部和外部利益相关者均纳入研究范围,用系统的方法考察企业所有活动及其相互关系,表现积极的一方被称为市场营销者,表现不积极的一方被称为目标市场。关系营销模式的一个显著特点是它给"市场"下的定义。它特别提出既有内部市场又有外部市场的观点。内部市场由企业内部的工作人员构成,他们的态度和积极性对客户关系产生有直接或间接的影响。外部市场不仅包括终端客户市场,还包括供应商、经销商、政府、竞争者等。

传统营销先物质后情感,关系营销先情感后物质。传统营销从企业角度追求市场份额,从顾客角度满足顾客产品效用满足。而关系营销从企业角度追求顾客份额,即顾客终生价值;从顾客角度满足顾客信任寻求和情感满足。因此顾客关系营销的逻辑是:顾客关系需求—顾客关系价值(期望价值与实际价值、感知价值)—顾客满意—顾客情感忠诚与行为忠诚—顾客忠诚(主动忠诚、被动忠诚)—顾客关系(建立关系、维持关系、终止关系)—企业价值(增量价值、推荐价值、交叉价值)。顾客关系的形成和产生是企业与顾客双方对关系需求的共同作用结果,顾客关系需求与企业和顾客双方的利益和价值有直接和密切的关系。关系质量和关系价值是顾客关系营销的基础,关系质量和关系价值的提升是顾客关系营销的直接目的。顾客关系对企业有推荐价值、交叉销售价值、增加顾客终生价值(增量价值)的作用。顾客满意基础上的顾客忠诚是顾客关系营销的最终目的。

(二)关系营销实施的战略与战术问题

通过上述的比较,在实施关系营销时,企业要注意3个战略要素:第一,将企业重新定义为服务企业,而且把服务作为企业竞争的核心要素;第二,重新从流程管理而不是职能管理的角度审视组织流程管理,有效地创造价值,而不是简单地出售商品;第三,建立良好的合作伙伴关系,通过完善的网络来管理整个服务过程。

此外，企业还要注意3个战术要素：第一，要与顾客、供应商直接接触；第二，建立有关顾客和供应商的数据库；第三，建立顾客导向的服务体系。

三个战略要素是成功实施关系营销的根基，三个战术要素则会强化关系营销的效果。

1. 三个战略要素

1）将企业重新定义为服务企业

关系营销的一个核心要求就是制造商、批发商、零售商、服务企业或供应商都非常了解顾客长期的需要和愿望，而且能够在有形产品的基础之上为顾客提供更好的服务。因此，顾客需要的不仅仅是那些有形的产品或无形的服务，他们需要更全面性的解决方案，包括产品使用信息、送货、安装、维修、保养等等。同时，他们还要求企业能以友好、可信和及时的方式向他们提供这些服务。

关系营销的内涵和外延远远超过了我们传统上对产品或服务的理解。产品本身实际上只是技术层面的东西，真正意义上的产品不仅包括传统意义上的产品，还包括与之相关的服务等。换句话说，这是一个具有完整意义的产品组合或解决方案。

过去，对于制造商来说，产品组合中最重要的要素是有形产品，而服务企业的核心要素则是服务。但在今天的竞争中，有形产品或纯粹的服务都不能保证企业一定能取得良好的经济效益，并在市场上长久的生存下去。决定他们生存和发展的是它们能够为顾客提供附加产品或服务的能力，而不是核心产品或服务。因为对于绝大多数的企业来说，核心产品和服务没有太大的区别，而且核心产品也很少是顾客不满意的原因。例如，顾客买一辆汽车，汽车本身很少是顾客不满意的原因，导致顾客不满意的常常是汽车的售后服务。

这就意味着，企业单纯地依赖有形产品进行竞争是远远不够的，还必须利用产品组合进行竞争，才能赢得竞争的胜利。由此，营销的重心经历了两次转移：从核心产品到人力资源，再到服务。

如今，企业所面临的竞争越来越多地表现为服务竞争。为了有效地应对竞争，他们必须明确服务管理是最有效的管理模式。他们应当向顾客提供包括各种服务在内的组合产品，而不仅仅是有形产品。服务竞争是每个人、各个产品取得竞争胜利的关键所在，从这个意义上说，所有的行业都是服务行业。

2）企业过程管理观念

企业要为顾客创造价值，就要将原来各司其职的各部门整合到一个有机的管理流程中，并使其为同一个目标奋斗。此外，站在盈利和生产率的角度，只有那些能够为顾客创造价值的活动可以保留下来，其他的都应当剔除。这正是关系营销所要求的企业流程（过程）管理观。

流程管理（或过程管理）与传统的职能管理有很大的区别。在职能管理模式下，各部门专业化程度较高，但部门之间相互合作的水平则相对较低。正如图3-3所示，各部门努力的方向并不是一致的。所以，在这种情况下，企业缺乏一致的价值观，即使各部门的绩效都最优化，其整合起来也难以满足顾客对价值的追求。例如，一流的技术和成本低廉的货运也许是供应商非常理想的状态，但对于顾客来说，也可能是不可靠的，他们还可能需要其他的服务。

使用流程管理模式的企业要将不同的部门整合到一起，为同一个目标而努力。但这还

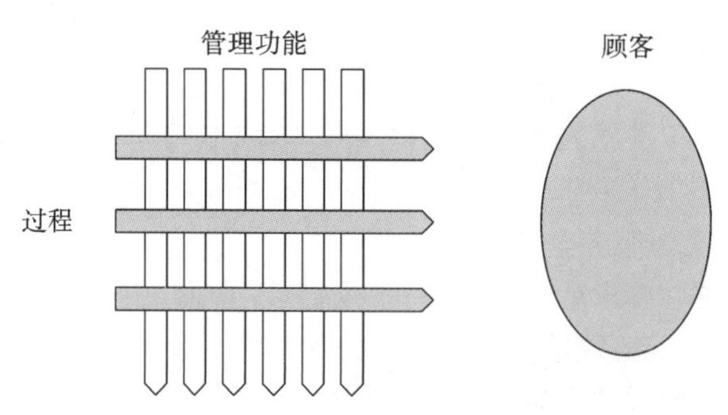

图 3-3　管理流程观:将企业视为价值增值过程

远远不够,企业还必须在整个组织运营工作中融入流程管理,要消除不同部门之间的边界,重组原有的组织流程,使其成为顾客价值链上有机的一环。

3) 合作关系与合作网络

关系营销是建立在合作基础之上的,所以企业与企业不再是"你死我活"的竞争关系,而是互利合作的伙伴关系,是"双赢"的关系。因为任何一个企业,不论是制造业还是服务业,都不可能拥有全部的资源,不能向顾客提供所需要的全部价值。因此,企业应当在保持核心竞争力的前提下,寻求合作伙伴,实行业务分包,来更好地满足顾客的需要。

这些合作伙伴可以处于企业供应链的分销或供应的各个链条上。虽然竞争依然存在,但企业可以携起手来,为共同的顾客服务,这样对企业更有利,也更有效。

2. 三个战术要素

1) 与顾客直接接触

关系营销是建立在与老顾客相互信任和合作的基础之上的,所以企业对顾客必须有深入细致的了解。虽然在消费者市场或大量营销的情况下,不可能为每一个顾客提供单独的服务,但他们也应当尽可能地建立有效的信息系统,充分了解自己的顾客,高度重视每一次与顾客的互动,力争以关系导向来指导这一系列的工作。因为通过互动和提升老顾客对企业产品或服务质量的感知来宣传产品及企业,其成本比传统的广告宣传模式要便宜得多,这是一种双向沟通模式,它使双方了解得更加透彻。

不论企业的类型如何,推进与顾客面对面的沟通都是必要的,现代信息技术使得企业完全有可能做到这一点。

2) 建立顾客数据库

以前的市场营销工作的开展是在对顾客信息并不完全了解的情况下进行的。为实施关系营销策略,这种对顾客不甚了解的情况必须改变。而了解和管理顾客比较好的一个方法就是建立顾客数据库。

顾客数据库包含了营销所需要的顾客的一切信息。如果没有数据库,企业与顾客就不会发生完全意义上的互动。而如果一个营销人员掌握他所要接触的顾客的所有第一手资料,这个沟通过程肯定就非常顺畅。全面、及时而又简洁的顾客信息,这对于开展关系营销非常重要。

除了用来与顾客保持关系外,数据库也可以用在其他市场活动上,如市场细分、市场活动的调整、顾客的分类、促进服务水平的提高及发现相似购买者等。

顾客信息资料还要包括顾客营利性的情况，以便于员工了解与顾客建立长期关系的盈利水平。如果缺乏长期的盈利信息，企业有可能将非营利顾客纳入数据库中去。

3）建立顾客导向的服务体系

关系营销要成功实施，企业就要将其业务界定为服务，并了解如何创造和管理一个完整的服务组合，即管理服务竞争。此外，企业还要设计有利于顾客服务的组织流程，为顾客提供完整的服务组合。也就是说，企业必须了解和致力于服务管理。

在建立成功的服务体系时，员工、技术、顾客和时间四类要素是必不可少的。顾客的作用比以往任何时候都要大，即使是广泛地应用于设计、生产制造、行政管理、服务和设备维护的计算机系统和信息技术，都必须以顾客为导向重新组合。此外，员工的态度、对组织的忠诚度以及绩效也很重要。如果员工不能正确履行他们的职责，就不能以顾客为导向提供服务，那么关系营销也是不能成功的。最后，时间也是一种非常重要的资源，时间管理不善会增加关系双方的成本，所以，企业要使顾客感觉到企业很珍惜他们的时间。

二、顾客关系管理

（一）顾客满意、顾客忠诚与顾客关系管理

顾客关系管理就是服务企业为提高服务质量的确定性和服务生产力而针对顾客施加行为的过程，目的是为企业造就、吸引、维持、开发和保护尽可能多的对称顾客。这些行为包括事先造就、引导和筛选对称顾客；在服务过程中将顾客可能的需求变动控制在企业的能力范围之内或者向企业的优势能力转移，维持全过程对称状态；在服务过程结束后确认产出结果，获取顾客信息，进一步开发和保护对称关系等，从而形成一个连续的针对顾客的行为过程。通常，顾客关系管理的结果表现为顾客满意、顾客信任、顾客忠诚以及口碑传播。

实现顾客价值最大化是客户关系管理的出发点。任何企业实施客户关系管理的初衷都是为了增加为顾客创造的价值，冀图实现顾客价值最大化，增加顾客的满意度，使顾客增强对企业的忠诚度，发展长期的客户关系。

优质的客户服务是企业建立和发展长期顾客关系的重要手段。无论是在服务业还是制造业，服务都已经成为企业的重要利器。优异的服务质量是建立长期顾客关系的重要手段。建立和发展与顾客的长期关系有利于降低营销成本、索取溢价、激发正面口碑，从而增加销售和利润。

1. 顾客满意

会展顾客满意对会展企业经营发展具有重要影响，若会展顾客感到满意，便会对会展企业形成良好的印象，甚至产生忠诚感。

1）顾客满意度分析

从企业层面来讲，顾客满意度是企业用以评价营销绩效、强化顾客导向的一整套指标。它可以表示为顾客消费服务获得的总价值与消费服务付出的总成本的比例。如果对企业的产品和服务感到满意，顾客也会将他们的消费感受通过口碑传播给其他顾客，扩大产品的知名度，提升企业的形象，为企业的长远发展不断注入新的动力。但现实的问题是，企业往往将顾客满意等同于信任，甚至是顾客忠诚。事实上，顾客满意只是顾客信任的前提，顾客信

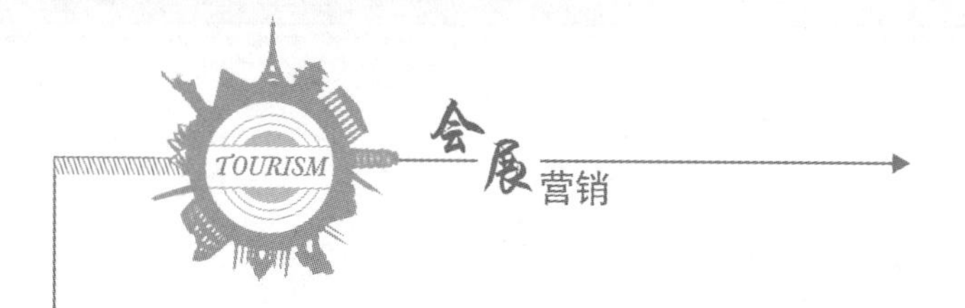

任才是结果。顾客满意是对某一产品、某项服务的肯定评价,即使并不完善,他对该企业也就不满意了,也就是说,它是一个感性评价指标。顾客信任是顾客对该品牌产品以及拥有该品牌的企业的信任,他们可以理性地面对品牌企业的成功与不利。

从个人层面来讲,顾客满意度是顾客对产品或服务的消费经验的情感反应状态。这种满意不仅体现在对一件产品、一项服务、一种思想之上,还体现为对一种体系的满意,而且追求社会性和精神性的满足顾客购买的总价值是指顾客在消费服务的过程中得到的一组利益。通常,顾客满意度的影响因素主要有三项,即顾客预期的服务质量、顾客经历的服务质量和顾客感知的服务质量。

(1) 顾客预期的服务质量。顾客预期的服务质量通过顾客对企业以往的服务的评价来表示,代表顾客对服务提供者未来服务质量的预期。顾客对服务质量的预期既包括以往所有的质量体验与信息,也包括预测一个企业未来若干时期满足市场需要的能力。在服务表现一定的条件下,顾客预期服务质量的高低决定了顾客的满意程度。

(2) 顾客经历的服务质量。顾客经历的服务质量通过顾客对近期消费经历的评价来表示,对服务中的顾客满意度有直接的影响。通过顾客对所经历服务的评价可以测量顾客满意度,测量结果过多地依赖顾客的主观感觉。要使评价顾客经历的服务质量具有可操作性,必须对服务的两项要素进行描述:第一,服务的顾客化程度,指企业向不同的顾客提供个性化服务的程度。第二,服务的可靠程度,指企业向顾客提供可靠的、标准化的和充足的服务的程度。顾客感知质量的各种属性中,可靠性对顾客感知服务质量的影响最大。

(3) 顾客感知的服务质量。顾客感知的服务质量是指顾客感受到的相对于所支付价格的服务质量水平。在顾客经历的服务质量一定的情况下,感知质量的提高与顾客满意度之间呈正相关关系。服务营销者必须在仔细研究顾客感知的服务质量的基础上,寻找各项价值的增值点,以在原有价格水平上提高服务的质量。

2) 提高顾客满意度的策略

现代企业实施顾客满意服务战略的根本目标在于提高顾客对企业经营活动的满意度。而要真正做到这一点,企业必须制定和实施切实可行的有效策略。

(1) 树立顾客导向的服务营销理念。顾客导向的企业服务营销理念是为顾客服务的最基本动力,同时又是引导决策、联络公司所有部门共同为顾客满意的目标奋斗的动力。麦当劳成功的关键就在于始终重视顾客,让顾客满意,它的整体价值观念就是质量、服务、卫生和价值。

(2) 开发令顾客满意的产品。顾客满意战略要求企业的全部经营活动都以满足顾客需求为出发点,把顾客需求作为企业创新服务的源头。因此,企业必须熟悉顾客,了解顾客,全面调查他们现实和潜在的需求,深入分析他们的购买动机、行为、能力和水平,研究他们的消费传统、习惯兴趣和爱好。只有这样,企业才能科学地顺应顾客的需求走向,确定服务开发方向。

(3) 提供令顾客满意的服务。热情、真诚、为顾客着想的服务能够带来顾客的满意。企业必须不断完善服务系统,以方便顾客为原则,用服务的魅力和一切为顾客着想的体贴去感动顾客。售后沟通是服务企业接近顾客的直接途径。它比通过发放市场问卷来了解顾客意见有效得多,因此,企业的行为必须以顾客满意为焦点。

(4) 科学地倾听顾客的意见。现代企业要实施顾客满意战略,必须建立一套顾客满意度分析处理系统,用科学的方法和手段检测顾客对企业服务的满意程度,并及时反馈给企业管理层,以不断改进企业的服务,及时、真正地满足顾客的需求。

2. 顾客信任

顾客满意和顾客信任是两个层面的问题。如果说顾客满意是一种价值判断,顾客信任则是顾客满意的行为化。顾客信任是指顾客对某一企业、某一品牌的产品或服务的认同和信赖,它是顾客满意不断强化的结果。与顾客满意倾向于感性感觉不同,顾客信任是顾客在理性分析基础上的肯定、认同和信赖。一般来说,顾客信任可以分为三个层次。

(1) 认知信任。认知信任是建立在人类理性计算和相互交换基础上的信任。它直接基于产品和服务形成,因为这种产品和服务正好满足了个性化需求,这种信任居于基础层面,它可能会因为志趣、环境等的变化而转移。

(2) 情感信任。情感信任是建立在人类相互交往和吸引基础上产生的信任。具有相同人口统计特征、人格特征和价值观的人相互交往容易产生情感信任。服务企业和顾客长期互动,顾客在购买和消费服务之后获得的持久满意,很可能形成对服务的情感信任。

(3) 行为信任。只有在企业提供的产品和服务成为顾客不可或缺的需要和享受时,行为信任才会形成,其表现是长期关系的维持和重复购买,以及对企业和产品的重点关注,并且在这种关注中寻找巩固信任的信息或者求证不信任的信息以防受欺骗。

因此,顾客满意只是迈上了顾客信任的第一个台阶,不断强化的顾客满意才是顾客信任的基础。同时,需要明确的是,顾客满意并不一定可以发展到顾客信任,在从顾客满意到顾客信任的过程中,企业还要做许多事情。

3. 顾客忠诚

1) 顾客忠诚的概念

顾客忠诚是指顾客对企业的产品或服务依赖和认可、坚持长期购买和使用从而表现出在思想和情感上的信任和忠诚,是顾客对企业产品在长期竞争中所表现出的优势的综合评价。在营销实践中,它通常被定义为顾客购买行为的连续性。顾客忠诚度即顾客忠诚的程度,是指由于质量、价格、服务等诸多因素的影响,顾客对某一企业的产品或服务产生感情,形成偏爱并长期重复购买该企业的产品或服务的倾向。

按照顾客的忠诚度,以及与企业的密切程度,阿德里安·佩恩(Adrian Payne)将顾客市场划分为五个不同的层次,即潜在顾客、新顾客、现有顾客、支持者和宣传者,并形象地给出了顾客忠诚度的关系营销阶梯。

顾客忠诚对于企业具有重要的营销价值和战略意义。吸引新顾客和维系老顾客是关系营销中不可或缺的两个组成部分,而维系老顾客又是其中非常重要的内容。

在多数情况下顾客满意和顾客忠诚并不是简单的线性关系。这说明在顾客满意和顾客忠诚两个变量之间存在一些调节变量。这些调节变量及其作用强度会因行业的不同而有所差异,如社会规范、情境因素、产品经验、替代选择性以及转换成本等。

2) 顾客满意与顾客忠诚的关系

顾客满意理论之所以具有重要的指导价值,在于这一理论将满意与忠诚联结起来,认为:“顾客忠诚表现为顾客满意的函数,满意的顾客往往都是忠诚的顾客。”

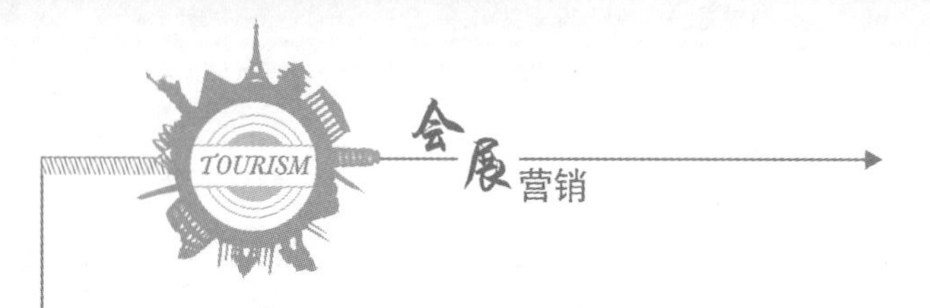

高度满意是达成顾客忠诚的重要条件。不过，在不同行业和不同的竞争环境下，顾客满意和顾客忠诚之间的关系会有差异。其实在不同的市场中，顾客满意和顾客忠诚之间的关系是有差异的。所有市场的共同点是，随着满意度的提高，忠诚度也在提高。但是，在高度竞争市场(如汽车和个人电脑市场)，满意的顾客和完全满意的顾客之间的忠诚度有巨大差异；而在非竞争市场(如管制下的垄断市场——本地电话市场)，无论顾客满意与否都保持高度忠诚。

尽管在某些场合，顾客不满意并不妨碍顾客忠诚，但企业最终仍会为顾客的不满付出高昂代价。企业如果没有赢得高水平的顾客满意度，是难以留住顾客和得到顾客忠诚的。除了简单地吸引和保留好顾客，许多公司还希望不断提高其顾客份额。他们的目标不再是赢得大量顾客的部分业务，而是争取现有顾客的全部业务。例如，通过成为顾客购买产品的独家供应商，或说服顾客购买更多的本公司产品，或向现有产品和服务的顾客交叉销售别的产品和服务，以获得所属产品类别中更大的顾客购买量。

(二) 顾客关系管理(CRM)系统

CRM(Customer Relationship Management)，即客户关系管理，是现代关系营销中的新理念，它一般是指通过采用信息技术，赋予企业更完善的信息交流能力，实现对客户资源的有效利用，从而提升客户满意度、获得客户忠诚。

在会展营销活动中，会展关系营销是指通过与参展商、专业观众、政府机构和行业协会等社会组织建立良性互动关系和长久关系，达到拓展市场、维持顾客长久关系、保持顾客高度忠诚的目的，最终达到公司与顾客长期赢利的“双赢”结果，以实现会展企业的可持续发展。

1. 会展 CRM 的功能与基本策略

什么是 CRM? 对企业来讲，CRM 首先是一个商业战略，是帮助企业实现管理理念变化的工具。通过这种工具，企业可以透过多种渠道(电话、电子邮件、无线通信、一对一直销等)为客户提供全方位的服务，所提供的活动既涉及市场与销售部门，又涉及技术支持和服务等部门。同时 CRM 也是一个系统集成工程，实施 CRM 的最终目的是帮助企业增加收入、提高利润、提高客户满意度。

什么是会展 CRM? 会展 CRM 的核心思想是“以客户为中心”的一套管理系统，会展组织者可通过与客户的互动来分析客户即时的数据变化，以增进对目标客户和潜在客户的了解，为不同客户提供个性化的服务。

在“以客户为中心”的时代，会展企业管理应变的关键就是如何有效地实现对目标客户的源头管理，会展 CRM 系统是为真正意义上实现解决目标客户的源头管理而服务的。

首先，会展 CRM 是将客户作为当前会展组织机构最重要的资源，通过一系列的跟踪、互动来了解客户的需求，并针对性地提供有效的服务，从而增强客户的满意度。

其次，会展 CRM 系统是会展企业供应链管理的延伸，提供会展组织机构目标客户管理的整体解决方案。同时，会展 CRM 系统也为会展企业与客户之间发生的关系进行全面的评估与管理，是现代会展企业管理的重要组成部分。

会展 CRM 的基本策略，就是利用数据分析技术把有关客户的基本数据变为可用的信息，并将信息转换为真正有用的客户知识，进而把潜在客户转变成忠诚客户，直至发展为终生客户，完成客户的整个生命周期。

改善客户关系的关键在于提高客户满意度，会展CRM的工作流程是将会展组织机构内外部客户资料数据集成到同一个系统里，让所有与客户接触的营销、服务人员都能够按照授权，实时地更新和共享这些资源。CRM流程管理的概念，是让每一类客户的需求，都触发一连串规范的内部作业链，使相关业务人员紧密协作，快速而妥善地处理客户需求，从而提升会展组织机构的业绩与客户满意度，继而达到提高会展企业的核心竞争力。

当前，国内会展业发展已处于相当严重的会展同质化、竞争白热化的局面，大部分会展企业平均每年都有高达25%(甚至更高)的客户流失，这不仅是由于现阶段我国会展企业客户关系管理混乱，同时也是由于业界尚未对客户资源流失原因引起充分的重视并着手分析与改善，以致这些缺陷使一些成功会展逐渐丧失竞争优势。因此，不及时有效地解决客户关系管理中存在的问题，不重视客户关系管理系统的建立，客户资源的流失就不会停止，会展企业就很难获得具有品牌忠诚度的客户。对一个成功会展而言，具有满意度的成熟客户为会展带来的价值远远高于新客户的价值，因为，新客户产生的价值很难补偿成熟客户资源流失所带来的损失。在同样成本的条件下，科学制定改善客户关系管理的方法，将会直接体现在会展较高的盈利机会上。

2. 会展业实施CRM的意义

当一个会展项目规模不大时，会展企业面对的客户群很有限，企业了解每一个客户的特点，可以对客户的个性化要求全力满足，这种体贴的服务也因此不断赢得好的口碑与新客户，企业也随之成长。但是随着客户的不断增加，简单的记忆和初级客户资料系统已透支企业的处理能力，当客户的数目增长到更大数量时，许多会展企业对客户的掌控能力就急剧减弱。因为，企业已无法让每个业务人员逐步有效分享客户的信息与资源，准确地把握每一个客户的需求，企业发展的管理基石因此而逐步减弱。当更大的客户压力随之而来时，最终导致的是这些会展企业发展的失误，重新洗牌。应用CRM的意义，不仅在于实现管理水平的质变，更重要的是，它赋予企业把握稍纵即逝的市场机会的能力，这将成为未来的会展市场竞争中左右会展企业成败的力量。在客户导向的市场环境中，新的业务机会本身就来自于体贴的客户关怀，来自苦心孤诣打造的客户数据库的某一个角落。具体而言，会展业实施CRM有以下五个方面的意义。

1）符合会展业本身的特点

会展业具有以下四个基本特点。

第一，会展业举办的活动既是一种经济活动，也是一种社会公共事件。每届展会开幕，都会有许多企业参展和大量的观众积聚，会展组织机构瞬间面对的客户群体非常大。

第二，在参展企业中，各类规模的企业一应俱全且观众来源复杂，不同企业参展和不同观众参观的目标各不相同，其所期望得到的服务也不一样。

第三，中小企业在参展商中所占的比例最大，加上大量的观众，这对会展组织者形成了巨大的服务压力。

第四，参展商和观众所需要的服务面很广，尤其是当一个会展规模较大时，简单的初记忆和传统的客户资料整理方式难以满足客户服务的需要。

会展业的上述特点使会展CRM日益为会展企业所重视。如果会展企业不尽快实施会展CRM，会展组织者对客户的整体掌控能力就会严重不足，会展发展中客户管理的基石因此而动摇，会展发展也因此而停滞。

2）适应会展业日益激烈的竞争

目前，我国会展业竞争非常激烈，主要表现在以下几个方面。

(1) 办展主体间的竞争日益多样化。随着我国加入WTO和CEPA(Closer Economic Partnership Arrangement)的实施，我国会展业办展主体多元化：国有会展机构、行业协会和商会、民营会展公司和国外会展机构各有所长，共同在国内市场上展开竞争，竞争程度日益激烈。

(2) 同题材会展之间的竞争日益白热化。我国会展业一大特点是重复办展多，在同一年度同一题材的会展在不同的时间和地点举办，共同瓜分有限的会展市场。例如，全国一年办57个建筑装饰题材的会展，54个汽车展；在珠江三角洲的广州、深圳和东莞，每年3—4月间有6个家具展，会展同质化日趋严重。

(3) 会展城市之间的竞争日益突显。由于会展业对城市发展具有巨大带动作用，我国许多城市都将会展业列为重点发展的产业而大力扶持，城市之间争夺会展题材的竞争日益突显。

(4) 我国会展业参与国际竞争日益增多。我国加入WTO与CEPA的实施，境外会展组织机构大举进入我国会展市场，纷纷在北京、上海、广州和深圳等地设立分公司和办事处，移植境外品牌会展在国内举办或重新策划举办新展，使国内许多会展企业直接面对激烈竞争。

(5) 会展业相对垄断的趋势越来越明显。会展业是规模经济，一两个知名展会相对垄断某个题材的会展市场已大势所趋，也是会展业发展的必然趋势。目前，我国会展业还未完全成熟，要将自己的展会培育成行业的知名展会，进而相对垄断该题材的会展市场，会展市场竞争的激烈程度显而易见。因此，我国会展企业为在会展业激烈的竞争中求生存和获取优势，必须进行有效的客户关系管理。

3）对客户关系价值的重新认识与重要作用

在我国会展市场日益激烈的竞争环境下，不同会展对有限的客户资源的争夺更加白热化，会展组织机构已认识到客户稳定对会展发展的重要性，认识到客户关系在会展营销管理中的重要地位。会展组织者不再将客户仅仅看作是利润的来源，而是将与每个客户保持有效合作、双赢共荣视为会展业发展的基础建设。会展组织机构清楚地认识到，保留老客户所付出的成本远远低于开发新客户，忠诚的客户关系可获取竞争的差异性优势。能够消除环境变化给会展带来的冲击。认识到这一点，许多会展组织机构开始将客户关系管理作为促进会展业稳定发展的一项战略，“关系也是一种资产”，对客户关系的管理也就是对会展战略资产的管理。

4）满足与目标客户的互动与服务的多元化

会展的客户群体大而且复杂，会展组织者与目标客户面对面接触时需面对众多各不相同的客户与需求，需提供日趋复杂的各种会展服务，也需改变以下两方面的管理。

(1) 与客户接触和互动的方式越来越多，如电话、传真、电子邮件、互联网、直接邮寄、客户拜访等。面对不同客户的不同“渠道偏好”，会展组织机构会面临着沟通与接触渠道的细分，需降低接触与沟通的成本。

(2) 由于不同渠道沟通的效果不同，会展组织者还面临着如何优化渠道组合、最大限度地实现与客户互动的问题。接触和服务的复杂化迫使会展组织者不断创新客户管理办法，以便所有营销人员有效分享会展的客户信息与资源，准确把握每一个客户的需求，为客户提供个性化服务。

5) 会展 CRM 同步 IT 技术飞速发展的需求

信息技术的飞速发展使会展 CRM 体系日益成熟。会展组织者若想在竞争中胜出，就必须更快和更廉价地利用客户关系管理来分析客户的需求并提出相应的解决方案，从而在会展市场竞争中获得比竞争对手更多的优势。为此，应用新技术解决新问题成为许多先进会展组织者的必然选择。促进会展 CRM 体系日益成熟的信息技术主要包括数据库、互联网、计算机联机数据分析处理、数据挖掘和聚类分组算法等。这些技术使会展组织机构可以从大量繁杂的客户信息中找出有价值的信息，分析客户的需求和偏好，预测客户的需求和行为，创造更好的客户管理和服务流程。通过这些技术，在客户关系管理的指引下，会展组织者可以将基本的客户数据转变为有用的客户信息，继而进一步将这些信息转换为实用的客户知识，把潜在的客户变成忠实的客户，把老客户变成终身客户，会展因此会拥有强盛的生命力。

21 世纪以产品为导向的营销哲学将逐步转向以客户为中心，全方位满足客户需求，不断创造更新、更好的产品。会展营销管理的中心将从以往注重业务量的增长转向注重质的提高；营销目标将从降低成本提高效率转向开拓业务、提高客户忠诚度。因此，提高我国会展企业的核心竞争力，进行会展业 CRM 系统的应用与研发将对提高我国会展企业的整体管理水平具有重大的现实意义，也符合我国会展业目前的形势和会展组织机构在会展目标客户关系管理方面的现实需要。

三、会展顾客关系管理

（一）会展客户关系管理的主要内容

通常情况下，会展企业客户关系管理的内容主要包括以下三个板块。

1. 客户数据采集与分析

对组展商来说，客户管理的基础工作是搜集和整理参展商、赞助商以及接受组展商邀请的专业观众的现实数据，以及纳入组展商市场开拓目标范围内的其他客户，其中参展商数据是重中之重。有关参展商的数据其内容主要包括参展商的企业性质、规模、历届展会参加情况以及与组展商的交易额等。组展企业可以根据自己的需要，将这些数据划分为三个层面。

1) 客户原始记录

客户原始记录是关于客户的基础性资料，它通常是组展商获得的第一手资料，具体包括以下内容：客户代码、名称、所在国家和地区、具体地址、邮政编码、联系人、电话号码、银行账号等。一般来说，组展商可以从专业的企业名录提供商处购买，也可以从相关的行业协会获取。

2）统计分析资料

统计分析资料主要是组展商通过顾客调查分析或向相关信息咨询企业购买的第二手资料，包括顾客对展览会的态度和评价、客户的合同履行情况与存在的问题、客户与其他竞争者的交易情况、客户的需求特征和发展潜力等。

3）企业投入记录

企业投入记录是指组展企业与顾客进行联系的时间、地点、方式（如访问、打电话）和费用开支、给予哪些优惠（价格、购物券等）、提供产品和服务的记录、合作与支持行为、为争取和保持每个客户所做的其他努力和费用等。以上所列的方面是组展商客户档案的一般性内容。同时应注意到，无论是组展商自己收集资料，还是向信息咨询企业购买资料都需要一定的费用。所以，组展企业的客户档案应设置哪些内容，不仅取决于客户管理的对象和目的，而且也受到企业费用开支和收集信息能力的限制。各企业应根据自身管理决策的需要、收集信息的能力和顾客的需求特点，选择不同的客户档案内容，以保证档案的经济性和实用性。

2. 组展商客户关系维护策略管理

实施具体的管理手段和策略来推进客户关系的发展，并与有潜力的客户建立相互信任的合作关系，是组展商进行客户关系管理的根本出发点和最终目标，而客户信息的收集与整理只是这一过程中的基础工作。所以，组展商进行客户关系管理的重要内容是根据客户信息区分客户类别，针对不同的客户类别，投入不同数量的资源并采取不同管理措施。关于具体的客户关系管理方法和策略，本节还将在下一个问题中专门阐述，在此不再赘述。

3. 客户信息反馈管理

从实质上说，会展企业客户关系管理过程就是组展商与客户交流信息的过程，实现有效的信息交流是组展商建立和保持良好客户关系的途径。组展商与客户信息沟通的内容主要包含两个方面：一是组展商充分利用现代信息技术手段，及时将展览会产品与服务信息提供给参展商以及观众，并给予这些客户以技术支持与良好的售后服务；二是组展商还需要从展览会参加者那里收集到关于客户对展览会评价与建议的重要信息。展览会客户反馈的信息，既是衡量组展企业承诺目标实现程度的重要指标，也是组展商及时发现展览举办过程中出现的相关问题的重要途径。一般情况下，投诉是客户反馈信息的重要途径，如何正确处理客户的意见和投诉，对于消除客户不满，维护客户利益，赢得客户的信任十分重要。

（二）会展客户关系管理的方法

组展企业进行客户关系管理，实际上就是展览会组织者寻找潜在的目标客户并培育有价值的忠诚客户，最终达到提高企业竞争力和盈利能力的战略管理过程。这一过程的实施，通常可以通过四个步骤来推进。

1. 客户细分

客户细分是指组展商把企业的所有客户划分为若干个客户群，同属一个细分群的客户具有相同或者类似的特征，隶属于不同细分群的客户具有明显的不同特点。比如，那些为组展商带来最多利润的客户和带来最少利润的客户应该分属于不同的“客户群”。同一细分群的客户可能在居住地域、收入、行为方式以及与组展商的合作历史等方面相似，也可能在为组展商带来的利润现状和前景等方面相似。客户细分是组展商进行客户关系管理的前提条件。不将客户细分成不同类别，组展企业根本不可能成功有效地处理与不同客户之间的关系。由于不同客户之间存在不同的利益需求，而且不同客户群体对企业的“价值”有所不同，因而组展商应当根据不同的客户关系类型，有针对性地采取措施，这样既可以最大限度地满足最具价值的客户的需求，又有利于企业分清轻重缓急，降低营销成本。

那么，组展商如何进行客户关系的细分？在有关客户关系管理的文献中，许多欧美学者提出了多种行之有效的细分方法，在此简单介绍其中的三种，供读者参考。

1）狄克和巴苏的客户细分法

美国学者狄克（Alan S. Dick）和巴苏（Kunal Basu）根据客户对企业的产品和服务的续购率与客户对本企业的相对态度，把客户划分为忠诚者、潜在忠诚者、虚假忠诚者、不忠诚者。客户对本企业的相对态度指客户偏好本企业的程度以及客户对本企业与其他企业的态度差异。

A类客户（忠诚者），是指续购率高，觉得某个企业比其他企业更好的忠诚者，是企业和营销人员追求的对象，A类客户一般不会特意收集其他品牌的信息，不会因其他企业的促销措施而“跳槽”，更愿意向他人推荐自己忠诚的品牌。

B类客户（潜在忠诚者），是指对某个品牌有强烈的偏好，或者觉得这个品牌比其他品牌好，但由于环境因素，他们购买该品牌产品和服务的频率较低，这类客户是企业的潜在忠诚者。

C类客户（虚假忠诚者），是指虽然经常购买某个品牌的产品和服务，但他们认为各个品牌的产品和服务差别不大，并没有对某一个品牌的产品和服务产生情感依附，这类客户是企业的虚假忠诚者。

D类客户（不忠诚者），是指对该类客户来说，各个品牌没有什么差别，也很少重复购买同一品牌的产品和服务，这类客户对任何企业都不忠诚，他们会经常转换品牌，购买的随意性较大。

2）英国学者诺克思的客户细分方法

诺克思（Simon Knox）根据客户购买的产品和服务的品牌数量和客户的投入程度将客户划分为忠诚者、习惯性购买者、多品牌购买者和品牌改换者，忠诚者和习惯性购买者往往只购买少数几个品牌的产品和服务，表现出一定程度的行为忠诚。因此，企业为这两类客户服务往往最能获利。但是，忠诚和习惯性购买者的购买方式不同。忠诚者的投入程度较高，愿意花费时间和精力与企业保持关系；而习惯性购买者每次购买的产品和服务基本上没什么区别，他们之所以购买某个企业的产品和服务，是因为这个企业能供应他们需要的产品和服务，而不是因为他们对该企业有较强的情感依附。一旦企业不能提供他们需要的产品和服务，他们就会改购其他企业的产品和服务。忠诚者能够感觉到自己与企业或品牌之间密切的情感联系，因此，在企业没有他们需要的某种产品和服务时，他们会暂时购买其他企业的产品和服务，一旦该企业能够提供这种产品和服务，他们又会继续转向该企业。与该企业的业务多品牌购买者和品牌改换者的购买行为比较相似，他们都购买多种品牌的产品和服务。企业为这两类客户服务往往获利不多。这两类客户的购买动机很不相同。多品牌购买者在不同的消费场合购买不同品牌的产品和服务，他们积极寻找各种品牌。品牌改换者一般对价格优惠比较感兴趣，他们的购买策略是以最低的价格购买自己需要的产品和服务，会

为了一点点的价格优惠而改购其他企业的产品和服务。

3）雷纳兹和库玛的客户细分法

美国学者雷纳兹(Werner Reinartz)和库玛(V. Kumar)根据企业为客户服务所能获得的利润和客户与企业保持关系的时间的长短将客户划分为陌生人、花蝴蝶、真正的朋友和藤壶(附于水面之下物体上的小甲壳动物)。"陌生人"指那些对企业不忠诚、企业为他们服务却不能盈利的客户。企业应尽早识别"陌生人"，不要花费过多的时间和精力为他们服务。"花蝴蝶"指那些对企业不忠诚却可使企业盈利的客户。企业可对这类客户进行短期的硬性推销，尽可能从他们那里获取最大的短期利润。但是，企业应在适当的时候终止与这部分客户的关系。"真正的朋友"指那些对企业忠诚且能使企业盈利的客户。这类客户对自己与企业的关系比较满意。由于企业为"真正的朋友"服务，能获得最大的经济收益。因此，企业应采取适当的措施，回报客户的忠诚行为。"藤壶"指那些对企业高度忠诚却无法使企业盈利的客户。由于这类客户与企业的交易规模太小，交易次数太少，就像依附在货轮表面的藤壶只能增加货轮的额外负担一样，企业为他们服务可能只会增加负担，而不能获得满意的回报。对于这类客户，企业应首先判断他们的购买能力。如果他们的经济收入低，不可能增加消费量，企业就不值得继续为他们服务。如果他们有较强的购买力，但企业目前对他们的业务占有率较低，企业就应继续为他们服务。

总之，上述三种客户细分方法尽管侧重点有所不同，但共同关注两个非常重要的分类指标。一是客户对本企业的"忠诚程度"，二是客户对本企业的"价值"，即客户对本企业的利润贡献究竟有多大以及是否具有发展潜力等。这一点对于组展企业的客户细分工作具有重要的启示。与其他企业一样，组展商同样要考察参展商、赞助商以及观众群体中，哪些客户对组展商是最忠诚的，哪些客户对组展商的利润是最有贡献的。通过这样的细分，才能够切实把最有贡献的忠实客户以及具有开发潜力的目标客户区分开来，从而为组展商有针对性地开展营销工作奠定基础。

2. 客户关系发展策略

关系发展策略的选择是指组展商在客户细分的基础上，为不同类型的客户制定相应的关系发展策略。一般情况下，对于能够给组展商带来绝大部分利润的忠诚客户，组展商应该将其列为"战略合作伙伴"，与其建立长期、密切的战略联盟型伙伴关系，在某一方经营出现困难的时候，对方需要积极地配合与支持，帮助其走出困境。对于那些对组展商具有重要经济价值，但是对组展商的认可度不是很高的客户，组展商应该努力提高为这些客户服务的水平，争取给这些客户留下好的印象，并最终将其培育成忠诚客户。对那些与组展商有着良好的合作关系，但是对组展商利润贡献并不大的参展商，组展商要注重与其建立"维持型合作关系"，因为这些参展商虽然对利润的贡献不大，但是对提升展览会的人气来说非常重要，所以组展商需要尊重并维护和这些客户的合作关系，但不必投入过多的精力。对那些在组展商利润方面几乎没有贡献，同时又对组展商特别挑剔的客户，组展商最好采取委婉的策略，如提高参展门槛等措施，终止与他们的合作关系。

3. 分配组展商营销资源

组展商应为不同的客户关系匹配相应的企业资源。对于忠实于组展商同时对组展商利润贡献较大的客户，组展商应投入足够的资源，致力于长期的密切合作；对于那些对组展商利润贡献大但是尚没有建立相互信任合作关系的客户来说，组展商也要投入较大的资源，促进与这些潜在战略合作伙伴的客户关系的发展；对于那些惠实于组织者但是对组展商利润贡献不大的客户，组展企业不应为其投入过多的资源；最后，对于那些对组展商利润贡献不大同时又不忠诚于组展商的客户，组展商的资源应慎重投入。

知识链接　客户关系管理的新工具——企业信息门户

随着互联网的快速发展，大量企业正迅速转向全球性商务，用电子方式把遍布全球的客户与供应商联系起来。在这种转变过程中，互联网应用不再被局限于围绕着业务应用本身，而是被延伸到用于客户直接的访问和在互联网经济中努力提供最快捷的信息传递服务。例如，企业信息门户（Enterprise Information Portal，EIP）将会成为客户关系管理的新工具。EIP作为一种新的应用系统概念，正为许多企业所采用。它就像一个超级主页，但比我们常用的搜索引擎要小得多，甚至只相当于浏览器提供商的主页，但是它可以附加上许多服务和属于个人的东西，这样的站点可以使我们通过个性化的大门进入Web世界，如Yahoo、搜狐等都是信息门户的例子。同样企业门户的目的是为客户、合作伙伴和员工建立一个个性化的进入整个企业的大门。EIP是个应用系统，它使企业能够释放存储在内部和外部的各种信息，让客户们能够从单一的渠道访问其所需的个人化信息。客户们可利用这些个人化信息做出合理的业务决策并执行这些决策，同时发现做出类似决策的其他人并和他们取得联系。

EIP通过及时地向用户提供准确的信息来优化企业运作和提高生产力。这些门户可把存放在企业数据库与数据仓库中的业务智能转变为可利用的信息，并通过浏览器送到用户眼前。

4. 客户关系的健康发展战略

客户关系的健康发展，一是要维系现已建立的与价值客户（战略客户和主客户）之间的良好的信息共享、信息交换关系，要促使客户关系的提升，使交易客户向主要客户转变，主要客户向战略客户转变，从而实现企业盈利最大化的目标。

（三）会展顾客关系管理的实施流程

会展顾客关系管理是一个将顾客信息转化为顾客知识，再通过高影响的顾客互动将顾客知识转化为顾客关系，最终形成顾客忠诚的循环过程。这一实施流程包括以下四个主要步骤（见图3-4）。

1. 收集顾客信息

会展企业实施顾客关系管理的第一步就是收集顾客信息。会展企业所面临的市场是一个广泛而复杂的群体，企业在与顾客群体的接触中，可以通过各种渠道如互联网、顾客追踪

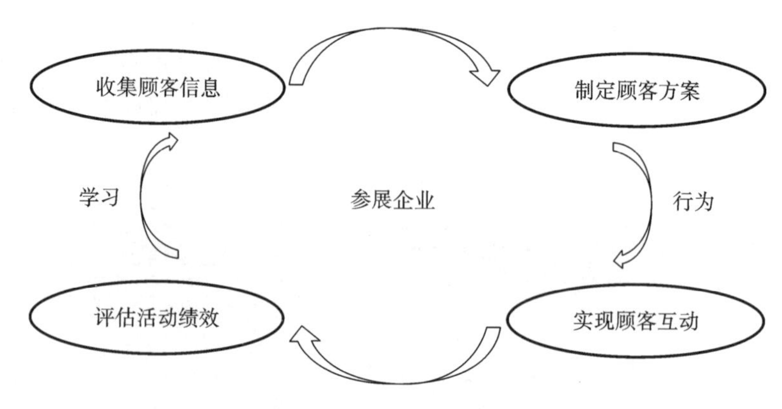

图 3-4　会展顾客关系管理的实施流程

系统、呼叫中心档案等收集顾客信息，包括顾客资料、消费偏好、交易历史资料等，并将数据存储到统一的顾客数据库中。通过收集、整理顾客信息，会展企业能够对顾客作出进一步分析，以识别市场机遇和制定投资策略。

2. 制定顾客方案

这一步骤需要针对顾客类别，设计适合顾客的服务和市场营销方案。会展企业实施顾客关系管理应该体现“以人为本”的思想，确认“一对一营销”观念，在全面收集顾客信息的基础上，视顾客的不同而针对性地提供服务，以提高会展企业在顾客互动中的投资机会。在这一流程中，会展企业通常需要使用营销宣传策略，向目标顾客输送会展项目服务信息，以吸引顾客的注意力。

3. 实现顾客互动

这一阶段，会展企业需要借助及时的信息提供来执行和管理与顾客(潜在顾客)的沟通，一般可以使用各种互动渠道和前端办公应用系统，包括顾客跟踪系统、销售应用系统、顾客接触应用和互动应用系统。通过与顾客的互动，会展企业可以随时追踪有关顾客需求变化以及展后的有关评价，从而不断完善顾客方案。以往市场营销活动一经推出，通常无法及时监控活动带来的反应，效果如何最后以销售成绩来决定。顾客关系管理却可以对过去市场营销活动的资料进行相关分析，并且通过顾客服务中心或呼叫中心及时进行互动反馈，实时调整进一步的营销活动。

4. 评估活动绩效，改善顾客关系

这是会展企业管理顾客关系的一个循环过程即将结束时，对所实施的方案计划进行绩效分析和考核的阶段。顾客关系管理通过对各种市场活动、销售与顾客资料的综合分析，将建立一套标准化的考核模式、考核施行成效，并通过捕捉和分析来自互动反馈中的数据，理解顾客对企业各项营销活动所产生的具体反应，为下一个顾客关系管理循环提出新的建议，以此不断改善会展企业的顾客关系。

（四）会展顾客关系管理的实施策略

随着会展市场竞争的日趋激烈，越来越多的企业意识到维持与发展良好的顾客关系对于自身长远发展的重要意义，因此，顾客关系管理思想及其系统应用也得到广泛关注。为了真正有效地管理会展顾客关系，会展企业可以采取以下实施策略。

1. 顾客获取策略

会展企业要生存，首先要有顾客支持，因此顾客关系管理的第一步是获取顾客，即建立顾客关系。关系是双方的，企业要与顾客建立关系，一方面企业要寻找目标顾客；另一方面，要让顾客了解企业。只有双方都认为可以从与对方的交换中获取合理的利益时，这种关系才可能达成。

1）加强展会宣传力度，形成对顾客的吸引力

会展企业某次会展项目主题一经确定，首先要加强对外宣传，让更多顾客了解进而产生参展愿望。以展览会为例，大多数参展商表示对展会的规格、知名度、同类参展商、主办者的名头、展览企业的资质等要素十分关注。因此，针对目标顾客的需求，会展企业需要通过各种有效的传播手段，迅速、准确地向顾客输送有关会展项目及相关服务措施的信息，争取顾客的支持与信任，把他们吸引到自己的展会上来。

2）提高管理与服务水平，建立良好的第一印象

企业通过宣传将顾客吸引到会展活动中来，还需要通过高效、完备、便捷、优质的服务，建立良好的第一印象，赢得顾客的信任，进一步留住顾客。这就要求会展企业按照国际惯例办事，按照国家标准为顾客提供现代化、个性化、人性化的服务，急顾客之所急，想顾客之所想。同时，网络经济时代对会展经济在展会服务工作组织方面提出了“快捷”的要求。会展企业可以通过采取实行网上招展、网上机票与旅馆预订、通过电子邮件及时回复顾客的咨询，以及在网上提供顾客需要的有关展览会的各种资料来积极应对。

2. 顾客保留策略

作为组展机构，会展企业长期的工作目标就是要加深、牢固与顾客的关系，尽可能留住顾客，建立顾客忠诚。具体而言，会展企业需要做到以下几点：不断寻求增进关系的方法；理解、满足甚至超越顾客的期望；预计顾客可能提出的问题，尽所能去解决。这就要求会展企业充分把握顾客需求，了解顾客参展的业务与参展目的，帮助他们增加利润。

1）追踪与满足顾客的服务需求

只有不断满足顾客的需要，才能取得他们的长期信任。会展顾客的需求因人而异，需要有针对性地予以满足。最有效地了解顾客需求的方法就是直截了当地发问，而座谈会、调查表和电话访问都是捕捉顾客信息的常规方法。顾客的需求在不断变化，因此这些调查也是长期需要的。然而捕捉信息只是第一步，要建立长期相互信任的关系，关键还在于会展企业要倾听和付诸行动。顾客都希望组展机构关心他们，真正为他们的成功而努力。

2）关注与提高顾客的参展交易额

这个主要以展览会为例，顾客参展的直接目的是想通过展会拓展销路和市场，达成产品交易，从中获利。如果参与购买的顾客少或质量不高，参展商不能取得预期收益，他们与组展机构的关系就很难保持，会展企业的市场就会逐步缩小。因此会展企业要想从根本上留住顾客，需要关注顾客在展会上的交易情况，有效组织贸易商，增加参展商的交易额，提高其参展效益。会展企业要增加目标观众，必须制定渠道策略，建立高效畅通的会展渠道。

3. 顾客忠诚策略

顾客忠诚既可以界定为一种行为，也可以界定为一种心态，一系列态度、信念、愿望等，

是一个综合体。它的某些组成因素对企业而言确实非常琐碎,但对顾客而言并不如此。会展企业得益于顾客的忠诚行为,而这种行为源于他们的心态。忠诚也是一种相对而言的心态,它排除对其他一些会展组织者的忠诚,但并不是排斥所有其他组织者,比如一名顾客可以对一个以上、但彼此相竞争的供应商保持忠诚。同时,会展企业与会展顾客之间彼此忠诚,两者之间建立平等对待、彼此尊重的忠诚关系,才能真正赢得顾客的忠诚。因此,要保持顾客忠诚度,关键的一点就是组展机构应主动开展显示企业忠诚的工作。

1) 实施促销激励

实施促销激励是企业奖励忠诚顾客的最常用方式,如价格折扣、免费或低成本地促销产品和服务等,这种现象在会展活动中很常见。香港会展中心承接过大量的会展业务,建立了自己广泛的顾客关系,为了培育顾客忠诚,该中心采取积分激励的措施。在顾客档案中建立参展积分栏,按其一定时间内在中心参展的累计次数积分,积分达到不同数量时实施不同级别的奖励,即在缴纳展位租赁费用时享受不同的折扣,从而鼓励顾客长期参展,形成顾客忠诚。免费或低成本促销的优惠形式也比较多见,可以让忠诚者从中获利,得以回报。

2) 提供获利帮助

以展览会为例,会展企业可以通过举办参展企业培训班,就企业参展的有关问题请有关专家举办讲座,灌输新思想,转变旧观念,提高参展企业参展效果。它要求会展企业努力了解忠诚顾客每次参展的业务和参展目的,尽量为他们的获利提供帮助。

3) 加强彼此联系

开展联谊工作,如通过会员俱乐部等组织形式,加强会展公司与忠诚顾客的联系。会展公司可以通过一定的途径,向会员无偿提供商业供求信息,为重点参展企业提供展览知识方面的服务,以及优先保证他们参加会展企业组织的各种培训等。

四、会展顾客关系的评价指标

会展企业实施客户关系管理过程中最基础的工作,是要弄清企业与现有客户之间的关系现状以及关系现状中存在的问题。只有这样,组展商才能够清楚地了解谁是企业的核心客户、对哪些客户的投入不足、对哪些客户的投入过度以及应当加强与哪些客户的联系等。那么,组展商如何评价自己与客户之间的"关系现状"呢?显然,需要一些用以考察"关系状况"的标准,通过与这些标准对比,展览会组织者可以清楚地了解不同客户目前在整个客户网络中的具体位置。以下介绍三种关于组展商与展览会客户之间的关系状况的分析指标,供读者参考。

(一)根据客户与组展商的商业利益关系的差异划分

对组展企业来说,客户是一个非常宽泛的概念,既包括直接给组展商带来利润的客户,也包括需要组展商投资的客户,还包括确保展览会顺利召开需要和组展商建立"合作伙伴"的客户。显然,面对如此"庞大的客户群",组展商不可能也不应该采取相同的客户管理策略,组展商需要根据客户对利润的贡献程度,分门别类地采取相应的管理措施。

1. 关系紧密型客户

关系紧密型客户是指能够给组展商带来主要利润的客户,是组展商重点关注的一类客户群体，因为这类群体的不满，将直接影响到组展商的收益。在组展商的客户体系中，参展商和赞助商是组展商的关系紧密型客户。

2. 关系半紧密型客户

关系半紧密型客户是指为了展览会的召开需要组展商投入资金的客户，这些客户虽然在财务方面是组展商的“支出项目”，但是从投入与产出的基本经济理念看，处理好与这些客户之间的关系对于组展商有效地节约成本至关重要。在组展商的客户体系中，会展中心、媒体合作单位和组展商拟邀请的专业观众是组展商的关系半紧密型客户。

3. 关系疏远型客户

关系疏远型客户是指与组展商没有直接的商业交易关系，但是同样通过与组展商的合作服务于展览会的客户。这些客户与组展商虽然没有经济方面的交易关系，但是在展览会举办过程中存在共同利益，这种共同利益是组展商与这类客户的合作基础。由于组展商与这些客户之间既没有收益方面的业务联系，也没有支出方面的业务联系，与这些客户之间的关系自然会“相对疏远”。不过，为了更好地服务于自己的客户，组展商通常会选择一些信誉较好的服务商向客户推荐。在组展商的客户体系中，搭建商、运输商和旅游服务代理机构是组展商的关系疏远型客户。

需要特别指出的是，这里把组展商的客户按照对其利润的贡献不同划分为紧密型、半紧密型和疏远型三类客户，这种划分对组展商准确了解客户的地位无疑是重要的，但是现实中三类客户不能截然分开。一方面，很多组展商与搭建、运输、旅游服务等合作机构本身也可能存在经济方面的业务联系；另一方面，组织、搭建、运输、旅游等各项业务在展览会举办过程中扮演着不可替代的互补角色，而参展商与观众却是奔着展览会而来的，因而任何一个环节出了问题，都会影响组展商的信誉。

(二) 按照组展商与客户合作的深入程度划分

组展商与不同客户之间的关系发展，需要一个漫长的过程，忠实客户群体的形成不是一朝一夕能够完成的事情，往往需要组展企业经过数届展览会的努力。

1. 基础阶段的客户关系

基础客户关系是一种强调等价交易的关系。在这一阶段，客户要求组展企业证明他们具有成功组织展览会的能力。显而易见，参展商和赞助商愿意同那些已经举办了数届展览会的组织者发展业务合作关系。当然，参展商和赞助商也会对比其他展览会组织者报出的价格以及提供的服务，最终做出参展和赞助选择。由此看来，基础阶段的客户关系是有限制的，它或许可以传递商品和服务，但它是不健全的，不可能达成双方的相互信任和支持。因此，在这个阶段，关系双方中没有哪一方会感到特别局限于客户关系，客户之间相互退出的障碍很低，客户转向其他企业不会是个大问题。在客户关系的基础阶段，价格是进行交易的主要动力。对组展商来说，要特别注意营销人员对客户的过度承诺。因为很多会展企业是根据销售团队的短期销售目标来决定销售人员报酬的。这种短期目标可能导致销售团队的短期行为，他们不可能花费大量的时间与客户建立长期关系，而是倾向于向客户做出各种承诺甚至做出自己无法履行的承诺，以取得订单。这种做法虽然在短期内看不出其弊端，但是对组展商与客户之间长期关系的建立与维护危害重大。

2. 合作阶段的客户关系

超越基础客户关系的合作客户关系具有一定的积极性，客户对组展商的防御心理减弱，对展览会组织者更坦诚。但是在这一阶段，参展商并没有真正信任组展商，对组展企业还有所保留。在基础客户关系的基础上，双方都可以从对方那里获得更多的有效信息。参展商在与组展商的长期交往中，如果对参展效果以及组展商的服务和态度感到满意，就可能与组展商建立合作关系。如果参展商对展览会各方面的表现都感到满意，那么就会与组展商进行更紧密的合作，并发展这种合作关系。但是，在这一阶段，参展商和组展商之间的关系仍然"保持距离"，参展商除了和本企业合作外，还可能选择其他类似的合作伙伴。

3. 相互依存阶段的客户关系

在相互依存阶段，参展商和组展商都认识到彼此的重要性。组展商已经成为参展商唯一的或至少也是第一选择的供应商，参展商把展览会看作是其外部的战略资源和竞争优势的组成部分，组展商和参展商会积极地分享敏感信息，致力于解决共同面对的问题。在相互依存的客户关系阶段，参展商会把自己的良好建议融入展览会中，成为参展商、赞助商甚至是组展商的顾问，与此同时，组展商在展台位置、广告配合等方面也会给予参展商更多的优惠，双方之间的关系逐渐趋于成熟，彼此更深入地理解对方，从双方稳定的依存关系中获利。

(三) 按照客户与组展商的"关系质量"划分

关系质量指参展商和组展商双方的满意感、信任感、归属感和忠诚感。提高关系质量，对参展商和组展商双方都有利。对会展企业来说，提高关系质量，可将组展商的一般性客户最终转变为"忠诚者"。忠诚的客户相信展览会能为他们提供最大的商业价值。他们乐意从众多展览会组织者中选择某家组展商的产品和服务，绝不会跳槽。对参展商来说提高关系质量，可以降低参展商的参展风险，节省收集展览会产品和服务信息以及选择和评估这些信息的成本，从而提高参展收益。因此，无论对参展商来说还是对组展商来说，都具有努力改善双方客户关系质量的内在需求。一般来说在买方市场情况下，参展商比组展商更可能终止双方的关系。参展商对展览会服务质量以及服务人员是否满意，是决定参展商是否愿意继续与组展商保持关系的关键。因此，研究关系质量，应侧重于研究参展商和组展商双方关系的满意程度。

1. 对组展商满意的客户

满意感是参展商的需要得到满足之后的一种心理状态，是参展商对展览会满足自己需要程度的一种判断。如果参加展览会的收获满足了参展商的需要，参展商就会满意；反之，就会不满意。当然，有时候参展商也会把组展商提供的产品和服务与其他展览会组织者进行比较，从而得出不同的心理感受。通常情况下，满意感是参展商对组展商的某一次展览会的心理感受，满意的客户会大大提高参加该组展商组织的下一届展览会的可能性，但是这种客户与组展商的关系还仅仅局限于一般性的买卖交易关系。

2. 对组展商信任的客户

信任感指人们对信任对象可信性和善意的看法。其中，可信性指一方认为另一方的承诺是可信的;善意指一方对另一方利益的真诚关心及共同获利的愿望。在会展企业的客户关系中,信任感意味着参展商对组展商组织能力和服务水平的认可,即使在组展商无法实现承诺时,参展商也会以善意和同情的方式来理解组展商。对组展商信任的客户在对待组展商服务中出现的问题时,不可能像一般客户那样以"冲动"的方式表达自己的不满。

3. 对组展商有归属感的客户

客户归属感指客户与企业保持长期关系的意愿,包括情感性归属感和持续性归属感。所谓情感性归属感指客户感情上对服务性企业的依恋感,所谓持续性归属感指客户由于跳槽的代价过大而不得不与企业保持长期的关系。在会展企业中,归属感是指参展商与组展商保持长期关系的意愿。参展商越是愿意与组展商保持长期关系,表明双方关系的质量越高。

4. 对组展商忠诚的客户

一般来说,忠诚的客户指那些反复购买某个品牌的产品、只考虑该品牌的产品、不会寻找其他品牌信息的客户。由此看来,忠诚的参展商群体是会展企业的最大财富,也是组展商进行客户关系管理的重要目标。在现实中,忠诚客户的价值主要体现在以下五个方面。

(1) 忠诚的参展商不仅会重复参加同一组展商组织的展览会,而且还会购买该组展商的其他产品和服务,给组展商带来更多的经济收入。

(2) 忠诚的参展商不仅自己重复参加某个展览会,而且还会为组展商做有利的口头宣传,向他人推荐组展商的产品和服务,扩大组展商的客户群。

(3) 忠诚的参展商会积极地向组展商反馈信息,帮助组展商改进产品和服务。忠诚的参展商反馈给组展商的信息可以分为两类:一类是客户投诉,相对于非忠诚参展商,忠诚客户更可能向企业投诉,客户的投诉有助于企业改进服务质量,增强客户满意感和忠诚度;另一类是参展商需求方面的信息,参展商客户向组展商反馈这类信息,有助于组展商了解市场需求,更好地满足客户需求,降低展览会的风险。

(4) 忠诚的参展商对自己忠诚的展览会的参展费用不是很敏感,他们相信该组织者提供的产品或服务的价格是公正的;有时候他们甚至愿意支付较高的价格购买该企业的产品或服务。

(5) 忠诚的参展商往往愿意原谅组展商在服务过程中出现的一些小错误或小失误,愿意在合理的范围内再给组展商一次改正错误的机会。而一般性的客户对组展商工作中的错误或失误通常会非常敏感,一旦出现问题,他们会立即转向其他组展商组织的展览会。

当然,客户关系质量的上述四个组成成分并不是相互独立的,它们之间存在一定的影响关系。参展商对某次参展经历感到满意,会逐渐信任该组展商,并与该组展商保持长期关系;而参展商对组展企业的信任感以及参展商与组展企业服务人员之间的商业友谊,同样会影响参展商对参加展览会的总体满意程度。

本章小结

本章主要介绍了服务营销在会展业中运用的几个方面，包括会展消费者行为、会展参与决策过程、会展顾客关系管理等。会展消费者一般是指在经济贸易类展览会上，为生活消费需要购买、使用商品或接受服务的人。会展消费者主要由机构消费者（如参展商、赞助商、广告客户等）和个人消费者（如专业观众和普通观众）构成。影响机构消费者购买的主要因素有环境因素、组织因素、团体因素、个人因素和文化因素；影响会展消费者行为的因素主要有文化、社会、个人、心理等四个因素。

消费者在进行购买决策和处理有关产品的信息时，通常会采用动态的、系统的、循序渐进的过程。会展消费者购买的不仅有展会门票、参展商品等有形产品，也有服务等无形产品。会展服务消费者的决策过程包括以下五个步骤：确认需要、收集信息、评价方案、做出决策、购后评价。

顾客关系管理就是服务企业为提高服务质量的确定性和服务生产力而针对顾客施加行为的过程，目的是为企业造就、吸引、维持、开发和保护尽可能多的对称顾客。会展顾客关系按照不同的划分标准有不同的评价指标。会展顾客关系管理的主要内容有客户数据采集与分析、组展商客户关系维护策略管理、客户信息反馈管理等。

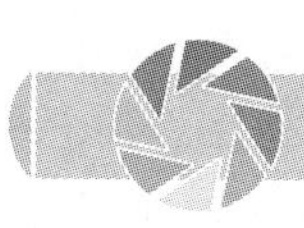

关键概念

消费者行为　机构消费者　购买特征　参与决策过程　关系营销
顾客关系管理

复习思考题

1. 会展消费者的构成有哪些？具有哪些特点？
2. 会展的机构消费者具有哪些购买特征？
3. 影响会展机构消费者和个人消费者行为的因素有哪些？
4. 不同会展主体参与会展活动的动机有何不同？
5. 会展顾客关系管理的含义和主要内容是什么？
6. 实施会展顾客关系管理具有哪些重要的作用？

第四章

会展营销信息与调研

学习目标

了解会展营销信息系统的内涵与构成；掌握会展营销调研的主要内容和程序，学会运用四种常见的会展营销调研方法并会进行基本的调研结果分析。

案例引导　深圳文博会调研

调研背景：

作为首个国家级、综合性、国际化文化展会，中国(深圳)国际文化产业博览交易会见证着我国文化产业改革与发展的成就：2000年，党中央文件首次提出文化产业概念；2003年，新一轮文化体制改革启动试点工作；2004年，国家统计局首次发布文化产业分类标准。在这样的背景下，首届深圳文博会应运而生。

目前全国建立的各类文化产业基地和园区、各类文化企业已成为资本市场的亮点。深圳在这方面表得尤为突出。一方面，文博会拉动了文化产业在深圳的成长。2010年，深圳文化产业增加值已占GDP的6.7%，成为当地的支柱产业。另一方面，在文博会的催化下，文化创意与深圳原有的优势产业不断融合，既使深圳的文化产业具有高技术、精制造的特色，又带动了数码产品、珠宝、服装、家具等传统制造业的转型升级，有力地推动了“深圳效益”向“深圳质量”、“深圳制造”向“深圳创造”的转变。

调研目的：

自2014年深圳文博会首次设置集聚式分会场以来，各级文化产业园区和基地的骨干作用也更加明显。到2018年第十四届深圳文博会，分会场数量已达67个，举办数百项特色活动，多姿多彩的分会场把整个城市纳入一场文化盛会，不仅见证

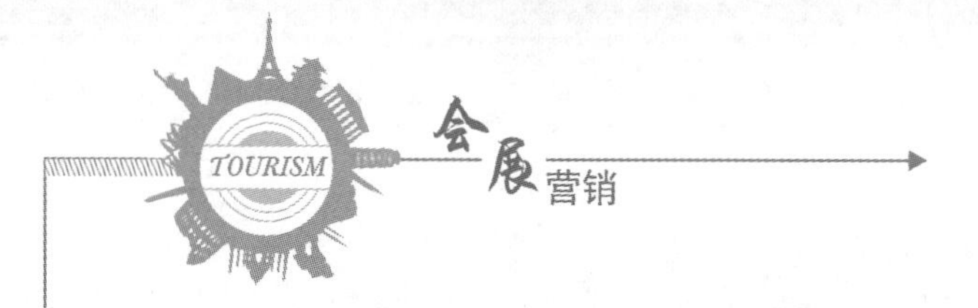

了文化产业自身的发展，也展示出文化与经济结合孕育出的广阔空间。

1. 调研组初步认为，文博会为带动全国文化产业发展做了许多工作，不仅带动了深圳本地文化产业发展，提高了人民群众的文化素质，其发展模式也产生了示范效应，带动了相关地区文化产业的发展。

2. 文博会的内在价值体现在信息、发现、辐射等多个方面。信息功能不容忽视，文博会本身就是文化产业实实在在的信息流、国内外文化信息的集散地，而要促进中国优秀文化产品走向世界，摸清国际市场对中国文化产品的需求至关重要。因此文博会应致力于挖掘信息，通过文博会平台向国内文化企业传递；文博会还应具备发现的功能，产商在这里发现商机，买家在这里发现价值；文博会本身就具备辐射功能，通过深圳辐射全国。这些功能都还有待进一步挖掘、完善。

3. 随着国家出台金融支持文化产业发展的政策，国家级、区域级的文化产业博览交易会、文化产权交易所如雨后春笋般涌现，一定程度上助推了文化产品的市场化以及文化产业项目同金融资本的结合。深圳作为改革前沿城市，在金融服务方面走在全国前列，中国（深圳）国际文化产业博览交易会作为我国文化产业博览交易会的第一展，有许多先行的经验可以同其他城市进行相互交流学习。

（资料来源：新浪博客。http://blog.sina.com.cn/s/blog_6d9279c60101f47j.html/）

■案例思考：

1. 为什么要对中国（深圳）国际文化产业博览交易会进行市场调研？
2. 在进行调研时需要考虑哪些因素？
3. 在调研过程中，调研的内容应该包括哪些？
4. 在进行调研时需要使用到哪些调研方法？

第一节　会展营销信息系统

20世纪80年代以来，由于计算机技术的不断突破和计算机的普遍应用，营销信息系统应用日益广泛。目前，国内外企业高层管理人员、市场营销人员，对于日常市场分析、数据管理、指导营销活动等已经离不开营销信息系统。营销人员为了实施他们的分析、计划、执行和控制的责任，需要营销环境的开发信息。营销信息系统的作用是评估营销人员的信息需要，收集所需要的信息，为营销人员适时分配信息。所需信息的收集通过公司内部报告、营销情报收集、营销调研和营销决策支持分析四个方面的工作进行。

会展企业要在市场中生存和发展，就必须掌握营销信息，并建立营销信息系统，通过系统的分析研究提高信息的质量，以便为会展企业的经营决策服务，达到提高其经营能力和竞争能力的目的。

一、会展营销信息

会展营销信息指会展企业为有效开展会展营销活动所需收集、处理的各种相关环境数据，具体包括宏观环境信息和微观环境信息。会展营销活动处于不断动态变化的市场环境之中，营销环境能为展会带来市场机会，也可能造成潜在威胁，对会展公司而言，持续不断地观察与适应变化着的市场环境是非常重要的。

（一）宏观环境信息

宏观环境指对会展营销可能产生影响而又为会展企业自身所不能控制的各种外部力量，包括社会经济环境、政策法律环境、文化环境、自然生态环境等。宏观环境对会展营销的影响具有两个显著特征，即强制性和不确定性。开展会展营销必须密切关注宏观环境信息，制定与之相适应的营销战略与策略，抓住市场机会，规避市场风险。

1. 社会经济信息

包括会展举办地的地区经济发展水平、展会题材所在产业的发展现状和发展前景、展会题材所在产业的市场规模、会展举办地的区域条件等，上述经济环境对会展项目能否成功举办有直接影响。

2. 政策法律环境

包括具有强制性的、对举办展会可能产生影响的各种政策、法律及管理条例，如展会题材所在产业的相关政策；政府对举办展会在消防、安保、工商管理、产品进出口、知识产权保护等方面的严格要求；相关法律如《广告法》《反不正当竞争法》《专利法》对举办展会的影响等。

3. 社会文化环境

社会文化环境对会展活动的影响主要表现在人口的数量、质量、结构以及人们的文化修养、传统习惯、宗教信仰等因素，这些因素影响到参展商及观众对展会的招展、布展、餐饮、住宿、旅游、会展礼仪等方面的差异与需求。

4. 自然生态环境

当前我国自然生态环境的突出特点是自然资源日益短缺、环境污染日益严重、能源成本提高、政府对自然资源的管理和对环境保护的干预日益加强。会展项目欲树立良好的公众形象，应积极了解生态环境方面的有用信息，在会展营销中顺应自然生态环境的变化，实施“绿色营销”，如策划以降低能耗、循环利用、环境保护为主题的展会；布展中提倡绿色设计；物流中提倡“绿色包装”；使用环保且能循环利用的展具等。

知识链接　中南经贸合作潜力有待继续发掘

随着南非中国年活动逐步深入和中国贸易展览会的举办，南非掀起了一股中国热，各界人士纷纷与中国贸促会、中国国际商会工作人员交流，为促进中南经贸交往献计献策。交流过程中，出现频率最高的三个热点词汇是：兰特贬值、装备制造和南非签证。

2014—2015年，南非兰特兑美元汇率持续走低，2015年与2014年同期相比，兰特贬值15%以上。部分中国企业反映，兰特持续贬值给企业带来了巨大挑战。有些企业，原来与南非做贸易，利润只有10%左右，而兰特贬值几乎已经抵消了利润。尽管同其他国家相比，我国企业的产品仍具有价格优势，但兰特持续贬值，也迫使企业必须尽快转型升级，转变贸易方式。中国展览会举办恰逢其时，有助于企业实地考察，也推动部分企业加快在南非当地生产、当地销售的步伐。

近年来，南非基础设施逐渐老化，铁路、公路需要维修，更出现电力危机，约翰内斯堡这样的大城市都不得不采取分区限时断电措施。中国代表团住在不同区域的酒店，几天之内都遇到至少一次以上的断电。一旦断电，连区域内的交通信号灯都不能幸免，既带来危险，也给南非企业的生产经营带来极大的困难。目前，南非政府迫于企业和民众的压力，迫切需要外来资金在基础设施、能源、电力、矿业、农业等方面加大投入，这给中国企业，特别是在上述领域的装备制造企业进入南非带来机遇。建议今后可在南非举办装备制造业专业展览会，推动中国企业在基础设施、三网一化方面开拓南非市场。且南非当前货币贬值，就业率不高，有利于我国企业通过资本、技术等方式进入南非市场。

参展企业和南非当地中资企业普遍反映，当前南非签证办理手续烦琐，需要提供多种证明，即使签证获批，所给时间也相当苛刻，不利于中南商界交往和经贸往来。对此，有关部门也多次进行交涉，中国贸促会此次通过展览渠道，向南非有关部门反映此问题，希望南非在签证方面采取便利化措施。建议国内有关部门乘着南非“中国年”的东风，继续开展对南非相关部门的工作。

（资料来源：中国展览信息网。http://fair.ccpit.org/Contents/Channel_2367/2015/0716/473649/content_473649.htm/）

（二）微观环境信息

微观环境指与会展营销活动关系密切并能影响会展企业客户能力的各种因素。由会展企业内部资源、目标客户、营销服务机构、会展服务商、竞争者以及各类公众等构成。会展企业必须做好微观环境信息的情报收集与市场调研，尤其应加大对目标客户需求和竞争环境方面的调研力度。

1. 会展企业内部资源

会展企业内部资源指会展企业内部所具备的各种办展条件，包括资金、人力、物力以及所掌握的信息资源和能联系的社会资源等，了解上述资源能够明确会展企业是否具备在展会题材所在产业办展的优势。

2. 目标客户

对会展企业而言，最重要的目标客户是参展商和专业观众，其次为普通观众。其中，参展商是会展产品的主要购买者，是会展主办方最主要的营销服务对象；专业观众是出于贸易目的而来，也被称为采购商（或买家），拥有一定数量与质量的专业观众是展会成为“品牌展”的重要标志之一；普通观众则是以增长见识、开拓视野为目的而前往展会现场参观的普通群体，他们对增加展会人气、活跃展会气氛、扩大参展商的广告效应和知名度有一定作用。对各类目标客户参展或参观需求的调研，是会展营销调研工作的重点。

3. 营销服务机构

营销服务机构是受主办方委托、为展会提供营销服务的各种组织或机构，如市场调查公司、招展代理商、招商代理商、广告代理商和其他营销服务机构，他们的工作成效直接影响到会展营销的效果。

4. 会展服务商

会展服务商是受主办方委托，为展会提供服务的各种组织或机构，包括场馆、展品运输商、展位承建商、展会指定的旅游公司和酒店、提供展会资料印刷和观众登记的专门服务商等。展会服务商提供的产品和服务直接关乎会展产品和服务的质量，会展企业应注意收集各类服务商的信息，从中甄选高质量的展会服务商，并时刻监督其服务质量。

5. 竞争者

竞争者指与本展会构成竞争关系的其他同类展会。竞争者是会展营销决策的重要影响者，会展企业营销人员必须密切关注并随时收集有关竞争者的情报，包括本地区会展行业的竞争态势及市场结构、主要竞争对手的基本情况、其竞争优势与劣势、其会展营销战略与策略等。

6. 各类公众

各类公众指对会展活动的开展有实际或潜在影响的各种群体，具体包括媒体公众、政府公众、公民团体公众、展会举办地当地公众以及会展企业内部公众等。会展企业应注重收集来自各类公众的信息，了解公众对本会展项目的理解程度、期望程度、满意程度，采取适当措施以树立本会展项目在公众中的良好形象。

二、会展营销信息系统的构成

会展营销信息系统是借助比较成熟的营销信息系统的相关理论，结合会展营销活动的具体特点而形成的，是会展企业内部由营销人员、信息处理技术设备和信息处理运行程序组成的一个持续的、彼此关联的系统。该系统准确、及时地对会展营销信息进行收集、分析、评估、选择与传输，以便营销决策人员制订营销计划、执行和控制会展营销活动。如图 4-1 所示，会展营销信息系统处于营销信息与营销决策部门之间，由内部报告系统、营销情报系统、营销调研系统和营销分析系统四个子系统构成。

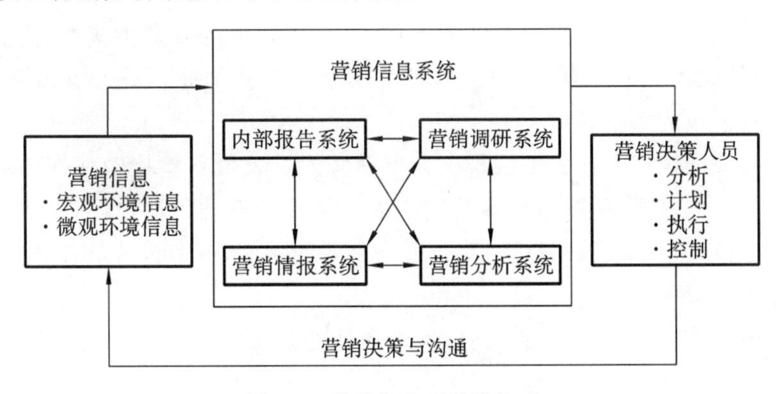

图 4-1 营销信息系统的构成

（一）内部报告系统

内部报告系统是会展营销决策人员使用最多、最基本的信息搜集处理系统，其最大特点是：①信息来自企业内部，如一线销售部门、人力资源部门、财务部门等；②通常是定期提供信息，用于会展营销日常活动的计划、管理与控制。会展企业在设计和运行内部报告系统时，应特别注意以下问题。

一是规范化。规范化运作是保证内部报告系统数据稳定性和准确性的基础，如果不能保证系统信息数据的准确性，就无法保证分析结果的安全性，由此而做出的营销战略与策略也不具有针对性。

二是时效性。我国会展市场竞争日趋激烈，市场环境瞬息万变，谁能在第一时间抓住市场机会，就能在激烈的市场竞争中占得先机、赢得主动，快速及时的情报提供和策略准备，可以帮助企业抓住市场机会，反之则可能使近在眼前的市场机会转瞬即逝。

三是针对性。会展企业内部报告系统应避免目标数据的非相关性，即要求信息准确、精简，减少营销决策人员处理信息资料的繁杂程度，使其有更多精力投入到营销信息搜集、营销战略与策略的制定上。

最后，内部报告系统对营销决策人员也提出了较高要求。由于提供信息的部门不同，所提供信息的服务目的也不同，导致各种信息交织在一起，信息量大而杂乱，这就要求决策者具有敏锐的营销思维，准确有效地筛选与甄别信息，合理利用信息，为会展营销决策提供合理的数据分析参数。

（二）营销情报系统

营销情报系统的主要功能是向会展企业的营销决策部门提供有关外部环境发展变化的情报信息，借助该系统，可将外部环境发展趋势及最新信息传递给会展企业营销部门，为其进行营销战略决策提供重要参考。

与内部报告系统中的信息来自会展企业内部不同，营销情报系统的信息数据全部来自会展企业的外部环境。如前所述，会展营销活动的开展与实施会受到各种外部环境因素的影响与制约，它们可能为会展营销带来市场机会，也可能造成潜在威胁，会展企业只有做好对外部环境信息的情报收集与市场调研，才能更好地把握市场机会、规避市场风险。

会展企业获取营销情报的方法是多种多样的，比较常见的有案头调查法、访问面谈法、问卷调查法、现场观察法等。为进一步提高收集情报的数量和质量，会展企业还可以通过以下方法拓宽收集情报的渠道。

一是训练和鼓励销售人员收集情报。会展销售人员是最直接接触外部环境的人员，是会展客户的人员之一，他们能获得很多营销决策人员接触不到的情报信息。会展企业应训练和鼓励销售人员去发现和收集营销情报，建立良好的制度，使销售人员及时撰写报告或将情报信息输入营销管理系统中。

二是利用销售代理商收集情报。销售代理商是受会展主办方委托进行展位销售或招商的人员，他们直接与目标客户接触，易于了解客户的需求特点及其对展会以及主办方的意见与要求，会展企业可通过建立销售代理商定期书面报告制度，要求代理商每隔一段时间向主办方以书面形式对招展、招商情况进行汇报，以便会展企业及时收集营销情报。

三是聘请专家收集营销情报，或向市场调研公司或行业信息机构购买有关市场动向、竞争态势等营销情报。上述专家及专业机构调研经验丰富，调研技术与手段先进，其提供情报信息的质量很高。

最后，会展企业还可在本企业内部建立营销信息中心，安排专人负责营销情报收集、编写简报以及情报传递等工作。

（三）营销调研系统

营销调研系统的任务是针对会展企业面临的明确具体的问题，对有关信息进行系统的收集、分析和评价，并对研究结果提出正式报告，供营销决策部门用于解决这一特定问题。

营销调研系统与内部报告系统和营销情报系统最大的区别在于其针对性很强，是为解决特定的具体问题而从事的信息收集、整理与分析工作。换言之，营销调研系统具有任务性的鲜明特征，即针对会展营销活动中某些特定的具体问题收集原始数据、分析研究并编写调研报告，以供决策部门参考。会展企业在营销决策过程中，经常需要对某个特定问题或机会进行重点研究，如某一会展项目立项前，对其市场可行性和发展前景的研究，或在制定展位价格时，对参展商价格接受能力的预判，或了解参展商对某一特定展会组织与服务的满意度等。显然，对这些市场问题的研究，无论是内部报告系统还是营销情报系统都不能很好地胜任，而需要由营销调研系统来承担。

（四）营销分析系统

营销分析系统对各种统计数据进行统计分析，建立数学模型，帮助营销管理部门分析复杂的营销问题，以便更好地进行营销决策。营销分析系统包括两组工具，即统计工具库和模型库。

其中统计工具库采用各种统计分析技术，从已获得的各种信息数据中提取有意义的信息，比较常用的统计分析工具如相关分析、指数分析、因果分析、趋势分析等，这些方法是分析和预测未来经营状况和销售趋势的有效工具。模型库包含了各种可帮助会展企业进行科学决策的数学模型。自 20 世纪 60 年代以来，管理学领域大量引进数量模型作为决策依据的做法也渐被市场营销学领域采用，营销专家借助数学工具建立了大量数学模型用于营销决策，如新产品销售预测模型、广告预算模型、竞争策略模型、产品定价模型以及最佳营销组合模型等，借助这些模型和程序，可以从所收集的情报和信息中发掘出更精确的调查结果。现在，越来越多的会展企业也在致力于建立先进的营销信息系统，应用数量模型进行科学的营销决策。

上述四个子系统根据需要收集信息，对所获取的各种数据资料进行分析与加工整理，然后传导给营销决策部门。营销决策部门进行分析、计划、实施、控制等营销决策，并通过营销沟通手段流回市场，作用于营销环境。

第二节　会展营销调研的内容

营销调研是为企业解决所面临的市场营销问题服务的，它为企业的决策者提供所需的决策信息，是企业营销中一项目的性很强的活动，是企业的重要营销职能之一。同时，营销调研是一项系统性很强的工作，它根据企业所要解决的营销问题，设计调研计划，按照调研计划的要求收集相关的信息，并对收集到的信息进行分析处理，最后为相关的决策部门提供调研报告。本节我们将介绍会展营销调研的内容。

一、会展营销调研的内涵与意义

（一）会展营销调研的内涵

会展营销调研是指会展活动的组织者利用市场调查的方法和手段，对与本会展项目相关的会展市场情报进行系统的收集、整理、分析和评价，旨在为组织制定营销决策提供科学依据的活动。这一定义可从以下三方面理解。

(1) 会展营销调研是一个动态过程，旨在为处在动态市场竞争环境中的会展主办方制定营销决策提供依据；

(2) 会展营销调研的成果既可以是直接的调研统计数据，也可以是市场调研分析报告，在实际工作中后者往往居多；

(3) 会展营销调研必须有明确的调查目的，利用特定的调研方法与手段，以取得调查结果的客观性和准确性。

（二）会展营销调研的意义

通过营销调研，企业可以获得与企业的市场营销决策相关的多方信息，通过对这些信息资料的客观描述和分析，企业能够实事求是地评价自己的营销状况，发现存在的问题，把握营销发展的趋势和方向。在国外，会展企业、行业协会或政府部门对会展市场营销调研工作十分重视。在我国，许多会展企业虽然对会展市场调研的意义有一定认识，但是在实际利用会展市场调研方面仍相当薄弱。因此，认清会展市场营销调研的意义显得十分重要。

营销调研在会展企业市场营销中的意义和作用，主要是通过为会展企业的决策者提供便于制定决策的信息体现出来的，具体作用表现在以下几个方面。

1. 有助于会展企业了解会展市场态势和发现市场机会

会展市场是瞬息万变的，而会展市场营销调研本身作为一种管理工具，强调会展企业在整个营销过程中都要时刻注意了解市场动向，把握机会，发现会展营销中的失误，随时改进会展企业营销活动，使会展企业的经营活动更好地满足参展企业的需求。因此，会展企业通过会展市场营销调研可以及时了解会展市场发展态势，掌握会展营销环境、会展市场需求状况有关信息，分析有利于企业自身发展的市场机会。

2. 有助于会展企业进行科学决策

从宏观环境来说，我国长期受计划经济体制的影响，企业对市场营销调研缺乏必要的认识，对市场的认识与把握不足。会展企业也经常因为缺乏进行市场营销调研工作，采取一些盲目的营销行为而造成巨大的损失和风险，甚至失去大量的市场机会。

在全球经济一体化的今天，我国会展企业不仅要立足于国内市场，还要放眼于世界市场，尤其是随着中国加入世界贸易组织，会展企业面临着更大的机遇与挑战，会展企业必须对会展市场有格外清醒的认识，要善于利用会展市场营销调研这一工具，根据会展营销环境的变化来调整自己的营销策略。

3. 有助于提高会展企业的竞争力

市场经济离不开市场竞争，现代市场的竞争实质上是信息的竞争，谁先获得了重要的信息，谁就将在市场竞争中立于不败之地。信息这一重要资源，其流动性弱于其他的生产要素，一般只有通过企业主动调研才能得到。此外，由于市场不断变化，企业要想在激烈的市场竞争中取胜，必须随时关注市场的变化。因此，在激烈的会展市场竞争中，会展企业必须通过强有力的市场营销调研系统，对市场进行认真的研究，随时掌握竞争者的各种信息和其他的相关信息，根据会展市场的变化、竞争者的动向和消费者的偏好，不断地提高产品和服务的质量，适时制定、调整出具有竞争力的会展市场营销策略，提高企业的应变能力和适应能力，确立会展企业的竞争优势，从而在激烈的市场竞争中立于不败之地。

4. 有助于充实与完善营销信息系统

会展市场营销调研工作，是对相关会展市场营销信息广泛深入地调查与分析的过程。因为会展市场营销调研是一项基础性的长期工作，可以系统地、持续地收集大量有价值的信息。这些信息被输入会展市场营销信息系统后，可以使营销信息系统的内容日益充实与完善，以更好地为会展企业及区域会展业的发展服务。

二、会展营销调研的内容与程序

（一）会展营销调研的内容

1. 会展市场环境调研

主要是对影响会展营销活动的各种宏观与微观市场环境的调研。其中，宏观营销环境指与会展营销活动密切相关的政治、法律、经济、社会文化、自然资源、地理环境等因素；微观营销环境指与会展营销活动密切相关的会展服务商（如场地提供商、酒店、展品运输商、展位承建商、展会资料印刷商等）、各种营销中介机构（如招展代理商、招商代理商、广告公司等）、目标客户（主要是参展商和专业观众）、竞争对手（与本展会构成直接竞争关系的其他同类展会）以及社会公众等因素。

2. 客户需求调研

主要是对参展商和专业观众的调研。特别需要指出的是，由于参展商是会展主办方最重要的“利润”来源，为此会展企业常常把营销工作的重点放在展位营销上，而忽视对专业观众的组织与招揽，出现所谓“重招展、轻招商”的问题。其实招展和招商是相辅相成、互动双赢的，招展效果好，参展企业多、展品新、信息集中，专业观众就越踊跃；而招商效果好，观众特别是专业观众数量多且质量好，参展商的展出效果才会好，其对展会满意度也相应提高。所以会展企业应同时做好对参展商和专业观众两方面的市场营销工作，对目标客户及其需

求进行充分有效的调研，针对其参展或参观需求，有的放矢地开展会展营销活动。

具体而言，对目标客户的调查应包括以下内容。

参展商或专业观众的基本情况。会展企业的目标客户基本都是机构客户，对目标客户基本情况的调查包括企业的性质、规模、地理区位、所属行业及其生产情况等。

参展商或与会者的购买行为研究。参展商或与会者的购买行为直接关系到会议或展览的规模和市场价值，会展企业通过对参展商或与会者购买行为的研究，了解其购买行为特点及影响因素，从而制定有效的经营决策。此方面的调查项目如参展状况（参展频率、方式、参展费用）、参展目的、对本展会的认知度、对本展会的总体评价、参展决策过程对价格反应的敏感程度、了解展会的信息渠道等。

对忠诚客户的重点调研。忠诚客户能够为展会带来更多盈利，是必须予以高度关注的优质客户，会展企业应将更多的资源（如市场调研、市场推广、客户联络等）投放到这类客户群上，为其量身定制营销方案，提供针对性服务。此方面的调查项目包括其生产经营动态，参展状况，对本展会的满意度及总体评价，对展会项目、服务、价格等方面的具体意见和要求，有无尚未满足的需要等。

3. 竞争状况调研

俗话说“知己知彼，百战不殆”，竞争状况调研是会展营销调研中必不可少的一项工作。会展项目的主办方在实施会展营销活动前，调研与本会展项目形成直接竞争关系的其他同类会展项目，分析其市场竞争能力以及市场占有情况，进而明确自身的竞争地位，制定行之有效的竞争策略。竞争状况调研的主要内容包括以下几个方面。

（1）本地区会展行业的竞争态势及市场结构。

（2）主要竞争者的基本情况，如会展主办方的资金实力、运作经验、管理模式、社会资源、技术手段、人才及信息资源等。

（3）主要竞争者开展会展营销活动的情况，如项目规模、项目定位、展位价格、招展方式、客户（参展商和专业观众）构成情况、市场占有率情况、市场推广手段、与自己相比有哪些优势与特点等。

（4）本会展项目的独特竞争优势。

（5）一定地域范围内未被发现的市场机会。

4. 消费者行为调研

参展商与观展商购买行为研究属于会展消费者行为研究的范畴，是现代会展企业以顾客需求为中心的经营理念的具体体现。参展商与观展商的购买行为直接关系到会议或展览的规模和市场价值，因而对其进行研究也是会展市场研究的重要内容之一。参展商与观展商购买行为研究的实质就是通过分析参展商与观展商的购买过程，明确影响参展商与观展商购买行为的主要因素，从而帮助会展企业制定出正确的经营决策。

（二）会展营销调研的程序

会展营销调研是一项复杂而细致的工作，唯有建立一套系统、科学的程序，合理安排调研流程，才能避免人、财、物、时间的浪费，提高调研工作的效率与质量。从功能上看，会展市场营销调研可分为准备阶段、设计阶段、实施阶段、结果形成阶段等四个阶段。从操作层面上，会展营销调研包括以下五个基本步骤：确定调研目标、制定调研方案、进行实地调研、整理分析资料、撰写调研报告。

1. 确定调研目标

明确为什么要进行调研、调研要解决哪些问题、有关调研结果对会展主办方有何作用等问题，只有这些问题清晰明确了，调研工作才能有的放矢地展开。

首先是明确调研目的。调研目的确定是一个由抽象到具体，由一般到特殊的过程。

其次是限定调查范围。调查组织者应先限定调查范围，找出通过调查最需了解或最需解决的问题，然后分析现有的与调查问题有关的资料，在此基础上明确调查需要重新收集的资料，最后锁定此次调研的主要目标。

此外，为使调研目标更加准确集中，可事先做一次预调查，如调研展会以往的内部资料、对主办方相关部门的领导进行深度访谈、与参展商代表座谈等，逐步缩小调查范围，最终锁定调研目标。

2. 制定调研方案

调研目标确定后，就要制定具体的调研实施方案。调研方案是会展营销调研工作的行动纲领，务求做到清晰、具体、可行性强。一般而言，调研方案的主要内容包括调研目的、调研内容、调研方法、调查人员、调研费用、调研进度安排等。

（1）确定调研目的和调研内容。调研目的指通过本次调研所要解决的问题及所要达到的目标；调研内容是对调研目的的细化。调研组织者在明确调研目的以及调研所要解决的主要问题后，需要将调研目的具体化为能直接进行调查的操作变量，列出调研项目的细目。

（2）确定调研方法。市场调查的方法有很多种，具体到会展营销调研，比较常见的有案头调查法、问卷调查法、焦点小组访谈法、观察法等，采用何种调查方法，取决于调研目标和调研任务。在具体操作中，调研组织者常将多种调查方法组合使用。

（3）确定调研区域和调研对象。即解决在什么地区、在多大范围内、向谁进行调研的问题。这是根据调研目的和调研内容而确定的调研范围以及所要调研的总体。

（4）确定调研人员。调研人员的选择直接关系到调研效果。一般而言，调研员应具备以下条件：具有一定的亲和力和良好的心理素质；了解调研目的及所要解决的问题；掌握同被访者沟通的面谈技术；善于观察被访者的心理变化及行为动机；能正确表达所收集的资料；有一定的市场调查、特别是会展营销调研的知识与经验。为确保会展营销调研的质量和效率，在实施调研前，调查组织者应对调查员进行调研内容和调查业务方面的集中培训，使其明确调研方案、掌握调查技术、了解与调研主题相关的经济知识、业务技术知识等。此外，还可对调查员进行实操训练，模拟实际调查中的情境，以及可能碰到的各种问题，锻炼调查员应对、处理实际问题的能力。

（5）调研经费预算。会展营销调研的费用开支主要有三方面。其一：调查费，包括问卷设计费、资料印刷费、调查员培训费、交通费、调查员劳务费、礼品费等；其二：分析费，主要是调研资料的上机处理费和统计分析费；其三，购买专业调研机构的资料费。调研组织者应核定调研过程中将发生的各项费用支出，合理编制会展营销调研的经费预算。

（6）制定调研进度时间表。为保证调研工作顺利进行，还需制定详细的调研进度时间表，对调研工作的具体流程及时间安排进行规定与控制。

3. 进行实地调研

实地调研阶段的主要任务是组织调研员深入调研现场,按照调研方案的要求,系统地收集各种调研资料。实地调研的基本程序包括以下方面。

(1) 招募调研员。组织调研员集中学习、进行调研内容和调研业务方面的培训,务必使每位调研员熟悉调研内容和调研规程,确保整个调研工作规范统一。

(2) 准备调查所需的资料和物品。包括调查提纲、调查问卷、照相机、录音笔、小奖品等,需要注意的是,问卷需要事先进行顺序编号、记下每个调查员分别负责发放顺序编号区间的问卷,弄清楚回收回来的问卷是哪些人编导的,以便对同卷的发放和回收进行管理。

(3) 现场调查。调查员在现场调查中,应注意遵守调查规范,运用调查技巧、在保证真实性的前提下,努力提高问卷的回收率。要填写问卷收发表,问卷收发表是以每份问卷为单位编制的,调查员填写每份问卷的发出时间、地点、发放问卷的调查员、收回时间、收回状态(包括有效、拒答、未答、丢失、无效)及备注事项。

(4) 现场秩序督导。按区域配备督导员,负责对调查员进行培训、指导,监督调查现场秩序,审查调查结果,定期开会讨论,及时处理可能出现的各种问题。

(5) 核查问卷。对于回收的问卷应进行多重核查,经审核发现问题的问卷应立即进行订正或返回原地重新调查。经过审核后的问卷分为有效问卷、无效问卷、疑似无效问卷三种。需要注意的是,由于问卷回收不易,且大量无效问卷会使抽样失去准确性,所以在对疑似无效问卷的处理中要慎重,不要轻易将疑似无效问卷判为无效。对于大面积空白、大量逻辑错误、字迹严重不清的问卷,经督导员确认后,可以作为无效问卷处理,但要写明原因和处理过程。

4. 整理分析资料

这一阶段的主要工作有以下几类。

(1) 编校。对收集的资料加以校对核实,剔除其中的错误部分或不符合实际的成分,如调查人员的主观偏见,被调查者有意敷衍、不完整的答卷,重复的答卷,前后有矛盾的答案等。

(2) 归类。把经过编校的资料归入适当的类别,以便录入计算机进行处理。

(3) 制表。将已归类的资料系统地制成各种统计图表,以供资料分析时使用。编制统计图表的工作可由计算机完成。

(4) 资料分析。无论是问卷调查还是案头调查,都会得到大量的数据。对这些数据的统计分析,是会展营销调研的重要内容,同时也是一项难度很大的工作。统计分析一般采用数理统计的方法,包括单变量的描述统计、二变量交叉列表、推论统计、多元统计等,对此现在已经发展了完善的数理统计软件,如 SAS、SPSS 等,在 EXCEL 中也可以进行一些简单的数理统计分析。

5. 撰写调研报告

会展营销调研的结果最终通常以调研报告的形式提交给主办方的决策部门,因此,调研组织者十分重视调研报告的撰写。调研报告的撰写原则包括客观、真实、准确地反映调查成果;内容简明扼要,文字精练,重点突出;结论和建议表达清晰,可归纳为要点;调研报告后应附必要的图表和附件,以便阅读和使用,结构完整,印刷精致、美观。

1）调研报告的结构

一份完整的营销调研分析报告应包括以下内容。

（1）题目。包括调研报告的标题、完成日期、承办部门、撰写人等。

（2）摘要。介绍调研报告的主要内容，提出重要的结论和建议。

（3）序言。简要介绍本次调研的背景、动机、调研拟解决的主要问题、调研过程设计、调研实施要点、调查方法说明等。

（4）报告主体。主要是对调研资料的分析，综合各种调研结果所得出的重要结论，根据结论所提出的合理化建议等。

（5）附录。包括统计图表、计算公式、参考数据和资料来源、使用的统计分析方法说明等。

2）调研报告的撰写原则

会展营销调研工作的终结以提交完整有效的调研分析报告为标志。作为一份为会展企业营销部门制定营销决策提供科学依据的重要文件，营销调研报告的撰写应遵循如下基本原则。

（1）客观、真实、准确地反映本次调研成果。

（2）内容简明扼要，文字精练，重点突出。

（3）结论和建议部分表达清晰，可归纳为要点。

（4）调研报告后应附必要的图表和附件，以便阅读和使用。

（5）调研报告结构完整，印刷精致、美观。

第三节　会展营销调研的方法

会展营销调研是综合运用市场调查的技术与手段，对与会展项目有关的各种市场情报进行的系统调研。对于会展营销调研而言，选择合适的调查方法是非常重要的。本节我们将介绍常见的会展营销调研方法及基本的数据资料整理和分析。

一、会展营销调研的方法

（一）会展营销调研的方法

会展营销调研包括定性调研和定量调研两大类，定性调研的目的在于发现问题以及寻找解决问题的方案，而定量调研用来测试衡量上述方法是否可行、有效。定性调研常见的方法有案头调查法、小组访谈法、观察法等，而定量调研最主要的方法是问卷调查，不论是通过电话、信函、互联网还是面对面，都可以得到有价值的定量数据。在具体操作中，调查组织者常将多种调查方法组合使用。

1. 案头调查法

案头调查法是收集前人为了其他目的而收集的数据或得出的结论，进行定性研究的一种方法。案头调查收集的是二手资料，按资料来源分为内部资料、外部资料两大类（见表 4-1）。

表 4-1 案头调查的资料来源

内部资料	主办方内部	业务经营部门、人力资源部门、财务部门、档案部门
外部资料	专业机构	专业调研咨询机构
	社会组织	行业商协会、消费者组织、群众组织、国际组织
	公共机构	图书馆、档案馆、信息中心、科研院所、学术团体、大专院校、政府机构、各驻外使馆、外国驻华机构
	新闻出版	商务型和行业性报纸杂志、统计公报、工商企业名录等
	网站	门户网站、政府网站、企业网站、BBS、博客

（资料来源:《会展营销》,庚为主编,于苗副主编。）

2. 问卷调查法

问卷调查法是由调查机构根据调查目的设计调查问卷,然后采取抽样调查的方式摘取调查样本,通过调查员对样本的访问,完成事先设计的调查项目,最后,由统计分析得出结果。

在会展营销调研实践中,问卷调查是最常见的也是被主办方广泛采用的调查方法,如进行展会服务满意度调查时,对参展商及观众均采取问卷调查法。按照问卷传达方式的不同,问卷调查法可分为邮寄问卷调查、电子邮件调查、电话访问调查、留置问卷调查和拦截问卷调查。

3. 焦点小组访谈法

焦点小组访谈法作为一种定性调研方法,在会展营销调研实践中经常被采用,焦点小组访谈法是邀请 6—10 名被调查者,由调查员(主持人)对他们进行访谈,通常又称为座谈会。在主持人的引导下,焦点小组按照一定的谈话路线,回答主持人的问题,并且互相进行讨论。为使访谈富有成效,焦点小组访谈法需要遵循以下步骤。

(1) 制订计划。按照访谈主题和调查对象的特点,拟定访谈提纲或谈话路线,使访谈能够达到预计目的。

(2) 选择参加者。焦点小组的组员是调查对象的代表,可以通过抽样获得,也可以由调查机构通过主观判断筛选获得。

(3) 选择主持人。主持人需要了解调查主题,有协调和掌控讨论过程的能力。

(4) 选择或布置环境(测试室)。重要的焦点小组访谈要求在有单面镜的测试室中进行,有监控摄像设备,录下讨论过程以备事后分析。

(5) 访谈过程控制。在访谈过程中进行协调,引导小组讨论,使讨论尽量按照访谈提纲进行,做好讨论记录。

(6) 分析访谈结果。对访谈结果及时整理分析,编写访谈报告,有必要时需进行补充调查

4. 观察法

观察法是在被调查者不知情的情况下,通过观察被调查者的活动取得第一手资料的方

法。观察法中，调查员不与被调查者正面接触，被调查者感觉不到测试压力，是一种自然状态下的测试，因而常能获得令人信赖的调查结果。

观察法既可以通过调查者在现场直接观察，也可以借助诸如摄像机、监测探头等仪器设备记录被调查者的行为，如观众如何获得目标展台的信息、他们沿途参观了哪些展台以及哪些展品引起他们驻足停留、参展商对观众的反应等。在实施观察法前，通常要拟定一份比较详细的观察计划，包括拟观察的对象、观察的时间、地点、内容、难点以及克服方法、所需材料与设备等。

观察法可以让展会组织者（主办方）从客户（参展商和专业观众）的视角来分析问题，能够在真实的环境中观察他们的行为，调查结果比较真实可靠，在自己的展会或竞争对手的展会中都可运用这种方法。但观察法也存在一些缺陷，其一，调查成本较高；其二，只能观察或记录到被调查者的表面行为，而不能了解其内在心理的变化，如观众沿途参观了哪些展台，而忽略了哪些展台，调研可以给出统计意义上的结果，但无法说明观众为什么对某些展台感兴趣而又对某些展台兴趣不大。因此，调查员常常将观察法与其他调查方法如访谈法配合使用，以便获得更有价值的调查资料。例如，观众在进入场馆或是浏览整个场馆布局图时遇到了困难，调查人员可以询问他怎样做能避免该情况发生；再如，某家参展商展台前人流稀少，调查人员可以询问周围的观众为什么不停下来看看。

（二）会展营销调查问卷的设计

问卷调查法是会展营销调研中最有效也是最常被使用的方法。在问卷调查中，问卷设计是非常关键的环节，调查问卷设计是否科学合理，决定着问卷的回收率、有效率，进而影响到会展营销调研的效果。

1. 调查问卷的基本结构

一份完整的调查问卷包括以下基本部分：问卷标题、封面信、主体调查内容、被调查者基本情况。

（1）问卷标题。一般由调查的对象和内容再加上“调查问卷”组成，问卷标题应简明扼要、清楚明确、主旨突出。

（2）封面信。一般应包括如下内容：①称呼、问候；②调查人员的自我介绍，调查的主办单位及个人的身份；③本次调查的目的、意义，简要说明即可；④填写问卷所需的时间说明；⑤保证作答对被调查者无负面作用，并替他保守秘密；⑥向对方的合作表示真诚谢意。以下是某会展项目调查问卷的封面信，仅供参考。

尊敬的来宾：

您好！感谢光临本节××展会。

耽误您几分钟时间，我们是本届××展会组委会统计信息组调查员，为了收集您对本届展会的宝贵意见和建议，进一步改进并完善我们的服务、组织工作，烦请您在百忙中协助我们填写本调查问卷。谢谢您的合作！

第×届××展会组委会

封面信的语言要亲切、有礼、简洁明快，态度真诚，要使被调查者消除顾虑，乐于配合填写问卷。

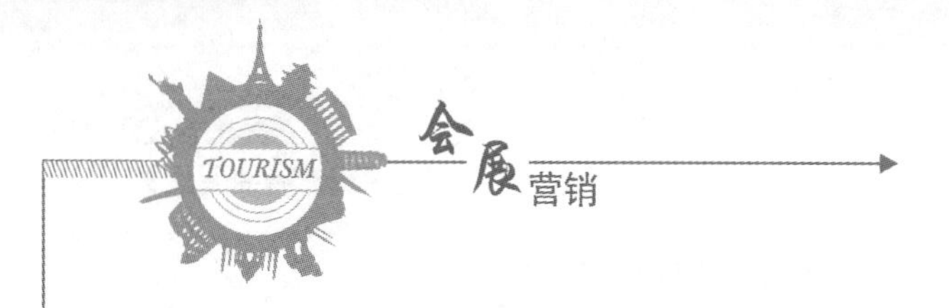

(3) 主体调查内容。包括具体问题、备选答案、回答说明和编码，其中，具体问题是围绕调查主题而设计的一系列问句。调查问题分封闭式、开放式和量表式三类。备选答案是对封闭式问题所给出的可供选择的范例。回答说明包括对问题的填答方法、跳答指示等。编码指问句的题号、备选答案的编号，这些都会用在后面资料预处理部分的编码表中。

(4) 被调查者基本情况。如对参展商或采购商，基本情况包括其单位性质、所属行业、单位规模、单位所在地理区域等因素；对于个人观众，基本情况包括其性别、年龄、文化程度、从事职业等因素。有的调查问卷把该部分放在主体内容之前，还有些问卷出于降低敏感性的考虑，把该部分放在主体内容之后，这都是可以的。

2. 调查问卷的设计

会展营销调查问卷中所涉及的问题主要有三种形式，封闭式问题、开放式问题和量表应答式问题。

(1) 封闭式问题。封闭式问题指对所提出的问题给出可供选择的答案，被调查者只在既定的答案中进行选择。具体到会展营销调查问卷，最常见的封闭式问题有三种：两项选择法，即由被调查者在预先给定的、相互对立的两个答案中选择其一；多项选择法，即对所提出的问题预先给出若干答案；顺位法，即要求被调查者对所询问问题的答案按照自己认为的重要程度进行排序。

(2) 开放式问题。开放式问题指对所提出的问题，不给出应答的备选答案，被调查者可以畅所欲言，不受限制地回答问题。

(3) 量表应答式问题。量表应答式有多种类型，最基本的有评比量表和语意差别量表两种。

总体来说，一份有效的调查问卷应具备三个显著特征，集中、简洁、明了。集中，指所有调查问题都必须围绕调查目标而展开，无关或关系不密切的问题不出现在问卷中；简洁，指问题及答案的描述应简明扼要，问卷不能繁复冗长；明了，指问卷中的措辞清楚明白，使被调查者易于理解，便于回答，设计调查问卷时应遵循以下基本原则。

(1) 准确性原则。指问卷中的问题表达清楚明白，便于被调查者对提问做出明确的回答，答案选项完整、准确，避免相互交叉或包容。

(2) 简单性原则，一份好的调查问卷应使被调查者能答、爱答、易答。要做到这些，则问卷设计必须简单，简单性原则包括：问题的设计通俗易懂，符合被调查者的知识水平和理解能力；问卷中的措辞亲切有礼，使被调查者乐于合作并愿意如实回答，对敏感性问题采取一定的提问技巧；控制问卷的长度，答题时间以自填式问卷不超过 10 分钟，随机拦访问卷不超过 6 分钟为宜。

(3) 逻辑性原则，对于一般性的问题应先问，因为这些问题相对简单，被调查者易于回答，同时，这些问题也是让被调查者回答其他问题前的一个热身，思考性的问题放在中间，敏感性的问题放在最后，这样的排序符合一般人的逻辑思维顺序。

逻辑性与问卷的条理性、程序性是分不开的，任何一个综合性问卷中，调查者往往将差异较大的问卷分块设置，以保证每个“分块”的问题都密切相关。

(4) 中立性原则，调查问卷中的用词应是“中性”的，避免使用引导或暗示性的词句。

二、会展营销调研的结果分析

（一）数据资料的整理

在会展市场营销调研的过程中，数据资料的整理涉及数据的接收、检查与编辑，以及数据的编码与数据录入等内容。

1. 资料数据的接收、检查与编辑

1）调查资料的接收与检查

调查资料的接收工作是整个数据处理过程的第一步，通常是从会展项目的实地执行开始，由调查部门专门的督导负责。根据实际情况，要做好调查资料的接收工作必须做到以下几点。

（1）事前的准备工作。如在访问前对访问员进行1—3个小时的培训工作，制定问卷合格接收的相关规则，对问卷进行编号以便未来检查等。

（2）实际的情况处理。在做好事前准备工作后，将进入实际的接收工作，主要包括对问卷的处理、信息反馈、现场沟通等。

通常情况下，接收调查资料后，必须进行全面的检查工作。包括以下几个方面。

（1）检查调查资料的程序与方法。需要做到：①制定检查的原则。如怎样的问卷完整度才算合格；②检查人员的安排。对资料的检查是一项烦琐的工作，需要对检查人员进行合适的安排与分工；③对细节的关注。如可以对资料进行分级处理，将出现不同问题的问卷分开放置，以便分开处理。

（2）问卷不能被接受的几种情况：问卷的回答明显不够完整、问卷没有按照规定的时间上交、没有按照规定回答、问卷答案具有明显的一致性。

2）资料的编辑

资料的编辑工作是为了提高问卷的准确性和精确性而进行的再检查，目的是确保编辑后的资料可以直接进行后续的编码和录入工作。

（1）资料编辑过程中存在的问题：问卷字迹模糊或者填写不清、逻辑性错误、跳答问题的错误等。

（2）对不合格问卷的处理。在实际进行的会展调研项目中，通常情况下都会存在一定比例的不合格问卷。对不合格问卷的处理方法通常有进行补访、缺失值处理以及将问卷作废三种。

2. 数据资料的编码与数据录入

在进行数据的分析工作以前，通常需要对数据资料进行检查、编码、编辑、录入、整理、转换、形成文档等。

1）数据资料的编码

通常情况下，我们所收集的数据是以纸和笔记录下来的。但文字记录对于定量分析来说不是特别合适。其一，调查分析一般由计算机完成，将调查的长篇记录直接输入计算机不方便且耗时；其二，计算机无法对输入的文字记录进行有效的定量分析。对于同一个问题，100 个被访者会有 100 种回答。但他们的回答也有可能存在相似的地方，能够被归类并计算分析其统计意义。

对数据的编码有效地解决了以上问题。比如，询问观众来参展时采用的交通方式，观众可能有很多不同的回答，但我们可以规定以“1”表示步行，“2”表示骑自行车，“3”表示搭出租车，“4”表示乘公共汽车，“5”表示自己开车，“6”表示其他方式。这样在输入计算机时就可以直接输入以上的 1—6 的数据。

编码可以在收集数据之前进行，也可以在数据收集结束之后进行。因此，编码通常有事先编码和自由编码两种方式。事先编码就是在收集数据之前就已经定义了编码。自由编码与事先编码相对应，是指在调查以前没有编码，调查时进行一定的文字记录，在调查后根据调查结果进行编码，也称为事后编码。

2）数据录入

在进行数据编码后，要进行数据的录入工作。通常需要借助专业的数据录入软件进行数据的辅助录入工作。在选择数据录入方式时，可以采用一些特定的输入软件，也可以采用通用的数据库软件或专业的统计软件，如 PCEDIT 和 EPIDATA 等。

（二）基本数据分析

1. 基本描述性分析

在做好数据资料的整理后，调研人员可以利用 SPSS 等软件对数据进行基本的描述性分析。

例如，通过频数分析可以很方便地观察变量的取值情况，并提供一些数据的基本信息。此外，为了获得更加详细的统计数据，还需要了解其他一些相关的统计量。与频数分析有关的最常用的统计量包括集中趋势指标（平均值、中位数、众数）和离散性指标（全距、标准差、变异系数）。

2. 交叉分析

我们可以通过简单的描述性分析解决很多数据分析问题。但当出现多个变量时，比如研究展会的观众人数与展会效益之间的关系、研究展会品牌的知名度与地区的关系等问题时，通常要求将一个变量与其他变量联系起来进行分析。在这些情况下，通常采用交叉分析（也称列联表分析）来进行分析。

交叉分析在商业性市场营销研究中被广泛使用，因为以下几个原因。

（1）交叉表分析和结果易于为非统计专业背景的企业领导者所理解。

（2）清晰的解释易于将研究结果与管理行动结合在一起。

（3）一系列交叉分析比单个的多变量分析能提供更多解释复杂现象的信息。

（4）交叉分析能够减轻离散多变量中单元过于分散的问题。

（5）交叉分析易于进行，适用于不十分熟练的研究者。

知识链接 展览业统计调查制度主要内容

一、调查目的

为贯彻落实《国务院关于进一步促进展览业改革发展的若干意见》(国发〔2015〕15号)文件精神，全面、准确、及时反映我国展览业发展状况，为各级政府部门制定展览业发展政策和发展规划，加强宏观管理提供决策参考，依据《中华人民共和国统计法》，特制定本制度。

二、调查内容

调查内容由境内展览会项目情况、展馆使用情况、展览服务企业情况、展览活动单位基本信息和财务经营情况等五大类统计指标构成。境内展览会项目情况统计指标包括展览面积、参展商、观众、经营情况和基本信息等，用于反映展览会本身质量水平、行业地区布局和市场规模。展馆使用情况统计指标包括展馆出租率、接办展览会数量、展馆面积、经营情况等，用于反映展馆的地区布局、使用效益以及与展览会项目的供需关系。展览服务企业情况统计指标包括服务展览会数量、服务金额等。展览活动单位(企业)基本情况统计指标包括展览会主办单位、展馆企业及展会服务企业的人员、财务、资质认证等综合信息，用于反映展览行业市场主体规模及发展水平。展览活动单位(企业)经营统计指标包括本地区展览会数量及构成、从业人员数量、缴纳税收金额等，用于反映本地展览产业发展规模水平、直接经济效益以及拉动其他产业发展的间接经济效益。

三、调查范围和对象

为了解中国展览市场发展全貌，统计范围定义为在展览馆里举办的，以产品、技术、服务的展示、参观、洽谈、投资、贸易和信息交流为主要目标的，有多人参与的群众性活动。因各类人才招聘会、画展、节庆活动等举办地点不固定，不在本制度统计范畴之内。本制度统计对象为从事展览业及相关经济活动的企业(单位)，包括展览会组织单位、展馆和展览服务商。

四、调查方法

为提高统计工作可操作性，将重点调查和全面调查相结合。一方面，实施重点企业(单位)联系监测制度，建立重点联系企业(单位)名录库。选择重点企业(单位)按照全口径统计指标进行重点调查，便于统计报告的研究分析。待制度运行一段时间后，形成稳定、规模化的填报企业和展览会项目名录库，逐步扩大全口径填报主体的范围，使统计工作做到有的放矢。另一方面，在全国范围开展其他企业全面调查统计工作，确保统计数据采集的规模效应。

五、调查组织方式

本统计制度拟依托商务部展览业管理信息系统进行信息采集，由全国市级商务主管部门负责督报，省级商务主管部门进行初审。为提高数据可获取性，下一步将对各地商务主管部门及有关企业进行统计培训。同时，发挥行政和市场两方面力量，从商务部和地方层面将数据申报与展会行政网上审批备案环节相关联，积极

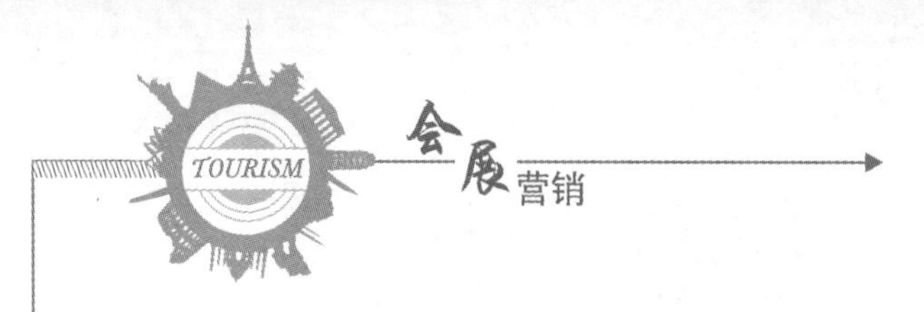

推动数据申报纳入展会信用评价、重点项目及政策资金申请等评估体系；借鉴国际通行做法，探索开展数据认证的可行性，提高企业自愿申报的积极性；发挥公安、贸促等展会活动相关部门的合力，加强信息采集的保障措施。

六、数据发布

本制度统计成果每年上半年以年度统计分析发展报告的形式发送至各省市商务主管部门和重点联系企业。

（资料来源：国家统计局 2018 年 8 月 6 日发布《展览业统计调查制度主要内容》。http://www.stats.gov.cn/tjfw/bmdcxmsp/bmzd/201808/t20180806_1614225.html/）

本章小结

在现代会展企业市场营销活动中，会展市场营销调研已经成为会展企业市场营销活动的重要组成部分，成为会展企业在战略上和技术上都必须认真对待和重视的一项重要工作。一个成功的、不断发展的会展企业是在激烈的会展市场竞争中能够比竞争对手更好地服务于目标市场的企业，因此需要比竞争对手拥有更强大的信息优势，以发现、认识、理解和满足顾客的需求。

会展营销信息系统是会展企业内部由营销人员、信息处理技术设备和信息处理运行程序组成的一个持续的、彼此关联的系统。由内部报告系统、营销情报系统、营销调研系统和营销分析系统构成。会展营销调研对于会展企业而言具有重要作用。

会展营销调研的主要内容包括会展市场环境调研、客户需求调研、竞争状况调研、消费者行为调研等四个方面。从功能上看，会展市场营销调研可分为准备阶段、设计阶段、实施阶段、结果形成阶段等四个阶段。从操作层面上可以将会展营销调研过程分为确定调研目标、制定调研方案、进行实地调研、整理分析资料、撰写调研报告等五个步骤。

进行会展营销调研需要选择合适的调查方法。会展营销调研包括定性调研和定量调研两大类。大数据时代需要各会展企业与时俱进，积极投入到大数据的采集、分析和应用当中来。

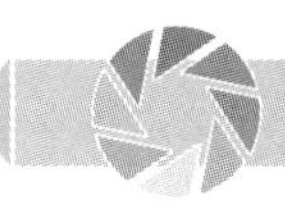

关键概念

营销信息系统　会展营销调研　问卷调查

复习思考题

1. 会展企业实施会展营销活动需要收集哪些情报信息？
2. 会展营销信息系统的构成因素有哪些？
3. 简述会展营销调研的一般程序。
4. 会展营销调研常见的方法有哪些？
5. 设计调查问卷时应注意哪些问题？

第五章

会展目标市场战略

学习目标

熟悉会展营销战略的内涵、特点和主要内容；掌握会展市场细分的意义、市场细分的原则、会展市场细分的变量标准、方法及步骤；掌握会展目标市场的选择条件和模式、目标市场策略以及影响目标市场营销策略选择的因素；了解会展市场定位的方法步骤、影响因素和实施策略。

案例引导　义乌小商品博览会的市场选择与定位

中国义乌国际小商品博览会（简称“义博会”）创办于1995年，是经国务院批准的日用消费品类国际性展会，由商务部、浙江省人民政府等联合主办，每年10月21日—25日在浙江义乌举行，已连续举办23届。自2018年10月举办第24届起，“义博会”主办单位新增国家标准化管理委员会，自此成为国内首个植入标准化元素的国际展览会。

立足于义乌在小商品生产经营上的规模优势、产业集群支撑优势、商品门类齐全而专业性强的市场优势，义乌的小商品博览会于1995年开展，并一炮而红，成长为目前国内最具规模、最具影响、最有成效的日用消费品展览会。作为全国一个地处内陆的小小的县级市，义乌的小商品博览会为什么会远胜于许多产业基础更强、区位条件更好、会展产业基础更好的大城市举办的会展产品，有如此大的影响力呢？义乌小商品博览会得以取得巨大成功的一个重要因素就是其正确的市场选择与市场定位。

1. 正确的会展产品定位

首先，“义博会”以小商品作为其主要展示和交易产品，其产品定位非常准确。小商品市场是义乌的特色，不嫌利润低微，不怕竞争激烈，经过持久不懈的努力，义乌人硬是把纽扣、标牌、编织袋、饰品、拉链、玩具、工艺品以及其他各种七零八碎、毫不起眼的小商品，发展成为在国内外市场具有很强辐射力的大产业；这些行业的外销量占整个中国小商品外销量的80%左右。义乌的小商品不仅价廉物美，而且种类繁多、款式新颖、流通便捷。“义博会”的参展企业，99%都是制造商。因此，“义博会”的采购都是源头采购，成本低廉，获利极高这对买家具有最大的吸引力，对境外客商也具有极强的诱惑力。

此外，“义博会”坚持办展与办会互动，以会议提升展览会档次和专业性，以展览会增加会议内涵和效果，两者相得益彰。

2.“避强”与“渗透”并举的市场战略

“义博会”不与已有的“华交会”或“广交会”进行直接对抗，而是发掘自己在小商品生产与市场经营上的优势，做一些“人无我有，人有我优”的事情，在所有环节上千方百计降低成本，进行低价渗透。义乌不但小商品的价格低廉，而且市场的摊位租金也很低廉，这让全国乃至全球的商人源源不断涌向义乌，不知不觉中积累了更多的市场腾飞的要素。

3. 先国内后国际的市场开拓战略与国际化市场定位

义乌小商品展最早的定位是“中国最大的小商品博览会”，其主要目标市场是广阔的国内市场。随着义乌小商品博览会在国内外市场中的影响和辐射日渐加大，义乌小商品博览会开始大量吸引海外客商；且义乌小商品博览会也已经在迪拜、印度等国开展，形成一个既能大量吸引海外参展商，又能在海外开展的综合性国际展览。

目前，常驻义乌的境外采购人员达8000余人，经登记设立的境外企业办事处939家，义乌海关日出口集装箱标柜达1000多只，年出口集装箱标柜40余万只。全球海运20强企业中有8家企业在义乌设立办事处。在新一轮会展城市间的竞争中，外交部、联合国难民署、家乐福亚洲总部先后在义乌市场建立了采购与信息中心，欧美等发达国家已渐成为义乌主要出口市场。

“义博会”以“面向世界、服务全国”为办展宗旨，办展特色鲜明，国际化水平突出，信息功能强劲，服务体系完善，安全卫生保障到位，参展成效显著，是商务部举办的三大出口商品展之一，先后被评为中国十大最具实力贸易进出口展览会、中国管理水平最佳展会、中国（参展效果）最佳展览会、最受关注的十大展会、最佳政府主导型展会和中国十大最具影响力品牌展会等，并获得了国际展览联盟（UFI）的认证。市场与产业的良性互动标志着会展经济在义乌显示了巨大魅力。

（资料来源：http://www.yiwufair.com/）

■案例思考：

1.“义博会”为什么会取得如此巨大的成功？

2.“义博会”是如何选择目标市场的？

3.“义博会”采用了怎样的市场战略？

4.“义博会”是如何进行市场定位的？

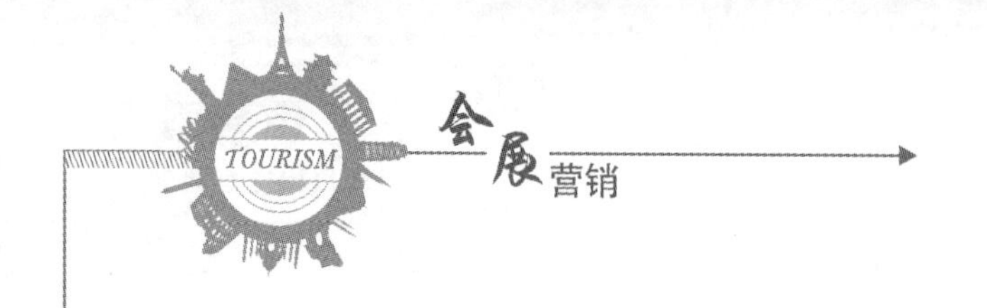

第一节　会展营销战略

一、会展营销战略的内涵和特点

战略确定企业的长远发展目标，并指出实现长远目标的策略和途径。会展营销战略是办展机构根据展会发展的战略规划，在综合考虑外部市场机会及内部资源状况等因素的基础上，确定目标市场，选择相应的市场营销策略组合，并予以有效实施和控制的过程。会展营销战略是办展机构的营销管理实现的综合体现，也是进行营销决策的基础，制定正确的会展营销战略，是会展营销活动取得成功的根本保证。

会展营销战略作为展会发展的长远规划和目标，不但要对会展行业的宏观发展趋势有正确的判断，对展会自身不同阶段的发展目标亦要有合理的安排。因此，会展营销战略具有以下几个特点。

（1）对企业长期发展进行的系统规划，并被全体员工所高度认同。

（2）从企业长远发展来考虑如何有效地战胜竞争对手，立于不败之地。

（3）在对会展营销环境和市场变化准确分析的基础上，进行科学决策。

（4）汇聚科学发展的观念，符合会展市场的动态变化。

二、会展营销战略的主要内容

近年来，我国会展业发展迅速，会展企业之间的竞争态势已经呈现。随着会展行业的进一步发展，尤其是国外实力强大的会展企业在会展服务、资金等方面的介入，会展业的竞争将进一步加剧。同时，各类与会者如参展商和目标观众购买会展服务的选择余地也日渐增大，需求更加多样化。在这样的大背景下，会展企业需要增加会展对各类与会者的吸引力，争夺客源市场。其实，任何会展服务的提供者，不论是一个会展企业，还是一个国家或城市，都不可能面向整个国内、国际市场，满足所有与会者的要求。因此，会展企业有必要将展会的主要与会者按不同的需求特点细分为几个部分，把需求基本相同的部分划分为一个细分市场。

会展营销战略强调了会展企业制定营销战略的主要内容和步骤，具体包括会展市场细分(Segmentation)、会展目标市场选择(Targeting)和会展市场定位(Positioning)三部分。上述三部分组成了会展营销战略的整体框架，形成会展营销的STP战略（如图5-1所示），是会展营销战略的核心内容。

图5-1　会展营销的STP战略

知识链接　振威展览公司发展战略

振威展览始创于2000年，是中国规模较大的民营展览公司、UFI国际展览业协会的成员之一、中国会展经济研究会副会长单位。振威展览以会展为核心，集展览会议、数据资讯、电子商务三大业务板块于一体，作为全球领先的会展综合服务商，将以专业化、品牌化、国际化的发展思路，坚持"工业类、消费类、农业类"展会的三轮驱动，实现跨越式发展。

1. 公司定位

全球会展综合服务商。

2. 公司发展愿景

成为引领全球展览业的会展综合服务商。

3. 业务战略方向

以工业类、消费类、农业类及战略性新兴产业为公司主要的业务方向。

4. 总体战略发展目标

(1) 用5—10年，领跑中国会展业！为中国会展业屹立于世界会展强国之林贡献力量。

(2) 以工业类、消费类、农业类及战略性新兴产业为公司主要的业务方向。

(3) 以展览业务为核心，集展览会议、数据资讯、电子商务三大业务板块于一体的全球会展综合服务商。

三年内，振威公司继续完善在北京、天津、上海、广东、陕西、四川、新疆等主要区域和城市的产业布局，通过内生式、外延式、补充式增长策略，使公司实现快速增长。

（资料来源：振威展览集团网站. http://www.zhenweiexpo.com/index.asp/）

第二节　会展市场细分

一、会展市场细分概述

市场由大量差异性的购买者组成，购买者的需要、欲望、购买力、购买态度和购买行为都有不同。会展企业作为服务企业不可能让所有的购买者都满意，所以有必要将整个市场进行细分，再根据自身的实力与条件去满足特定细分市场的需求。

（一）会展市场细分的定义

市场细分是美国市场营销学家温德尔·斯密斯（Wendell R. Smith）于1956年提出的一

个新概念，指营销者通过市场调研，依据消费者的需要和欲望、购买行为和购买习惯等方面的差异，把某一产品的市场整体划分为若干消费者群的市场分类过程。每一个消费者群就是一个细分市场，每一个细分市场都是具有类似需求倾向的消费者构成的群体。分属于同一细分市场的客户需求基本相同，而分属于不同细分市场的客户需求存在明显差别。

将市场细分概念运用于会展市场，会展市场细分是指会展企业按照参展企业和目标观众在需要、爱好、购买动机、购买行为、购买能力等方面的差别或差异，运用系统方法把整体市场划分为两个以上不同类型的参展群体，再把每种需要或愿望大体相同的参展者，细分为以参展者群体标志的"子市场"的一系列求同存异的方法和过程。

会展市场细分主要是对参展商市场的细分。会展市场细分是在异质化的市场中寻求同质化需求的参展商的过程。办展机构需要把有相似或相近需求的参展商聚合起来，形成参展商群，在此基础上选择一个或几个参展商群作为自己的主要目标市场。同时，把需求相似或相近的参展商聚合在一起，根据该目标市场的需求特征有针对性地提供会展产品和服务，提高目标客户的满意度。

通常来说，会展市场细分需要两个客观基础。一是参展商需求的异质性，即不同的参展商对会展产品与服务的需求具有明显的差异性和多样化。从需求状况角度考察，各类会展产品的市场可以分为两类，一类为同质化市场，另一类为异质化市场。凡参展商或专业观众对某一会展产品的需求、欲望、购买行为以及对会展企业营销策略的反应等方面具有基本相同或极其相似的一致性，这种会展产品的市场就是一个同质化市场，反之，则是异质化市场。一般情况下，同质化的市场无须细分，绝大多数的会展产品市场都属于异质化市场，如对同一展会，不同的参展商对于服务、环境、设施等要求各不相同，对会展市场进行细分的过程既是市场分割的过程，也是市场聚合的过程，即需要在异质化的市场中发现具有同质化需求的子市场，从而将这些具有相同或相似需求的子市场聚合起来，作为同目标市场进行营销。二是资源的有限性，会展市场竞争非常激烈，会展企业需要通过市场细分寻找到最适宜发展的目标市场。

市场细分对于会展企业具有极为重要的意义。随着服务市场上新竞争对手的不断加入和服务项目的增多，我国会展市场竞争日趋激烈，参展商对同类展会有了更多的选择机会。市场细分将有助于会展企业发现新的营销机会，并通过产品与服务的差异化和个性化建立自己的竞争优势。

（二）会展市场细分的意义

一方面，随着会展市场竞争日趋激烈，会展买方市场逐渐形成，参展企业对会展项目与服务要求更高更细；另一方面，参展企业的地理位置、经济实力、企业发展战略、价值观念各不相同，造就了会展市场的异质性。所以，要适应市场环境的变化，必须细分市场。

会展市场细分作为会展企业市场营销战略的起点，会展企业的一切营销战略都必须从市场细分出发，没有市场细分，就无法确定企业的目标市场，会展企业也就无法在市场竞争中找到自己的定位。会展市场细分的意义主要体现在以下四个方面。

1. 有利于选择目标市场和制定市场营销策略

通过会展细分市场的情况，会展企业可以及时发现和掌握会展市场的特征、变化状况，以及竞争者的状况，从而改良现有会展项目和开发会展新项目，以满足参展企业不断变化的不同的会展需求。同时，会展企业可以结合自身的经营理念、方针及服务水平和营销力量，针对不同的会展细分市场制定各具特色的市场营销组合策略，并根据参展企业对各种营销因素的反应和市场需求特征的变化，及时调整会展项目或服务的价格、方向及促销方式，以更加贴切和灵活地满足目标市场上参展企业的需求，提高应变能力和竞争力。

2. 有利于发掘市场机会和开拓新市场

会展市场的细分建立在对会展市场的全面系统的调查与研究基础之上。通过对会展市场进行细分，深入了解参展企业不同需求的满足程度，会展企业可以捕捉被忽视的市场空隙，创造条件迅速地开拓新的市场空间。对于会展企业尤其是一些中小企业来说，对每一细分市场的参展商的购买潜力和需求程度进行比对，发现有利于自身的市场机会，可以较为迅速地取得市场的优势地位，从而及时做出反应，进行策划和筹备，推出新的会展项目，开拓新市场，以便适应市场的需要。

3. 有利于集中优势资源投入目标市场

会展市场的细分化有助于会展企业营销资源的合理配置。通过细分市场，会展企业可以根据市场需求程度状况，根据自身条件和市场竞争状况扬长避短，选择适合自己的目标市场，集中企业有限的人力、物力、财力、资源开发特色会展项目，对其目标客户展开集中营销，争取局部市场上的优势，然后再进一步巩固和扩大自己的市场规模，以争取最佳经济效益。

4. 有利于办展机构提高经济效益

会展企业通过市场细分后，可以根据目标参展商需求的不同，有针对性地提供他们所需要的会展产品和服务，既能满足目标参展商的需要，维持客户关系，又能提高项目质量，使项目更受欢迎，从而提高会展企业的客户忠诚度和经济效益。

（三）会展市场细分的原则

会展企业进行市场细分的目的是通过对顾客需求差异予以定位，来取得较大的经济效益。会展企业需要寻找合适的细分标准，以平衡市场规模和数量之间的关系，实现利润最大化。一般来说，对会展市场进行有效细分应遵循可衡量性、可进入性、可营利性、可区分性、相对稳定性和合法性六个原则。

1. 可衡量性

可衡量性是指细分出的市场应该有明显的特征，各子市场之间有明显的差别，各市场内都有明确的成员企业，这些企业应具有共同的需求特征，表现出类似的购买行为。各子市场之间，在销售潜力、成本和利润方面，通过预测和测算可以进行比较，否则，就增大了选择目标市场的风险。

如果会展市场的细分变量很难衡量，会展企业不能获取明确表现会展消费者不同特征的确切资料的话，就无法界定市场，该细分的市场也就毫无意义，这必然造成企业资源的浪费，并且使企业陷入困境。

2. 可进入性

可进入性是指会展企业对细分的会展子市场能够有效进入并为之服务。也就是说，会展细分子市场是会展企业能够通过开展营销活动对参展企业产生影响并占据一定市场份额

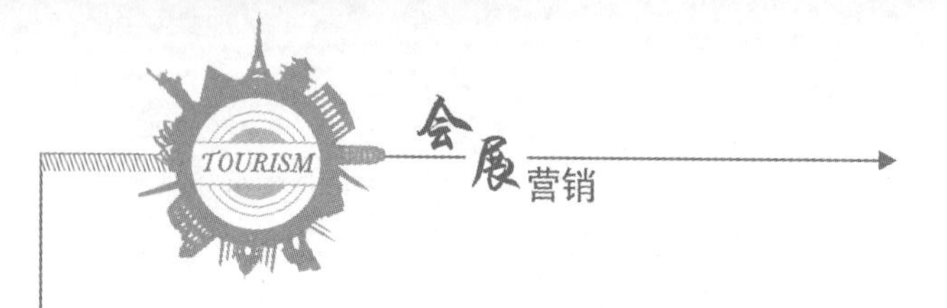

的市场。这主要表现在两个方面，一方面会展企业要考虑自身的人力、财力、物力，另一方面要考虑这一市场产品销售渠道是否畅通。考虑细分会展市场的可进入性，实际就是考虑会展企业营销活动的可行性。显然，对不能进入或难以进入的市场进行细分也是没有意义的。

3. 可营利性

可营利性是指细分的会展子市场的容量能够保证会展企业获得较好的经济效益。因为，会展企业细分市场后开发不同的会展项目以满足市场需求，项目的差异化必然导致生产成本和营销成本的相应增长，难以取得较大的规模效益。因此，会展企业必须在市场细分所得收益与市场细分化所增成本费用之间做权衡，即会展细分市场必须有适当的规模、现实与潜在需求，会展企业选择其作为目标市场，由此提供参展企业对路的会展项目并可以从中获利。否则，得不偿失，市场细分也失去了本身的意义。

4. 可区分性

可区分性或差异性指会展细分市场在观念上能被区别，并对不同的会展营销组合因素和方案有不同的反应。打算进行细分的产品市场，其需求必须是有差异的，即是异质市场，否则细分就没有意义。

5. 相对稳定性

相对稳定性指细分后的会展市场有相对应的时间稳定。细分后的会展市场能否在一定时间内保持相对稳定，直接关系到会展企业服务营销的稳定性。特别是大中型会展企业以及投资周期长、经营类型单一的会展企业，更容易造成经营困难，严重影响企业的经营效益。

6. 合法性

合法性首先指会展企业对会展市场细分、进行会展经营，必须遵守一国的法律和道德规范。合法性的第二层含义就是指会展项目法律手续齐备。会展活动在国内仍然实行审批制，不具备相关批文的会展项目是非法的。

会展市场细分的基础是顾客需求的差异性，所以凡是使参展商需求产生差异的因素都可以作为会展市场细分的标准。由于各类市场的特点不同，因此市场细分的条件也有所不同。

二、会展市场细分的标准与方法

（一）会展市场细分的标准

会展业属于现代服务业的范畴，其产品是各种类型和规模的会展活动，因此会展市场细分应该按照产业市场的细分标准来进行。市场营销学的相关理论中，对消费者市场细分的标准（或称细分变量）包括地理因素、人口因素、心理因素、消费行为因素等。将其应用于会展行业，对参展商市场细分的标准可分为地理变量、企业变量、参展目标变量以及人口变量。进行会展市场细分时，会展企业应该根据自身的实际情况选择适当的细分标准（或细分变量），通常选择2—3个细分变量的组合。此外，在不同的竞争阶段，细分标准也应随之改变，以不断适应市场竞争的新变化。会展市场细分的变量标准主要有以下几个方面。

1. 地理变量

地理细分是指将市场划分为不同的地理单位，如国家、地区或省市，南方或北方，城市或农村等，会展企业可以选择一个或几个地理区域开展业务，也可以选择所有地区，但要注重不同地区在需求和偏好方面的差异。此外，地理细分也可以基于某一地理区域内的市场密度进行。

1）地区

地区可作为细分标准，因为不同地区的企业对会展项目的需要有所不同。各地由于经济发展水平、区域经济结构、产业结构等因素的影响，形成不同的展位认购习惯和偏好，并有不同的需求特点。使用地区作依据是会展企业经常使用的市场细分手段，一些号称“国际”的会展活动其实也是以某一地区的参展企业为基础的。

2）市场密度

市场密度是指在一单位地理区域内，潜在参展企业的数目多少。在高密度市场上和在低密度市场上，需要的分销、推销和广告活动可能不同。所以，也可以用市场密度来细分市场。

通过这种市场细分，企业应考虑将自己有限的资源尽可能投向力所能及的、最能发挥自身优势的地区市场中去。

2. 企业变量

参展企业是构成会展市场营销的根本要素，是企业市场营销活动的最终对象。企业细分是按照企业成长期、企业的行业类型、企业规模与企业实力等变量对市场进行划分。

1）企业成长期

不同成长阶段的参展企业，由于在企业实力、发展战略、市场策略、价格策略、参展目标、社会活动、社会角色、企业知名度等方面存在较大的差异，必然会产生不同的参展需求，形成各有特色的参展企业群体。因此，会展企业在市场营销中可以掌握参展商的这一特点，根据企业成长期来细分市场。

2）企业行业类型

会展企业可以通过行业归类来细分市场，参展商生产的产品不同，会形成各种各样的不同类型行业及主题的会展活动，因此，会展企业可以根据不同产品行业和主题的特殊要求，提供有针对性的服务。不同行业的产品对展览会的特殊需求主要体现在场馆要求的差别、交通运输需求的差别、专业观念队伍的差别、普通观念要求的差别、展会广告宣传等方面的差异。会展项目的针对性越强，有效目标观众越多，服务就会更加专业和规范，对这个细分市场内的参展企业吸引力也就更大。

3）企业规模与企业实力

参展商的企业规模和实力不同，会对展会的场馆、展台布置、专业观众的数量、参展价格、其他参展商的知名度、展会的宣传力度、展会举办的时间和地点等方面表现出不同的需求特征。任何参展企业的参展行为，必须以一定的经济实力为支撑，不同规模的企业在参展目的及会展费用预算等方面也不同。

3. 参展目标变量

参展商的展出目标是展出工作的基石和方向，它主要是根据参展企业的发展战略和市场条件制定的。参展目标可以归纳为五类。

1）基本目标

具体包括：了解市场、寻找出口机会、交流经验、了解发展趋势、了解竞争情况、检验自身的竞争力、了解本企业所处的行业的状况、寻求合作机会、向市场介绍自己的企业和产品。

2）宣传目标

主要包括：建立个人关系、树立良好的企业形象、了解客户的需要、收集市场信息、加强与新闻媒介的联系、接触新客户、了解客户情况、挖掘现有客户的潜力、训练职员调研以及推销技术。

3）价格目标

主要包括：试探定价余地、将产品和服务推向市场。

4）销售目标

主要包括：扩大销售网络、寻找新代理、测试减少贸易层次的效果。

5）产品目标

主要包括：推出新产品、介绍新发明、了解新产品推销的成果、了解市场对产品系列的接受程度、扩大产品系列。

4. 人口变量

人口变量主要包括人口因素和社会经济因素。人口因素指参展人员的年龄、性别、职业、收入、婚姻状况、文化程度、家庭结构和规模、家庭生命周期等。社会经济因素指收入、教育、宗教信仰、种族和社会阶层等。上述因素对参展人员的消费心理、消费习惯以及消费效果评价有着重要的影响。

（二）会展市场细分的方法

会展市场细分的方法主要有单因素细分法、多因素细分法、完全细分法、再细分法、反细分法等。市场细分作为一个比较、分类、选择的过程，应该按照市场细分的程序来进行。

1. 单因素细分法

营销人员选择一个影响目标客户需求的因素作为细分标准，对市场进行细分。采用单因素变量细分法时，所选择的因素通常是对需求影响最大的。例如，按地理区域的不同，把会展市场划分为日本市场、美国市场、欧洲市场；按行业和参展产品的不同，把会展市场分为汽车展市场、纺织品展市场、娱乐项目展市场和化妆品展市场等。单因素细分法简单易行，是会展企业可以常用的细分方法。

2. 多因素细分法

多因素细分法是指选择两个或两个以上的影响目标客户需求的因素划分市场。譬如，会展企业的营销人员选出影响需求的两个重要因素并加以组合，实施市场细分。采用双因素市场细分法可以使细分更精确，所细分的市场需求特点更明显，有利于开展有针对性的市场营销活动。例如，把地理区域和参展产品两个因素组合起来，把会展市场划分为东北地区汽车展市场、华北地区汽车配件展市场等。这种细分方法对市场的细分更加精确，我国的会展企业可以经常使用。

会展企业的营销人员也可以在众多的影响会展需求的因素中，选择较重要的三个因素作为变量加以组合，实施市场细分。例如，按参展企业的地区、产品和参展商的性别三个因素进行细分，会展市场可以分为东北地区汽车展男性参展商市场、华北地区化妆品展女性参展商市场等。这种细分方法更加精细，使得所选择的细分市场的范围缩小市场容量受到一定的限制，但是每一个细分市场的特征更加明确，有利于企业的市场开拓。

进一步地，还可以选择更多影响因素来细分市场。譬如，按地理区域、参展商的年龄、专业观众的收入、普通观众的职业等因素划分会展市场。采用这种细分方法，可以把市场划分得非常细，使得每一个细分市场对会展的主要需求的特点也了解得很详细，有利于会展企业满足参展商和观众较为细微的个性化需求，提高客户的满意度。但与此同时也增加了市场细分的难度和费用，若缺乏足够的市场容量，则加大了市场开发的风险。因此，会展企业在采用多因素细分法时要慎重，要考虑成本和收益的比值。如果成本大于收益，只有在市场细分有利于企业的长期可持续发展的利益时才能采用这样的细分策略。

3. 完全细分法

完全细分法就是把市场上每一个客户都作为一个单独的细分市场。这种细分方法通常只有理论意义，在实际的市场细分工作中不予采用。因为每一个顾客就是一个细分市场，每个细分市场的购买量小，市场的容量不足，企业不愿涉足。当然，在会展业发达的国家和地区，一些会展企业为了吸引长期可盈利的顾客，采用个性化服务策略，对 VIP 顾客则根据其需求设计并销售特殊的服务，这可以看作是一种完全细分。这种细分方法在迎合重要的可盈利顾客的过程中具有重要的现实意义。

4. 再细分法

再细分法是指对已经细分的市场，引进新的标准进行再细分，以进一步发现市场空白，寻找营销机会。但是再细分要保证各子市场之间的差异性和各子市场内部的同质性。

5. 反细分法

如果市场进行过度细分，各子市场规模过于狭小，将导致产品和服务种类增加，使得企业资源过于分散，生产成本和营销成本提高。反细分法就是将许多过于狭小的子市场组合起来以便以较低的价格满足客户的需求，实现会展企业的规模经济。通常有两种反细分法：一是缩小战线，主动放弃过于狭小的子市场；二是将几个较小的子市场合并起来，形成一个规模较大的子市场。

三、会展市场细分的程序与步骤

（一）会展市场细分的程序

会展市场细分主要由以下 4 个阶段组成，即调查阶段、分析阶段、描绘阶段、应用阶段。

1. 调查阶段

会展企业在确定经营目的之后，就必须确定市场经营范围，这是市场细分的基础。为此会展企业必须开展深入细致的调查研究，分析参展企业需求的动向，做出相应决策。根据调查需要，研究人员将设计好正式的调查问卷，着重收集项目的属性及其重要程度、会展项目与参展企业产品营销的配合方式、品牌知名度及受欢迎程度、调查对象对会展项目的态度、调查对象的企业数量统计、心理统计和媒体接触统计等有关资料。

2. 分析阶段

在该阶段，研究人员利用因素分析法分析资料，删除相关性高的变量，利用群体分析法

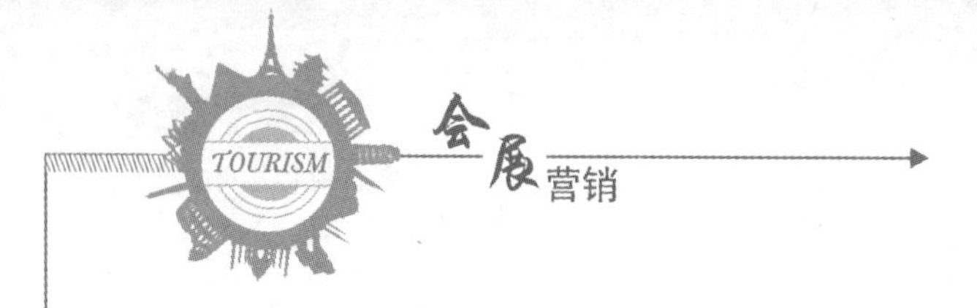

找出差异性最大的细分市场。

研究人员分析可能存在的细分市场,并进行初步细分。企业通过分析不同参展企业的需求,找出各类参展企业的典型及其需求的具体内容,并找出不同类型参展企业的地区分布、企业特征、购买行为等方面的情况,加上营销决策者的经营经验,做出估计和判断,进行正式市场细分。然后,对细分的市场加以筛选。企业分析哪些需求因素是最重要的,并将其与企业的实际条件进行比较。然后,删除那些对各个细分市场无关紧要的因素,以及企业无条件开拓的市场。如优质服务可能对几乎所有参展企业都很重要。但这类共同的因素,对企业细分市场并不重要。通过以上程序最后筛选出最能发挥企业优势的细分市场。

3. 描绘阶段

在该阶段,研究人员根据参展企业的不同态度、行为、企业个体变量、心理变量和展位认购习惯等特征,用形象化的方法,给各个可能存在的细分市场确定名称。此外,在细分市场过程中,要注意分析市场营销机会。主要是分析总的市场和每个子市场的竞争情况,以及确定对总的市场或每一个子市场的营销组合方案,并根据市场需求和需求潜力的估计,确定总的或每一个子市场的营销收入和费用情况,以估计潜在利润量,作为最后选定目标市场和制定营销策略的经济分析依据。

会展企业要根据市场细分结果来决定市场营销策略。如果分析细分后,发现市场情况不理想,则应该放弃这一市场。如果市场营销机会多,需求和潜在利润较满意,企业可以根据细分结果提出不同的目标市场营销战略。

4. 应用阶段

根据细分市场的规模和前景、市场结构吸引力、企业的目标和资源,按照细分市场的可衡量性、可进入性、可营利性、可区分性、相对稳定性和合法性原则,明确目标市场,调整企业的会展市场营销策略。

(二) 会展市场细分的步骤

会展市场细分是一个将异质市场划分成若干个同质市场的过程,这个过程通常需要以下 5 个步骤来完成。

1. 选定市场范围

确定市场范围,即确定会展企业推广其服务产品所要寻找的潜在顾客群体。会展企业必须明确自身优劣势,通过对目标客户、竞争者、会展服务商等微观环境以及经济、社会、政治、自然等宏观环境的调查,确定经营目标,选定市场范围。选定市场范围要适度,过大的市场范围会给营销调研活动带来困难,增加营销成本,过小的市场范围则会限制会展企业自身的发展和业务开拓。

2. 列举客户的潜在需求

成功的市场细分意味着企业在明确的细分市场上满足现有顾客和潜在顾客的需求,这要求企业必须了解顾客的态度、偏好及其所追求的利益。会展企业选定好市场范围后,就应该通过深入调研和系统分析,发现该市场中的参展商对会展产品或服务的全部需求,包括现实需求和潜在需求,可从地理、人口、心理、行为等方面列出影响市场需求和参展商购买行为的各项因素,进行全面而详细的分类。

3. 分析潜在顾客的各自需求

会展企业需要通过了解目标参展商对会展产品与服务的需求，根据目标客户市场的地区分布、所属行业、规模实力等方面的因素对顾客进行分类；完成分类后，会展企业应对不同的潜在顾客进行抽样调查，并对所列出的需求变数进行评价。设计相应的调查问卷，进行市场调查，并对问卷进行统计分析，以推测其潜在的市场需求，分析可能存在的细分市场。

4. 形成细分市场

在异质化的市场中，每一个参展商之间的需求都存在差异，会展企业需要根据差异性需求细分市场，深入认识细分市场的特点，放弃较小或无利可图的细分市场、合并较小且与其他需求相似的细分市场、拆分内部需求差异较大的细分市场，选取重要的差异需求作为细分标准。依据市场细分的标准，将整体会展市场进行分割，形成若干个子市场。在各个子市场之间，参展商的特征差异较大，而在各个子市场内部，参展商的特征大致相同。

5. 评估细分市场的规模

对细分后的子市场进行规模评估，评估子市场内是否有足量的参展商，是否有足够的现实需求和潜在需求，以确保展会在该市场内有足够的市场机会和发展空间。调查、分析、评估各细分市场，最终确定可进入的细分市场，并制定相应的营销策略。

第三节　会展目标市场

目标市场是服务企业决定进入的，具有共同需求或特征的顾客集合。服务企业在细分出来的若干个子服务市场中，对各个服务细分市场进行评估，选择出对自己最有利的、决定要进入的服务目标市场。

一、会展目标市场的选择条件

会展目标市场，即会展企业的目标参展企业群体，也就是会展企业会展项目的销售对象，它是会展企业在整体会展市场上选定作为营销活动领域的某一或某些细分市场。会展目标市场是会展市场营销活动中的一个重要概念，因为会展企业必须把满足参展企业的需求放在首位，充分满足参展企业的需求，会展企业才能生存和发展。

参展企业的需求千差万别，没有任何一个会展企业能满足所有的会展需求，而只能满足会展市场中一部分参展企业的需求。因此，会展企业只能根据自身的技术力量、物质资源及管理能力等条件，满足参展企业的特定需求，也只有用特定的会展项目和服务来满足这些参展企业，会展企业才能实现经营目标。会展目标市场中所指的一组特定的参展企业就是一个或几个会展细分市场。一般而言，会展企业选择的目标市场，应符合以下条件。

（一）会展目标市场具有一定的市场发展潜力

会展企业选择某一或某些细分市场作为会展目标市场，其最终目的是期望会展企业进入该领域后具有理想的长期盈利能力。因此，会展企业应当选择有适当规模和增长特征的市场，即目标细分市场必须具有一定的市场发展潜力。测量目标市场的发展潜力，一般要估

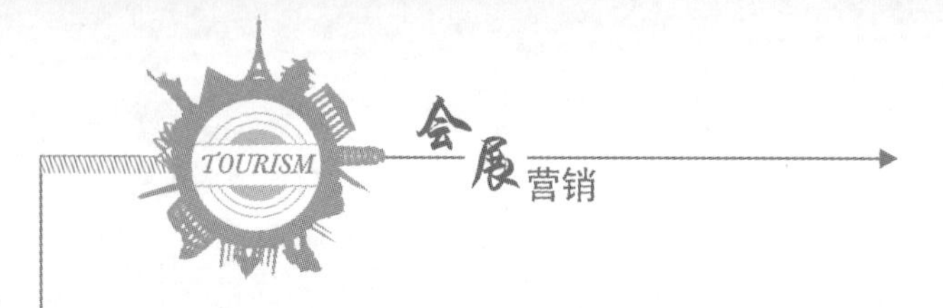

算目标市场的需求总量(即市场容量)。也就是在一定时空条件下,目标市场的需求总量是该市场参展企业数、参展企业购买力、参展企业购买意愿三者的乘积的结果。

(1) 选择尚未开发过的会展细分市场作为目标市场,可通过抽样调查获得其一定时段可能形成的参展企业数/次和平均意愿价格的乘积作为该会展目标市场的潜量估算值。

(2) 选择已经开发的各会展细分市场,可根据已有的一定时段的参展企业数/次和会展消费水平的乘积作为该会展目标市场的潜量估算值。

(3) 根据"帕累托图"对会展企业已进入的各细分市场对本企业获利的重要程度进行分析。

如图 5-2 所示,某会展企业 A 类会展细分市场的参展企业占本企业营业总量的 30%,而销售额却占销售总额的 70%;B 类会展细分市场的参展企业占本企业营业总量的 50%,而销售额占销售总额的 20%;C 类会展细分市场的参展企业占本企业营业总量的 20%,而销售额占销售总额的 10%。显然,A 类参展企业市场应当成为该企业的目标市场。

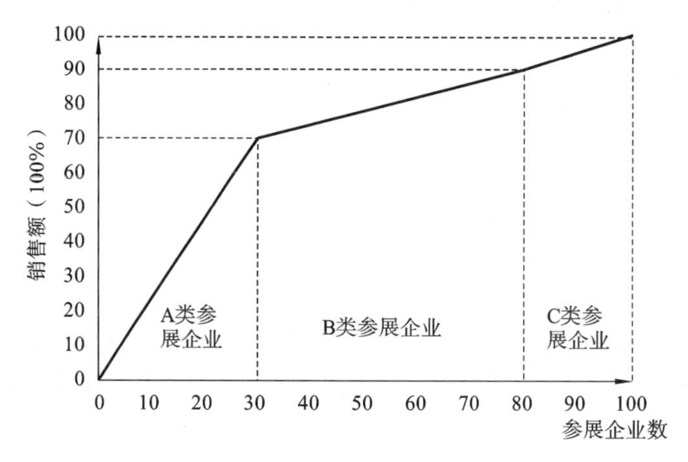

图 5-2 不同会展细分市场内参展企业的数量与销售额

(二) 会展目标市场的选择力求避免"多数谬误"

"多数谬误"是过多企业都把同一个细分市场作为自己的目标市场,从而造成某一种会展项目的供给大大超过市场需求的状况。许多会展企业共同经营同一种会展项目,实际上就是共同争夺同一项目有限的消费者群,结果造成社会劳动和资源的浪费,也不能满足本来有条件满足的其他市场需求,大大提高了企业的机会成本,影响了企业的经济效益。出现"多数谬误"的原因主要在于以下两个方面。

(1) 会展企业均选择市场容量最大、利润量最大的市场作为目标市场。

(2) 会展企业在指导思想上急功近利,只考虑企业的目前利益,而看不到企业的长远利益。在现实中,目标市场选择的"多数谬误"屡屡发生在会展行业中。例如,在同一地区短时间内多次举办同一行业同一主题的展览会。

(三) 会展目标市场符合企业的目标和能力

会展企业选择目标市场必须具备开发该市场所需的人力、财力、物力资源条件,同时还必须符合企业最终的发展目标。只有选择那些企业有条件进入、能够充分发挥自身资源优势的市场作为目标市场，会展企业才能增强拓展与竞争能力，以获得最佳效益。

二、会展目标市场的选择模式

会展目标市场的选择通常有五种模式供参考。如图 5-3 所示。

（一）市场集中化

会展企业选择一个细分市场，集中力量为之服务。较小的会展企业一般这样专门填补市场的某一部分。集中营销使企业深刻了解该细分市场的需求特点，采用针对的产品、价格、渠道和促销策略，从而获得强有力的市场地位和良好的声誉，但同时也隐含较大的经营风险。

（二）产品专门化

会展企业集中面向某一类的会展服务，并向所有顾客销售这种服务。例如，某一会展企业向环保方面的展会进行服务，那么他就会在此方面进行专门的服务的深入探究，最终把环保方面尽力做到最好。这样，企业在环境类展会产品方面将树立很高的声誉，但一旦出现其他的替代服务企业或市场流向的偏好转移，企业将面临巨大的威胁。

（三）市场专门化

会展企业专门服务于某一特定顾客群，尽力满足他们的各种需求。例如会展企业专门为环保展会参展者提供各种服务。会展企业专门为这个顾客群服务，能建立良好的声誉。但一旦这个顾客群的需求潜力和特点突然发生变化，会展企业要承担较大风险。

（四）有选择的专门化

会展企业选择几个细分市场，每一个对企业的目标和资源利用都有一定的吸引力。但各细分市场彼此之间很少或根本没有任何联系。这种策略能分散会展企业经营风险，即使其中某个细分市场失去了吸引力，会展企业还能在其他细分市场盈利。

（五）完全市场覆盖

会展企业力图用各种产品满足各种顾客群体的需求，即以所有的细分市场作为目标市场，例如上例中的会展企业为不同类型的展会提供各种服务。一般只有实力强大的大企业才能采用这种策略。

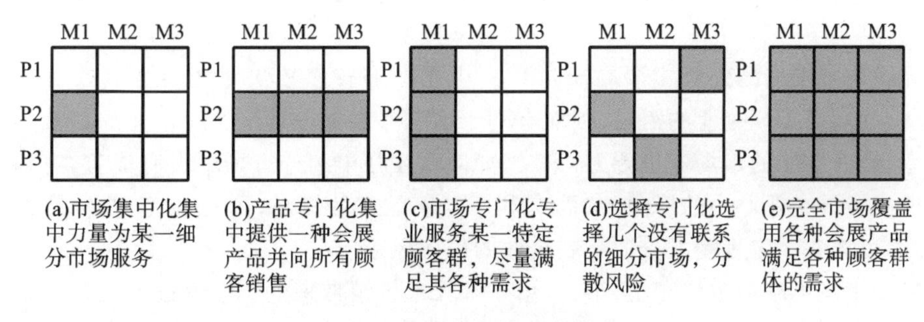

图 5-3 市场选择的五种模式

三、会展目标市场策略

目标市场策略，是指企业对客观存在的不同消费者群体，根据不同产品和服务的特点，采取不同的营销组合的总称。会展企业选择的目标市场不同，提供的产品和服务就不同，营销策略也就不一样。一般来说，会展企业的目标市场营销策略有三种，无差异性市场策略、差异性市场策略和密集性市场策略。

（一）无差异性市场策略

无差异性市场策略是指企业将产品的整个市场视为一个市场，用单一的营销策略开拓市场，即用一种产品和一套营销方案来满足购买群体中的绝大多数人的需求。这是一种求同存异的策略，即采用此策略的会展企业只考虑消费者或客户在需求上的共同点，而不关心他们在需求上的差异性，以一种会展产品和一套会展市场营销组合，试图在整个市场上吸引尽可能多的消费者。

会展企业所设计的项目和营销方案，都是针对大多数参展企业的。目前，我国会展业还处于刚起步阶段，大多采用这种策略。

无差异性市场策略的优势在于：第一，规模效应显著。由于可以大规模销售、分销渠道简化、市场调研和广告宣传开支较低，销售成本降低，可以获得规模经济效益；第二，易于形成垄断性的名牌会展项目的声势和地位。

无差异性市场策略的劣势在于：第一，加剧市场竞争，不能满足参展企业需求的差异性。当有若干会展企业都采用此策略时，就会加剧市场竞争，而小的细分市场的需求则会得不到满足，单一的市场策略不易满足具有多种多样需求的参展企业。第二，参展企业的各种情况在不断发生变化，参展企业对会展多样化的需求日益增长。因此，这种策略只是适用于少数垄断性强、供不应求的会展项目，无差异性市场策略已不适应现代国际会展的竞争。

（二）差异性市场策略

差异性市场策略是指企业把整个市场细分为若干个不同的细分市场，依据每个细分市场在需求上的差异性，分别有针对性地制定一套独立的营销方案。即会展企业把整个会展市场划分为若干个细分市场，从中选择两个以上的细分市场作为自己的目标市场，并有针对性地进行营销组合以适应参展企业不同的需要，凭借会展项目与市场的差异化，获取最大的销售量。

差异性市场策略的优势主要在于：第一，由于能够较多较快地变换会展项目的类型特点，以适应和启发参展企业的需求，因而有利于增加参展企业对该会展企业的信赖感和提高购买概率，提升会展的市场竞争能力；第二，如同时在几个细分市场中占有优势，有利于树立会展企业在参展企业心中的形象，从而有利于经济效益的提高；第三，由于差异性营销的灵活机动性，可以在一定程度上分散会展企业的经营风险。

差异性市场策略的劣势在于：第一，由于差异性营销带来生产经营成本与营销宣传费用的增加，难以使会展企业取得规模效益；第二，经营目标市场数量越多，会影响经营效率，使会展企业管理难度加大；第三，由于多元化分散经营，可能使企业的资源配置不能有效集中，影响某些优势的发挥。实力相对较小的会展企业一般不宜采用此策略。

（三）密集性市场策略

密集性市场策略也称为集中性市场策略，是指企业集中力量进入一个或少数几个细分市场，实行专业化生产销售和服务的策略，在个别市场上占优势。即会展企业在会展市场细分的基础上，选择一个或少量细分市场作为会展目标市场，为充分满足某些参展企业特定的需求服务，而集中企业自身营销力量实行高度的专业化经营，以占领其大量市场份额。

该策略适合中小型会展企业和一些会展资源独具特色、能吸引一定类型参展企业前往的会展项目。

密集性市场策略的优势在于：第一，由于会展企业营销对象集中，在单一化较小范围的市场上活动，占用资金相对小，且资金周转相对快，成本费用相对低，可以集中力量在特定会展市场上占领优势和实现一定的规模经济效益；第二，由于会展企业经营范围明确，有利于创造出特色项目与服务，并可提高企业项目或服务的知名度和市场占有率。

密集性市场策略的劣势在于：第一，企业经营具有很大风险性。集中于小部分市场生存的会展企业承担的经营风险较大，一旦市场突然发生变化或者强大竞争对手的进入或者新的更有吸引力的替代项目出现，都可能使企业没有回旋余地而陷入困境。第二，如果选定的是较大的细分市场，则竞争者太多，市场竞争过于激烈。

因此，采用集中性目标市场策略要冒一定风险。由于市场情况变化和市场竞争的激烈化，往往促使企业将目标市场分散成几个细分市场，减少经营风险。三种会展目标市场营销策略对比如图 5-4 所示。

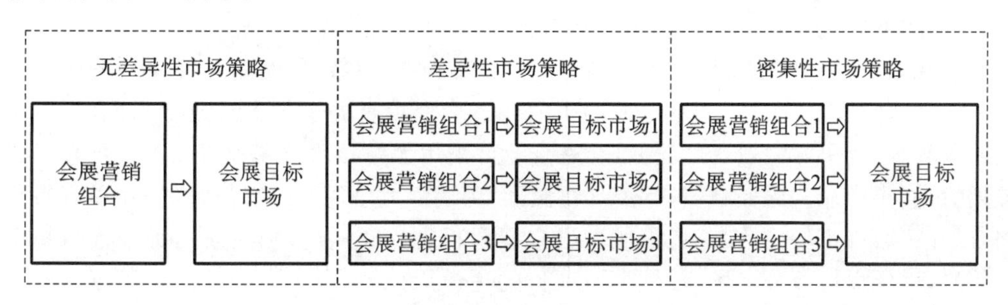

图 5-4　三种会展目标市场营销策略对比

四、影响目标市场营销策略选择的因素

会展企业采用何种目标市场策略，受到会展市场营销宏观环境、会展企业自身实力条件、会展项目或服务特点、会展市场需求状况、会展项目生命周期，及会展市场竞争状况等因素的影响，会展企业必须从实际出发，综合考虑各方面因素来加以确定。一般情况下，当会展目标市场策略选择与确定后应保持相对稳定，但可随着市场环境与企业经营状况的变化做适当的调整。

（一）会展市场营销宏观环境

会展市场营销宏观环境影响参展者的购买行为以及会展市场的供求关系。一般情况下，当某种会展产品处于供小于求的卖方市场，可采用无差异性市场策略；而在供大于求的买方市场情况下，则可采用差异性与密集性市场策略。

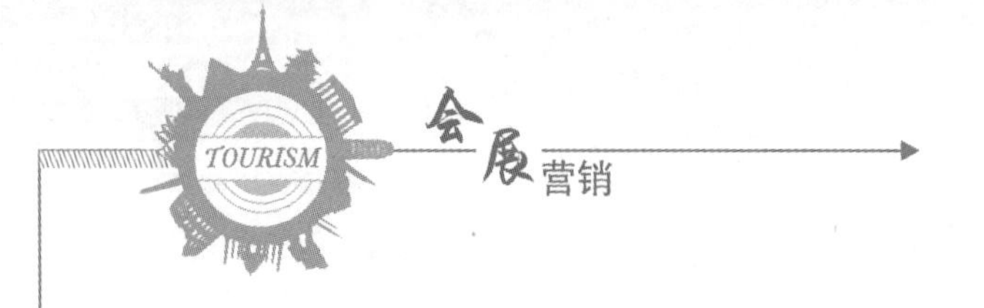

（二）会展企业自身资源条件

会展企业的自身资源条件主要包括其人力、财力、物力条件，及其策划能力、技术能力和销售能力，具体表现为会展企业的项目的设计与营销组合能力、宣传促销能力、服务与管理能力等方面。如果会展企业资源条件好，经济实力较强，管理水平和营销水平较高，信息资源丰富，可考虑采用无差异性市场策略或差异性市场策略；如果会展企业实力不足，人力、财力、物力、信息等资源有限，企业无力顾及整个市场或多个细分市场，则适宜采用密集性市场策略。

（三）会展产品或服务的特点

产品和服务的特点不同，应分别采用不同的市场策略。同质性会展项目或服务，由于其差异性小，替代性很强，竞争主要集中在价格上，适宜实行无差异性市场策略。而对于一些差异性较大、参展企业选择性很强的会展项目或服务，则更适宜采用差异性市场策略或密集性市场策略。

（四）会展市场需求状况

当会展市场上的参展企业在某一时期的需求比较接近，偏好及其特点大致相似，市场类似程度很高，且对会展市场营销策略的刺激反应大致相同，对营销方式的要求无多大差别时，适宜采用无差异市场策略。而对于参展企业需求同质性较低的会展市场，则更适宜采用差异性市场策略或密集性市场策略。

（五）会展项目生命周期

产品和服务处在生命周期的不同阶段，应采取不同的营销策略。会展项目的生命周期分为导入期、成长期、成熟期和衰退期四个阶段。会展项目处于导入期或生长期时，同类产品和服务较少，竞争的激烈程度较低，会展企业可采用无差异性市场策略。当会展项目进入成熟期后，同类产品和服务增多，竞争日益激烈，为确立竞争优势，此时适宜采用差异性市场策略，以开拓会展市场，扩大市场份额。当会展项目进入衰退期，则应采用集中性目标市场营销策略，以便保持部分市场，延长会展项目的生命周期，或者采取差异性市场策略开辟新的细分市场。

（六）会展市场竞争状况

企业进行目标市场选择时，需要考虑竞争者状况及其采取的策略，会展企业的目标市场策略应与竞争者有所区别。如果竞争者数量较少或较弱，且项目具有垄断性，会展企业则可采取无差异性市场策略。若竞争者采用无差异性市场策略，会展企业则可采用差异性市场营销策略或密集性营销策略。如果竞争太大，则应采取差异性或密集性目标市场策略。从竞争者采用策略来看，如果竞争对手实力较强大且已经采用了差异性市场策略，会展企业则应在进行充分市场调研的基础上，实行更深一层的差异性市场策略或密集性市场策略；如果会展企业面临的是较弱的竞争者，必要时可采取与之相同的策略，凭借实力击败竞争对手。

知识链接　米兰世界博览会，五粮液一夜成名

当前，中国正大力推进“一带一路”国际战略，五粮液将积极地参与、融入其中，担当好文化使者、和平使者和友谊桥梁的角色。作为多元化的大型企业集团，五粮液乐于拥抱世界、拥抱未来，将更进一步强化与世界酒企和跨界领域的合作，互利共赢，共同促进对文化和经贸的交流，增进不同文明之间的包容与理解。

中国白酒还有着显著区别于威士忌、白兰地等蒸馏酒品类的竞争优势，它是采用五种粮食固态发酵的蒸馏酒，具有鲜明的地域性、悠久的传承性。而随着中国白酒的发展壮大，走出国门参与国际市场竞争是品牌、企业外延式发展壮大的必由之路。欧洲作为全球最主要的酒品饮料消费市场，有着广阔的市场前景，是五粮液国际化发展的重中之重。

实际上，借助中国大力推进的“一带一路”战略的东风，华为、格力、海尔、五粮液等“中国制造”企业纷纷借机“出海”，加速进军海外市场。与新兴的华为、格力等中国现代制造企业不同，来自万里长江第一城宜宾的美酒五粮液，在中国有着上千年的传承历史，是中国白酒酿造的佼佼者。五粮液正在利用自身的优势，进一步加快进入全球市场的速度。

（资料来源：CCTV 证券资讯频道官方网站。http://www.cctvfinance.com/gsjx/2015120316322.html/）

第四节　会展市场定位

一、会展市场定位的含义

市场定位，就是企业根据市场特性和自身特点确立企业产品在顾客心中的位置，是企业通过市场细分确定目标市场后更深层次的市场营销活动。市场定位有利于企业突出其产品的市场特点，使其具有与其他企业不同的形象，利用顾客对它的特殊偏爱，在市场竞争中获得优势。市场定位是企业进行市场营销活动的基础，也是企业根据自身特点与市场需求特征来组合营销策略的根本。

所谓会展市场定位是指会展企业根据市场竞争状况和自身资源条件，建立和发展差异化竞争优势，以使自己的产品和服务在顾客心目中形成区别并优于竞争对手的独特形象。

当会展企业或服务供应商在市场上为自己及其所提供的会展产品和服务确立并保持一种独特的位置时，则可以称其为成功的定位。会展企业要想吸引顾客购买其产品和服务，需要给目标顾客留下值得购买的印象。为此，需要了解目标顾客的需求特征，分析其对产品和

服务价值的理解，在产品价格和服务质量等方面做出努力，给目标顾客留下好印象，确立企业形象，以扩大销售，增加利润。在竞争日益激烈的会展行业，有效的市场定位是营销工作中最为关键的任务之一。

二、会展市场定位的方法和步骤

（一）会展市场定位的方法

会展产品和服务的生产和消费在同一时间、同一地点进行，参展商需要位移至目的国或地区才能实现消费，参展商在购买展位前不能直观地观察到将要举行的会展的情况，以及将会购买到的产品和服务的具体内容，其购买决策往往取决于参展商对会展举办地、会展主办方和承办方及其以前所提供的会展产品和服务的印象，即会展举办地、会展主办方和承办方及其产品和服务在目标顾客心目中的位置。由此可见，会展业的市场定位不仅仅是企业本身及其产品和服务的定位，而且，地区的市场定位也占有十分重要的位置。

1. 产品和服务定位

会展企业可以针对特定会展主题或会展服务的某些特征实施定位策略。在具体的实施过程中，要把产品和服务的特征与重要的参展商和顾客寻求的主要利益连接起来。例如，针对一些参展商寻求方便、快捷的特殊利益，可以尽量提供方便、快捷的服务，并且，以此为特殊形象，加以宣传、促销，有利于开拓这个市场。

市场定位一旦确立，区域展览会或会展企业的其他营销组合因素就需要做相应的变化，即根据定位做出产品、价格、渠道、促销等方面的有关决策，而且，企业的一些设施、设备、场馆、人员配备等也需要做相应的改变。因此，定位具有一定的稳定性，如果稳定性较差，势必迫使重新定位，频繁改变设施、设备、建筑物的构造以及营销组合因素，造成很大的浪费。但是，定位的影响因素是可变的，而且，有些影响因素的变化具有不确定性，这就要求市场定位的范围不能太宽也不能太窄，同时，市场定位有一定的超前性。

在确立市场定位时，分析影响定位的因素，考虑这些因素的发展变化趋势以及对定位的影响，使定位能够在较长的时间内相对稳定。

2. 地区定位

会展项目的主办者包括政府部门、贸促机构、商会、行业协会、公司部门和企业，承办者大多是会展公司、地方政府、经济发展部门、大集团公司、行业协会、媒体、俱乐部和社团等单位。一次展览会的举办能否成功，往往与举办地的经济发展水平、社会发展状况、交通运输条件、居民的综合素质、承办者的办展能力等因素密切相关。参展商在决定是否参展时往往要考虑上述各种因素，分析会展的吸引力以及将给其带来的核心利益。

因此，一个国家或地区可以以一个城市、一个地区或者一个国家为整体，设计、建设主题鲜明的、有吸引力的展览项目，并针对参展商的需求特征采用特定的营销组合策略，形成并逐渐稳固在参展商和专业观众心目中的位置，确立良好的区位形象，推动区域会展业的发展。

区域会展业在参展商和观众心目中的形象具有相对稳定性，因为，区域会展的形象定位往往是由其参展经历、口碑宣传、大众媒体的报道以及经济、政治、法律、自然、技术等因素决定的，在相当长的一段时间内是很难改变的。若想改变其形象，需要对其经济环境、会展设施、会展气氛、技术、展览项目和服务等做大规模实质性的更换，并配合价格、渠道、促销等营销手段。

3. 企业定位

会展企业通过建设、维护企业的品牌树立良好的公众形象，在主要参展商和观众的心目中留下较好的印象，然后，开发系列产品和服务，以同一品牌宣传、促销，使主要目标顾客接受同一品牌的产品和服务。在主要目标顾客的心目中，企业就是一个整体，对该企业的所有产品和服务的评价是一致的。因此，会展企业应该从整体的角度实施市场定位策略。世界著名的企业往往是通过企业定位获得竞争优势的。

（二）会展市场定位的步骤

会展市场定位的关键是设法在自己的产品和服务上找出比竞争者更具有竞争优势的特性。由此我们可以把识别潜在竞争优势、选择相对竞争优势、显示独特竞争优势作为市场定位的 3 个步骤。

1. 识别潜在竞争优势

发现和识别会展企业可能拥有的竞争优势需要对会展企业向顾客提供的产品及服务的全部过程进行细致的分析，具体分析自己与竞争者在产品、服务、人员及形象等方面的对比，客观评价自身的优势与劣势，寻找企业潜在的竞争优势，进行恰当的市场定位。会展企业或市场供给可按以下四个方面进行区别：产品、服务、人员和形象。

产品差异化，即打造有别于竞争对手的产品，这种差异化可以体现在会展产品的特色、质量、外观、设计等方面。如设计和搭建更新颖、更能吸引观众注意力的展位。

服务差异化，即通过向目标市场提供与竞争对手不同的优异服务打造差异。服务差异化可以包括会展服务项目的增加和服务质量的提高。

人员差异化，即通过雇佣并培训比竞争对手更优秀的员工来打造竞争优势。如在会展活动开始前对招募来现场的志愿者进行系统的培训。

形象差异化，是指会展企业及其产品和服务在顾客心目中具有有别于竞争对手的独特形象。如米奥兰特会展公司的国际化形象。

2. 选择相对竞争优势

会展企业可能拥有一种或多种竞争优势，在同时拥有多种优势的时候会展企业必须从中做出选择，确定以其中的一个或几个竞争优势作为市场定位的基础，并据此建立起市场定位战略。竞争优势的选择，就是决定会展企业要推广哪几项差异。即会展企业针对目标市场可以只推广一项差异，并宣称自身在这一方面最具优势，着重围绕这一特点进行宣传，或推广多项差异，增加自身特性数量。会展企业需要选择那些优于对手、比较经济的相对竞争优势。

在选择相对竞争优势时，会展企业需要避免三种主要的市场定位错误：过高定位、过低定位和混乱定位。过高定位指企业传送给参展企业的概念过于狭窄，而过低定位则使会展项目与其他类似项目没有区别，失去特色。定位的混乱指会展企业给市场传递的信息混乱，没有统一性。需要注意的是如果宣传不到位，可能会导致会展企业定位模糊。

3. 显示独特竞争优势

显示企业独特的竞争优势目的在于把选定的竞争优势通过各种有效的传播途径如市场推广活动，将其独特的竞争优势和定位信息准确传播给潜在顾客，并在顾客心目中留下深刻印象。为此，会展企业需要从三个方面努力。

(1) 建立与市场定位一致的形象。会展企业首先应通过积极主动的联系沟通，使目标参展企业了解、知道、熟悉、认同、喜欢和偏爱本企业的市场定位，在他们心目中建立与该定位相一致的形象。引起他们对本会展项目有效识别。企业的广告战略正是为此而进行的。

(2) 巩固与市场定位一致的形象。这是一个持续的过程，企业通过各种努力强化目标顾客形象，保持目标顾客的了解，稳定目标顾客的态度和加深目标顾客的感情来巩固与市场相一致的形象。这一过程中，由于会展企业采用了一系列的措施，使企业与项目信息不断传递到市场，参展企业对产品的认识也会由浅入深、由表及里、由偏到全。

(3) 矫正与市场定位不一致的形象。会展企业应注意目标顾客对其市场定位理解出现的偏差，或由于企业市场定位宣传上的失误而造成的目标顾客模糊、混乱和误会，及时纠正与市场定位不一致的形象。有时市场推广促销方案的使用，可能会使参展企业对市场定位的理解出现偏差，如高档会展活动吸收没有相应实力的企业参展，会影响其高档的定位。

三、会展市场定位的影响因素和策略

(一) 影响会展市场定位的因素

有效的会展市场定位有助于目的地、企业的产品和服务的销售，失败的定位则会使其产品和服务丧失市场。有效的市场定位必须建立在市场营销调研的基础上，需要先了解影响会展市场定位的各种因素(见图 5-5)。

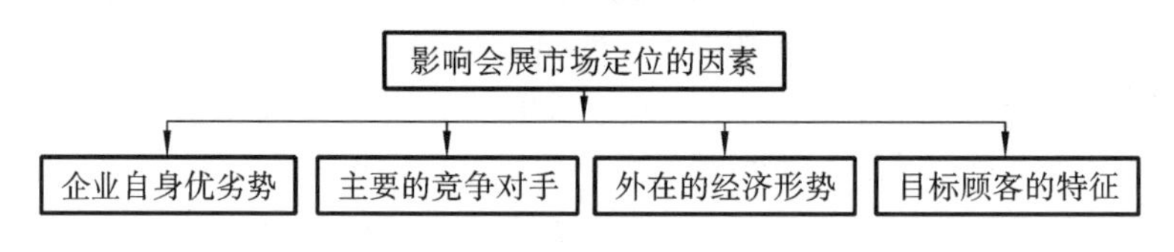

图 5-5 影响会展市场定位的因素

1. 企业自身优劣势

会展企业应该分析自己的竞争优势和劣势，针对优势制定市场定位策略，使企业的优势得到充分发挥，扬长避短，从而满足顾客的某一局部需求，在参展商和会展观众的心目中树立独特的形象。例如，一家会展公司的优势主要是服务人员的素质高，能提供方便、灵活的会展服务，这家会展公司就可以选择注重方便、灵活的服务的参展商群作为主要的目标顾客，以“方便、灵活的服务”作为市场定位，在提供更多更好的方便、灵活的服务上下功夫，以满足主要目标顾客的需求，提高他们的满意度。

对会展企业内部的优势、劣势分析有很多种方法，包括财务分析、比例分析、收支平衡点分析、岗位分析等。不论采用哪一种分析方法，分析的范围都应该包括市场、财务、操作以及人力资源四大领域。外部环境分析的方法也有很多，包括市场定位分析法、科技预测分析法、二手资料分析法等，也可以采用市场调查的方法获取资料。不论采用哪种方法，都应该包括市场、主办者、合作企业、竞争者、人口、相关企业等方面的内容。

2. 主要的竞争对手

会展企业在竞争过程中，需要明确主要竞争对手，了解他们的优势、劣势以及经营方向和定位状况。同时，根据自己的优势和劣势，扬长避短，突出竞争优势，将竞争优势展示在定位中，使参展商和观众比较容易地把本企业与竞争对手区分开来，使一部分偏好本企业提供的特殊利益的顾客成为参展商和观众，避免与主要竞争对手展开正面竞争，提高竞争能力。

另外，了解主要竞争对手的优势和劣势，也有利于企业灵活地采取多种竞争策略，使其在竞争中处于主动地位，并能够在一定程度上缓和竞争。竞争对手的一些资料可通过观察、二手资料的收集、调查等方法取得。

3. 外在的经济形势

外在经济形势的变化，往往使消费者改变原有的消费习惯，竞争者改变原有的经营方向或竞争策略。因此，会展企业需要根据外在经济形势的变化趋势，制定适度超前的定位策略，使得做出的定位能在较长的一段时间内保持相对稳定，以利于其他营销策略的实施。

4. 目标顾客的特征

会展营销要达到目标顾客满意、企业盈利的目标，就需要了解主要参展商和观众的特征，尤其是要了解主要参展商的特征，同时需要了解目标顾客对产品的评价标准，即要了解目标顾客对其所要购买的产品的最大偏好和愿望以及他们对产品优劣的评价标准，针对他们的特殊偏好设计会展项目，并且据此做出定位，加强沟通，提高目标顾客的满意度。

（二）会展市场定位的策略

会展市场定位是对会展企业形象、会展产品或服务、会展产品目标市场进行定位和设计，从而使其在目标市场中占有独特位置。不同会展项目可通过不同的市场定位策略来与目标市场沟通。会展项目的市场定位策略主要包括消费者定位、会展企业形象差异化定位、会展产品差异化定位、会展市场竞争定位四个方面。

1. 消费者定位

消费者定位是一个目标市场选择和确定的过程，主要是确定会展企业的目标顾客群，包括参展商及观众定位。这是会展营销市场定位的重要内容。

会展企业进行消费者定位时，首先要明确选择目标市场的条件。选择目标市场的条件通常包括以下几个方面。

(1) 目标市场上有足够的市场需求（现实需求/潜在需求）。

(2) 目标市场具有一定的购买力。

(3) 本会展企业有能力满足目标市场对于会展产品和会展服务的需求。

(4) 在被选的目标市场上，本会展企业具有一定的竞争优势。即拟选择的目标市场上，竞争对手很少或没有，或者本会展企业有能力击败对手，取得较大的市场占有率。

2. 会展企业形象差异化定位

会展企业形象差异化定位是一种企业定位，是指会展企业通过产品及品牌，在基于消费者需求的基础上，将企业独特的个性、文化和形象，塑造于消费者的心目中，并占据一定位置，以形成对消费者的率先吸引力。

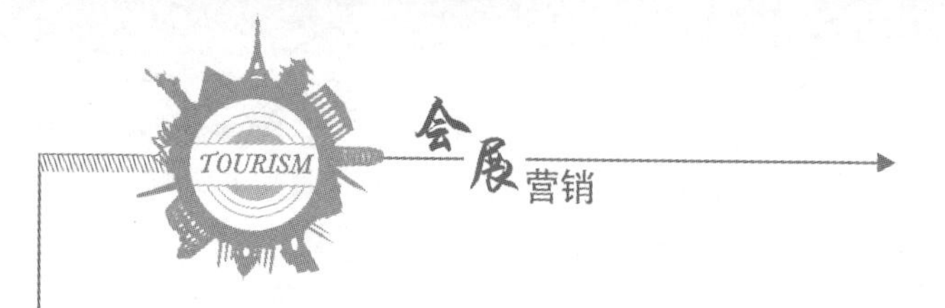

会展企业应根据自己的资源优势、制度文化和发展目标,在目标市场上确定本企业的形象,以此吸引目标市场上顾客的关注和理解,并与竞争者相区别。

对于会展企业来说,其企业形象定位可以采取的主要策略包括形象差别化战略。即要借助品牌、标志、媒体等向外界宣传会展企业及其产品的个性特征,通过会展名称、会展标识(LOGO)及标识语、会展企业的情感诉求、价值理念、会展组织方式等方面与竞争者区分开来,创造形象差异,并能为目标市场顾客群体较好地接受。

3. 会展产品差异化定位

产品定位主要是指根据产品质量、成本、特征、性能、可靠性、可用性、款式等特征对产品实体进行定位。会展企业应根据市场竞争特点和本企业优势,在会展产品和服务上尽可能做到"人无我有,人有我优",从会展产品的类型、档次、成本、特性、权威性等方面来提供差异化的会展产品和服务,以便更好地满足目标市场的顾客需求。在会展行业中,会展服务作为会展产品整体概念中的附加值和附加产品,在会展产品的核心层和形体层趋同的情况下,其营销价值不可低估。随着产品市场竞争的加剧和人性化、个性化服务需求的日益上升,通过提供贴心的星级会展服务,形成会展企业与产品的服务差异,是会展市场营销产品定位的重要内容。

4. 会展市场竞争定位

市场定位的实质是竞争定位。会展市场竞争定位就是指会展企业要确定自己相对于竞争者的市场位置,即与竞争者相区别的地方。对于会展企业而言,其竞争定位方式主要有对抗性定位策略、避强定位策略、重新定位策略等。

1) 对抗性定位策略

对抗性定位策略是一种与在市场上占据支配地位的,亦即最强的竞争"对着干"的定位方式。企业选择靠近现有竞争者或与现有竞争者重合的市场位置,去争夺同样的消费者。这种市场定位方式通常存在较大的市场风险。只有当会展企业或参展企业相对于其竞争对手来说能提供更好的产品、更专业的服务,会展市场容量足够大,本企业相较于竞争对手资源和实力更雄厚时,才可以使用此竞争策略。

2) 避强定位策略

避强定位策略也叫"见缝插针""拾遗补缺"定位策略。即会展或参展企业回避与目标市场上已经存在的强力竞争者直接对抗,开发并销售目前市场上还没有的会展产品,开拓新的市场领域。这种定位方式能够较快地在市场上站稳脚跟,较易被市场接受,市场风险较小,成功率相对较高。当某潜在会展市场没有被强力竞争者发现,或潜在市场虽已被发现,但其他企业暂时无力占领时,会展或参展企业才可以考虑这种市场竞争定位策略。

3) 重新定位策略

由于会展企业或参展企业自身实力或市场竞争状况发生变化,企业营销的外部环境发生改变,所以会展企业或参展企业有时候需要对自己已有产品的消费市场重新进行定位,或改变自己的产品特色,使目标消费者改变对企业的原有印象,对企业及其新产品有一个重新认识。

会展企业进行市场定位时,应根据自己在市场、产品与服务质量、信息、管理、理念等方面的优势,针对目标市场消费者心理展开定位,通过设计会展公司营销组合行为,努力造就会展企业和产品在消费者心目中的某一特定地位，将本会展企业及会展产品与竞争者区别开来。同时，会展企业进行市场定位时要具有可传达性、动态性；定位要能为目标市场正面接受，能得到目标市场客户的喜欢和信任。

此外，在会展营销市场定位中，会展企业需要了解和分析目标市场对本企业会展产品和服务的需求和价值理解，在会展产品的名称、价格和包装等方面做文章给目标顾客留下良好的企业印象，树立良好的企业形象，以吸引更多的参展商和与会观众，以扩大销售、增加利润。

知识链接　　米奥兰特公司

浙江米奥兰特商务会展股份有限公司成立于2010年，以境外自主办展为基础，从"一带一路"新兴市场买家需求出发，结合互联网展会平台，为境外中小买家提供线下、线上的外贸撮合配对服务新模式。作为中国首个获得UFI认证的境外办展企业，米奥会展助推中国制造构建全球营销渠道，迄今累计服务超2万家中国企业"走出去"，拥有超过100万国际专业买家数据资源，在"一带一路"新兴国家拥有成熟的推广运营团队并与当地政府和行业协会保持良好的合作关系。

米奥会展以促进对外贸易为本，布局全球新兴市场，主营海外品牌展会涉及土耳其、波兰、南非、尼日利亚、肯尼亚、埃及、巴西、墨西哥、阿联酋、约旦、印度、哈萨克斯坦等12个国家。2017年米奥兰特在"一带一路"沿线国家办展面积超过19万平方米。连续多年荣获中国国际服务贸易交易会评选并授予的年度中国境内模式创新服务示范案例和年度中国境内最具国际化战略服务示范案例。

米奥专注于"一带一路"市场，展览会+247在线平台，12个展览国辐射区域遍及中美、南美、中东、非洲、南亚、中亚等地区，覆盖"一带一路"80%市场和主要节点国，辐射国进口额达30000亿美金。

国际展览业务包括以下方面。

作为米奥兰特国际集团的核心业务板块，米奥兰特国际会展一直致力于打造中国第一出展品牌。多年来，米奥兰特国际会展坚持出国组展、出国自办展两条腿走路，已经成为目前国内少数的具备在海外自主办展能力的专业公司之一。在提供专业出展服务的同时，米奥兰特国际会展开发了一系列的增值配套服务，将展会、网络、传媒三大渠道服务融为一体，真正为中国企业拓展海外市场提供解决方案。

到目前为止，米奥兰特国际会展业务无论在企业规模、经营规模和服务理念上在中国境内处于领先，当之无愧地成为"中国出展第一品牌"。

（资料来源：浙江米奥兰特商务会展股份有限公司官网。http://www.meorient.com/m/list.php? tid=2/）

本章小结

1. 会展市场细分是目标市场营销三部曲的关键一步，有明确的含义；市场环境的变化和企业发展的现实使得会展市场细分意义重大；会展市场细分要遵循可衡量性、可进入性、可营利性、可区分性、相对稳定性、合法性等原则；市场细分主要由调查阶段、分析阶段、描绘阶段、应用阶段4个阶段组成；会展市场细分的标准包括地理变量、企业变量、参展目标变量、人口变量。在会展市场细分过程中要符合需求差异性、细分标准可衡量、细分范围合理等要求。

2. 在市场细分的基础上，确定会展目标市场，选择会展目标市场，应符合具有一定的市场发展潜力、力求避免"多数谬误"、符合企业的目标和能力三个条件；选择会展目标市场的五种模式是市场集中化、产品专门化、市场专门化、有选择的专门化、完全市场覆盖；无差异性市场策略、差异性市场策略、密集性市场策略，都有各自的优缺点，要根据具体情况选择运用；影响目标市场营销策略选择的因素有会展市场营销宏观环境、会展企业自身资源条件、会展产品或服务的特点、会展市场需求状况、会展项目生命周期、会展市场竞争状况等。

3. 会展市场定位的实质是帮助会展企业获取目标市场的竞争优势。在激烈的竞争中，会展企业只有进行正确的市场定位，才能准确、顺利地实施整体营销活动。会展业的市场定位不仅仅是企业本身及其产品和服务的定位，地区的市场定位也占有十分重要的位置。会展市场定位的步骤包括识别潜在的竞争优势、选择相对的竞争优势、显示独特的竞争优势。会展市场定位的策略主要有消费者定位、会展企业形象差异化定位、会展产品差异化定位、会展市场竞争定位。

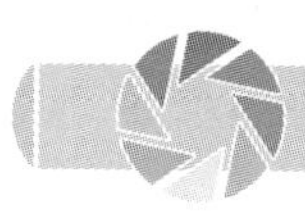

关键概念

会展营销战略　市场细分　目标市场选择　市场定位

复习思考题

1. 市场细分的含义是什么？会展市场细分的原则有哪些？
2. 会展市场细分的标准有哪些？
3. 目标市场的选择模式有哪些？
4. 会展市场定位的重要性是什么？
5. 会展市场定位的步骤和策略有哪些？

第六章

会展服务与定价

学习目标

市场营销战略帮助企业发掘市场机会，开拓市场，并有利于企业了解各细分目标市场的特点。通过营销战略在确定了合适的目标市场后，服务营销管理的重点是采用正确的营销组合策略，满足目标市场顾客的需求，占领目标市场。接下来的第六章到第八章重点分析会展服务营销组合策略，内容除了传统营销组合的产品（Product）、定价（Price）、渠道（Place）、促销（Promotion）4P 要素，还包括人员（People）、有形展示（Physical Evidence）、过程（Process），共七方面要素，简称 7P。本章具体分析会展服务的产品和定价要素，主要学习：会展服务的内涵和特征、制定和优化会展服务标准、会展服务设计程序与服务蓝图、会展服务定价的影响因素与定价方法。

案例引导　中国-东盟博览会(CHINA-ASEAN EXPO)

1. 展会简介

中国-东盟博览会是中国商务部和东盟 10 国政府经贸主管部门及东盟秘书处共同主办、中国广西壮族自治区人民政府承办的国际经贸盛会，迄今已成功举办 15 届，成为国家层面直接主办、具有特殊国际影响力、每年一届的国家级重点展会，在促进中国-东盟友好合作，服务"一带一路"建设，推动国际产能合作过程中发挥了重要作用。

2. 展会提供的服务

(1) 企业推广服务：官方权威媒介助力企业提升品牌知名度，开拓国际市场。

(2) 资讯服务：提供最新行业动态，随时把握市场商机。

(3) 运输通关服务：提供方便快捷的运输通关及展品进场服务。

(4) 商务服务：提供酒店信息、机票预订、货币兑换、商旅服务等。

(5) 交通服务：会期包机航线覆盖中国南宁至东盟主要城市。

(6) 证件服务：网上办理，方便快捷。

3. 展会服务的价格制定策略

(1) 政府主导下的中国-东盟博览会定价是以公共利益最大化为目标，通过采用与价格相关的手段来对社会和目标市场施加影响的行为。

(2) 依展会服务的成本定价。考虑成本，按照市场价格付费(见表 6-1)。根据多方合作伙伴给予赞助的金额，给予有利的展位位置和广告位置作为回报。

(3) 提倡展会服务价格优惠政策。符合提前报名、多次参展、获国家级权威机构认证的驰名商标、名牌企业等特定条件可享受展位价格 8 折优惠；实施一些非经济奖励办法，举行合作伙伴签约仪式暨新闻发布会，给予国内外知名企业颁发荣誉证书，进行广泛的媒体见证签约和报道，增强参与者的荣誉感。

表 6-1 中国-东盟博览会参展费用(节选)

展览地点	展览时间	展位类型	价格
中国-东盟博览会主会场(中国南宁国际舒展中心)	9 月 20 日—23 日	标准展位 9 m^2 (3×3)	USD 11600/或 RMB 10000 元/个
		室内净地 (36 m^2 起租)	USD 160/或 RMB 1000 元/m^2
		室外净地 (36 m^2 起租)	USD 80/或 RMB 500 元/m^2
2019 中国-东盟博览会农业展(中国广西农业会展中心) 2019 中国-东盟博览会轻工展(中国南宁华南城 A、B 展厅)	9 月 20 日—23 日	标准展位 9 m^2 (3×3)	USD 800/或 RMB 5000 元/个
		净地 (36 m^2 起租)	USD 80/或 RMB 500 元/m^2
2019 中国-缅甸(仰光)产品展览会(缅甸仰光财富中心)	5 月 10 日—12 日	标准展位 9 m^2 (3×3)	RMB 24800 元/个
		室内净地 (36 m^2 起租)	RMB 2500 元/m^2
2019 中国-东盟博览会动漫游戏展(中国南宁国际会展中心)	7 月 5 日—7 日	标准展位 9 m^2 (3×3)	USD 1100/或 RMB 7000 元/个
		室内净地 (36 m^2 起租)	USD 120/或 RMB 750 元/m^2

续表

展览地点	展览时间	展位类型	价格
2019 中国-东盟博览会动漫游戏展(中国南宁国际会展中心)	7月5日—8日	标准展位 9 m^2 (3×3)	USD 1100/或 RMB 7000 元/个
		室内净地 (36 m^2 起租)	USD 120/或 RMB 750 元/m^2
2019 中国-东盟博览会印尼展(印尼雅加达国际会展中心)	7月11日—13日	标准展位 9 m^2 (3×3)	RMB 19800 元/个
		室内净地 (36 m^2 起租)	RMB 2000 元/m^2

(资料来源:李松有.中国-东盟博览会政府营销策略研究[D].南宁:广西大学,2014.中国-东盟博览会官网。http://www.caexpo.org/)

■案例思考:

1. 中国-东盟博览会提供了哪些服务?
2. 影响中国-东盟博览会服务定价的主要因素有哪些?

第一节 会展服务的概念设计

会展作为一种贸易服务,不是一件看得见摸得着的实物产品,会展活动可以独立生产与销售,也可以依附于有形产品来满足与会者、游客、参展商、参展观众的特殊需要。会展服务往往依附于有形的产品,但有形产品同时包含服务的成分,二者关系十分微妙。

一、会展服务的内涵

我们将根据格罗鲁斯提出的服务模型来理解会展服务的内涵,基本的服务可分为三个层次,即核心服务(Core Service)、便利性服务(Facilitating Service)和支持性服务(Supporting Service)如图 6-1 所示。

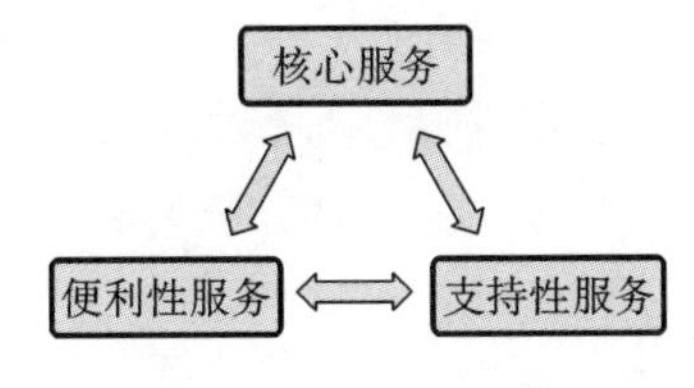

图 6-1 基本服务组合

展会的核心服务是展会本身的价值,即为参展商和专业买家提供信息传递和交易的有效平台。展会的核心服务体现主办方所提供服务的最基本功能，也是主办方进入市场并得以成功举办会展活动的原因。

便利性服务是组织者为了便于参展商与观众购买和使用核心服务而采取的行动，如果没有这种服务，参展商与观众将不能方便地使用核心服务。会展便利性服务即需要参会嘉宾接待、展品物流、展位搭建、展会安保等工作的配合，也依托于场馆、城市交通、会议酒店等有形产品。一个完整的会展便利性服务，由各个服务环节和配套设施共同组成。

支持性服务是增加服务的价值或者使主办方同其他竞争者区分开来的一系列活动。会展主办方为了提高参展商与专业观众的兴趣，往往会在展会举办期间举行开幕式、研讨会、晚宴等相关社交活动。便于参展商和专业观众展开交流，进一步促成两方合作，为参与者带来额外的收益。

二、会展服务的特征

会展业作为新兴的服务行业，具有典型的服务特征。在理解会展服务内涵的基础上，进一步了解会展服务的特点，才能为会展顾客提供满意的服务。会展服务具有无形性、同步性、不可储存性、异质性、综合性等特点。

（一）无形性

会展服务在一定程度上很难被直观地展现自身的外形、构造等外部特征以及内在使用价值，因此主办方难以将会展服务质量有效传达给参展商。

会展服务的无形性，加大了主办方和潜在客户的沟通难度。因此，对于主办方而言，其业界口碑、广告宣传就显得尤为重要；对于参展商而言，会展服务依托的展览场地、会议场地等外在表现，就能为消费者提供会展产品的价值参考。

（二）同步性

会展服务的同步性，主要体现在会展服务的生产与消费的同步性，即会展服务的购买过程是会展服务感知的过程。参展商在购买之前都无法体验到相关服务，参展商只有在会展产品提供服务的过程中才能形成对会展产品直观的感受。会展服务人员提供服务于顾客时，也正是顾客消费服务的时刻，二者在时间上不可分离。如广交会所提供的会展服务只限于展会期间，顾客只有在展会期间进行参展，方能体验到展会提供的各种服务。

（三）不可储存性

会展服务的同步性，也决定了会展服务的不可储存性，会展产品并不能像实物产品储存下来，并选择市场前景良好的情况下再销售出去，会展服务没有得到顾客及时的购买，就会形成服务资源的浪费。

不可储存性使得会展企业经营风险加大。对参展商来说，他们选择在这个展会、这个时间点、这个展会地点进行参展，肯定有自己此刻的参展需求。展会一结束，这个时间点过去了，可能参展的需求就可能逝去了。

（四）异质性

异质性又称易变性，是指服务的构成成分及其质量水平受不同因素影响经常变化。一方面，受服务人员自身因素（如专业知识、技能水平、情绪）的影响，不同服务人员所提供的服务质量水平存在差异，即使是由同一服务人员所提供的服务，在不同的时间或不同的地点提供都可能有不同的效果；另一方面，顾客本身的因素（如知识水平、兴趣和爱好等）也直接影响其服务的质量和效果。如动漫展上，只有那些对动漫有着浓厚兴趣，且密切关注的观众方能真切感受到展览服务的质量，如果对动漫文化不了解的观众，即使参展了，也无法很好地感受漫展所提供的服务。

（五）综合性

会展活动存在于各种各样的行业，也带动了包括酒店、旅游、交通、娱乐等行业的发展，因此会展服务也具有综合性。

会展服务依托于各类场馆，包括会展、会议中心、剧场、演出中心等，活动过程需要餐饮、住宿、交通、旅游、物流、媒体等各行业各部门的衔接和配合。会展服务的综合性决定了其对经济的巨大带动作用，也对主办方的营销提出了更高的要求，需要更强的组织和协调能力，才能为来自四面八方的参展商和观众提供更高效、便捷、优质的服务。

三、会展服务的矛盾

服务中供给与需求管理的基本问题是服务缺乏库存能力，使得服务供给与服务需求之间出现矛盾。图 6-2 所示表示了需求相对于能力的变化。

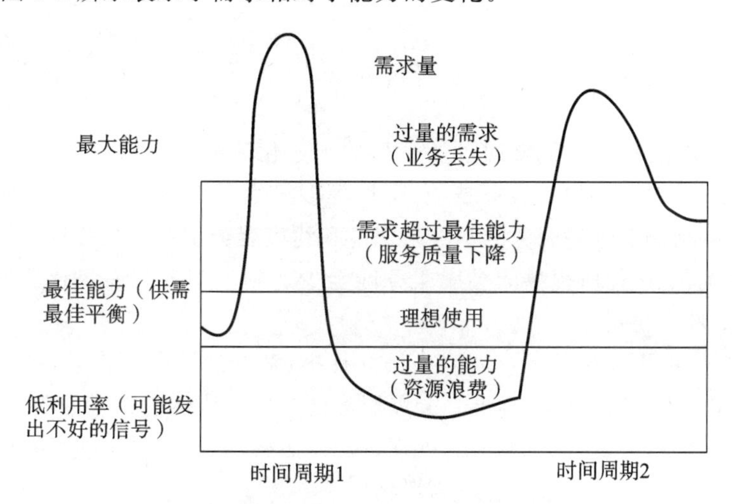

图 6-2　需求相对于能力的变化

（资料来源：瓦拉瑞尔 A.泽丝曼尔，玛丽·乔·比特纳，德维恩 D.格兰姆勒.服务营销（第六版）[M].北京：机械工业出版社，2014.）

在会展行业中，服务供给能力是固定的，在一定时间内用水平线表示，而服务需求是波动的，故用曲线表示。如图 6-2 所示，为四个分别代表不同的需求与能力的组合。图中最高的水平线代表最大使用能力，指的是服务能力有限性的绝对限制，限制的因素可能是劳动力、设施设备等。图中第 2 条与第 3 条水平线之间的区域代表的是最佳使用能力，指的是资源的有效使用，但没有过度使用，顾客能够及时获得高质量的服务。对应图 6-2，会展市场的供需组合情况主要有以下四种情况。

(1) 过量的需求。过量的需求即需求水平超过最大能力，此时一些观众会选择离开，参

展商将面临服务机会的丢失。而且，由于观众过多，需求量大，参展商无法提供一对一的服务，服务质量可能会有所降低。

(2) 需求超过最佳能力。此时参展观众不会选择离开，但是由于观众过多，服务人员、展会设施设备的高强度运行，会展服务质量仍无法保证。

(3) 需求与供给达到平衡的状态。此时，参展商都处于理想的运行状态，参展观众获得高质量的服务体验。

(4) 能力过剩。此时，劳动力、展会设施设备等生产资源未能充分使用，导致资源的浪费，利润降低。参展观众可以获得较好的服务体验。

由于参展商与观众需求的波动是普遍现象，会展业无法像制造业那样使用库存策略作为需求变动时的缓冲。因此，管理或平衡服务中供给与需求的关系是会展服务成功的关键因素。需求管理实质上就是平衡供给与需求的关系。一般情况下，"旺季做销量，淡季做市场"是会展行业营销的战略法则。这需要主办方关注参展商需求变化，根据参展商需求调整战略管理。

第二节　会展服务标准

一、会展服务的标准

会展服务不像实体商品，能够通过一系列的工业化流程生产出标准化的产品。会展服务是由人来提供，受服务人员的服务技能、个性等多方面的影响。然而，会展主办方出于内部控制的要求，必须制定会展服务的标准来规范和约束展会工作人员和相关服务人员，保证服务标准化、规范化，确保所提供的会展服务能至少达到生产者与消费者的最低预期，保持服务质量的一致性和稳定性。

会展服务提供商不仅要对无形的服务设立标准，对会展服务所依赖的有形设施、场所、环境等服务条件也需要有相应的标准。会展服务的标准应该体现在会展服务体系的各个方面，包括接待、翻译、展位设计、现场应急处理、报关、后勤、运输、场馆建设装潢、周边环境等。越是具有影响力的主办方，其标准应越为严格。

(一) 硬性会展服务标准

主办方建立硬性的服务标准来提高参展商对会展服务的可信度，保证能够准时兑现对参展商的承诺，并提供给参展商"对的服务"。

"第一次做对"和"准时完成"是泽丝曼尔定义企业建立可信度(服务承诺的实现程度)标准的两个基本价值体系。"第一次做对"是以参展商的评估为依据，在最初就把所要实施的服务做对。另一个可信度标准的例子是"准时完成"，含义是会展服务在计划的时间内实现。主办方在做出承诺后能在顾客所期望的时间提供服务。

(二) 软性会展服务标准

并非参展商所有的目标取向都能够计数、计时或通过核算得以观察到。与硬性标准相比较，软性标准必须使用感性的标准并以文件的形式表示出来。我们称后一种顾客定义的服务标准为软性标准或软性尺度，其原因是它们建立在意见的基础之上，无法观测到，必须通过顾客、员工或其他人的交谈才能收集到确切信息。软性标准为员工满足顾客需求的过程提供了指导、准则和反馈，并且通过评估顾客的理解与信任得以度量。这些标准对于诸如专业服务中的销售过程和送货过程等需要人与人互动的服务尤为重要。

与硬性标准所不同的是，软性标准并不容易衡量。但主办方的服务质量可以通过问卷调查等其他手段进行评估，以获取参展商及参展观众对于主办方软性标准执行情况的态度。

二、建立会展服务标准的要素

（一）会展服务行为的标准化

瓦拉瑞尔 A. 泽丝曼尔（Valarie A. Zeithaml）在其《服务营销》一书中认为，“要把顾客的期望转化成确切的服务质量标准，依赖于所要实施的任务或行为能够标准化的程度，或能够成为日常规范的程度”。会展服务行为的标准化意味着向参展商提供一致的会展服务。在一系列的会展服务中，很多是常规性、流程化的工作，如展品运输，展位搭建，展中的安保、清洁、接待程序等任务，可以通过计数、计时或其他可观测指标来测量，并且可以有具体的操作规范和程序，这些工作容易设立标准并有效实施，提高服务质量的同时也提高了服务效率。

而对于无硬性标准的会展服务工作，标准化并不意味着服务的机械重复和呆板，而是基于参展商期望，使用参展商定义的标准化。通过展后回访、参展商的意见征集、反馈和评估、建立数据库等方式，可以为会展服务建立基于提高顾客满意度的软性标准，从而为员工满足顾客需求的过程提供指导、准则和反馈。

（二）基于参展商定义的服务标准

许多企业基于企业的生产、效益、成本等内部目标而制定服务的评估方法，没有充分考虑到顾客期望和需求。会展服务需要建立参展商定义的，而非企业定义的服务标准，即了解参展商的需求、目标取向及其期望，以此作为会展服务标准的依据；并且服务的评估也由参展商对参展质量的感知而确定，主办方需要对此做出反馈和改进。

三、提升会展服务标准的方法

（一）优化服务接触环节

参展体验的形成必须要经过服务接触，对整体参展服务质量的感知与评价也建立在服务接触环节的基础之上。展会主办方需要尤其关注服务接触的质量，研究和理解顾客在每次服务接触环节的目标与需求，以及考虑哪一个服务接触环节对顾客产生较大的影响。一旦我们知道这些目标取向，就能够集中精力于此，对服务接触的这些层面制定相应的标准。因而，在建立提升会展服务标准时，首要一步是优化会展服务接触环节。

（二）合理转化参展商期望

会展企业在收集参展商信息和反馈时，经常会得到一些抽象的服务期望，比如参展效果满意或不满意，服务态度好还是差，这些相对空泛的概括难以传达、衡量和落实，而标准应该是具体的。

基于这些期望，主办方可先描绘出一些服务的具体特征，如专业搭建、高效的物流、及时回电等，更为详细地描绘顾客需求。再深入挖掘服务特征，即设立标准依据，比如拥有高资历和水平的展台搭建团队和物流团队、两小时内回电等。

（三）建立会展服务目标水平

主办方需要为服务标准建立目标水平，否则就缺少度量标准是否达到目标的方法。建立会展服务目标水平可以通过简单感知-行为相关性研究。当会展服务包括重复性过程时，主办方可以把参会者感知和行为的实际表现联系在一起。这种方法叫作相关性研究，并可在此基础上设定服务标准的备选水平。以参展观众排队安检的研究为例，所需信息包括观众对排队等候的理解（感知）和他们实际排队的时间（行为）。对多次交易互动中搜集的数据加以比较，可证明观众对不同等候时间的敏感程度。

知识链接　上海浦东发布中国大陆首个会展服务标准

2015 年 7 月 15 日，浦东商务委在上海新国际博览中心举行发布会，推出国内首个会展服务标准体系。标准化建设是一个产业提升产品标准和服务质量的重要方式，为加快浦东会展转型，进一步提升浦东会展业的服务水平，自 2012 年开始，浦东推出国内首个会展服务标准化试点项目，并选取新国际博览中心作为试点企业。经过两年多的建设，浦东形成了一套企业层面的会展服务标准体系，共计 123 项的各类标准和规范，其中包括国家标准 17 项，行业标准 1 项，地方标准 4 项，企业标准 101 项，内容涉及会展场馆的安全、应急标准，展馆的服务、运行管理、财务等标准。

上海市质监局副局长陈晓军在发布会上表示，发展会展业是上海推进产业结构调整，实现经济转型的一个重要动力。标准化建设将使会展业更专业、更规范发展，从而提升整个行业的国际竞争力。浦东在全市率先创新，并被列入市级服务标准化试点，在会展服务规范化建设方面起到了示范作用。浦东的先行先试为全市树立了标准化促进行业发展的标杆，目前全市有一批会展企业也在推进标准化建设。

制定标准是为了更好地服务浦东新区推出的国内首个会展服务标准化试点项目，建立一套较为科学、完整的会展服务标准体系。新区商务委、新区市场监管局继续保持创新、开放的服务理念，不断为浦东会展业发展提供更加专业的服务，继续推动新区会展标准化建设，为新区会展业营造一个更加安全、有序、智慧的办展参展环境。

（资料来源：葛菁. 上海浦东发布中国大陆首个会展服务标准[J]. 中国会展，2015(15).）

第三节　会展服务设计方法

一、会展服务设计程序

拉斯摩将有形产品的开发分为产品的构思、筛选、概念形成与测试、商业分析、开发试制、市场试销和正式上市七个步骤。服务产品的设计思路和有形产品开发设计相似。菲利普·科特勒(Philip Kotler)则认为新服务上市前，应该回答的几个基本问题包括：何时推出这项新服务？从何处开始推出新服务？服务是地方性的、区域性的、全国性的还是国际性的？向什么推出新服务？(这通常在早先探索性的新服务开发过程中就已决定了)如何开始推出新服务？等等。

为了减少风险和提高会展服务的成功率，会展服务的设计要遵循科学的程序。服务开发设计是一项艰苦而又复杂的工作，会展服务的开发一般要经过以下几个步骤。

(一) 服务的构思

一切产品都必须从设想和构思开始。产生新服务的构想是创新的关键性的第一步。一个成功的产品，首先来自一个大胆而又独创性的构思或者设想。没有好的构思，要开发好的新产品是不可能的。所以，会展企业在开发新的服务与产品时，要广开思路，收集各种设想，而且对各种思路与设想切忌妄加评论或指责，因为要否定一个不合理的设想是轻而易举的，而要提出独创性的构思却相当困难。企业在收集新产品的构思过程中，要注意构思的来源和收集方法。

(二) 服务的筛选

对收集服务的构思，由于资源的限制，需要对其进行评估和筛选，通过筛选淘汰不可行的或可行性差的构思，是企业集中有限的资源运用于成功机会较大的新服务的开发。企业在筛选过程中应当着重考虑两个因素：一是该构思是否符合企业的服务理念和创新战略；二是企业的资源是否能得到充分利用，即企业是否具有开发新服务产品所具有的各种能力。因此，企业应召集各方面的专家与人员，从多方面对服务的构思做出评价。

在筛选过程中，企业要避免两种错误：一是该选的被筛掉了；二是不该选的被选上了。不管犯了哪一种错误，都会给企业带来巨大损失。

(三) 服务概念的发展与测试

服务构思仅仅是一种设想，企业在服务开发时必须将这种设想发展成为更明确的新服务概念。服务概念是指企业从消费者角度对这种构思所做的详尽描述，即用对消费者有意义的术语表达服务的构思。概念发展将服务的构思转化为一种服务概念，即将服务的设想具体化为一种能实现的方法，然后再将服务概念发展成服务对象，即消费者能得到的实际服务或潜在服务的特定形象。

在确定了服务概念，进行了服务产品或品牌市场的定位以后，企业就应该对服务概念进行测试了。概念测试就是用文字、图画描述服务理念，或者用实物将服务概念向目标消费者展示，以观察他们的反应，目的在于检验服务概念是否符合消费者需求，或者是否表达了他们的需要和欲望。通过服务概念测试一般要明确这样一些问题。

（1）新服务的特征和特性。

（2）新服务所满足的需要。

（3）推出新服务的理由。

（4）顾客购买这种服务的可能性多大。

（5）消费者是否能发现和喜欢这种新服务的独特利益。

（6）顾客是否愿意放弃现有的服务而购买这种新服务。

（7）新服务是否能真正满足目标顾客的需要。

（8）谁将购买这种服务。

通过了解上述问题，就可以判断服务概念对于消费者是否有足够的吸引力，从而可以更好地选择和完善服务理念。

（四）服务的商业分析

新服务的商业分析是指可行性和盈利分析，包括新服务的需求分析、收益分析、成本分析和操作性分析。采用的分析方法有盈亏平衡分析法、投资收益分析法等。

（五）服务的市场试销

新服务开发出来并进行了顾客测试后，如果顾客满意，就要为该产品制定一个预备性的营销方案，在更为可信的消费者环境中进行测试，这就是市场试销，其目的在于了解消费者和经销商对此服务有何反应，以及新服务的市场效果，并再次鉴定这个新服务产品的市场规模，以确定是否正式投产。

（六）服务的市场投入

新服务在市场试销中成功后，企业就可以正式把新服务全面推向市场。企业一旦决定把新服务投入市场，就必须再次投入大量基金，用于建设或全面投产所需的设备和市场营销费用。在新服务投放市场阶段，企业一定要采取适当的营销策略，这将直接影响新服务投入的销售效果。企业要选择适当的时间、适当的地点、适当的促销战略和向适当的顾客推销其新服务。

二、会展服务蓝图(Blueprint)构建

（一）服务蓝图的概念

在服务设计与交付流程中，经常使用服务蓝图来有效描绘服务流程，服务蓝图是详细描绘顾客经验和服务系统的图片或地图，服务过程中涉及不同人员，无论其角色或个人观点如何，都可以客观地理解。绘制表示服务流程的图表可以使服务系统可视化，其直接结果就是服务流程图。服务蓝图可以同时直观表示几个方面的服务：服务实施的过程、接待顾客的地点、顾客和员工的角色以及服务中可见的要素。它涵盖了服务交付流程中的全部流程及其相互之间的密切联系，包括“结构要素”和“管理要素”两个部分，分别指服务的总体规划以及服务本身的质量要求以及评估标准。

会展产品本质上是一种服务产品，会展产品对服务蓝图的运用，能够有效体现服务的步

骤性，实现服务的标准化，尤其是在服务蓝图的易错环节的标记，能够防止服务问题的发生以及有效进行服务补救。

（二）服务蓝图的作用

由于会展参与者的多样化需求，会展产品具有多样性，会展产品的服务运营总是需要在服务的简单化与复杂化、标准化与多样化之间进行权衡。对不同的会展服务绘制相应的服务蓝图，才能更好地对多样化的服务进行管理，实现服务与参与者需求的有效对接，以便实现科学的服务定位。

服务蓝图对会展服务的作用有以下几点。

（1）会展产品的效果可以服务在蓝图上模拟，降低了考量服务产品效果的成本。

（2）会展产品服务蓝图可以将会展服务变得简单而标准，明确了服务流程以及各方面的服务职责，增进各个部门的协调性以及员工培训工作的针对性和统一性，从而提升服务效率。

（3）对于会展产品提供服务的关键点以及易错点的标注，提升了服务的质量。

（4）会展产品服务蓝图能够为会展产品的生产者提供启发，提升对顾客需求的感知能力，提升产品的创造力。

会展产品的服务蓝图对于表达和控制整个会展产品服务有其局限性。

建立在会展市场细分的服务蓝图，可以在具体的细分市场层面上绘制，为服务提供指导，但是会展产品蓝图并不是一劳永逸，可以满足所有会展产品的需要的。甚至在绘制会展产品服务蓝图的过程中，可能会使服务流程变得模糊不清。

从顾客的角度来看，顾客的个人经历、需求以及对产品的体验都是服务策划者以及一线工作人员难以直接感知的。然而，会展产品服务蓝图绘制可视线步骤的依据，正是员工与参会者接触的环节，该步骤要求必须对顾客是谁以及他的感知进行明确。这一点难以做到，会展产品服务蓝图从起点上就无从谈起。

会展产品的服务蓝图使用的表达方式是静态的，无法起到动态性修复以及评估的功能。

服务蓝图不能描绘非可见的要素，不仅不能够描绘顾客心理与体验，也不能描绘员工的心理。

（三）建立会展服务蓝图

服务蓝图的开发涉及服务的整个过程，绘制服务蓝图包括以下几个基本步骤。

1. 识别服务的内容和流程

绘制服务蓝图，首先需要确认服务的内容和流程。由于会展服务的综合性和复杂性，服务蓝图的绘制不是一蹴而就的。第一步需要先画出简单的服务蓝图示意图即可，主要包括服务过程的关键步骤和总体框架。

2. 理清各步骤之间的关系

在画好服务蓝图的关键步骤和初步框架后，其次要理顺各部分工作的关系及其顺序，对于复杂、易出错的步骤开发出子流程蓝图。这一步也要对服务蓝图的框架进行进一步核查，从而做到初步绘制出整个服务蓝图。

3. 绘制可视线及互动线

在服务传递过程中，前台和后台在实体上是自然分开的，因此在服务蓝图上也需要用可视线加以区分。可视线以下是顾客不可见的后台部分，这一部分顾客接触度低或未接触；而可视线以上则是接触度高的前台，是顾客可以得到服务的有形证据和服务场景，顾客通过与这一部分的接触接受服务和形成服务感知，因此对可视线以上部分的服务设计需要重点关注。

服务的生产与消费具有同步性，服务的过程同时是一系列员工与顾客的交互过程，需要员工、顾客以及资源的互相配合，因而需要确认员工与顾客了解服务的流程，以及自己在此过程中的角色和参与的程度。这意味着，顾客也要被教育，并且服务设计的关键要能说服顾客，因此不能简单地从企业的角度来设计服务流程，而要考虑到顾客的需求与期望。服务流程中的员工可以分为一线员工与幕后员工，一线员工直接与顾客接触，直接影响服务的质量和顾客满意度，一线员工与顾客的互动需要用互动线来表示。

基于以上分析，可视线以上部分的服务场景设计、服务过程中的顾客与一线员工的互动，是服务蓝图绘制的重要因素。

4. 标出失误点

在完成了服务蓝图的绘制之后，还要根据过往的服务经验、服务的难度和重要性等因素，标记出失误点，以尽可能避免和防止事故的发生。同时，服务的策划者也要根据标出的失误点制定相关的服务补救措施和应急预案。

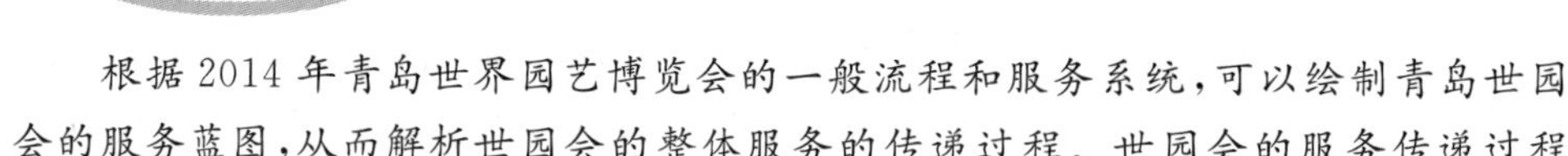

根据 2014 年青岛世界园艺博览会的一般流程和服务系统，可以绘制青岛世园会的服务蓝图，从而解析世园会的整体服务的传递过程。世园会的服务传递过程可以划分为以下 11 项工作。

（1）前置工作。包括通过官方网站、客服咨询等对潜在游客提供有关青岛世园会主题、地图、资讯、活动安排和预约售票等服务。

（2）抵达工作。游客在到达举办地的入口处及在此路途中的各项服务，涉及停车、交通路线的选择等。

（3）票务工作。主要是对现场售票和预约售票系统的管理、对检票入园的控制。

（4）简介工作。

（5）检核工作。

（6）入园工作。游客在园内的参观，不仅包括在各主题园（展馆）内的参观，而且也包括在园内对各种活动、演出的参观。

（7）指引服务。游客在园内通过观察所设各种指示标志或询问现场工作人员以弄清路途方向的过程。

(8) 餐饮服务。涵盖游客在园内餐厅就餐的整体过程和前往周围酒店的过程。

(9) 人员服务。包括园内工作者和志愿者对游客的各种需求所提供的面对面的服务过程,其中,讲解员讲解是很重要的一方面。

(10) 离园工作。游客离开园区出口处返回住处的过程。

(11) 会后工作。对参观后的游客进行追踪以获得相关统计数据的过程,这也是整个世界园艺博览会服务蓝图中必不可少的一部分。

(资料来源:蔡礼彬.SSME背景下的会展服务创新研究——以青岛2014世界园艺博览会为例[J].经济管理,2012(10).)

三、会展服务补救

企业在交付服务的流程中,难免因为各种因素而导致服务的交付流程受阻或失误。在一般情况下,服务交付的失误都会导致顾客的不满,并进而引发顾客的某种反应或行为。会展企业要充分认识并留住顾客,企业必须了解在服务失误发生时顾客的反应和期望,并实施切实有效的服务补救战略,以便成功地交付服务并培养顾客的服务忠诚。

(一) 服务失误的原因

当企业在服务交付流程中出现了失误、问题或者犯错,没能达到顾客对服务的最低要求,从而使顾客感到不满时,就可以认为是发生了服务失误。对所有的服务业而言,无论是顾客服务、消费者服务或者B2B服务,服务失误都是不可避免的。服务失误之所以不可避免,主要是基于以下几个原因。

(1) 服务的无形性使其难以用统一的标准来衡量。服务很难建立统一的标准进行评价,同样的服务,有的顾客可能很满意,而有的顾客则并不满意。服务是否能让顾客满意,不仅取决于提供商,而且也受到顾客认知水平、文化传统、个人偏好和现场情境等因素的影响,从某种意义上讲,只要顾客觉得不满意,服务就失误了。

(2) 服务的异质性使服务供应商难以保证其服务的稳定性。同样的服务在不同的交付流程中可能会表现出不同的服务质量。这是因为服务质量要受到服务人员的表现、顾客的配合和现实条件等多种因素的影响。

(3) 服务的不可分性意味着顾客也可能成为服务失误的责任人。有很多服务需要顾客的参与来共同完成,在绝大多数情况下,服务人员会尽量满足顾客的需求。然而顾客并不总是对的,并且很可能因为顾客责任从而使某些服务失误不可避免。

(4) 服务的易逝性结合服务需求的变动,使供需之间难以平衡。服务是不能存储的,过量的需求导致工作人员、设施设备超负荷运行,服务质量可能会有所降低,因而引起顾客不满甚至服务失败。

(5) 其他不可控因素。服务的交付往往受到一些人力所不能控制的因素的影响,例如天气、自然灾害等原因。尽管企业可以通过建立应急系统等手段来减轻这些因素对服务交付的损害,但在这种人力所不能控制的因素发生时,服务失误是难以避免的。

尽管服务失误可能由不可控的因素所导致，也可能由于顾客的某些原因而引发，但作为企业，决不能简单地把服务失误归咎于这些因素，而应该努力提高自身的服务水平。对于不可控因素，可以指定应急方案，减少这些因素对服务质量的影响；对于不配合服务的顾客，可以进行培训和引导等。

（二）服务补救

1. 服务补救的含义

韦福祥(2001)提出，服务补救是服务企业在发生服务失误后所做出的一种即时和主动性反应。他认为，服务补救与顾客抱怨管理是极其不同的。服务补救的实质就是在服务失误后，服务提供者为提高顾客满意度，减少顾客背离而采取的一种提高服务质量的功能与活动，其主要目的在于修正与弥补服务过程造成的服务质量失误。服务补救有广义和狭义之分。狭义的服务补救是指服务提供者在发生服务失误后所做出的一种即时和主动性反应，主要强调及时性和主动性这两个特点。广义的服务补救则是指针对服务系统中可能导致失误或已发生失误的任一环节所采取的一种特殊措施，它不仅包括失误的实时弥补，也涵盖了对服务补救需求的事前预测与控制，以及对顾客抱怨和投诉的处理。广义的服务补救强调的是从服务全过程，通过有效实施服务补救策略，来重视提高整个服务系统运作水平的目标。

2. 服务补救的重要性

在追求个性化需求、强调定制化服务的今天，如何迎合顾客的个性化需求，如何处理个性化需求服务和服务成本之间的矛盾，如何有效控制顾客的服务质量需求等是应重点关注和解决的问题。这也充分说明服务本身是一个不断积累经验的过程。相应地，服务补救对于服务质量的改进也具有十分重要的意义。

(1) 服务补救直接关系到顾客满意度和忠诚度。当企业提供了令顾客不满的服务后，这种不满能给顾客留下深刻的印象，但随即采取的服务补救会给顾客留下更深的印象。一个有效服务补救策略有多方面潜在的影响，它能提高顾客满意度及忠诚度，并产生积极的口头传播影响。作为不断改善服务的努力的一部分，一个得到较好设计及文字化的服务补救策略提供了能够用于改善服务的信息。在服务补救经验的基础上通过调整服务过程、系统及产出，企业能提高"第一次做对"的可能性，这相应会降低失误成本并提高顾客的初始满意度。

(2) 控制负面影响。尽管与有形产品不同，服务是不可以重新生产的。但恰当、及时和准确的服务补救可以缓解顾客不满情绪，并部分恢复顾客满意和忠诚度，在极个别情况下甚至可以大幅度提升顾客满意度和忠诚度。而没有服务补救或没有有效的服务补救策略则会产生相当大的副作用。糟糕的服务再加上低劣的补救，可能导致顾客极大的不满以致变成"恐怖主义者"，他们会积极寻找机会公开批评使其不满的企业。顾客还可能通过互联网传播扩大负面影响的范围。另外，反复的服务失误并且未实行有效的服务补救策略，甚至会激怒最好的员工，这会损害员工士气甚至失去员工，使公司付出很大代价。

(3) 提高顾客忠诚度。调查表明，有效解决顾客问题会对顾客满意度、忠诚度、口头传播及最低绩效产生重大影响。也就是说，经历服务失误的顾客如果经公司努力补救并最终感到满意，将比那些问题未被解决的顾客更加忠诚。这种忠诚度将转变成营利性。来自技术协助调查程序(TARP)的资料证实了这种关系,在服务行业的顾客中,如果遇到问题投诉,问题得到满意解决,43%的顾客表示愿意继续从同一家服务供应商处购买产品,说明了良好的服务补救的作用。但是,这项研究和其他的调研发现,投诉后,对于服务补救不满意的顾客,再次购买的可能性要低于那些没有投诉的顾客,说明了服务补救不佳的效果。

3. 服务补救的流程

服务企业要进行服务补救措施必须确定企业的服务补救流程,并按流程进行服务补救(见图6-3)。

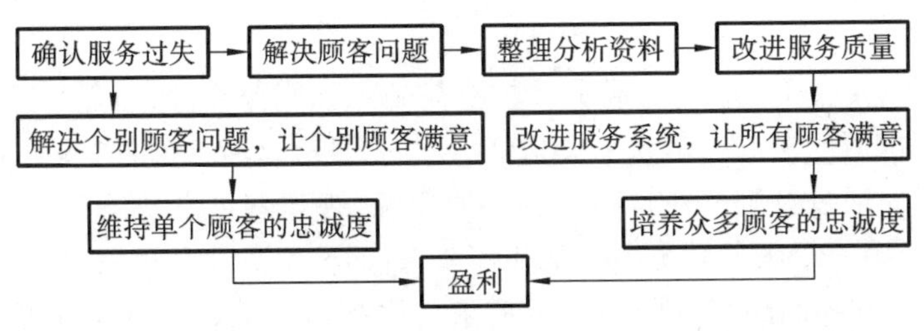

图 6-3 服务补救程序

(资料来源:Zemke R.,Bell C. Service Recovery:Doing Right the Second Time[J]. Training,1990(6).)

(1) 确认服务过失。要为顾客提供优质补救服务,管理人员首先必须深入了解顾客不满的原因,发现服务工作中存在的各种问题,确认了过失才能有效地进行补救。

(2) 解决顾客问题。对于顾客的投诉,提供方便、高效率的回应服务,解决顾客的问题,有助于提高顾客的满意度,让抱怨的顾客成为企业商品或服务的永久购买者,使企业投入服务补救的努力获得回报。

(3) 整理资料,查找原因。企业应认真收集、记录顾客的反馈资料,并将资料整理分类,评估抱怨的内容,从而有助于企业做好补救服务,有效提高顾客满意度。

(4) 改进服务质量。在整理分析资料、找出服务失误原因的基础上,必须采取各种措施,持续改进服务质量,提高所有顾客的满意度。

(5) 改善整体服务系统。服务补救对于解决单个顾客的抱怨,维持单个顾客的忠诚度具有直接的效果。但是更重要的是改善整体服务系统,培养众多顾客的忠诚度,才能实现企业的最终盈利目标。

4. 会展服务补救的具体策略

(1) 建立服务补救预警系统。企业需要建立一个服务失误、跟踪、识别系统。有效的服务补救策略需要企业不仅能够通过顾客的抱怨和投诉来确定企业服务失误之所在,还要主动地查找潜在的服务失误。在某些情况下,还需要员工能预测补救需求,即在问题出现前预见到问题即将发生而予以避免。

(2) 重视顾客问题。顾客认为,最有效的补救就是企业一线服务员工能主动地出现在现场,承认问题的存在,向顾客道歉(在恰当的时候可加以解释),并将问题当面解决。解决的方法很多,可以退款,也可以服务升级。

(3) 快速反应,解决问题。一旦发生服务失误,服务人员必须在失误发生的同时迅速解决失误,否则没有得到妥善解决的服务失误会很快扩大并升级。在某些情形下,还需要员工能在问题出现之前预见到问题即将发生而予以杜绝。

(4) 对一线员工大胆授权。除了对员工进行服务补救针对性训练外,企业还应对员工进行必要的授权,使员工有一定自主解决问题的权限。授权可以增加员工的责任感,提高其工作的主动性、积极性和创造性,迅速、及时地解决顾客的问题。

(5) 积极鼓励顾客抱怨和投诉。顾客投诉是发现服务失误的一个重要来源。调查表明,绝大部分不满意的顾客不去投诉的主要原因是不知道怎样投诉和向谁投诉。因此,服务提供者首先要制定服务标准。最常见的服务标准是提供明确、具体的服务承诺,消除顾客的"模糊预期",使服务具有可衡量性。此外要设计方便投诉的程序,并广为宣传,以鼓励和引导顾客投诉。

(6) 从补救中吸取经验教训。服务补救不只是弥补服务裂缝、增强与顾客联系的良机,它还是一种极有价值但常被忽略或未被充分利用的、具有诊断性的、能够帮助企业提高服务质量的信息资源。通过对服务补救整个过程的跟踪,管理者可发现服务系统中一系列亟待解决的问题,并及时修正服务系统中的某些环节,进而使服务补救现象不再发生。

(7) 有效管理和控制顾客的服务质量需求。服务质量的改进和提高是无止境的,但顾客质量需求是可以控制的,通过对顾客需求的控制和管理,同样可以达成提高顾客满意度的目标。在企业对顾客需求具有很强导向作用的今天,一定要注意避免对顾客实行超过自身承受能力的利诱。

当然,服务补救不是一种独立的管理理论,而是一种适应目前服务竞争形势、进行全面提升服务功能质量和顾客满意度的管理视角或观念。面对日趋激烈的市场竞争,高服务质量、高附加值无疑成为竞争的焦点。"顾客满意""企业形象""顾客感知服务质量"不应成为企业对外宣传和对内号召的口号而流于形式,企业只有真正从顾客满意的角度出发,全方位实现服务功能质量提高,对服务企业的经营进行彻底的审视和整合,对任何不满的服务进行有效、及时地补救,改善顾客感觉中的服务绩效,提升与顾客的关系,提高顾客的满意度,才能真正提高服务质量,增强企业的获利能力。

第四节 会展服务定价

会展的各种服务要素是以不同的形态提供给市场的。对不同的服务要素分别予以定价,就形成了不同的服务形态,从而形成了不同的价格系统,可以对整套服务采取"一揽子"收费制,也可以对每一项服务分别定价,或以上两种收费方式结合使用。企业可依据市场需求、竞争者政策以及服务项目等因素,选择不同的定价方式。

一、会展产品定价目标

会展企业在定价以前,要考虑一个与企业总目标、市场营销目标相一致的定价目标,作为定价的依据,然后根据这一目标,对企业的产品进行定价,并且把目标要求贯彻到具体的策略中。一般而言,定价目标有两类:利润导向目标和数量导向目标。前者强调从组织的资源及劳动力的投资获取高额的利润,后者更加注重提供更多的服务数量或拥有更大数量的顾客。企业经营目标中与价格策略有关系的就是定价目标了。对于会展营销组织而言,主要的定价目标有以下几个。

（一）三种利润导向目标

1. 最大利润目标

最大利润目标指企业希望获取最大限度的销售利润或投资收益。以追求最高利润为定价目标的企业有很多。追求最高利润，是指企业长期目标的总利润，如企业可以有意识地降低一些容易引起人们注意的商品的价格，借以带动其他商品的销路，甚至可以带动高价利润产品的销路。最大利润目标并不等于最高价格，产品价格过高，迟早会引发各方面的对抗行为，人们很难找到高价垄断能维持很长时间的例子。毋庸置疑，利润是每个出资人对企业运作的基本要求，也是企业生存和发展的基本需求。利润目标会体现在企业经营的多种行为上，当然价格策略中也会反映利润要求。办展机构的利润要求通常是指它的短期最大利润，即指办展机构举办此次展览会的主要目标就是为了获利，同时实现最大化。

2. 投资回报目标

投资回报目标就是一个企业把它的预期收益水平规定为投资额的一定百分比，即投资收益率或投资回报率。定价是在成本的基础上加入了预期收益。这样企业要事先估算，服务定什么样的价格，每年销售多少，多长时间才能达到预期利润水平。预期收益率一般都高于银行利率。采用这种定价目标的企业应具备两个条件：第一，该企业具有较强的实力，在行业中处于领导地位；第二，采用这种定价目标的多为新服务、独家服务以及低单价高质量的标准化服务。办展机构有时为了扩大自己展会的市场占有率，扩大展会在本行业的影响力，可以暂时地放弃一些利润，而把价格定得比较低，甚至低于展会成本，以吸引较多的参展商来参加。

3. 生存目标

会展企业为保全自己、减少风险，或者囿于力量不足，把获取适当利润作为定价目标。比如按成本加成法决定价格，就可以使企业投资得到适当的收益。“适当”的水平则随产量、投资者的要求和市场可接受程度等因素的变化而有所变化。当一个实力不是很强的展览公司刚进入市场时，为了生存，不会将展览会的价格定得太高，而会小心翼翼地跟随行业中大的展览公司的价格定价，它的注意力不在于利润，而是尽可能地为自己赢得生存空间。

（二）两种数量导向目标

1. 以销量最大化为定价目标

以销量最大化为定价目标包括增加服务的销量，从而争取最大的销售收入；保持或扩大市场占有率来保证企业的生存。采用此种目标的有大企业也有小企业。每个企业对本企业在市场中所占的份额是容易掌握的，因而以此作为保持或增加份额的定价目标和依据比较切实可行。

2. 以顾客数量为定价目标

大多数企业对竞争者价格都很敏感，定价以前更是多方搜集信息，把自己服务的质量、特点与竞争者的服务进行比较，然后做出抉择：以低于竞争者的价格出售，并以与竞争者相同的价格出售；以高于竞争者的价格出售。市场存在领导者价格时，新的服务提供商要进入市场，只能采用与竞争者相同的价格。一些小企业因生产、销售费用较低，或一个企业有意

扩大市场占有率，定价会低于竞争者。

二、会展价格影响因素

展览会的展位究竟定出多高的价格，通常是由多种因素决定的。这些因素主要包括展览会的运作成本、展览会的市场影响力、同行业的平均利润水平、同类展览会的竞争程度等。以下从组展企业的内部因素和外部因素两个视角，具体分析影响展位定价的各种因素。

（一）内部因素

内部因素是指组展企业自己可以控制或者通过努力可以改变的因素。通常情况下，影响展览会展位价格的内部因素主要包括4个方面。

1. 会展企业自身的价格目标

出于不同的价格目标，会展价格也不尽相同。展会的价格目标一般有利润目标、市场份额目标、撇取目标、生存目标四种，在制定展会价格时，这些目标是会展企业需要考虑的重要因素。以利润为目标进行定价主要有两种方法：一是以当前利润最大化为目标定价，二是以会展企业满意的利润为目标定价。前者追求利润最大化，后者则只要利润达到满意水平即可。以市场份额为目标，是指会展企业为了提高市场占有率，最大限度增加展位销售量，扩大展会规模，提升展会在本行业的影响力，可以暂时放弃一些利润，而把价格定得比较低，甚至低于展会成本以吸引较多的参展商来参展。所谓的市场撇取目标，就是会展企业为了在前几届展会取得尽可能多的利润，把自己的价格定得较高。一旦有了同类题材的会展，市场竞争加剧时，会展企业就有了更大的降价空间，从而取得市场的主动权。而生存目标，就是当一个实力不是很强的会展企业刚进入市场时，为了生存，不能将展会的价格定得太高，而会小心翼翼地跟随行业中大的会展企业的价格进行定价。它的注意力不在于利润，而是尽可能地为自己赢得生存空间。

2. 组展企业运行成本

很多会展企业同时运作多个展览项目。这些项目在生命周期、行业地位、成本水平盈利能力等方面通常有较大差异。为了确保会展企业的稳定经营，组展商在对某个具体会展项目定价时，通常需要从企业经营的整体战略出发，除了考虑项目本身的运行成本外，还要考虑整个企业的全局经营状况，通过盈利项目的收益支持新导入的项目，并弥补个别项目的暂时亏损。

3. 展览会项目成本

展览会项目成本是指某个具体会展项目运作过程中投入的成本，包括固定资产的购置费用、项目宣传促销费用以及人力费用的支出等多个方面。由于会展企业的项目运作具有相对独立性，不同项目之间的经营成本相对容易划分。因此，大多数会展企业都是以具体项目的运作成本为基础决定展位基础价格的。

4. 展览会项目竞争力

展览会项目的生命周期、运作年限、品牌知名度等因素的差异，通常会导致展览会市场竞争力有较大不同。在组展商用心经营的情况下，会展项目将随着经营时间的延长、信誉和市场知名度不断提高。与此相对应，展位价格也将随之而不断调整。一般情况下，在会展项目导入期，由于很多参展商和观众并不了解项目情况，对参观和参展往往怀有谨慎的观望心态，组展商宜采取较低的价格策略，降低目标客户的参与成本。但是，随着运作年限的延长，如果会展项目的知名度和美誉度在不断提高，那么展位租赁价格也应该相应提高。

（二）外部因素

与内部因素相对应，外部因素是指那些组展商虽然无法控制但对会展项目的价格同样会带来实质影响的外部力量。具体来说，影响展位价格的外部因素主要包括4个方面。

1. 社会上对本专业展会的需求状况

如果需求旺盛，则可以把价格定得高一些，反之则要定得低一些。需求对展位价格的影响主要通过展位价格的需求弹性表现出来。所谓展位价格需求弹性，是指当价格每变动1%时展位销售量变动的大小。如果价格需求弹性较大，展位价格的降低就会引起展位销售量的大增；如果价格需求弹性较小，展位价格的降低对展位销售量就不会产生什么影响；如果价格需求弹性为负数，那么展位价格的降低不仅不会促进展位的销售，反而会使展位的销售量大幅下降。

2. 全行业平均展位价格水平

这虽然是一个难以准确计算的数据，但是对那些在会展领域具有较长从业经历的人来说，确实能够感受到全行业展位平均价格水平的变化对某家具体会展企业展位定价带来的影响。在行业处于“暴利”状态的经营时期，每一家组展商都会把展位价格定得很高。但是，在竞争激烈的“微利”时代，过高的展位价格很有可能无人问津。所以，一个会展项目价格的最终形成，不仅要考虑自己本身的成本水平，而且要考虑相同和类似展览会的定价状况。因为参展商是基于整个市场的性价比而做出究竟参加哪家展览会的最终选择的，会展企业绝对不能因为自己的成本高而制定较高的参展价格，因为这样一来，最终的结果只能是被市场淘汰。

3. 展览会竞争对手的价格策略

在市场经济体系中，任何一个有利可图的行业，总会有大量的竞争者进入。为了赢得市场，价格通常是最主要的应对竞争的“利器”之一。在服务水平大致相仿的情况下，低价格的参展费用通常更能够受到参展商的欢迎。所以，组展商在制定会展项目价格时，除了考虑自身成本和同行业的平均价格水平外，通常也需要考虑到直接和间接竞争对手的价格策略。例如，竞争对手在实施低价促销策略的时候，如果本企业不能及时地做出价格或者服务调整，很可能就会因此而丢掉市场份额。

4. 目标客户的价格接受能力

虽然组展商的经营成本是展位价格形成的基础，展位价格必须使得组展商在扣除经营成本后还有一定盈余，但是这种基于组展商经营成本定出的展位价格最终能否销售出去，关键还要取决于目标客户的价格接受能力。如果根据组展商经营成本定出的展位价格高于目标客户的接受能力，就会给招展工作带来困难。所以，组展商在决定展位价格时，不能只从自身的成本状况出发，还要考虑目标客户对展位价格的承受能力。除此之外，根据目标客户接受能力来确定展位价格还有更深层次的内涵。因为不同客户通常有不同需求，他们在价格接受能力方面也会因此而有所差异。有的客户宁愿接受较低的服务也不愿支付较高的价

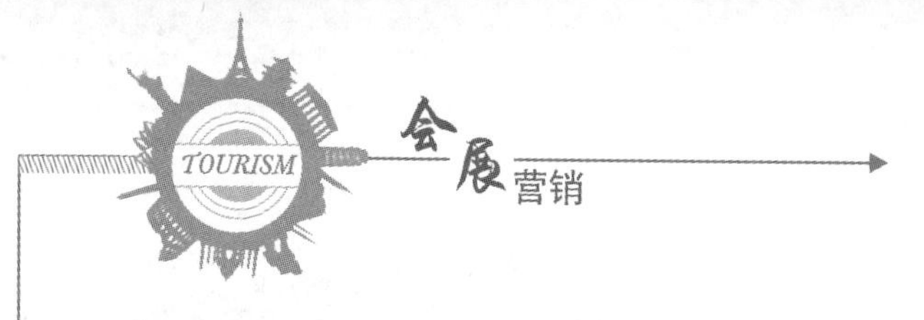

格；而有的客户恰好相反，他们对价格不敏感，只要组织者的服务好、参展效果好，即使展位价格高一些，他们同样乐于接受。

以上详细分析了影响展位价格的各种因素。现实中，会展营销人员如何综合平衡这些因素之间的关系并最终决定展位的价格呢？通常情况下，由于不同组展商面对的市场竞争环境不同以及不同组展商对影响展位价格因素的重视程度不同，从而决定了不同组织者在确定展位价格时会采取不同的方法。总之，展位的价格是受多种因素影响的，既有会展企业内部的经营管理因素，也有外部的市场竞争因素。会展营销人员只有综合考虑上述诸多因素，才能够给展位定出一个科学合理的价格。

第五节　会展服务定价方法

一、会展定价方法

办展机构在综合考虑自己的内外部环境以后，并且确立了自己的定价目标以后，就要选择定价方法了。虽然从总体来看，会展营销人员销售的所有产品和服务的价格最终都与展览会自身的规模、参展商以及观众的质量和数量、展览会的行业影响力等因素有关，但是不同产品和服务在具体定价过程中仍然会有一定差异。会展企业和其他行业相比，在很多方面具有共性，又在一些方面存在着自己的个性特征。会展项目的价格不能随心所欲制定，它的价格的高低要受市场需求、成本费用和竞争情况等多方面因素的影响，而成本费用是定价的基础。所以，应以成本为基础来制定其基本的价格，作为最终价格的参考。因此，不是所有的项目定价方式都适用于会展企业。

一般情况下，常见定价方法有成本导向定价法、需求导向定价法、竞争导向定价法和战略导向定价法。下面我们简单地介绍这几种常见的定价方法。

（一）成本导向定价法

成本导向定价法是以产品的总体成本为定价的中心依据。由于考虑的因素相对简单、实施简便，成为企业常见的定价方法。成本导向法又分三种：成本加成定价，即在单位产品成本上加百分比；目标收益定价法；边际成本定价法。

1. 成本加成定价法

成本加成定价法是指产品的价格由产品的成本加上某一标准比例（或成数）构成。典型的做法是：首先，估计单位产品的成本。由于单位产品的成本会随着产量的变化而改变，所以通常根据企业生产能力的 2/3 至 3/4 的产量水平来核定单位成本。其次，在此成本的基础上加成一定的百分比作为价格，而加成了的百分比就是企业的利润。许多企业会事先确定自己期望的目标利润率，并以此作为加成率。这就是以成本为基础的定价法的基本思路。其计算公式为：单位展位加成成本＝单位展位成本×（1＋加成率）。

还有一种方法就是以售价为基础加成：单位展位加成价格＝单位展位成本/（1－加成率）。

成本加成定价法之所以受欢迎，是因为其有利于价格稳定，且计算简单方便，还能为价格变动提供适当理由。但是成本加成定价法也在许多方面受到批评。一个重要的缺陷是，价格是根据成本计算出来的，并没有考虑需求状况。这一缺点还会因所用的成本数据可能有误而加重。另外，在应用中，多数情况是把共同成本全部分摊给企业生产的各种产品，由此可能会导致分析得出的价格欠准确。

2. 目标收益定价法

目标收益定价法是根据经营者在一定时期的预期利润，首先确定一个目标收益率，再根据要消耗的总成本和目标收益量来确定项目价格的方法。目标收益定价法与成本导向定价法的主要区别在于：第一，前者是根据预计的销售量倒推出单位展位成本，后者却不管销售量如何，先确定展位成本；第二，前者的办展收益率是办展机构按照需要和可能自行制定的，后者是按照展览业的习惯标准制定的。在实际运作中，主要有以下几种具体的方式。

1）收支平衡定价法

收支平衡定价法是根据展位的数量，并能使办展机构取得一定利润的前提下制定价格的方法。该方法是根据盈亏平衡点公式计算出平衡点的展位价格，这是办展机构不亏损的最低价格，即保本价格。不同预期的销售量，对应着不同的收支平衡价格。办展机构可以根据这一标准，结合预期盈利，选择适当的定价。

在销量既定的条件下，服务企业服务的价格必须达到一定的水平才能做到盈亏平衡、收支相抵。既定的销量就称为盈亏平衡点，这种制定价格的方法就称为盈亏平衡定价法。科学地预测销量和已知固定成本、变动成本是采用盈亏平衡定价法的前提。以盈亏平衡点确定价格只能使企业的生产耗费得以补偿，而不能得到收益。因此，在实际中通常将盈亏平衡点价格作为价格的最低限度，再加上单位产品目标利润后才作为最终市场价格。为了开展价格竞争或应对供过于求的市场格局，企业常采用这种定价方式以取得市场竞争的主动权。

2）投资收益率定价法

投资收益率定价法是先按照办展机构的投资总额确定一个资金利润率，然后按照资金利润率计算目标利润额，再根据总成本和计划销售展位数量及目标利润算出展位的价格。这个价格在投资回报期内不仅包括单位产品分摊的投资额，还包括单位产品分摊的固定成本和变动成本。这种方法有利于保证实现既定的资金利润率，但是这种方法只有市场占有率很高的办展机构才会采用。

3. 边际成本定价法

展览产品的边际成本是指展览会增加一个展位时所带来的总成本的增加。边际成本定价要充分地考虑到展览会的规模效应，并且在展位增加所引起的追加成本的基础上制定价格。

（二）需求导向定价法

需求导向定价法是会展企业经常在实践中运用的另一种重要的定价方法。运用这种方法的关键是要估计在不同价格水平上的需求量状况，并把注意力集中在同既定销售目标相关的价格上。

在一般的情况下，市场对于会展业项目的需求量同定价的高低呈现反方向的变化，即会

展项目价格高则需求量小，价格低则需求量大。但是，不同类型的会展项目和项目具有的需求特征也不尽相同，所以可以针对不同的需求特征来决定相应的价格制定方法。

需求导向定价法是以市场需求的大小和消费者反映的差异为定价的中心依据，是最符合市场经济要求的定价方法。它主要以展览市场导向为指导，以参展商对展览会的价值理解和认识程度为依据，并以他们所乐意接受的价格来制定展览会产品的价格。常用的方法有理解价值定价法、区别需求定价法和心理定价法。

1. 理解价值定价法

参展商对展览会往往有自身的价值观念，这种价值观念实际上是以参展商对参加展览能给自己带来的效益衡量的。当他们认为参加展览能起到提升企业的形象、推介自己的产品和达到自己预期的目标时，就会评估展览会的价格，我们把他们认为性价比合适时的价格叫理解价值。理解价值定价法是一种先估计和测定此次展览会在参展商心中的价值水平，再以此为依据制定出展览会价格的方法。

2. 区别需求定价法

区别需求定价法又叫差别定价法，就是指一个展览会产品，在特定的条件下，可以按照不同的价格出售。其主要形式有：以参展商的差异为基础的差别定价，对于行业内有影响力的参展商和一般的参展商要求不同价格，因为它们对于提升展览会地位作用不同；以数量差异为基础的差别定价，展览面积定得越多的参展商得到的优惠就会越多；以地域差异为基础的差别定价，我国现在对于国内和国际参展商实行价格双轨制；以时间差异为基础的差别定价，预订展位越早的参展商得到的优惠越多。

3. 心理定价法

它是根据会展客户参加会展的心理特点来确定展位价格的一种方法。在长期的实践中，由于价格与质量、价格与支付能力之间存在着密切的关系，客户形成了多种与价格有关的心理倾向。这些倾向可以成为定价的基础，例如客户倾向于“从众”的话，会展企业定价时也可以“从众”，把价格定得与其他同类会展的价格基本一致；客户倾向于“按质论价”的话，会展企业定价时则可以按本展会的声誉、地位来确定展位价格。

（三）竞争导向定价法

在会展激烈竞争的局势下，价格是增强竞争能力、扩大市场销售率的有效手段。以竞争为导向的定价方法就是密切注视和追随竞争者的价格，以达到维持和扩大市场占有率和扩大销售量的目的。这种方法是以主要竞争者的价格水平为定价基础。当竞争者变更价格时会展企业经营者也变更价格，尽管市场需求因素和成本因素依然如故。其价格水平可能与竞争对手持平，也可能略高或略低于竞争对手的价格。

这种定价方法的优点是：对于没有独立特征或刚起步的会展企业，往往直接采用同类会展企业的价格，可以简化定价的过程、减少定价过程中精力的耗费；同档次会展企业中采用竞争导向定价法的企业容易被参展企业接受；采取同种类会展项目的定价能保证会展企业获得一定收益，会展企业的经营比较可靠、风险小。

竞争导向定价法虽然可以顾及会展项目价格在市场上的竞争力，但是极易产生反作用。如有些会展企业将与对手之间的竞争注入了更多的感情色彩，忽视了企业自身的整体营销策略，一味地竞相降价，其结果是受到了更强烈的报复和反击，利润全部丧失。同时，这种方法还必须反复探测竞争者的价格变化，进一步渲染了紧张的气氛。在这里要明确的是，竞争导向定价法绝不是或不主要是竞相降价，靠降价而取一时之利是会展企业不成熟的表现。最有竞争力的竞争导向定价行为是以会展企业的经营成本为基础，通过降低成本来达到提高利润的目的。

竞争导向定价法是以竞争者产品特性与价格为定价的中心依据。根据竞争双方的力量对比等情况，办展机构制定比竞争者的价格或高或低的价格，或相同的价格，以达到增加利润、扩大展位销售量或者提高市场占有率目标。常用的方法有以下几种。

1. 随行就市定价法

从根本上来说，随行就市定价法是一种防御性的定价方法，它在避免价格竞争的同时，也抛弃了价格这一竞争的利器。

办展机构制定与同行业展览会产品相同的价格。如果某行业的展览会产品竞争激烈，而且展览会之间没有很明显的优势对比，且展览会产品需求弹性较小，这是一种比较稳妥的定价方法。

2. 追随领导企业定价法

有的办展机构为了应付或者避免竞争，或者为了稳定市场以利于长期经营，采用以同行业中影响最大的办展机构的价格为标准来制定本企业的商品价格。

3. 产品差别定价法

差别定价法是指会展企业不管竞争对手展位价格如何调整，总是按照既定的价格方针，推出的展位价格总是领先于市场，实施自己的独立价格策略。其他会展企业的展位价格基本是跟随其调整的。一般情况下，只有具有雄厚的资金实力、在市场上具有重要影响的会展企业才敢于采取这种定价方法。顾客能够将企业产品与企业本身联系起来。其次，在质量大体相同的条件下，尤其对于定位为“质优价高”形象的企业来说，实行差别定价只能在一定限度内，因为它必须支付较大的广告、包装和售后服务方面的费用。因此，从长远来看，企业只有通过提高产品质量，才能真正赢得顾客的信任，才能在竞争中立于不败之地。如果因为竞争对手降低展位价格等原因导致本企业市场受到威胁，会展企业通常采取提高服务质量、增加服务项目、加强客户关系管理等措施加以弥补。

产品差别定价法则反其道而行之，它是指企业通过不同的营销努力，使同种同质的服务在顾客心目中树立起不同的形象，进而根据自身特点，选取低于或高于竞争者的价格作为本企业提供服务的价格。因此，产品差别定价法是一种进攻性的定价方法。

（四）战略导向定价法

战略导向定价是指以实现组展商的企业战略目标为参照标准而制定展位价格。不同会展组织者的市场定位和奉行的远期战略有很大不同。

1. 渗透战略导向定价法

有的会展企业期望通过低价竞争迅速占领市场。这些企业通常会采取“渗透战略”定价方法，以较低的展位价格切入市场，某些实力强大的企业甚至可能采取暂时性的亏损策略抢占市场，待到市场份额较大时再采取高价策略收回成本。

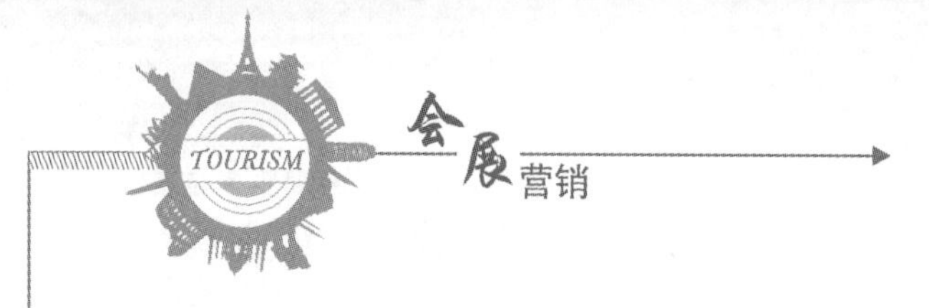

2. 合作战略导向定价法

在那些已经由两三家组展商形成"寡头垄断"的市场中，为了避免恶性竞争带来的"全局皆输"的后果，这些大的组展商可能在共同利益的基础上采取"合作战略"，通过内部协商，在展位价格的制定上结成联盟，实现双赢甚至多赢。

（五）投标导向定价法

它是会展企业在规定时间内，采取公开招标的方式，由客户投标出价竞购，以客户愿意支付的最高价格成交的定价方法。特别是展会资源如冠名权、展位、广告位等稀缺时，可广泛采用投标定价法。

总之，以上5类方法从总体上描述了展览会组织者在确定展位价格时应该考虑的主要因素。但是，现实中，展览会组织者在具体制定展位价格的时候，上述4类方法并不是"非此即彼"的关系。具体说，在采用成本导向定价时，不能不考虑市场的需求、同行的竞争以及企业的战略。相反，在采用企业战略导向定价时，也不能不考虑企业的成本承受能力。所以，展位价格的最终形成，通常是综合考虑多种因素的结果，只不过对不同企业来说，上述不同因素在价格决定过程中权重有所不同而已。

知识链接　2019中国国际电子商务博览会暨数字贸易博览会

2019中国国际电子商务博览会暨数字贸易博览会（China International Electronic Commerce Expo 2019&The Digital Trade Expo）由商务部、工业和信息化部指导，中国国际电子商务中心、中国电子商会、浙江省商务厅、义乌市人民政府共同举办。集中展示国内外最新的电子商务研发和应用成果、最新的技术和产品以及电商平台、金融支付、物流快递、技术支持、数据服务、精品网货等电子商务全产业链产业。根据电商博览会官方网站所发布信息（http://www.ecfair.cn），中国国际电子商务博览会暨数字贸易博览会收费标准如表6-2所示。

表6-2　2019中国国际电子商务博览会暨数字贸易博览会收费标准

展位费用			
展位类别	国内企业	境外企业	备注
光地	700元/m^2（36 m^2起租）+1/6P彩色会刊发布费600元	120美元/m^2（36 m^2起租）+1/6P彩色会刊发布费100美元	1. 双开口加收600元；2. 光地企业需另向展馆交施工管理费等费用
标改特展位（加高）	6800元/个（9 m^2）+1/6P彩色会刊发布费600元	1200美元/个（9 m^2）+1/6P彩色会刊发布费100美元	双开口加收600元

续表

展位费用			
展位类别	国内企业	境外企业	备注
(注:1.标改特展位(3米×3米)配备中英文企业楣板、1张洽谈桌、2把折椅、2个射灯、1个220V插座。2.光地展位36平方米起租,无任何配置,企业需提前设计好图纸并自行搭建。)			
会刊及其他广告			
封底:3000元	封二:18000元	封三:15000元	特单页:7000元
彩色内页:3500元	黑白内页:2000元	胸牌(参观证):18000元/5万张	证件挂绳:10000元
参观券:6000元/2万张	无纺布袋:10000元/3千个	馆外3 m×6 m广告牌:6000元/块	电子会刊:10000元/2万份
参观指南:10000元/2万册	专场推介会:5000元/场	品牌推介活动:3000元/40分钟	LED电视墙:6000元/天

二、会展定价策略

会展产品定价策略主要有产品开发定价策略、产品组合定价策略、价格调整策略、差别定价策略、心理定价策略和地区定价策略。定价策略在产品生命周期的不同阶段经常要改动,做出一些调整。下面我们介绍一下这几种定价策略在展览会产品市场的具体应用。

(一)产品开发定价策略

当办展机构通过一系列的市场调研开发出针对某一细分市场的展览会产品,这时市场上没有相同的展会,且该行业在未来的几年内是它的大幅度的成长期,那么可以运用以下的价格策略达到办展机构的目标。

1. 市场撇脂定价法

市场撇脂定价法指办展机构将一个新的会展项目或项目推出投放市场后,以较高的定价进行销售与经营。其目的在于立即取得丰厚的市场回报,通过满足这些"消费先锋"的需求,尽快地收回展览会产品的研制和推广成本,从中获取高额的利润。这种定价策略的着重点是要在极短的时间内立即取得厚利,收回投资,而对能否提高市场占有率并不十分关注。它满足了市场撇脂定价法的几个条件:第一,新的展览产品着眼于细分市场的空白,能吸引参展商的兴趣;第二,市场上尚无代替品,更多的竞争者在短期内难以加人;第三,市场价格敏感度低,需求弹性小,顾客对该展览产品有很高的需求并敢出高价购买。

办展机构还可以通过使用专利权、品牌和商标等方法阻止提供低价展览会的竞争对手的进攻,维持长期利润。这种方法通常适用的情况包括:会展企业需要迅速收回投资时;会展企业需要迅速获得大量利润,以改良经营的项目,或有竞争者进入市场,会展企业需支持

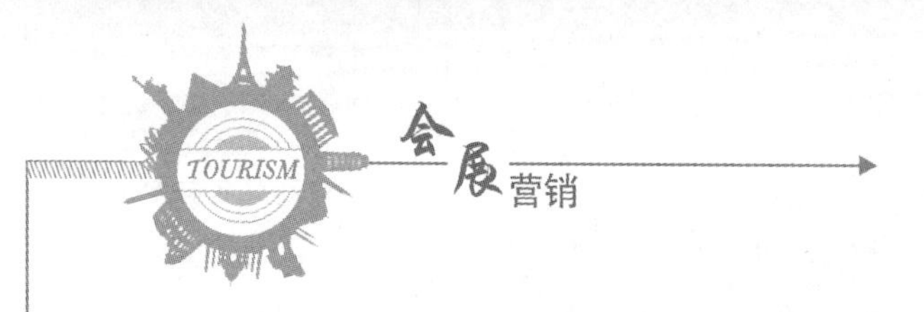

各种竞争性的活动时;需要增强高档会展项目的定位时;会展项目处在介绍期,企业希望通过高价策略获得利润时;会展企业重视利润,希望保持较高的利润率时;会展项目生命周期过短,需要高价策略在短期收回成本时;会展项目由于技术原因、政策原因或资金原因等只能由少数企业经营,不易被模仿、复制或有专利保护时。

对新展览产品采用这种高价方法有利有弊,有利的一面是,办展机构可以在短期内回收投资,并成为该行业展览市场的领先者;当展览会逐渐为参展商广泛接受,大量竞争者涌入时根据市场情况的变动,及时改变策略实行降价也比较容易,不会造成大损失。弊端在于高价位带来的风险也很大,因价格高,利润率高,往往刺激大量竞争者加入,加剧了竞争程度,也相对缩短该展览产品生命周期,迫使价格很快下跌。因此,是否采用该方法需要对市场需求情况和竞争情况进行调研才能决定。另外,在使用这种方法时,还要注意不要违背国家反暴利经营的规定。

2. 市场渗透定价法

市场渗透定价法和市场撇脂法相反,它是以低价为特征的。会展企业开发新的会展项目时,办展机构通过制定一个相对低的价格来吸引大批参展商参展,使新项目迅速地被参展企业接受,从而能迅速打开和扩大市场,尽早在会展市场上取得领先地位,而且可以有效地防止竞争者挤入市场,以便使自己长期占领市场,从而赢得较大的市场份额,其目的是获得最高展位销售额和最大的市场占有率,而较大的销售额又可以进一步地降低价格。新的展览产品采用市场渗透定价应具备相应的条件:第一,参展商市场对新开发的展览产品的价格需求弹性大,一个相对低的价格能刺激更多参展商参展;第二,低价打开市场后,办展机构在展会规模和成本方面树立优势,能有效排斥竞争者的介入,长期控制市场。市场渗透定价法适用于竞争性大而且容易模仿、目标参展企业需要的价格弹性大的会展项目。

(二) 产品组合定价策略

当产品只是某一产品组合的一部分时,企业必须对定价方法进行调整,研究制定产品组合价格,使整个产品组合的利润实现最大化。对于展览会产品来说,产品组合价格包括展位价格(指定运输商和指定展位搭建商的代理费用),各种论坛、专题研讨会的价格。而后者又是展览会产品的附属产品,这时办展机构可以考虑使用附属产品定价法,即可以将主体产品(展位)的价格定得较低,而把附属产品(各种会议)的价格定得高一些。前者用于吸引大量的参展商参展,后者用于盈利。现实中这样的例子不是很多,但是办展机构可以请一些行业内知名的专家参加会议和组织论坛,提高展览会议的含金量,从而可以使用这种定价策略。

(三) 价格调整策略

办展机构在面临各种参展商差异和市场环境变化的情况下,必须有一套价格调整策略作为依据,对其展览产品定价适时做出调整及修正,保证其利益。价格调整策略主要包括短期优惠定价、价格折扣与折让、差别定价、促销定价、心理定价、地理细分市场定价、适中定价和关系定价八种策略。

1. 短期优惠定价法

这种方法是指在会展项目的经营中以相对较低、足以吸引参展企业的价格把参展企业引入会展场所,然后在场所内再进行各种单项收费;或者以低价将参展企业引入,在他们了解熟悉和喜爱上会展项目后再逐渐地提升价格。这种方法的目的在于快速而有效地提升市场占有率,也就是说,此种定价策略以提高市场占有率为最主要的目标,而销售的利润退为次要的目标。

这种方法通常在以下的情况下适用。

(1) 会展企业要扩大市场,无法支付高价的参展企业成为实际会展项目的参展企业时。

(2) 会展企业采用低价以使参展企业增加认购量时。

(3) 会展企业以此作为先发制人的竞争策略,夺取市场占有率时。

(4) 会展企业要阻止实力不足的竞争者进入市场时,这种扩大市场的定价政策,可让会展企业在竞争压力最小的情况下,获得大量最忠实的参展企业。

(5) 会展企业开发出新的项目后,要通过让参展企业进行尝试消费来迅速地提升知名度时。

2. 价格折扣与折让法

办展机构通常在基本定价之外,会给予参展商一些特别价格,以鼓励他们提早付款、大量购买或在淡季购买,从而增加消费数量和消费额。参展商参展需要在展览会开始一年或更长的时间内预订展位,所以办展机构为了有效地降低办展风险,完成招展任务,通常会实施一定的价格折扣与折让。一般是当消费者的消费达到一定数量或金额之后给予其折扣优惠。消费量越大,金额越多,折扣比率也就越高。折扣与折让的价格调整策略包括五种:现金折扣、数量折扣、消费时段折扣、团体消费折扣、折让。

(1) 现金折扣。现金折扣指参展商如果在一定的时间期限内确定参展并预付定金,办展机构会给予他们一定的价格折扣。对于办展机构来说,参展商越早确定参展,并且预付定金,那么招展工作就会越顺利,办展的不确定性就会越小,从而风险也会越小。

(2) 数量折扣。数量折扣指办展机构鼓励参展商大面积购买展位所给予的折扣。当参展商大面积购买展位时,为了回报他们的这种行为,同时鼓励其他参展商大面积购买,可以适当地给予他们一些优惠。包括累积型数量折扣和非累积型数量折扣。累积型数量折扣即当参展企业在一定时间或者一次性认购达到一定数额的展位,则给予折扣优惠,主要目的在于鼓励参展企业长期参加本会展项目。非累积型数量折扣即当每多认购一个展位都给予折扣优待。目的在于鼓励参展企业一次性大量认购,从而有利于降低企业的经营成本,加速资金的回收及周转,增加盈利水平。

(3) 消费时段折扣。我们知道展览会受季节的影响很明显,为了保证展览淡季办展机构的利润维持在一个比较稳定的水平上,常常会对在展览淡季参展的参展商给予一定的优惠,弥补他们季节上造成的损失。

(4) 团体消费折扣。为促进会展项目及项目的消费量,鼓励行业协会等机构集体组团参展,会展企业常常对大批量进行团体联合认购展位的参展企业给予价格折扣。例如商务团体、协会区域组织集体认购等都会给予相应的优惠价格。一般来说,团体认购的面积越多,获得的价格折扣越高。

(5) 折让。折让是一种变相的减价形式,但是这种方法在展览会的招展工作中不应大量使用,尤其是在招展工作的后期。因为如果办展机构为了使所有的展位顺利地销售出去,使用这种方法的话,那么就是对提前交了定金的参展商的打击,还使所有知道在展会招展后

期可以得到价格折扣的参展商采取观望的态度。虽然这一届展览会的招展工作已完成，但是对以后的招展工作却构成威胁。

会展企业采用折扣折让定价法的依据是消费者在会展企业进行消费的数量及折扣率。从效果上来看，这种方法对于延长会展项目的生命周期，吸引行业龙头企业参展，培养忠实消费者以及响应国家号召、扶持落后地区企业发展均有一定的帮助。

3. 差别定价法

差别定价法是一种“依参展企业支付意愿”而制定价格的定价方法。组展商利用展位的类型、展览会场的位置、客户类型、报名和支付时间等方面的差异，旨在获取更高收益或者争取更多客户。主要运用于建立基本需求，尤其是对高峰期的会展服务最为适用，以及缓和需求的波动，降低会展服务的易消失性所带来的影响。

在会展业中差别定价的形式主要有以下几个方面。

1）时间差别

这是指组织者根据参展商报名参展和支付费用的时间不同给予不同的价格优惠。通常情况下，参展商决定参展的时间越提前，获得的价格折扣越高；参展商支付参展费用的时间越提前，获得的价格折扣越高。反之亦然。这种定价策略的根本目的是鼓励参展商尽早注册，尽早缴费。2006 第二届大连国际动力传动与控制、空压机暨通用零部件制造装备展览会价格方案是一个关于不同时间不同价格的实例，读者可以从中看出“不同时间不同价格”定价策略的含义以及在实践中的应用。

案例：2006 第二届大连国际动力传动与控制、空压机暨通用零部件制造装备展览会是由中国机电产品进出口商会和中国五矿化工进出口商会等机构联合在大连世界博览广场举办的专业性展览会。其价格方案参阅表 6-3。

表 6-3　2006 第二届大连国际动力传动与控制、空压机暨通用零部件制造装备展览会价格优惠方案

优惠条件	优惠措施
2005 年 12 月 31 日前参展	惠赠免费会刊彩色广告 1 页或原展位价格优惠 15%
2006 年 3 月 30 日前参展	惠赠免费会刊黑白广告 1 页或原展位价格优惠 10%

从 2006 第二届大连国际动力传动与控制、空压机暨通用零部件制造装备展览会的价格方案中可以看出，组展商采取了报名参展时间不同，享受的价格优惠不同的定价策略。参展商决定参展的时间越提前，获得的价格折扣越高；相反，越临近展会召开日期，获得的价格折扣越低。

2）参展企业支付能力差别

该策略是指组展商为了获取更多商业利润或者为了鼓励目标客户持续参展等目的而采取的区分不同客户类型制定不同展位价格的定价策略。通常情况下，同样展位销售给国内客户与国外客户价格会有所不同，同样展位销售给新客户和老客户价格也会有所不同。

此外，还需要特别指出的是，在我国大多数展览会中，虽然长期沿袭对国内企业和国外企业制定不同参展价格的传统做法，但是这种歧视性的价格策略同 WTO 的基本精神相悖。随着我国会展业国际化进程的提高，国内企业和国外企业参展价格的并轨将成为未来不可阻挡的趋势。

3）展位类型差别

这是指组展商将展位划分为不同的类型，再根据不同的展位类型制定不同的展位价格。一般来说，展会组织者通常会把展位划分为标准展位和特装展位两种类型。标准展位是指按规定的标准模式统一进行摊位搭建，面积为 3 m×3 m 并包含基本配置的展位。通常情况下，主要配置有地毯展板、中英文楣板、一桌三椅、一个电源插座、两只射灯、一个纸篓等。当然，不同的展览会其标准展位的基本配置可能会有所差异。特装展位是指参展商不采取标准搭建的模式而是根据参展商申请的预留空地，由参展商根据本公司的形象及产品展示需要进行特殊设计及装修施工的展位。当然，以上两种展位类型只是常规的划分方法，具体到某一个展览会，组展方会从实际情况出发划分出更能满足展商需求的展位类型。表 6-4 是第 17 届中国（深圳）国际钟表珠宝礼品展览会提供的展位类型及报价，读者可以从中了解到不同类型的展位在价格上的差异。

表 6-4　第 17 届中国（深圳）国际钟表珠宝礼品展览会展位类型及报价

展位类型	展位说明	展位价格
A 型	9 m(3 m×3 m)，三面挡板（标准展位配置）	6600 元
B 型	9 m(3 m×3 m)，两面挡板（标准展位配置）	7200 元
C 型	12 m(3 m×4 m)，三面挡板（标准展位配置）	9200 元
D 型	12 m(3 m×4 m)，两面挡板（标准展位配置）	10200 元
E 型	12 m^2(3 m×4 m)，两面挡板（除标准展位配置外，含 5 个高柜）	16000 元
特装展位	参展商租用空地自行搭建展位	680 元/m^2（48m^2起订）

4）地理位置差别

这是指组展商根据展览场地的不同位置，给展位制定不同价格。通常情况下，靠近门口、通道等有利于观众参观的特殊位置，组织者会制定较高的价格出售；在那些“曝光率”低的角落，展位的价格相对要低一些。例如 2005 上海国际专业灯光音响设备与技术展览会展位报价方案具有不同位置不同价格的定价策略。上海国际专业灯光音响设备与技术展览会根据展览场地中的不同位置，划分了优越展区、普通展区和国内展区三类展览区域，优越展区的光地价格为 2000 元/m^2，普通展区的光地价格为 1400 元/m^2，而国内展区的光地价格仅为 880 元/m^2，不同层级的展区价格之差异由此可见一斑。

使用差别定价法存在的问题是，有的参展企业会认为采用差别定价的会展项目及服务质量会较正常价格水平下的项目及服务差，从而不愿进行认购。

4. 促销定价法

促销定价法是指企业在某一特定的时间为了达到一定的销售业绩，而将产品的价格制定得低于平时标准，甚至低于产品的成本方法。例如有的商家在圣诞节前后会进行大幅度的打折活动，以吸引消费者购买。有的还会采取现金返还和优惠券的方式，但归根结底这都是促销的方式。

对于办展机构来说，可以适当地采取优惠券、现金返还、折扣等方式，例如有的参展商如果参加完某次展览会议后，决定也参加下一届的展览会，并且乐意预付定金，那么此时就应

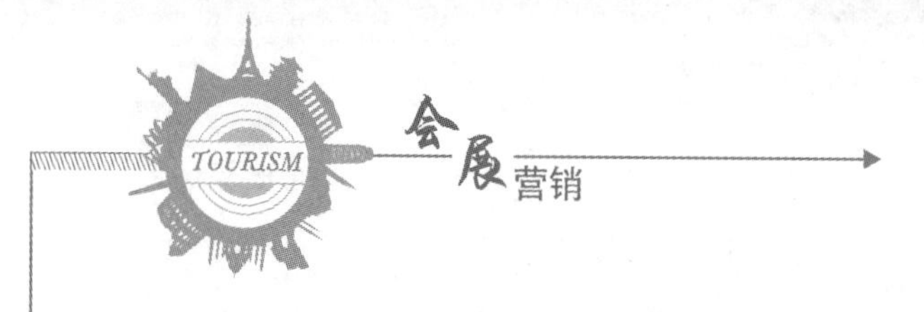

该给予一定的优惠，鼓励其他参展商也尽快做出决定。

这种促销方式的关键是要掌握好促销的时间，同样是给予参展商优惠，只能放在招展的初期或上一届参展会结尾，而不能放在招展的尾期，前者可以刺激参展商早点做出决定，有助于招展工作，后者则助长了参展商的侥幸心理，不利于招展工作的进行。另外，促销策略不应该经常使用，如果使用太频繁，就有可能制造一批有“优惠倾向”的参展商，他们在进行降价前是绝不会购买的，同时会使展览会本身在参展商心中贬值，对展会的长远发展很不利。

5. 心理定价

一般情况下，消费者在购买商品前都会事先通过种种信息渠道，得到此类商品的相关信息(包括价格、规格、质量等)，然后根据这些信息及对于这件商品的直观了解，在心里先衡量这个东西到底值多少钱，这个价格就是我们常说的心理价格，即根据消费者在会展现场消费时的心理进行价格的制定。通常，市场对会展项目的需求量同定价的高低成相反方向变化，即价格高则需求量小、价格低则需求量大。然而，会展项目是一种特殊的项目，它使消费者心理对其有不同的特殊的反应。一个会展项目越能满足参展企业的参展目标，那么会展项目的最终价格就会远高于基本价格。另外在接受价格时还可能受其他心理因素的左右。心理定价策略就是利用消费者的心理来做文章，根据消费者这种心理所使用的定价策略，依据不同类型的消费者在购买商品时的不同心理承受力来制定价格，以刺激消费者增加购买量。具体策略包括以下几种。

(1) “一口价”定价法。所谓的“一口价”是指会展经营者对于本企业所经营的会展项目定一个固定的价格，不允许讨价还价。“一口价”政策易使消费者产生信赖感，认为该企业的会展项目定价公道而且水分含量少，这是常用的一种心理定价方法。

(2) 整数定价法。即在定价时把商品的价格定成整数，不带尾数，使消费者产生“一分价格一分货”的感觉，以满足消费者的某种心理。例如价格为 2200 元/平方米的展位就会比 2280 元/平方米的展位容易卖很多，虽然 80 元对于一个企业来说根本不是一个很大的数字，但是给参展商在心理上造成的感觉却大大的不一样。

(3) 尾数定价。即在商品定价时保留价格尾数而不取整数，采用零头定价，如价格为 4980 元，而不是 5000 元，使价格保留在一个较低的档次。这种做法所依据的心理特征是：消费者在对某项会展项目产生消费需求后会了解其价格，绝大多数参展企业在观看价格数字时总是从左向右地先看整数，后看尾数，而且往往只对整数特别重视并留下深刻的印象，而对尾数却从视觉至思维都有所省略。如上面所列举的 4980 元，大多数消费者在心理上都认为是 4000 多元，而如果定价为 5100 元，虽说只多了 100 多元，但消费者就认为是 5000 多元。所以，根据消费者的这种省略尾数的心理，会展企业在为项目定价时，就可以适当地降低价格的整数，而加大价格的尾数，使消费者在心理上产生价廉、可靠的感受。这样的例子在生活中很容易见到，例如美国的“0.99”元连锁店就是抓住了消费者的这种心理，虽然只比 1 元钱便宜一分钱，但是实际产生的效果远远不止这些，之前他们还试过将连锁店的名字定位“一元”超市，但是却失败了。一分钱如果运用得好，力量就会很大。

(4) 分级定价。在定价时，把同类商品分为几个等级，不同等级的商品，其价格有所不同。这种定价策略能使消费者产生货真价实、按质论价的感觉，因而容易被消费者接受。在展览会中经常见到，由于展位位置的不同，价格也不同，例如处于展馆中心的展位当然会比处于展馆后排的展位价格贵很多。

(5) 声望定价。声望定价指在定价时，把在顾客中有声望的商店、企业的商品价格定得比一般的商品要高，是根据消费者对某些商品、某些商店或企业的信任心理而使用的价格策略。它其实是品牌内在价值在价格上的外在反映。

(6) 习惯性定价(或例行定价法)。这种方法是指会展企业的经营者设定会展项目及服务的价格，并在相当长的一段时间内保持不变。这种方法容易在消费者心中形成一种习惯性标准的收费。有些商品在顾客心目中已经形成了一个习惯价格，这些商品的价格稍有变动，就会引起顾客不满，提价时顾客容易产生抵触心理，降价会被认为降低了质量。因此提醒办展机构一旦确立了某个展览会的价格，就不要随便调整，这样会不利于展览会的后期发展，也会导致参展商采取观望态度，直到最后才会决定是否参展，对展会的招展工作造成不利的影响。

6. 地理细分市场定价

细分市场定价实际上是差别定价的具体应用。它是指办展机构以两种或多种价格销售展位和服务，尽管这些价格的差异并非以成本为基础。它有几种具体的表现形式：消费者子市场定价，即不同的消费者付不同的价格；地区定价，不同地区的消费者定不同的价格，例如有的展览会为了激起西部参展商的参展热情，通常会对西部十二省市的参展商实行价格优惠，鼓励他们参加展览，但除此以外，都按别的价格付款；时间定价，即不同的时间定不同的价格。

细分市场定价策略需要满足以下条件：展览市场必须是细分的，不同的子市场在需求上必须有差别；同时严格界定细分市场的标准，即只有符合某某条件才能享受价格优惠，其他则不行；对于售价较高的市场，其他竞争者不会很容易地侵入。

7. 适中定价法

适中定价策略既不是利用价格来获取高额利润，又不会让价格制约占领市场。适中定价策略尽量降低价格在营销手段中的地位，重视其他在市场上更有效率的手段。当不存在适合于撇脂定价或渗透定价的环境时，公司一般采取适中定价策略。例如，一个企业可能无法采用撇脂定价法，因为其服务被市场看成是极其普通的，没有哪一个细分市场愿意为此支付高价。同样，它也无法采用渗透定价法，因为服务刚刚进入市场，顾客在购买之前无法确定服务的质量，会认为低价代表低质量(价格质量效应)；或者是因为，如果破坏已有的价格结构，竞争者会做出强烈反应。当顾客对价值极其敏感，不能采取撇脂定价，同时竞争者对市场份额极其敏感，不能采用渗透定价的时候，一般采用适中定价策略。

虽然与撇脂定价或渗透定价法相比，适中定价法缺乏主动进攻，但这并不是说正确执行它就非常容易或一点也不重要。适中定价没有必要将价格定得与竞争者一样或者接近平均水平。从原则上讲，它甚至可以是市场上最高的或最低的价格。与撇脂价格和渗透价格类似，适中价格也是参考产品的经济价值决定的。当大多数潜在的购买者认为产品的价值与价格相当时，即使价格很高也属适中价格。

8. 关系定价

关系定价是近几年来越来越受服务营销人员喜爱的一种定价方法。关系定价策略适合

于服务商与顾客之间有持续接触的交易，是一种考虑顾客终身价值、基于市场导向的定价方法，它能够刺激顾客多购买本公司的服务而抵制竞争者提供的服务。营销人员首先要理解顾客同公司发展长期关系的需要和动机，其次也要分析潜在竞争者的获利举动。一般来说，关系定价策略可以采用长期合同和多购优惠两种方式。

(1) 长期合同。营销人员可以运用长期合同向顾客提供价格和非价格刺激，以使双方进入长期关系之中，或者加强现有关系，或者发展新的关系。这样可以从根本上转变服务企业与其顾客之间的关系。它们能将一系列相当独立的服务交易转变为一系列稳定的、可持续的交易。每个交易都提供了有关顾客需求方面的信息，由此公司可获得认识与效率方面的利益。同样，顾客也可随着关系的深入发展而从中受益。来自长期合同的可观、稳定的收入使服务企业可以集中更多资源来拉开与竞争对手的差距。

(2) 多购优惠。这个策略目的在于促进和维持顾客关系。它包括同时提供两个或两个以上的相关服务。价格优惠确保几种相关服务一次购买比单独购买要便宜。服务提供者将从多购优惠策略中获取三个方面的利益。首先，多购能降低成本。大多数服务企业的成本结构是:提供一种附加服务的成本比单独提供第二种服务要少。例如，对于一家银行，如果能在销售存款证书和存款账户的同时销售结账账户，那么它们就可共同分摊账户开设和计算机处理成本，产生成本节约。如果银行能以降低收费和提高存款利率的形式将成本节约的部分或全部让渡给顾客，就能刺激顾客购买相互关联的多种服务。其次，吸引顾客从一个服务企业购买相关的多种服务，使顾客可以节省时间和金钱。最后，多购优惠能够有效增加一个服务企业与它的服务对象之间联系点的数目。这种联系越多，那么公司获取顾客信息的途径越广，以及了解顾客的需要与偏好的潜力也会越大。这类数据信息如能得到充分有效的利用，将会有助于公司与顾客发展长期的关系。

本章小结

本章以会展服务与定价为主题，首先介绍了会展服务的内涵与特征，会展产品的实质是一个包含会展的核心服务、便利性服务和支持性服务的服务包，它具有无形性、生产与消费的同步性、不可储存性、异质性和综合性这些基本特征。会展服务的不可储存性和需求的多变性导致了供需的矛盾。会展服务的异质性则要求建立相应的服务标准来保证服务质量。

服务标准包括可计量的硬性标准和基于顾客满意度的软性标准，服务还需要通过应用技术进行一次性修正，但是任何服务标准的建立都离不开服务行为的标准化和顾客导向两个必备要素，会展企业还应该采取措施不断提升服务标准。

会展服务的设计方法阐述会展服务的设计程序，以及运用和绘制服务蓝图，降低服务过程中可能发生的风险。但服务蓝图有客观局限性，服务失败不可避免，会展企业需要制定相应的流程和策略进行服务补救，挽回顾客满意度和忠诚度。

会展服务定价阐述了会展产品的定价目标和会展产品价格的影响因素，会展服务定价方法承接前文的内容，阐释在不同定价目标和多种多样影响价格因素的作用下，会展产品价格的制定方法以及策略。

关键概念

会展服务概念　会展服务标准　服务蓝图　服务补救　会展定价策略

复习思考题

1. 会展服务的内涵是什么？它们具有什么特征？
2. 如何建立会展服务的标准？
3. 会展服务失误后如何进行服务补救？
4. 影响会展服务定价的因素有哪些？列举会展服务的主要定价方法。

第七章

会展营销渠道与促销

学习目标

会展营销主要是会展主体之间进行组织间营销。而分销渠道和宣传推广是会展营销机构向其营销对象传递信息并达成交易的桥梁。会展营销机构必须确保分销渠道和宣传推广策略与重要细分市场的需求相一致。通过本章的学习需要掌握:会展营销组合中的渠道和宣传推广策略,包括会展渠道概念、会展渠道特点与结构、会展渠道类型、会展宣传与推广含义、会展宣传与推广功能、会展宣传与推广方式。

案例引导　中国 VR/AR 世界博览会

北京国际 VR/AR 世界博览会(以下简称 CEE)是中国电博会主题展之一,是森展国际展览有限公司旗下的知名展览品牌,是全球规模较大的 VR/AR 产品及解决方案的展示平台之一,也是亚洲几大 VR/AR 展之一,每年 6 月中下旬在北京举行,已在北京连续成功举办 17 届。

1. 观众类别

CEE 的参会人员主要来自中国以及亚洲各地的科技行业,包括 3826 名高管、6319 名采购人员,以及其他国际买家、零售商、分销商、工程师、政府官员、媒体、市场分析师、行业具有影响力的人士以及全球知名企业 C 级别以上的高层管理人员。CEE 在推动创新以及帮助企业进行品牌推广方面带来巨大影响。

2. 企业荣誉

为了鼓励企业科技创新,树立国内高端诚信品牌,打造高端产品形象,促进行业健康发展。中国 VR/AR 世界博览会组委会,拟评选出一批诚信经营、技术先进、品质优良的品牌企业及产品，并与博览会期间颁发荣誉奖项。本届展会设置奖项内容如下。(参展商资质审核通过即获得评选资格)

(1) 中国 VR/AR 世界博览会金奖。

(2) 优秀企业家奖。

(3) 科技创新奖。

(4) 2017 中国 VR/AR 世界博览会最佳企业形象展示奖。

3. 展会优势

中国 VR/AR 世界博览会由国家商务部主办，也是国家商务部重点补贴展会。主要优势如下。

(1) 强势的主办机构。

中国 VR/AR 世界博览会由商务部批准，中国电子信息产业协会全程策划并指导，历经 15 届 CEE 的百森国际展览公司独家承办。

(2) 庞大的客商资源。

森展国际展览有限公司自 1999 年成立以来，成功举办了十五届国际电子信息产业博览会，现已掌握了全球 38 个国家和地区电子行业相关领域的 5.2 万条精准有效的商家采购数据库，这一点足以满足参展商的效益。

(3) 商务部重点扶持展。

中国 VR/AR 世界博览会的成功举办，及其在电子业界朋友们的鼎力支持下，成为唯一一个得到商务部重点扶持的 VR/AR 博览会。

(4) 权威媒体的联合推广。

中国 VR/AR 世界博览会的成功举办已经和电子行业的权威媒体达成了深入的合作。展前通过百度、微博、微信等网络平台的信息推广，展中设立了《千龙网》《中国新闻网》《中青网》新闻直播的专访，展后通过《CCTV-4 中文国际》《香港卫视》《中国经济网》等新闻报道，足以保证宣传推广的效果。

(5) 定向的客商邀约。

中国 VR/AR 世界博览会，汇聚的是电子信息行业的高端品牌，我们实现的是多渠道推广，锁定范围的客户群体邀约。自参展商报名参展后，会在第一时间安排客服专员，对参展需求和特殊的买家进行定向邀请，实现了经常参加综合性展会得不到的超值服务。

(资料来源：https://www.jianshu.com/p/bdf72e1fc9c3/)

■案例思考：

1. “中国 VR/AR 世界博览会”设置奖项的目的是什么？

2. “中国 VR/AR 世界博览会”组展方是如何加强展会的宣传和推广工作的？

3. “中国 VR/AR 世界博览会”的营销渠道有哪些类型？

第一节　会展营销渠道内涵及类型

一、会展营销渠道的内涵

会展营销渠道是会展企业在市场细分的基础上，向目标客户输出会展产品与服务以达到吸引更多的客户，提高会展品牌的价值和影响力等目的，从而被参展企业认购的途径。起点是主办方、承办方、企业或单位，通过中间各种途径，传递给终端的参展企业客户和赞助方。这个中间市场通路，即会展营销的分销渠道。会展服务必须通过一定的市场分销渠道，经过分配过程，才能在适当的时间、适当的地点，以适当的方式提供给目标市场，从而满足参展企业的需要，实现会展企业的市场营销目标。

二、会展营销渠道的类型

从主办方的角度出发，会展营销渠道可以从不同角度划分成不同类型。通常的划分方式有三种。

（一）直接渠道和间接渠道

根据会展服务的销售过程中是否利用中间商来划分，可以将会展营销渠道划分为直接渠道和间接渠道。

直接渠道又叫直销，即会展主办方将会展产品及服务直接销售给目标客户，而不经过任何中间商代理销售。直接渠道的优点包括以下几个方面。

首先是一定程度上节省营销成本。直接销售可以节省代理商佣金开支，有助于降低会展产品的成本。其次，直接渠道有助于有效控制营销渠道，贯彻一致的、标准化的服务资讯和信息，从而避免在产品价格、展位划分等方面发生业务纠纷和混乱。最后，直接渠道加快了服务效率，信息的上传下达更加高效，主办方可以接触客户从而了解顾客建议和态度、供需变化、竞争对手情况等信息，并尽快地回应客户的诉求。

直接渠道也存在不足，仅仅依靠主办方本身的资源将不利于快速扩大市场占有率和渗透率。如果不能调动更多可利用的渠道和资源，主办方的发展会受到很大的限制，很可能无力拓展更大的潜在的目标市场。

间接渠道又称为分销，即通过代理商接触目标客户，通过中间商间接销售会展产品和服务的渠道。分销是主办方调动外部资源，做大、做活、做强会展项目的重要渠道，是会展销售渠道不可或缺的重要组成部分。

间接渠道的优点主要包括：可以帮助主办方突破自身资源限制，调动市场资源，为主办方的市场开发提供更高效的服务，从而加快会展营销主办方的市场渗透。间接渠道对于地理跨度较大的营销，例如面向海外市场的推广等，起到至关重要的作用。

与此同时，间接渠道也存在自身固有的缺点：一是提高了会展营销的成本，需要向中间代理商支付相应费用；二是与目标客户沟通效率的降低、信息的上传下达都需要通过中间商，容易造成信息损耗和失真；三是渠道的控制性减弱，中间商为争取业务，可能会私自降价或提高展位价格，造成价格混乱，对会展品牌形象造成负面影响。

直接渠道和间接渠道各有优缺点，在实际运用时，主办方通常采用两种渠道混合的渠道策略，从而最大限度地降低渠道管控风险，并充分发挥二者优势。

（二）分级渠道

会展服务由主办方最终传递给目标客户，可能经历一个到多个中间环节，根据其中环节的级数长短，又可以区分为一级渠道和二级渠道等多种类型。例如，会展服务的销售过程包括：生产商—代理商—目标客户，其中只经过一个中间环节，则称为一级渠道。而包括两个中间商的过程，如生产商—批发代理商—零售代理商—目标客户，则称为二级渠道。三级渠道即包括三个中间商的销售过程。销售的级数越多，营销渠道就越长，控制和管理的成本和难度就越大。

长渠道和短渠道都各有利弊，主办方在进行营销渠道的决策过程中，需要根据业务类型、市场规模、自身实力等因素，具体权衡利弊并找出符合主办方实际的满意的解决方案。

（三）宽渠道与窄渠道

主办方在同一区域内，可能同时拥有一家到多家代理，而特定地理范围内代理的数量可以划分为渠道的宽窄。宽渠道指通过在某一特定区域内，合作的代理商在两家及以上的代理渠道，其优点是可以同时调动更多有效渠道迅速扩大主办方在目标区域的市场占有率；其次是降低代理风险，避免因与某一中间商合作失败导致渠道断裂，或代理商的工作失误、业务能力不足导致主办方业绩大幅下跌。

宽渠道的缺点是会加大渠道的管控成本和难度，因为越多的代理商就意味着需要同时协调多个中间商之间的利益关系。主办方在选择宽渠道的时候，需要通过严格的代理商控制和相应的激励措施规范代理行为，以确保对目标客户统一口径。

窄渠道是指主办方在某一特定区域内的代理权指定给唯一的中间商。窄渠道的优点是有助于建立相互信任的稳定合作关系，同时避免恶性竞争带来的市场和管理混乱。但窄渠道策略下，一旦中间商业务能力不足，招商招展业务完不成，给主办方带来优质参展商少、展会人气不足的问题，影响展会质量。所以，在采取窄渠道策略时，对中间商的选择和评估应当有严格的体系要求，找到最可靠的合作者。

三、会展渠道的特点

一般来说，会展服务的营销渠道具有如下三个特点。

（一）以直接渠道为主

由于会展经营者面对的目标客户相对集中，特别是对那些已经举办了多次会展的组织者来说，他们已经建立了比较完整的客户数据库。在这种情况下，会展企业通常会设置专门机构和人员，加强与客户的直接沟通和交流，通过直销的方式进行会展销售。当然，会展活动的规模和目标客户的地域范围不同决定了会展企业对分销商的依赖程度。一般来说，对一些大型的会展活动，尽管会展企业拥有庞大的客户数据库，但具体的销售工作仍然需要依靠中间商。对一些大量涉及海外业务的会展企业来说，基于语言、文化以及社会关系网络等方面的需要，他们对海外代理商将具有较高的依赖性。不过，相对于一般商品尤其是日用消

费品的会展销售工作而言，会展服务的销售链条非常短，大多数会展企业主要依靠自己的内部员工组织销售，即使雇用中间商代理销售，在某个特定地区的代理商层级也不会超过两级。

（二）以窄渠道为主

会展企业在选择代理商时，当然可以采取多种形式。在同一区域内，既可以指定一家代理商，也可以选择多家代理商。换言之，既可以采取宽渠道，也可以采取窄渠道。但是现实中从会展企业的选择看，绝大多数企业最终采取了独家代理的方式。会展服务的销售工作之所以主要采用窄渠道，主要是因为会展活动主要以企业等机构团体为销售对象，目标客户的专业领域相对集中，目标客户的绝对数量不多。如果在同一区域选择多家代理商，这些代理商可能共同开发同一客户，从而引发代理商之间的竞争。如果不同的代理商在服务以及价格等方面做出不同的承诺，还可能进一步损害会展企业的信誉。所以，为了避免代理商管理方面可能出现的冲突，绝大多数企业倾向于在同一区域只选择一家代理商的策略。当然，为了更好地开发市场，也有部分会展企业同时保留自己在同一区域内的自主销售权。

（三）以代理业务为主

会展企业与中间商的合作方式主要有两种：一是代理，二是包销。代理，是指分销商按照与会展企业签订的合同，在会展企业规定的权限内代理销售，并按照实际招徕与会者的数目和成交金额的多少提取相应比例的佣金。在无法完成预期销售目标的情况下，损失由会展企业负担。包销，是指分销商从会展企业手中承包一定数量的销售业务，然后在会展企业规定的权限内自主销售，不管能否招徕到约定数目的与会者或成交约定的金额，包销商都需要向会展企业支付约定的销售款。

与代理商相比，包销对中间商来说面临的风险更大。为了保障选择包销业务的中间商利益，会展企业通常会以高于代理商佣金比例的价格折扣将会展销售业务分包给包销商。从现实来看，为了规避经营风险，绝大多数从事会展业务分销的中间商选择了代理招商方式。

第二节　会展营销渠道的选择

一、会展营销渠道选择的重要性

会展营销渠道的选择与主办方的营销战略息息相关，需要主办方从战略层面整体考虑，从市场环境、供需、规模效益等方面，选择合适高效的销售渠道。渠道选择的重要性主要表现在以下几个方面。

第一，培养竞争优势。分销渠道选择直接影响主办方对市场经济状况、供需变化和竞争态势的适应和应变能力。率先建立高效的会展分销体系，有助于主办方在激烈的市场竞争中更迅速抢夺市场，有效扩大知名度，稳固和拓展市场占有率，培养和巩固主办方和项目的竞争优势。

第二，保证供需平衡。供需管理即主办方对会展项目的市场需求、产品设计和质量的把握和控制。由于服务具有无形性、不可储存等特征，因而对服务主办方了解和把握供需情况提出了更高的要求。在市场定位、市场细分和了解顾客满意度基础上，根据不同的市场和群体设置分销网点和渠道，对主办方提供稳定、有效的客户需求保证，对应需求波动，取得理想的投资回报具有战略意义。

第三，形成规模效益。主办方通过设置众多的直销或分销网点和渠道，提供统一的会展和服务产品，有利于资源的统一调度，迅速复制分销和服务模式，发挥整体优势，这是主办方规模扩张的有效策略。需要注意的是，主办方在选择较长、宽的分销渠道时，要注意避免代理渠道的恶性竞争，造成管理混乱影响主办方声誉，并通过不同渠道的合理组合，以及对分销渠道进行有效的控制和激励手段规避风险。

二、会展营销渠道选择的标准

合理高效的分销渠道有助于主办方形成竞争优势、保证供需，最终达到规模效益。而不科学的渠道选择和组合可能对会展服务的渠道管理、销售业绩、主办方形象等造成不利影响。因此，主办方有必要制定一套分销渠道选择有效标准，从而让分销渠道更好地为主办方服务。分销渠道的选择标准重点需要参考以下几个方面。

（1）主办方的营销战略和竞争战略。主办方自身的战略定位是主办方采取何种分销网点定位，以及何种分销渠道组合的根本参照标准。如果主办方在营销和竞争战略上是面向全球扩张、主动竞争，则应该基于全球范围设置多点定位的网点，形成扩张性分销体系，而面对定向区域或定向人群的会展项目或主办方，则应针对目标区域或目标客户集中或感兴趣的领域定向分销，梯度扩张。

（2）主办方目标和服务特征。对于商业性的会展项目而言，出于商业利润最大化的原则，在选择分销渠道时，会尽可能地追求成本最小化；而对于一些政府组织的会展活动或公益性的会展项目，其分销渠道策略可能会更加考虑社会整体利益的最大化。

知识链接　　爱博会展集团

爱博会展集团是法国第一大会展公司和世界第四大私营会展公司，是法国国际专业展促进会(PROMO-SALONS)的成员，该公司每年举办60多个国际性展览会，参展商达17000家，参观者超过150万。爱博集团一直致力于海外会展市场的扩张战略，在美国、英国、西班牙、意大利、比利时、荷兰、新加坡和中国等国家几乎同时开设了数十个独家代理公司，并在世界50多个国家设有代表处。强大的促销网络大幅度提高了参展商和参观者的数量和质量。成功实现会展市场的扩张战略。

（资料来源：改编自 https://www.comexposium.com/）

(3) 行业或同类会展项目的渠道状况。一方面,对于任何一个会展项目,分析相关行业或类似的会展项目的分销渠道分布状况,可以寻找可进入的潜在渠道,为本项目的渠道选择和分布提供有价值的参考。另一方面,可以兼顾竞争对手的渠道分布策略,并采取相应的应对措施。现代服务营销观念曾提出,可以利用竞争对手的网点来扩展自己的市场。例如常见的商家群聚现象,提供相同服务的场所和店铺聚集在一起,共享商业资源,与对手积极抗衡、同步竞争,竞争的同时达到共赢。

第三节　会展宣传与推广

一、会展宣传与推广的重要性

主办方要实现可持续发展,也必须要加强会展宣传与推广的力度。会展宣传与推广有如下几个意义:①传递信息。有效地利用各级代理来宣传推广本次会展项目。在招展期间利用各种形式的宣传推广手段,吸引参展商的注意,并且有效解答参展商的各种疑问,使他们尽早做出购买决定。②突出差异。在同类会展竞争比较激烈的情况下,会展项目之间只有细微的差别,各类与会者如参展商和观众等往往不易察觉。这时,主办方通过宣传推广活动,强调本会展的特点与独到之处,突出自己给各类与会者带来的特殊利益,使其乐意参加会展。③刺激需求。主办方通过向中间商、消费者、社会公众宣传推广,激起目标客户潜在的需求,促进消费动机向消费行为的转换。④稳定销售。通过宣传推广活动使更多的目标客户对本展会的服务产生偏好,达到稳定销售的目的。

二、会展宣传与推广的主要方式

(一) 人员推销

在会展活动的宣传推广组合中,人员推销是最重要的刺激需求的力量。通过销售队伍,市场营销者将主办方所提供的总体产品和服务与组织客户的需求联系起来。人员推销在市场中占主导地位,是因为相对消费者市场而言,市场中的潜在客户要少得多,而采购额很高。在营销组合中,人员推销的重要性取决于市场的本质及其组成、产品线、主办方的目标以及财务能力等因素。市场营销者与市场有许多潜在联系:有的可能依赖制造商代表或分销商;有的仅依靠直接销售队伍。每家主办方都必须决定宣传推广组合中不同工具的相对重要性。

(二) 直复营销

主办方与参展商及专业观众之间直接沟通以产生反应或交易的一种营销形式,当主办方通过多种渠道(包括邮件、电子邮件、电话和当面沟通)对客户进行联系时,就会出现直复营销(见图 7-1)。

个人销售有时与直复营销相结合。第一步筛选和锁定潜在参展商,第二步通过人员推销达到销售目的。无论是人员推销还是直复营销,都需要重要销售人员的职业营销素养。

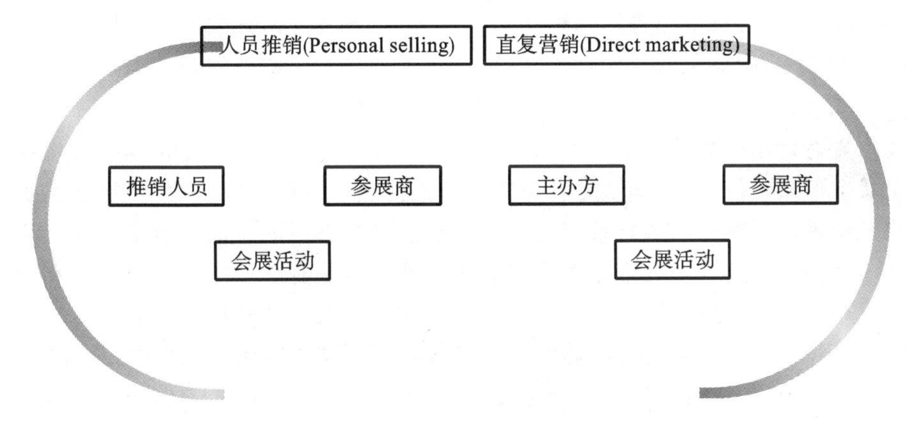

图 7-1　直复营销

（三）口碑营销

服务业较突出的特征之一就是口碑传播方式非常重要，它突出了人员因素在服务促销中的重要性。口碑就是关于某个机构的信用、可信度、可依赖性、经营方法和服务等方面的信息，从一个人、一位顾客传达到另一个人、另一位顾客。在发达的互联网环境下，口碑传播效应呈指数型放大。研究表明，口碑传播式的个人推荐是顾客最重要的服务信息来源之一。

（1）口碑传播对促销的影响。口碑传播对促销的影响是巨大的，如果在口碑信息和促销信息之间存在矛盾，那么促销信息通常会失去影响力。口碑越不好，营销沟通如广告、推销等的效率就越低下。

此外，积极的口碑会减少利用广告和推销等进行营销沟通的庞大预算。因此，良好的口碑是服务组织与顾客之间最有效的沟通载体，能使顾客以更积极的态度来配合服务主办方的外部沟通努力。

（2）口碑传播的蝴蝶效应。口碑传播的蝴蝶效应就是指口碑传播的乘数效应，这种效应在不同行业和不同情况之间差别很大。一般来说，消极口碑效应远远大于积极口碑的传播速度，乘数值一般在 3—30，但经过互联网的放大，其乘数可能升级为指数级。也就是说，当一位顾客有不好的服务经历时，他不仅会停止购买，而且可能成为服务的恐怖主义者，通过网络或社交媒体发布差评甚至声讨，严重影响主办方和会展品牌的声誉。

（3）利用口碑传播开展业务。专业的服务营销人员应经常鼓励他们的顾客把服务介绍给周围的其他人。

（四）广告

会展广告和相关推销促进工具对人员推销进行了补充和强化。会展广告可以借用媒介将信息迅速传达给顾客，为他们提供有价值的会展服务信息、有说服力的参展论点和强有力的证据。会展广告是主办方向顾客传递信息的主要手段，并且常常是主办方宣传推广工作的基石。会展广告宣传推广的任务主要包括以下几个方面。

1. 整合沟通计划

会展广告和销售促进活动很少被单独用于组织间营销，它们通常融入整个沟通战略，特别是和人员推销融合在一起。会展营销者所面临的挑战是如何将广告、销售促进、人员推销

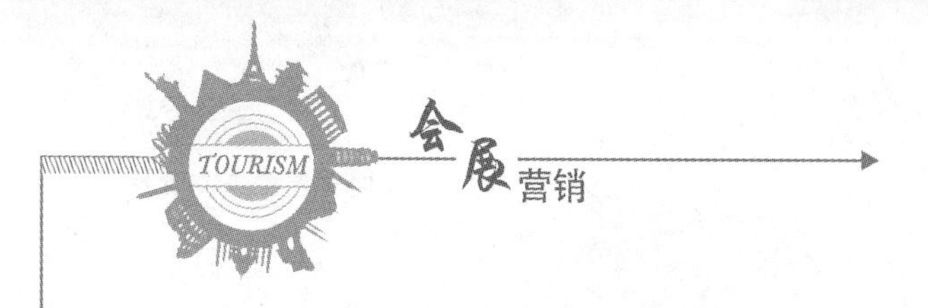

进行有效的融合，最终达到销售额和利润率的目标。会展广告、在线媒体和销售促进必成为有机的整体，为了达到期望的目标，会展营销者必须使用一个协调的媒体和销售促进计划。

2. 提高销售的有效性

会展广告对营销计划整体效率的影响体现在几个方面：一是有效的会展广告能宣传和提高树立展会形象，提高项目知名度和声誉。二是促进人员推销，会展广告能为会展营销人员代表的更佳表现提供有利的背景。会展广告能使顾客参展前就对会展项目及其服务有良好的印象，因此，给销售人员的工作带来很大的帮助。三是有助于提高会展产品和服务的认知。虽然通过人员推销也可以部分达到效果，但营销人员与大量购买者接触的成本远高于会展广告。有目标的会展广告能够影响到人员推销所不能接触到的未被辨识的购买力。

对于主办方来说，网络广告是一种正在演进过程中的宣传推广工具，经常与其他宣传推广手段相互配合。会展营销组织可以为网上报名的参展商提供优惠或未来折扣，还可以结合电子邮件来配合网络广告，以形成强有力的宣传推广组合，比如有些招展招商部门对目标客户发送电子邮件传递招展和优惠信息。

总体而言，广告使所有销售行为变得更有效。广告与所有的沟通和销售活动以高效的方式相互作用，使主办方在整个营销花费的效率上达到更高水平。

（五）促销

会展营销人员可以采用以下几种宣传推广方法来增强参展商、赞助商以及观众对服务的兴趣，激发他们的购买动机。包括免费体验、价格/数量宣传推广、优惠券、未来折扣补贴、礼品赠送和有奖销售。

(1) 免费体验。给予参展商、观众一个免费体验某些服务的机会。以鼓励他们在未来继续购买其服务。例如为了吸引一些龙头参展商，提高展会影响力，提供部分的免费服务或免费参展，以及为了吸引更多的观众而免门票。

(2) 价格/数量宣传推广。这种方法如果被顾客理解为短期宣传推广而不是鼓励持续的大额购，那么应该在一个有限的时间内采用，而不宜作为长久之策，如组织者对于参展商报名和支付费用的时间较早、参展次数多或行业龙头主办方通过一定的价格折扣和特殊服务包。这样的策略有助于迅速建立顾客基础，同时还可以提高预付的现金流入。

(3) 优惠券。它通常采用以下三种形式之一：直接降价、参展老客户及其合作伙伴可享受折扣或费用减免，或在基本服务的基础上提供免费或有价格折扣的延伸服务（如展台搭建、物流、仓储等）。

(4) 未来折扣补贴。竞争性强的会展项目可以保持参展商的忠诚度，他们在加入某一个特定的常客计划之前必须签约。这类折扣采取一系列分阶段奖励的形式，如提供免费的服务升级。这种方法可以对服务的价格进行调整以反映竞争程度和需求的季节性。

(5) 礼品赠送。服务是短暂易逝的，是会展营销机构为了增加有形要素而提供的特殊宣传推广方式。

(6) 有奖销售。这种方式引入了机会这个要素，鼓励顾客增加对服务的使用，主要面向参展观众，如抽签中奖。它可以有效地增加观众对服务经历的参与和兴奋感。

（六）公共关系

公共关系（Public Relations，P. R.，简称“公关”），或叫“公众关系”，是指组织机构与公众环境之间的沟通与传播关系。会展营销组织通过一系列的公共活动来改善与社会公众的关系，促进公众对主办方和项目的认识、理解及支持，达到树立良好组织形象、促进展会销售的目的，是主办方机构用来建立公众信任度的工具。

1. 会展公共关系的任务

公共关系的任务通常被认为是在各种印刷品和广告媒体上获得的不付费报道，以宣传推广或赞美某一会展项目及其服务和价值。随着公共关系活动的日渐增长，它还有助于完成以下任务。

(1) 协助新项目的启动，公共关系能够使组织树立良好的形象，进而更容易使其以一种令人信服的方式向社会推荐较新的会展项目。

(2) 建立并维持形象，成为积极的新闻素材，能帮助服务业树立良好的品牌形象。如果主办方或项目能够作为领先者或获得权威奖项、认证被提及，将有助于在顾客心目中形成高品质、高信誉的形象。

(3) 处理危机。如果反应及时，处理得当，公关关系能抵消诸如财物丢失、合同纠纷、展馆搭建事故等事件带来的负面直传效应，帮助主办方度过灾难性危机。

(4) 加强定位。步入成熟期的组织通过媒体的经常报道或组织精心策划的公共关系宣传，有助于顾客保持认知和加强定位，糖酒会"天下第一会"的地位之所以能如此深入人心，与其公共关系宣传密不可分。

2. 公共关系的工具

(1) 宣传报道。宣传报道是介绍会展项目和主办方的重要工具，它通过发表免费的新闻信息或肯定的评价来帮助主办方宣传新服务。宣传报道的信息要想被新单位采用，必须真实可靠、实事求是，而且应包含媒体和受众感兴趣的内容。新闻发布会是大型会展活动与参与者和公众沟通的重要方式。中国国际进口博览会(China International Import Expo)组委会召开了十几场新闻发布会，介绍博览会组织与招商工作进展。

(2) 会议推广。会议推广是主办方以学术会议或产品说明会的形式，营销者以专家顾问的身份，借亲情服务或科学普及、学术研讨的方式，向特定顾客推广产品或服务的一种宣传推广手段。

(3) 事件赞助。公共关系经理可以通过赞助有足够新闻价值的事件或社区服务来实现新闻覆盖。同时，这些事件也有助于提高主办方的品牌知名度。

(4) 公益赞助。主办方也可以选择为社会上的公益事件提供赞助，从而将自己定位为富有爱心和社会责任感的主办方，势必会受到人们的广泛关注并赢得他们的好感。

3. 公共关系的三项重点决策

(1) 建立公共关系目标。

(2) 选择公共关系的信息与工具。

(3) 评估公共关系效果。

这三个重点决策对所有服务主办方都是必要的。许多服务主办方都很重视公共关系，尤其是营销预算较小的小型服务主办方。公共关系的好处在于它是获得展露机会且花费较少的方法，更是建立市场知名度和消费者偏好的有力工具。

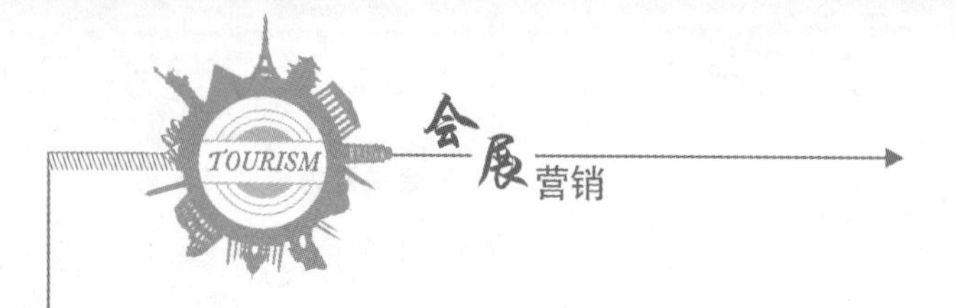

（七）互动营销

H5、360 全景、VR 重现等利用各种交互操作方式给整体体验感增分不少，加深与客户的互动会给广告本身带来更好的效果，也可以获得目标客户的反馈。可充分利用精准算法，对于目标客户喜爱的会展活动进行推荐。我们将广告推给可能会感兴趣的用户页面，都可能带来有效的转化。

网络广告交互沟通能力强。网络使营销沟通从单向变为双向，使得营销者和顾客随时可以交流信息。客户通过浏览网站来收集和提供信息，与会展营销组织进行交流。顾客可以更广泛、更深入地了解服务组织及其服务，服务组织也可以更及时地传送最新信息，互联网提供的信息丰富且几乎不受时间限制，即时互动式的网络广告真正成为“活”的广告。

（八）活动赞助

除开常规的线上产品，我们还可以做一些其他活动的嫁接（自制项目“了不起的城市”、头条盛典，或者嫁接马拉松等等）都可以和客户进行沟通。使网络广告与其他促销宣传推广手段相配合。

三、会展宣传与推广新工具

互联网以其即时互动的鲜明特色成为增长最快的服务宣传推广工具之一。互联网对于沟通宣传推广的作用，主要体现在网络广告和网络公共关系对传统宣传推广手段的革命性变革上。对于广告而言，成本大幅降低；对于公共关系而言，由于主办方在公共关系中角色的重要性、主动性得以强化，从而可以开辟公共关系的新纪元。会展宣传与推广新工具主要以论坛营销、微博营销、微信营销、短视频营销为主。

（一）论坛营销

论坛营销就是“企业利用论坛这种网络交流的平台，通过文字、图片、视频等方式发布企业的产品和服务的信息，从而让目标客户更加深刻地了解企业的产品和服务。最终达到企业宣传企业的品牌、加深市场认知度的网络营销活动”，就是论坛营销。

（二）微博营销

微博营销是刚刚推出的一个网络营销方式，随着微博的火热，即催生了有关的营销方式，就是微博营销。每一个人都可以在新浪，网易等等注册一个微博，然后利用更新自己的微型博客。每天的更新的内容就可以跟大家交流，或者有大家所感兴趣的话题，这样就可以达到营销的目的，这样的方式就是新兴推出的微博营销。

（三）微信营销

微信营销是网络经济时代企业对临着营销模式的创新，是伴随着微信的火热产生的一种网络营销方式。会展营销人员可以通过微信直接联系目标客户，也可以通过朋友圈发布会展项目的相关信息。与微博不同，微信营销是点对点的营销方式，形成的是一种较强的关系圈，因为营销人员首先要与目标客户成为更紧密的关系，才有可能进入对方的朋友圈。另一方面，会展营销组织还可以建立自己的官方微信公众号和小程序，鼓励目标客户订阅并通过公众号、小程序的推文获取自己所需的信息，会展企业通过微信公众号、服务号或小程序提供用户需要的信息，推广自己的产品。

（四）短视频营销

微博和微信的营销模式主要是以图片加文案的形式为主，而随着抖音、快手、微视等短视频平台的兴起和热门，短视频时代迎来黄金期，以短视频为主的平台深受人们的喜爱，并且有着巨大的产品带动潜力，成为企业青睐的促销方式。会展企业可以通过短视频平台发布与商家、产品、服务等相关的内容视频，植入硬广告或软广告，这种营销方式卓有成效。会展企业可以在短视频平台建立企业号来运营，发布内容里可以有广告信息、品牌信息、产品信息的各种植入，短视频平台能够给会展企业的运营号一定流量的推送能力，企业自身也可以通过企业号运营来积累和维持流量。另一方面也可以通网络视频红人、明星来发布植入产品信息的视频。

本章小结

会展营销主要是会展主体之间进行组织间营销，而分销渠道和促销是会展营销机构向其营销对象传递信息并达成交易的桥梁。本章主要从会展营销渠道的内涵及类型、会展营销渠道的选择、会展宣传与推广的功能、会展宣传与推广的方式四个方面详细分析总结选择高效的会展营销渠道和促销方式对主办方更好地实现服务促销的目标意义，重点对主办方选择最适合本主办方经营状况、效率最大化、利益最大化的营销渠道——分销渠道和促销方式——利用互联网和口碑营销相结合的新型服务促销手段，进行阐述，为主办方提高自身创造性和竞争力提供了具体的方法策略，是对现今社会环境和市场条件下创新主办方的生存与发展之道的经验总结和实践探索。

关键概念

会展渠道　会展宣传与推广

复习思考题

1. 什么是会展渠道？简述会展渠道的类型及其特点。
2. 会展企业选择分销渠道的标准是什么？
3. 请简要分析会展促销的几种主要方式。

第八章

会展服务过程与人员管理

学习目标

本章主要学习会展服务营销的过程与人员要素。服务的传递过程离不开人员与有形展示，人员是服务的提供者，有形展示是服务的载体，直接影响服务传递的质量和效率。通过本章的学习需要掌握和了解：会展服务过程内容、设计目标和设计步骤；会展服务流程的设计与再造；理解会展营销人员的重要性和角色；会展内部营销；会展服务的有形展示与策略引导；会展服务场景的类型与设计。

案例引导　第十七届中国西部国际博览会

在中国西部博览会的官方网站上，参展商服务板块中有关于展会的时间安排表(见表8-1)和参展商参展过程中的活动时间表(见表8-2)，在展会举办过程中，详细地说明了特装展位搭建材料卸货时间、参展商报到时间、参展商入场时间、观众入场时间、展览时间以及撤展时间，并补充有详细的备注。西博会的时间安排表和活动安排表如下。

表 8-1 第十七届西博会时间安排表

日期	9月16日	9月17—19日	9月20—23日	9月24日
时间安排	特装展位搭建材料卸货时间： 12:00—18:00 （仅允许材料卸货，14—16号馆时间另行通知，施工搭建需办理加班手续）	参展商报到领证及正式布展时间： 9:00—18:00 （18日布展时间为9:00—24:00，19日为展品布展时间）	展览展示时间： 9:30—17:00 参展商入场时间： 9:00—16:30 观众入场时间： 9:30—16:00	展览展示时间： 9:30—12:00 参展商入场时间： 9:00—11:30 观众入场时间： 9:30—11:00 撤展时间： 13:00—24:00

备注：

1. 所有展位在正式布展时段外，如需进行施工布展，须至现场服务处办理加班手续方可继续施工；
2. 14、15、16号馆的特装展位搭建材料卸货时间为9月17日4:00—9:00，布展时间为9月17日9:00—24:00；
3. 开展期间，参展商每日9:00入场，负责各自展位展品安全；
4. 9月19日18:00以后将进行排爆检查，禁止任何人员入场；
5. 具体时间以组委会现场通知为准。

表 8-2 第十七届西博会的活动安排表

名称	时间	地点
2018中国（四川）非公有制经济发展论坛	9月12—14日	香格里拉大酒店巴蜀郡行
2018“一带一路”华商峰会	9月18—20日	世纪城国际会议中心天府厅
第十三届中国—欧盟投资贸易科技合作洽谈会	9月18—24日	成都希尔顿酒店银河厅
第十七届西博会欢迎会	9月19日晚上	香格里拉大酒店巴蜀郡行
中俄地方经贸投资合作论坛暨企业洽谈会	9月19—21日	锦江宾馆锦江厅
民营企业高质量发展国际合作峰会	9月20—22日	成都新华宾馆会议中心
第十七届西博会开幕式暨第九届中国西部国际合作论坛	9月20日上午	中国西部国际博览城展览展示中心
第二届中国（四川）老龄事业暨养老服务业发展高峰论坛	9月20日	成都世纪城国际会议中心天府厅
2018亚洲教育论坛年会	9月20—22日	成都世纪城国际会议中心天府厅
第六届四川农业合作发展大会暨农博会开幕式	9月20日 16:00—17:30	环球中心洲际大酒店环球宴会厅
第十一届中国西部国际采购商大会	9月21日	锦江宾馆
2018南亚（泛亚）产能合作（成都）对话会	9月17日	成都世纪城国际会议中心

备注：活动安排请关注西博会官网。

除去主要的展会活动，西博会也对配套服务活动做了详细的说明。

在官网制作的 PDF 中，参展商可以获得西部博览城的平面图以及停车场的平面图。

展会配套服务包括主场服务、酒店服务、餐饮服务、旅游服务、物流服务等，并留下了相关负责人的姓名、邮箱、联系电话。方便参展商了解整个西博会的服务流程。

在西部博览会官方网站中保存有西部博览会的展览时间，同时有关于专业观众报名表的附件，以及联系人的姓名、电话与邮箱，确保专业观众了解展会，顺利参展。

西博会特写：

【西博会意大利馆葡萄酒展的人员服务】

在 2018 年西博会意大利场馆，以红酒品鉴的活动吸引非常多的观众前来参观。与观众接触的服务人员均为意大利人，精通中文，谈吐风趣幽默。意大利馆的主办方坚决不使用一次性塑料纸杯作为红酒品鉴的换用杯子，而是统一采用高脚杯，确保服务质量以及顾客在红酒品鉴活动的体验。

【西博会法国农业科技园的特装展台与礼宾服务】

2018 年西博会的法国农业科技园的展位可谓是别具一格，其特装展台一反常规展台的开放式结构，其设计者将展台设计为封闭性的黑色建筑物，巧妙地利用了灯光以及展台的顶部，打造了奇幻体验，并安排礼宾服务，给观众一种神秘感、吸引力。

■案例思考：

1. 西博会如何通过服务过程传递服务？
2. 案例中西博会中的人员扮演了哪些角色？
3. 西博会如何通过有形展示突出服务？
4. 西博会的服务场景可以有哪些？

第一节　会展服务过程管理

一、会展服务过程

服务营销组合中的过程要素是指服务生产者向消费者提供服务的程序、活动或日常工作。会展服务的生产与消费具有同步性，服务的生产和传递同时也是服务的提供过程，因而服务的生产者也是服务的提供者。会展服务过程的效果及效率直接影响顾客的满意度，因而服务提供者应将其作为营销策略组合的一部分，作为提高顾客满意度的重要手段来设计并管理高效的服务递送过程。

二、会展服务过程设计的目标

会展服务过程设计着眼于以下两个目标。

（一）提高服务效率

提高服务效率旨在以最小的投入（包括资源及时间）获得最大的产出，因而要提高服务的生产效率可以从既定产出下减少投入及既定投入下增加产出两方面考虑。值得一提的是，会展服务的生产中，区别于有形产品，顾客因素对于服务效率十分重要，积极配合服务过程的顾客将有效提高服务的生产效率，反之则会降低服务的生产效率。

（二）提高顾客满意度

在提高顾客满意度方面，则需要把握以下三个关键点：①了解顾客对服务效率的预期区间，即对服务效率的最低容忍值及最高期望值。②结合生产者及其生产的服务实际情况，根据营销目标，审视并在适当时候改进服务递送过程，确保服务效率至少位于客户容忍范围内。③服务提供后要尽可能收集顾客评价，根据顾客评价及时改进服务递送过程。

三、会展产品设计过程的步骤

制定及管理会展服务的生产过程主要有以下六个方面。

（一）设立会展服务及其条件的提供标准

设立会展服务及其条件的提供标准即所提供的服务应达到怎样的标准。这是会展企业对其内部控制的一个要求，也是保证提供的服务达到企业与顾客预期的最基础的手段。标准应体现在包括翻译、接待、展位设计、现场应急处理、报关、后勤、运输、场馆建设装潢、周边环境等会展服务体系所包含的各个方面。服务的生产标准要以顾客为核心，以满足顾客需求、提高顾客满意度为原则制定生产标准。需要说明的是，服务提供商既要对其所提供的无形的服务设立标准，也要对提供服务的设施、场所、环境，即服务条件设立一定标准。国际会展规模大、水准高，如北京奥运会中，北京奥组委就制定及执行严格的奥运会场馆建设、后勤安全保障等标准。

（二）建立检测体系，即质量监控体系

服务生产者提供服务的质量直接影响着顾客感受。服务质量不仅包括服务本身，也包括服务生产者的态度等。这就要求服务生产方应实时控制其服务质量以满足所制定的标准，一旦出现问题，应及时采取措施纠正。会展服务的提供是一个持续整个展期的过程，因而服务的质量检测也是一个动态持续进行的过程。在这个过程中，国际会展服务生产者应随时关注会展进行状况，建立服务质量控制体系，保证各项服务及服务条件持续满足所建立的标准。对于过程中出现的服务或服务条件、质量不合规的情况，要及时予以纠正。

（三）制定展会流程

制定展会流程包括会展服务的内容、服务生产者的职责、服务生产过程中消费者的参与度、服务提供的时间地点、提供服务的方式等。由于服务具有异质性的特点，每次提供的相

同的服务其内容或质量都不尽相同，制定展会流程，把其中一些可以标准化的部分予以确定并据此培训其员工，可以提高服务效率，增加顾客满意度。从确定展览题材、展览立项、人员分工、相关文案的制定，到制订招商宣传计划、展会细节的安排、确立展后调查方案等，其涉及的服务比较繁杂，一套完善的服务提供方案是成功举办会展项目的基础。

（四）意外事件的控制

由于服务生产与消费同步进行，因而意外事件的干扰对于服务的供求双方影响较大。会展能够使多人在某一时间段聚集在固定空间内，如果会展场馆内外发生意外事件，短时间内受影响的人较多，如处理不当，媒体效应就会使会展服务生产者及当地声誉受到严重损害。因此，服务提供方要事先充分做好服务流程规划。国际会展服务生产者应考虑可能发生的重要的意外事件，并设计应急处置预案，必要时进行演练，把意外事件的风险及可能带来的负面效应降到最低，并配备完善的意外事件处理方案，将风险化为最小。

（五）成本控制

与有形货物一样，生产服务同样需要成本，其中包括人力成本、设备的购买成本、租金等。服务生产者的目标未必都是利润最大化，如公共服务提供者的目标在于社会效益最大化等，但无论服务提供者的目标如何，都不应忽视成本控制的问题，即服务生产者要在实现最大收益的同时尽量控制成本。北京奥运会举办期间，奥组委也提出“节俭办奥运”的口号，但成本的控制应当以服务质量达到标准为前提。另外，还需考虑会展服务提供成本的弥补问题，其可通过直接经济收益（门票、展位费、会务费等）或间接收益（对当地经济发展的其他产业收入）来弥补。未仔细考虑成本的控制及弥补，反而可能会拖垮承办方。如在 1984 年之前的历届奥运会中，举办城市经常因举办奥运会而入不敷出，导致当地政府财政赤字。

（六）根据展会调研与反馈调整服务内容和方式

在服务生产过程中及结束后，提供者要根据用户需求、反馈及自身战略对其内容、提供方式等及时做出必要调整。服务生产管理不是静态的，而是动态的，是一个不断调整自身服务内容及方式，而使服务能够持续提供更高的顾客满意度的过程。会展举办中及举办后，会展的组织方要及时地搜集参与方的评价及反馈，根据评价及时对国际会展服务内容或提供方式等做出必要调整，或是作为下次举办国际会展时制定提供方案的依据，以持续增加参与者的满意度。

四、会展服务流程设计与再造

流程就是在完成一项任务时所遵循的某种顺序或秩序。《牛津英语大词典》将“流程”定义为一个或一系列连续的有规范的行动，它们以特定的方式发生，最终导致了某种特定结果，强调了规则和连续性。相似地，会展的服务流程即会展目标客户在购买与享受会展服务时所要经过的一系列程序。在服务生产与服务交付的过程中，服务流程有助于保证会展企业可以创造并交付有价值的产品和配套服务。由于服务产品具有无形性、同步性、综合性等一系列特殊属性，优化的服务流程是决定顾客感知服务质量水平的关键因素之一。如前所述，服务流程是服务企业向顾客提供服务的一系列流程，或者说是顾客消费服务时所要经历的一系列流程，其最终目的是为顾客提供优质而快捷的服务（有些服务可能存在例外，即未必是越快越好）。同时顾客的需求与偏好以及顾客对服务与服务流程的评价，也会随着时间的推移而发生变化。因此，企业之所以能够持续地提供卓越的服务，往往离不开对服务流程进行持续的设计与改造。

（一）会展服务流程的主要特征

如前所述，服务和有形的产品存在着明显差异。正是由于如上所述的服务特殊性，才决定了会展的服务流程与制造业的流程相比也存在着重大差异，这主要表现在以下几个方面。

1. 会展服务流程的互动性

一方面，由于服务的一个显著特征就是顾客的参与性，所以服务的生产流程往往离不开顾客的参与，有时甚至是由顾客独立完成的。例如，展会活动中诸如展位的销售、信息的查询、贸易匹配等每一项业务活动都需要参展商和相关服务流程环节的频繁互动，这也反映了顾客与服务流程接触的深度和广度。另一方面，由于顾客要参与服务的整个流程，对服务流程的了解程度往往是很高的，所以有些顾客会自己提出一些特别的需求，并希望提供商能够予以满足，同时，顾客对服务流程本身是否合理，也都有着自己的看法，并且还可能会提出更好的建议。这就意味着，顾客的建议是服务企业不断提高和改善绩效的重要源泉之一。

2. 会展服务流程的难以控制性

会展活动具有生产和消费交付同步完成的特性，在服务过程中，顾客会参与到服务流程中来。因此顾客的行为相对于组织内部而言却是难以控制的，一旦流程中的某一环节出现了问题，就可能会直接导致顾客的不满。当然，有时企业也无法控制顾客不满或服务失败，因为这种不满可能是由于顾客自身原因造成的。

3. 会展服务流程中员工的重要性

如前所述，服务的交付往往都是通过员工进行的，所以会展服务人员的形象、技能和态度等因素就构成了会展服务的重要组成部分。因此，会展服务人员的服务水平和态度都会直接对会展服务的成败产生重要影响。在服务管理实践中，由于员工因素所导致的顾客不满，往往占有很大比例。在有关服务利润链的研究中也可以明显地看出，员工满意是顾客满意的基础。所以，会展服务企业对员工的管理就显得特别关键。

4. 服务流程的差异性

在会展项目日益同质化的今天，服务成为深化展会内涵、提升展会价值的重要手段。办展机构提供差异化的服务，可以帮助展会打破同质化的困境，打造独具特色的会展品牌形象。

服务流程差异性便是服务差异化的重要一环，对于提供服务的会展企业来讲，必须深入了解会展服务的特殊性，并有针对性地对会展服务流程进行管理，以便提高服务效率和顾客满意度；对顾客来讲，还有必要了解会展服务的特征，积极参与到会展服务中来，积极地与会展企业进行互动。只有这样，才能享受到满意的优质服务。

（二）会展服务流程的设计

服务的性质和内容是服务流程设计的基础，也是服务流程设计的依据所在。其中，服务

的内容决定了服务流程的形式。一般来讲，顾客在经历整个服务流程之后，同时也已经享受到了服务。不过，会展服务流程更强调服务的步骤与顺序，而会展服务的重点在于服务的本身。在分析会展服务流程设计之前，就应该从分析服务的内容和种类开始。

1. 会展服务与会展服务流程

在实践中，根据服务和服务流程的关系，可以把服务大致分为低度多样化服务（如标准服务）和高度多样化服务（如定制的个性化服务）；还可以按照与顾客接触的程度分为无顾客参与服务、间接顾客参与服务和直接顾客参与服务（这一类又可以分为顾客与服务员工之间有互动和顾客与服务员工之间无互动的情况），例如，展会服务中提供标准展位搭建服务就属于标准服务，而特装展位的搭建服务就属于定制的个性化服务。展前对展会信息进行通报的服务属于无顾客参与服务；网上展会服务就是属于顾客通过电子媒介间接参与；展会现场服务就是顾客直接参与，现场问询洽谈业务属于顾客与服务员工有互动的情况；参展观众浏览展位属于与服务员工无互动的情况。

从上面按照服务的差异化程度和同顾客接触的程度对会展服务进行分类的结果可以看出，每种会展服务都有其明显的特点。因此，在提供每种会展服务时都要充分考虑各自的特点，设计好合适的会展服务流程给顾客提供高质量的服务。在设计会展服务流程时，要特别注意对服务接触的管理，这往往关系到整个流程的成败，也是服务流程管理的关键点。

2. 会展服务流程设计的一般方法

根据如上所述的服务分类和对服务流程的分析和总结，不难概括出会展服务流程设计的一般方法，如基于流水线的会展服务流程设计法，以顾客为合作生产者的会展服务流程设计法，基于顾客接触程度的会展服务流程设计法和基于销售机会的会展服务流程设计法等。

1）基于流水线的会展服务流程设计法

基于流水线的服务流程设计法源于制造业的生产活动，所提供的是标准化、程序化的服务活动。为此，会展企业需要制定详细的规章制度和详细界定的服务内容，以便使服务人员做到有章可循。而且，对服务员工的要求也是一致的，服务员工须遵循规范的流程提供服务。例如深圳高交会展览中心，建立了一套包括展览业务经营、展场租赁、展会物业管理等在内的较为完善的会展服务流程体系，并在展览实践中严格按照规范流程进行运作。在具体的基于流水线的会展服务流程设计方法中，往往需要关注以下几个方面的问题。

（1）使会展服务员工的自主权尽量降低，因为基于流水线的服务流程设计法追求的是服务的标准化和高效率，如果员工有较高自主权的话，他们所生产的产品或所提供的服务可能就会存在一定的偏差。换句话说，会展员工所具有的自主权越大，产品或服务的差异性可能就越大，从而无法提供一致的标准化产品或服务。简而言之，在这种会展服务流程中，会展服务员工只需牢牢记住遵循规范来生产和交付标准化的产品或服务。

（2）明确劳动分工。基于流水线的会展服务流程讲求高效率，即希望在最短的时间内提供尽可能多的产品或服务。这就需要进行劳动分工，因为分工能够提高效率，而且每个员工也可以形成专门的技能，从而进一步提高效率。

（3）建立系统的会展服务制度和会展工作内容说明，并使之标准化。基于流水线的会展服务流程设计法要求所提供的产品或服务实现高度的标准化，这就要求内部的管理制度和员工的工作内容也要实现高度的标准化，以便支持这种标准化的服务，特别对于新员工的培训更要做到有制度可依，让员工通过自己学习有关的会展服务规范和具体制度来提高学习效率。

2）以顾客为合作生产者的会展服务流程设计法

服务的一个显著特点就是顾客的参与性。也就是说，在服务流程中，顾客的参与往往是必须的，但参与的程度和方式却存在着很大不同，顾客有主动参与的也有被动参与的。在进行服务流程设计的时候，可以考虑在顾客的意愿和能力范围之内让顾客成为服务生产的合作者。这种使顾客成为合作生产者的想法在展会观众预登记及领取观众卡入场中得到了明显的体现。例如，第十五届中国国际屋面和建筑防水技术展览会使用的微信观众登记注册流程，使参展观众通过微信公众号提前完成预登记，在现场也不需排队，凭注册二维码便能轻松自助领取胸卡进场。对企业而言，这种会展服务流程设计思路可以节省员工成本和相应的管理成本，同时还可以提高服务效率；对于顾客而言，节省了现场排队登记领卡的时间，又可以体验自助的乐趣。因此，无论是对于会展企业还是对于顾客而言，这种流程设计方法都有许多好处。但在实际运用这种方法进行服务设计时往往需要重点考虑到以下两个因素。

（1）顾客参与的流程不能太过复杂。因为顾客毕竟不是专业人士，不能胜任复杂的自助服务。如果有必要的话，应该尽可能地给顾客提供一定的帮助，以便使其能更好地参与到服务流程中来。例如，展会现场可能有一些顾客自主体验的设备，但是在旁边往往都有一些专门的员工就具体的操作向参展观众提供必要的指导。

（2）要界定顾客服务的范围与内容。在顾客自助服务的流程中，顾客的自主权相对是比较大的，因而有必要对顾客的自助服务内容和范围进行界定，以便使顾客知道自助服务的范围和内容有哪些。否则，顾客可能会感到茫然。

3）基于顾客接触程度的会展服务流程设计法

从企业实践的角度看，往往可以把服务交付流程分为高顾客接触和低顾客接触两大基本类型。其中，低接触或后台可以像工厂那样运行，可以综合使用所有的自动化设施。在顾客高度接触的服务当中，在服务时间和服务性质中，往往不可避免地会把顾客的决策纳入其中，并且服务接触质量对整体的服务满意度也具有很大影响。相对而言，在低接触度的服务当中，顾客对服务流程的影响往往较小。在对高接触度和低接触度服务进行管理时，所使用的方法一般是不同的。相应地，在进行会展服务流程设计的时候，也必须充分考虑服务接触的差异性。同时，有时可能需要把同一服务区分成高接触度和低接触度两个部分，这样就可以运用相应的方法进行有效管理了。

4）基于销售机会的会展服务流程设计法

在进行会展服务流程设计的时候，还要充分考虑会展服务流程中的顾客参与方式、各种情况下所要求的会展工作技能、会展营销机会和生产效率之间的关系。在面对面的完全定制化服务中，销售机会肯定很高，但它的生产效率却可能很低，而且往往对员工提出更高的要求，如员工必须掌握诊断技能、顾客组合技能和顾客—员工团队合作技能等。同时，与前

面几种服务相比，管理的难度也相对大得多。这时，员工的自主权也应该比较大。在进行服务流程设计的时候，在考虑销售机会的同时，也要考虑到生产效率和对内部员工的管理问题。例如，在观众邀请函的发放过程中，管理工作的重点是在邀请函撰写技能、邀请函发放流程方面。而对于在招商招展方面，工作重点往往在于沟通技能、谈判协商等方面。因此，在实践中，企业应该根据不同的类型来设计不同的会展服务流程，并进而安排具体的会展工作计划，制定相应的控制决策。

（三）会展服务流程的再造

在会展行业里，服务流程是用来向顾客交付服务的一种方式。服务流程是否合理，是否能够满足顾客的需求，直接关系到会展企业的成败。随着顾客需求的不断变化，行业竞争也越来越激烈，会展企业现有的服务流程可能已经不能满足企业发展的需要。这时，可能就需要对现有的会展服务流程进行再造，以便更好地满足顾客需求，提高企业竞争力。

1. 会展服务流程再造的含义

服务流程再造的概念是从企业流程再造这个概念延伸出来的，是企业流程再造概念在服务企业中的具体应用。所谓服务流程再造，就是按照需要对服务流程进行优化或者重新设计，以达到预期的目标和计划。在此过程中，需要进一步思考现有的问题，并将其反映在流程再造的过程当中。只有这样，才能更好地满足顾客的需求。会展服务流程再造的含义就是在此基础上进行阐释，即根据现有的会展服务面临的问题，对会展服务流程进行优化或重新设计，以达到预期目标和计划。

2. 会展服务流程再造的一般方法

目前，关于服务流程设计方法的文献和案例都有很多，但一般可以归纳为系统化改造法和重新设计法。会展服务流程再造的方法也在此基础上进行设计。

系统化改造法是现在最常用的服务流程再造方法。就是在现有流程的基础上，根据顾客的需求或者内部管理的需要，对现有流程进行局部的调整和改善(包括流程的增减、流程的简化、流程顺序的调整等)，以使再造后的流程更加适应顾客的需求或者进一步提高流程的效率。一般而言，在顾客需求和消费行为发生较小变化，或者外部背景环境所出现的变动不大时，采取这种流程再造方法已经能够满足顾客的需求和企业的经营需求了。这种方法不涉及企业战略的重大调整，是企业为了应付市场上的短期变化而采取的一种服务流程再造方法。但是，在顾客需求或者消费行为发生巨大变化的时候，这种在原来流程基础上的调整与改善就无法满足顾客的需求了。而且，这样的流程再造也不能给企业带来更大的竞争优势。

在这种情况下，企业就要对企业的服务流程进行重新设计。服务流程的重新设计法就是根据顾客的需求或企业经营的需要，抛开现有的服务流程，从想要达到的结果出发，完全重新设计服务流程。这种服务流程设计一定要和企业战略保持一致，以便通过设计出好的流程而为企业的服务生产与交付奠定基础。但是，这种设计的成本一般较大，持续时间一般更长，往往需要企业高层权力的支持。因此，对于大多数企业而言，在大多数情况下都会采用第一种服务流程再造方法。只有在企业面临巨大变化时，如顾客的需求或偏好发生巨大变化，或者某项技术的出现对竞争环境产生了很大的冲击，企业才会考虑采用全新的服务流程设计方法。

3. 服务流程再造的主要步骤

1）系统化

一般而言，实施系统化服务流程再造的主要步骤包括以下几方面。

(1) 识别会展服务流程再造需求。会展企业管理人员(一般指中高层)通过总结管理工作中的经验或者参考学习国内外成功企业的会展案例，深入分析企业的服务流程现状和管理体系，发现企业与成功企业的差距，或者在流程比较中发现有些业务流程确实需要进一步优化。一般可能的情况是：现有流程可能还没有出现很大问题，但企业管理层已经发现企业有服务流程再造的需要，于是决定进行服务流程再造。

(2) 成立会展服务流程再造任务小组。再造任务小组必须得到企业高层的支持，小组的领导也应该由企业的高层来担任；小组的成员则要包括会展服务流程的直接管理人员和服务流程的一线员工。这样的人员构成基本涵盖了企业的各个层面，对服务流程的理解也往往比较全面。只有这样，才能最好地反映流程的真实情况，会展服务流程再造任务小组是会展流程再造项目的具体执行者，小组工作的好坏直接影响着流程再造的效果。同时，在以后具体的再造流程中，对任务小组的管理也是需要特别重视的工作。

(3) 确定服务流程再造的目标。对于服务流程再造任务小组而言，其首要任务就是要根据企业高层的最新规划，在对企业进行分析的基础上确定流程再造的目标和范围。在这一步骤中，任务小组要与企业高层充分沟通，了解他们的准确意思和战略意图。其次，也要了解企业内部流程的总体现状和企业的总体战略规划，以便进一步明确流程再造的目标。

(4) 对会展企业现有服务流程进行分析，充分了解企业目前的流程现状。在分析时，不仅要看到基本的服务步骤和员工的工作程序，而且还要看到流程背后的支持系统，比如员工管理系统、信息系统等。

(5) 对比找出现状与目标之间的差距。找出现有会展服务流程与所制定的目标之间的差距，特别是剖析原因所在，并提出相应的改进措施。在这一阶段的工作中，应充分调动员工的积极性，鼓励大家集思广益。同时可以邀请一线员工和有经验的顾客一同参与，一线员工与会展服务流程的接触最为紧密，也最为熟悉具体的操作；而顾客站在他们的角度更能客观地评价流程存在的问题，并提出反映顾客需求和看法的有价值的建议。

(6) 提出并实施新方案。基于上述工作，找出了与目标之间的差距之后，需针对企业现有的资源和战略规划重新设计方案。在确定了重新设计方案之后，接下来的任务就是方案的具体实施。在实施过程中，也要和企业高层充分沟通，力争得到他们的大力支持。同样，服务流程再造也是企业所有部门和所有员工的事情，所有企业员工必须齐心协力，以便实现最终的目标。

2）重新设计法

重新设计法来实现服务流程再造的主要步骤如下。

(1) 发现会展服务流程再造需求。当企业管理者察觉到某项技术变革对会展服务流程

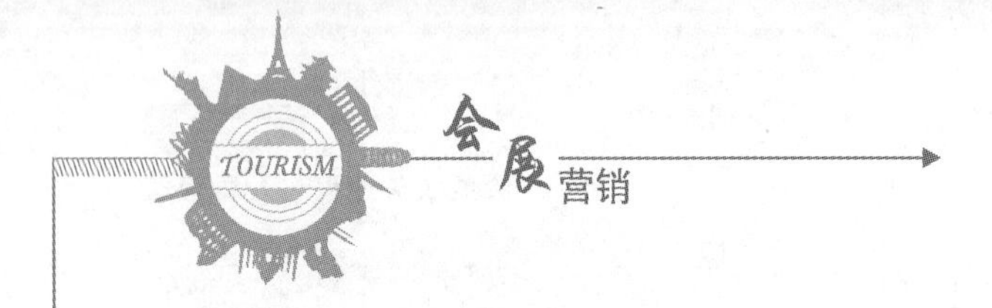

产生了重大影响，比如有些竞争对手已经采用了这些技术来改进服务流程，而且效果很好，再如顾客的需求发生了较大的变化等，管理者往往就面临着进行服务流程再造的迫切任务。

(2) 成立会展服务流程再造任务小组。对再造任务小组成员的要求一般较高，因为在进行服务流程重新设计时，要求小组成员对会展行业有相当的了解和经验，对会展行业的发展具有一定的前瞻能力。同时，再造任务小组也必须得到企业高层的支持，小组领导也应该由企业高层来担任。服务流程再造任务小组工作的好坏，直接影响到流程再造的效果。

(3) 确定服务流程再造的目标。对于服务流程再造任务小组而言，接下来的工作就是要确定服务流程再造目标。任务小组在分析市场环境和技术变革的基础上，预测未来顾客的需求偏好，从而确定服务流程再造的目标，以便指引未来工作的开展。同时，在这项工作中，也要注意与企业高层加强沟通，以便确保新的流程符合企业的战略安排。

(4) 提出重新设计的方案。会展服务流程再造任务小组应该根据对市场的了解和判断，在对新技术的采用有了较深理解的基础上，提出初步的想法。在此过程中，也可以邀请企业各级员工及重要的顾客参与进来，大家从不同角度，根据自身的切身体会，可能会提出更具创造性的有价值的建议。

(5) 实施新方案。在实施新方案的过程中，也要做到充分沟通，得到企业高层、员工们的大力支持。

对服务流程的重新设计法而言，在进行实际的流程再造中，重点在于确定顾客的需求和环境的变化，并了解这种变化要求有什么样的流程与之适应，以使重新设计服务流程。此外还要特别注意企业的内部资源，要在企业资源允许的情况下设计新的服务流程，任何离开企业实际情况来设计流程的做法都是不可能成功的。

由于系统化改造法在传统的服务行业中应用较多，如餐饮与洗浴等，这些行业相对比较成熟，市场环境较为稳定，企业在遇到顾客需求或者偏好变化时通常采用第一种再造方法，以便满足顾客的需求。比较而言，重新设计法往往在新兴服务行业中应用较多，如网上订票、银行和信息查询等，因为这些行业由于受到信息技术的影响，要彻底改变传统的服务流程才能满足顾客的需求。会展业可以根据自身的服务特性，在不同的服务流程再造过程采用合适的方法步骤。

4. 会展服务流程再造的一般原则

在进行会展服务流程再造时，一般要遵循以下几条原则。

1) 以顾客需求为中心

会展企业的活动都应该以满足顾客需求为目标，会展服务流程的再造也不例外。在当今的以顾客为中心时代，任何单纯以技术或者产品为导向的服务流程再造都不可能成功，只有真正从顾客需求出发的流程再造，才有可能获得成功。然而，现在许多企业进行服务流程再造的动机都是出于内部管理的要求，流程再造的目的也只是为了加强内部管理，而不是源于对顾客需求的满足。在这样的流程再造中，顾客的利益往往由于有意或无意地服从企业的需要而被忽视。显然，这样的服务流程是得不到顾客支持的，因而也不可能有什么发展可言。在进行服务流程再造的过程中，要以满足顾客需求为出发点和最终目标。只有这样，流程再造才可能获得成功。

2）具有整体性

会展服务流程的再造绝不仅仅是与服务流程直接接触的员工的事情，它需要企业全体员工共同努力。在顾客对某项服务进行评价时，肯定不会只评价服务人员的服务。实际上，影响顾客满意的因素有许多，如在前面提到的展会现场设备体验的例子中，顾客对与服务人员的接触评价固然十分重要，但展会的环境、展位的装潢等很多因素都会影响到顾客对服务的评价。所以，企业员工必须熟悉服务流程再造是需要全体员工共同努力和支持才能做好的。

3）设计一致的考评体系

虽然会展服务流程再造的目的是为了满足顾客的需求，但为确保再造流程的实施，还必须设计出以顾客为导向的企业内部管理考评体系。在有些企业的服务流程再造过程中，由于没有设计出相应的考评体系，还是按照原来的制度进行考评，结果好的再造方案最后没有得到真正的实施。所以，企业内部的考评体系是保证企业员工执行再造方案的重要手段。

4）强调顾客的参与

服务流程再造的目的是满足顾客的需求，所以进行流程再造的一个重要前提就是要了解顾客的需求。企业往往可以通过多种多样的渠道和方式来了解目标顾客的需求，但由于各种方法本身的固有缺陷或者是条件有限，得到的结果往往不准确。因此，现在许多企业在流程重组时会邀请重要顾客参加进来，耐心听取他们的意见和建议；在新的服务流程实施以后，会再次邀请部分顾客来体验再造后的流程及其效果，征求他们的意见。一旦发现问题马上进行调整和完善，直到顾客满意为止。实际上，在服务的期望和顾客行为之间，往往存在着五大主要缺口（请参阅有关服务质量评价的相关内容），只有顾客本身最了解自己的需求，但如果不是在实际服务中，他们往往不能够清晰完整地表达出来。所以，在进行服务流程再造的过程中，企业始终不能忘记让顾客参与到这种重要有效的方法中来。

知识链接　　深圳会展中心

深圳会展中心是全国率先获得 ISO9001 国际质量体系认证的展馆，其服务体系可以简单概括为“一体两翼”，以场地经营业务（场馆、会议室出租）为主体，以展览服务（工程、餐饮、会务、物业管理等）和以高交会为品牌支撑的自办展业务为两翼，深圳高交会展览中心有效地整合价值链，提供会展服务全系统解决方案，并持之以恒改善服务与管理，致力成为“场馆管理服务专家”。并在展览实践中严格按照规范的流程进行运作，为高交会、家具展、中国国际互联网展等大型展会提供了一流、高效的会展服务。

图 8-1 所示为主办方办展流程。

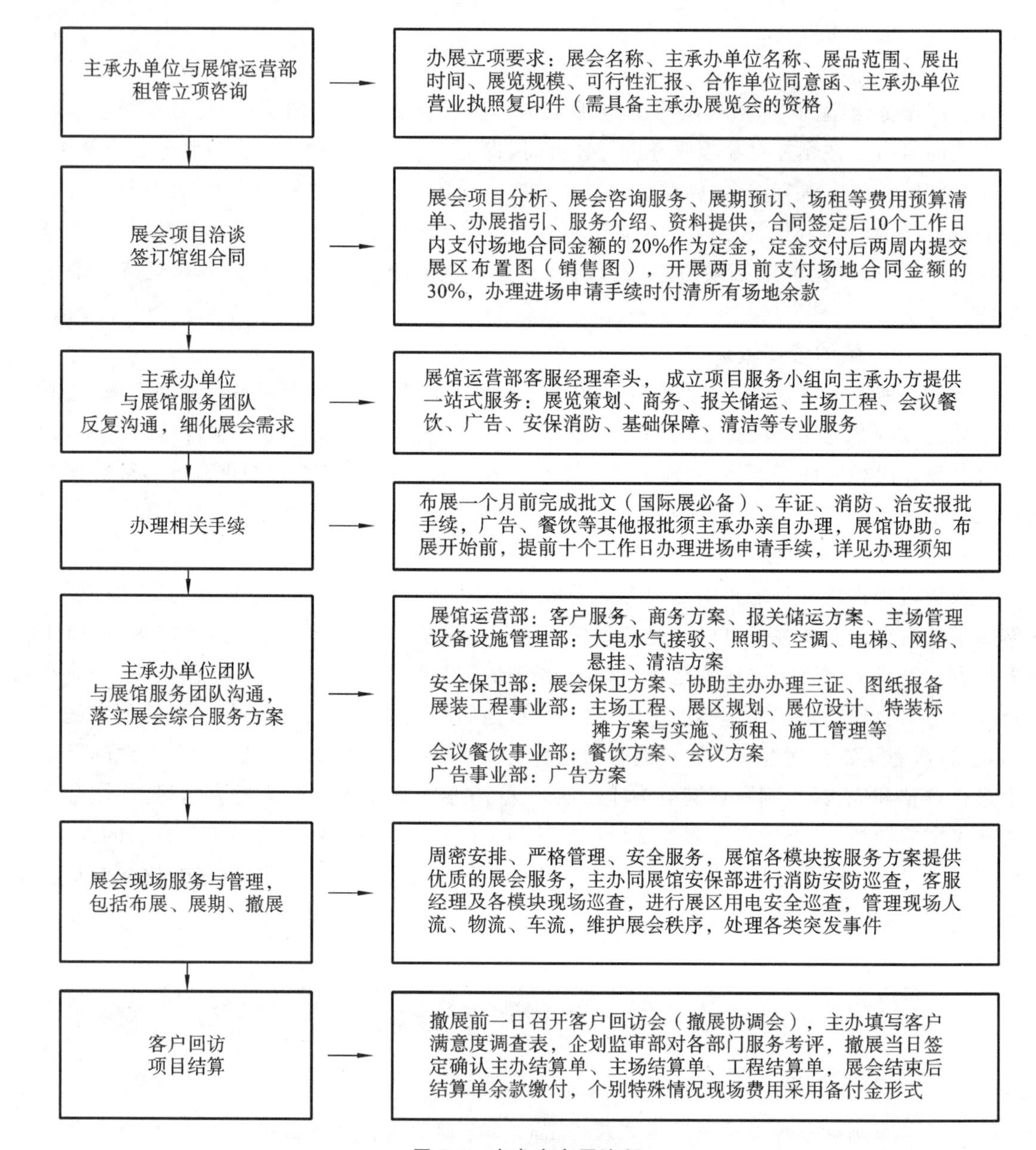

图 8-1　主办方办展流程

（资料来源：http://www.szcec.com/Guide/index/id/287.html/）

第二节　会展营销人员管理

一、人是会展服务营销组合中重要的要素

有形产品是在封闭的环境中生产出来的，而服务则是在开放、互动的过程中生产出来的。人，包括服务提供者、接受服务的顾客和相关顾客，都对服务质量的形成产生重要的影响。

服务提供者，特别是与顾客直接接触的服务提供者，对顾客感知服务质量的形成起着至关重要的作用。服务提供者的服务技能将影响到服务传递结果的质量，例如，一个沟通技能较弱的展会营销人员可能会延长专业观众的问询时间，甚至可能会导致专业观众的购买意愿下降；而服务提供者的服务意愿和服务态度，则会对服务传递的过程质量产生重要的影响，例如，即使会展活动中的翻译人员的翻译水平高超，但如果态度非常恶劣，也会给顾客留下不好的印象，从而影响整体的顾客感知服务质量。

与顾客没有直接接触的服务人员，同样会对顾客感知服务质量产生影响。例如，外部营销人员尽管不直接与顾客接触，但他们在广告宣传中所做出的承诺等，会影响顾客的期望水平，而顾客感知服务质量是顾客期望与顾客感知之间的差距，因此，承诺会影响到顾客的感知服务质量。

与产品不同，服务的生产过程和消费过程同时进行，而且在绝大多数情况下，顾客要亲自参与服务的生产。顾客对服务流程、特性的了解程度以及顾客的参与程度等，都会对服务传递的质量产生影响。例如，一个参展观众对展品产生疑惑，如果不愿意与现场工作人员沟通，那么他对于该展位上的展品的了解程度可能是很低的。

另外，在服务中一个很特殊的情况是相关顾客也会对服务质量产生影响。如前所述，服务是在一个开放和互动过程中进行的，这种互动既包括服务提供者与顾客的互动，也包括顾客与顾客之间的互动。在参与服务过程中，一个顾客的感知服务质量会受到另外一个或几个同样在服务现场的相关顾客行为的影响。例如，展会现场的观众，其感知服务质量不仅要受到展会现场工作人员服务技能、服务态度的影响，还要受到与其一起参展的其他观众行为的影响。一些参展观众大声喧哗、随地乱扔垃圾等不良行为，同样会影响到另外一些参展观众对服务质量的感知。需要我们注意的是，受到影响的顾客会将这些问题“组织化”，即将问题归咎于展会主办方，从而降低对展会的整体服务质量感知水平。

顾客对服务质量的感知包括服务结果和服务过程两个方面。正如前所述，有形产品的生产和消费在绝大多数情况下是分开进行的，消费者对产品是谁生产出来的，以什么样的方式生产出来的并不关心，他们所关心的只是产品特性是否符合自己的要求。但服务的生产和消费过程却是不可分割的，消费者要参与服务的生产，因此，服务是谁生产的，以什么样的方式生产的，对于顾客来讲是十分重要的。例如，一部手机到底耗费了多长时间生产出来，与手机的使用者没有任何关系，但参展排队入场需要多长时间，参与节事活动需要多长时间

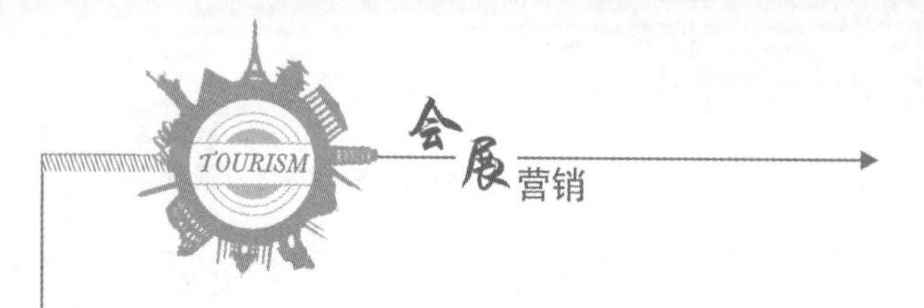

等等，却与顾客息息相关，而且会极大地影响顾客对整体服务质量的感知。同样，生产手机的工人的态度与手机使用者没有关系，而展会工作人员的态度、节事活动工作人员的态度却会极大地影响顾客的感受。

对于有些服务来说，过程质量的重要性甚至会超过结果质量。因为在有些服务类型中，顾客会将服务结果质量视为一种理所当然的质量。例如，与会人员接受接机服务时，一般很少对该服务的结果，即与会人员发生地理位置的移动产生异议，这是一种理所当然的结果。因此，与会人员对接机服务的投诉，主要集中在服务过程上。例如，接机服务人员的态度、乘坐车辆的环境、是否准时到达会场等等。但在另外一些服务类型，服务过程质量的重要性会下降。例如，在展会搭建服务中，服务结果远比服务过程重要得多，道理非常简单，如果最终呈现的展位、舞台效果不佳，过程中再多的设计灵感、想法修改都是没有任何意义的。

二、会展服务传递中的员工角色

虽然服务人员起着很重要的作用，但他们在组织内扮演的角色却不尽相同。根据接触顾客的频繁程度和员工参与常规营销活动的程度，贾德(Judd)将服务人员划分为四种类型：接触者、改善者、影响者、隔离者。

(一) 接触者

接触者能频繁地或有规律地接触顾客，并且常常能参与到组织的常规营销活动中来。他们通常占据着组织的许多职位，如会展销售和会展活动运营。由于能参与组织的日常管理，所以接触者可以很好地领会组织的营销战略。这些员工需要组织很好地培训和激励，从而更好地为顾客服务。

(二) 改善者

如展会接待人员，他们是组织的一线员工，常常能接触到顾客，但是在很大程度上，他们并不直接参与组织的常规营销活动。因此，他们可能没有多少明确的服务理念，也没有高超的顾客关系管理技能。所以，他们需要在顾客关系方面得到培训。

(三) 影响者

影响者不常或者没有与顾客直接接触，但他们却是营销战略制定的一部分，像产品研发部门的人员或者市场研究人员，他们能够对会展营销计划实施影响。但是，由于缺少直接与顾客接触的经验，这些人员的意见或建议可能纸上谈兵，无法得到一线员工的认同。所以，组织需要促使他们参与顾客服务，并将这项指标纳入考核中去。

(四) 隔离者

隔离者为服务的提供实施各种支持，他们既不会频繁地与顾客接触，也不会参与到营销计划的制订中来，像人事部门或者信息系统部门的员工。虽然他们完全隔离于顾客接触和营销活动之外，但他们的行动仍能影响到整个组织的绩效。因为他们是一线人员的支持者，会直接影响一线人员的工作状况。所以，他们需要了解组织的整个战略，从而明确如何向一线员工提供服务支持。

三、会展服务人员的角色

所有员工，不论是一线员工还是提供支持的背后人员，对任何服务组织的成功都至关重要。因此，著名学者贝里曾写道，对员工成功的投资是许多企业持续成功经营的关键。越来越多的成功案例使管理者意识到，会展服务人员是决定顾客感知服务质量优劣与否的关键要素，会展服务人员在服务过程中发挥着越来越重要的作用。

知识链接　万豪饭店公司(The Marriott Corporation)的会议执行经理

一项调查显示：万豪饭店公司大多数饭店是依靠小型会议得到预订业务的。在该公司的许多饭店内30间客房左右或不到30间客房的团队业务占业务量的50%。在此调查结果的基础上，万豪公司增设了一个新岗位：会议执行经理(The Executive Meeting Manager)负责小型会议和宴会的预订和服务。这个岗位被视为一步到位的服务，简化了小型会展团队客户的策划工作。万豪饭店公司从这个新设立岗位中的主要得益就是提高了客户的忠诚度。并且会议执行经理与会展客户的密切关系也开创了更好地进行建设性销售的新阶段并提高了营业额。

(一) 服务人员就是服务

在许多情况下，服务人员就是服务。尤其在个性化的服务提供中(如理发、维修等)，服务人员承担了提供大多数或者整个服务的过程，甚至不需要借助任何工具(如培训)。因此，对于顾客而言，他们就是服务的象征，他们就是服务。

(二) 服务人员就是组织

在服务传递过程中，顾客接触最多的就是服务人员，尤其是一线员工，所以，即使不是由他们单独提供服务，但在顾客心目中，他们就是服务组织的代表，他们象征着服务组织。而且不论是正在工作的员工，还是休息或者歇班的人员，也代表着服务组织的形象。换句话说，即使这些员工没有上班，只要他们表现出对顾客的不屑或者不专业，仍然会对组织的服务质量产生影响。因此，迪士尼公司坚决要求其员工只要出现在公众面前，就必须永远保持台上的工作态度和行为。

(三) 服务人员就是营销者

由于服务人员会直接与顾客接触，并且代表着组织，所以，他们能直接影响顾客对服务的满意程度。从这个角度来看，服务人员也扮演了营销人员的角色。他们的一言一行，就是服务组织的活广告。因此，许多服务组织像银行，要求其员工在提供服务的同时也向顾客推销各类服务产品。但不论其是否执行了营销职能，在顾客的眼中，他们始终是营销者。

四、会展内部营销

（一）内部营销的内涵

内部营销(Internal Marketing)是从员工的内部市场这一概念中产生的。因为营销工作者在真正对外部顾客开始实施营销前，必须确保组织内部员工理解并接受外部营销活动，以及组织提供的服务内容。芬兰学者克里斯廷·格罗鲁斯认为内部营销就是在服务意识驱动下，通过一种积极的、目标导向的方法为创造顾客导向的业绩做准备，并在组织内部采取各种积极的、具有营销特征的、协作方式的活动和过程。在这种过程中，处于不同部门和过程中的员工的内部关系得以巩固，并共同以高度的服务导向为外部顾客和利益相关者提供最优异的服务。

内部营销的重点在于组织中各个层级之间应建立良好的内部关系，这样，在与顾客接触的员工、参与内部服务过程的支持员工、团队领导以及各级经理的头脑中才会有服务导向和顾客导向思维。

会展内部营销的内涵在上述内部营销内涵的基础上发展丰富，包括会展企业理念的建立、质量标准的设立、内部员工文娱活动的开展等，但最终目标都是为了提高顾客满意度，并有效地满足顾客的需求。

（二）会展内部营销的重要性

在互动营销过程中，员工的作用非常重要，他们的顾客导向、服务意识在顾客对服务组织的理解以及今后顾客对组织的惠顾中起到关键性的作用。因此，所有组织都必须具备顾客导向和服务顾客的意愿，并鼓舞员工的士气。参考已有的服务营销对内部营销重要性的阐述，从3个视角来强调会展内部营销的重要性。

第一，从会展企业的产品和外部营销计划来讲，员工是企业的第一个市场，即内部市场。它指出了会展服务提供者为外部顾客所提供的一切，首先要经过公司内部人员的感知和评估。如果员工不相信公司在外部营销活动中做出的承诺，对如何提供会展服务或如何在服务过程中使用技术或相关系统一无所知，也无法接受这些东西，或者觉得他们没有能力兑现公司的外部承诺，那么他们就不会接受企业做出的承诺。在这种情况下，他们就无法或不愿作为有效的兼职营销人员来完成工作，并对互动营销做出贡献。因此，员工构成企业应该关注的第一个市场。

第二，以积极、协作以及目标导向的方式实现员工导向的努力，将这些内部努力和过程与企业外部效率(顾客关系中的互动营销表现)有机地结合起来。它强调了这样的事实：所有的内部努力、项目或过程都要与维持或改善企业的外部绩效这一目标相适应。人力资源管理并不是一项内部事务，因为它必须要确保员工能够对服务提供者的外部绩效做出贡献。对此类努力和过程必须以一种与外部营销类似的方法(如协作性的、积极的、目标导向的方法)进行规划和实施。

第三，强调将会展企业内部的人员和部门视为内部顾客的重要意义，企业要像为外部顾客提供服务那样为员工提供内部服务。这承认了内部顾客的存在，并认为对待内部顾客的方式要和对待外部顾客一样，这对组织的内部关系建设至关重要。相关员工在公司内部最好不要接受延迟的、漫不经心的、粗心的内部支持或服务，如果发生这种情况，这些员工为企业外部顾客提供优质服务，并创造高的顾客感知服务质量的能力就会大打折扣。

会展内部营销是一个整体的管理过程，它将组织的多种职能集成为两种方式：第一，它确保组织所有层级的员工都理解和亲身体验自己的工作，以及存在于支持顾客意识的环境中的各种活动、过程；第二，确保员工积极主动地以服务导向的方式行事。内部营销能够保证组织在成功实施外部市场营销计划之前，将组织和员工之间的内部关系调整到最佳状态。

（三）会展内部营销策略

到 20 世纪 90 年代，学者们又开始了新一轮的对内部营销的关注，研究内部营销的视角也从关系导向发展成为网络组织导向，即组织在由传统企业组成的网络中进行协作。人力资源管理研究提出了内部营销策略，针对这些策略，结合会展的特性，提出了几点会展内部营销策略。

一是将内部市场中的个体视为关系伙伴。强调不要将员工视为下属，而是以双赢的观点来看待他们，要让员工认为他们在为组织工作的同时，自己也得到了某种回报，例如发展机会、利用成长的环境、来自知识生成团队的信息和支持及可观的收入等。

二是创造包括单个组织全体成员和网络中其他组织的成员在内的内部营销过程。强调会展企业内部各部门之间的界限和会展企业与外部组织间的界限日益模糊，同时指出会展企业和员工的关系与企业和会展服务商、供应商、会展组织者等外部协作单位间的关系同等重要。供应商、服务提供者以及顾客共同构成一个互动组织，共同在互动关系中为顾客创造价值。

内部营销还牵涉两个具体的管理过程：态度管理和沟通管理。第一，必须对所有会展员工的态度及他们对顾客的意识和服务意识产生的动机进行管理。这是在致力于服务战略中占得先机的一个组织中实施内部营销的先决条件。第二，经理、主管，与顾客接触的员工和支持人员需要各种信息以完成他们的工作。这些信息包括工作规定、产品和服务特征以及对顾客的承诺（如在广告中做出的承诺和销售人员做出的承诺等）。他们同样需要与管理层就其需要、要求、对提高业绩的看法及顾客需要等内容进行沟通。这是内部营销的沟通管理。

第三节　会展营销展示管理

一、会展服务的有形展示

（一）概念

瓦拉瑞尔 A. 泽丝曼尔（Valarie A. Zeithaml）定义有形展示是指为进行服务传递，企业与顾客进行交互所处的环境以及利于服务执行或传播交流的任何有形商品。服务的一大特点是“无形性”，不能够直观看到或摸到，服务质量难以控制和评估，只能通过体验来感受，因此顾客往往通过有形的线索和展示来对服务进行评价。

正因为服务是不可见的，会展主办方应设法使会展服务"有形化"，通过特定的有形线索体现主办方抽象的服务理念和服务流程，使参展商和观众能识别和感知到会展服务的存在。

所谓"有形线索"，指会展服务流程中能被参展商和观众直接看到的与展会服务相联系的有形物品，如展馆环境与基础设施、展位划分与分布图、参观指南、参展商服务手册、服务台等，这些有形设施和物品是展会提示客户某项服务客观存在的重要"线索"，传递了主办方的服务价值和理念，会展营销主体机构有必要对服务的有形载体和线索进行管理。

服务的有形展示实质是实现服务的有形化。会展营销主体机构可以结合实物、数字、文字、音像、实景等一系列的可视方式，借助服务过程中的各种有形要素，把不可见的服务产品尽可能地实体化、有形化。

（二）类型

对于产品营销而言，有形展示约等于产品本身，而在服务营销中，有形展示的范围变得相对广泛。事实上，服务营销学者不仅将环境视为支持及反映服务质量的有力实证，而有形展示的内容由环境扩展至所有用以帮助生产服务和包装服务的实体产品和设施。

根据有形展示的构成要素，可以将有形展示划分为物质环境、信息沟通和价格三种要素类型，它们之间并非相互排斥而是互相关联的，例如物质环境决定了价格要素，而价格要素可能需要通过信息沟通传递给顾客。会展企业通过对三类要素的综合运用，可以使服务产品有形化、具体化。

1．物质环境

朱莉·贝克(Julie Baker)把物质环境分成三大类：环境因素、设计因素和社交因素，证明了服务的物质环境的重要性。

1）环境因素

环境又称周围要素，主要包括气温、湿度、噪声、气氛与整洁度等，这类因素不易引起顾客的注意，也不会让顾客感到特别兴奋，但缺少顾客所需要的某种背景因素则会让顾客不快。空气的质量、噪声、气氛等客观存在的原始性因素等都属于环境要素。这类要素通常不会立即引起顾客的注意，也不会使顾客感到格外兴奋和惊喜，但如果服务企业忽视这些因素，而使环境达不到顾客的期望和要求，则会引起顾客的失望，降低顾客对服务质量的感知和评价。

会展服务的环境展示主要包括建筑物、内部装潢、场所布局与设计、设施设备等。建筑物的规模、造型、使用的材料以及与邻近建筑物的区别，都是塑造客户观感的因素，因为它们往往能令人联想到牢靠、稳固、保守、进步或其他各种印象。例如，作为北京奥运会开幕式主场馆的"鸟巢"，作为比赛场馆的水立方等众多建筑均展示了中国的科技水平和建筑水平；上海世博会上的中国国家馆建筑外观以"东方之冠，鼎盛中华，天下粮仓，富庶百姓"的构思主题，向海内外客人充分表达了中国文化的精神与气质。恰到好处的内部装潢可以加强客户对展会活动的印象和好感。例如，如果想办一届儿童玩具展，就可以在场馆的墙面上挂出各种各样的卡通、乐园类图画，还有五颜六色的小旗子、绿树、红花等，随意而挂，烘托出一种无拘无束氛围；对于想参加家居展的企业，若要营造简洁、温馨、方便的家的感觉，则可在特装展位上通过对色彩和空间的运用来实现，墙面可以以淡粉色、淡黄色为主，地毯的色彩与墙面协调，小巧的高圆桌代替写字台和茶几等。

2）设计因素

设计因素包括美学因素（建筑物风格、色彩等）与功能因素（陈设、舒适和企业标识等），是顾客最容易觉察的刺激因素，这类要素被用于改善服务的包装，使服务的功能更为明显，以建立有形的、良好的服务形象。社会因素是指参与服务过程的所有人员，包括服务人员和出现在服务场所的其他顾客。他们的态度行为都会影响顾客对服务质量的期望与评价。

设计因素一般是指在原始性因素的基础上人为地加工改进的环境要素。这类要素是顾客最易察觉的刺激因素，包括美学因素（建筑物风格、色彩等）和功能因素（陈设、舒适、标识等），被用来改善服务产品的包装，使服务的功能和效用更加明显和突出，以建立有形的赏心悦目的服务产品形象。

会展场馆布局与设计主要指根据目标客户（包括外部目标市场的客户和企业内部员工）的良好心理感受（美化因素）以及给客户带来便利性（功能因素）的服务流程的需要对空间布局、设备摆放、行走路线等进行的优化设计。比如，在展览会中，展台可以说是一个企业的名片，展台的大小、设计、外观必须尽善尽美，符合客户审美标准，才能使企业在展览会中立于不败之地。我们评价一个展台是否成功的标准不是看它是否漂亮、华丽，而是看它的展示沟通能力，它所表达的概念，展台所确定的功能性和展品本身的内涵。

展会上还可利用服务设施设备来传递服务能力、服务质量和服务形象，展示为参展商和观众提供优质服务的条件。服务设施设备不能以高级或昂贵程度作为衡量服务设施是否完善的标准，真正有效的设施设备是最符合展会实际情况，最能满足参展商和观众需要的设施设备。

3）社交要素

社交要素是指参与服务过程的所有人员（包括服务人员和顾客）的个体特征和社会关系。对会展项目而言，参展商及代表、与会嘉宾、专业观众的质量和级别、社会交往、社会地位、个人素质及人文特征等体现了展会的质量、市场价值和地位，展会现场所有人员的态度和行为都会影响顾客对服务质量的期望和评价。

社交要素还强调了人员形象的有形展示，服务的生产与消费不可分割，服务与服务的提供者密不可分，现场服务人员的综合素质和专业技能直接影响参展体验和服务质量。展会服务人员形象、举止可以进行适当的有形表现，如工作人员穿着统一的制服显示了服务标准化的信息，传达了服务稳定和可信赖的信号；服饰的颜色、Logo、设计等可以传达服务理念。

会展服务人员的行为方式、操作规范也反映了企业的服务理念和服务质量，服务者的精神风貌和规范操作是服务文化在服务人员身上的直接反映，也是企业管理质量的重要表现。良好的精神风貌不仅可以在员工之间相互影响而且还能感染参展商和观众，使客户消除服务无形性给他们带来的心理压力。参展商和观众会通过服务人员的行为方式了解到会展企业的服务精神，进而可以了解服务质量的优劣。

综合而言，一个会展项目的选址所考虑的城市、周围交通条件、当地经济状况等属于环境要素。商场的楼宇样式、销售，展会现场布局、灯光、气味、背景音乐等属于设计要素。前来参展的企业和观众以及展会现场服务人员等则构成社交要素。通过环境、设计、社交三类有形展示要素的组合运用，将有助于实现会展服务的有形化、具体化，从而帮助顾客感知会

展服务产品的利益，增强顾客从会展服务中得到的满足感。

2. 信息沟通

信息沟通也是一种服务展示形式，来自服务企业本身以及其他引人注意的信息可以通过多种媒体传播来展示服务。从赞扬性的评论到广告，从顾客口头传播到公司手册，这些不同形式的信息沟通都传递了有关服务的信息，影响着顾客的购买行为。服务企业可以通过强调现有的服务展示并创造新的展示来有效地进行信息沟通管理，从而使服务有形化。会展信息通常是另一种服务的有形展示类型。这些来自企业本身以及其他引人注意的沟通信息通过多种媒体传播来展示服务。包括标志、价格、目录、票据、宣传品、图片、照片、题词、橱窗、录像、影视、荣誉、证明、表扬、理念、口号等。例如，会展业的信息展示主要有招展说明书、广告、Logo、公司手册、信封、卡片等。

会展服务的信息环境是会展营销主体机构运用语言文字、数字、图表等形式营造出来的，是服务会展内容的营销策略，目的是向客户说明展会的服务质量或提供的价值有别于或高于竞争对手。如北京 2008 年奥运会形象，包括奥林匹克五环、北京奥运会会徽、色彩系统、主体口号、二级标志、吉祥物、体育图标、核心图形以及一组图片形象，是向世界展示中国以及北京的文化传统、城市形象和人文精神的载体。

会展营销主体机构还可以通过服务理念、服务口号来展示自己的服务宗旨，使客户认识到服务机构的真诚，从而增强客户对服务机构的信心。北京奥运公益广告弘扬了“同一个世界，同一个梦想”的主题口号，营造了“迎奥运、讲文明、树新风”的社会环境。北京奥运会公益广告还具有传承民族文化的作用，其表现出了浓郁的本土化色彩以及平民化、生活化特征，各界普遍反映公益广告形象生动地宣传了“绿色奥运、科技奥运、人文奥运”的理念。

此外，信息沟通展示也应重视名人效应。名人题字、名人参/观展的展会活动具有强大的召唤作用，而且可以消除顾客对服务质量的担忧。

3. 价格

价格是一种对服务水平和服务质量的可见性展示，这是因为在购买服务时顾客通常会将价格看作有关服务的一个线索。在服务行业，定价很重要，服务是无形的，价格成为顾客判断服务水平和服务质量的重要依据，从而使得价格这一有形要素在顾各的服务购买决定中发挥着重要的作用。

价格是对会展服务水平和质量的可见性展示之一，也成为顾客判断服务水平和质量的一个依据。比如，展位价目表的制定，价格过低，会使参展商怀疑办展机构的专业知识和技能，降低参展商感觉中的服务价值；而价格过高，则会使参展商怀疑服务的价值。除此之外，展位价格也是企业识别不同展会的一项综合指标。因此，办展机构在执行营销价格策略时，不仅要考虑展位的价格水平，还要考虑参展商对展会的认知价值、展会的质量价格比（即“性价比”）等有关价格的相对数量指标。制度合适的价格不仅能获得稳定的收益，而且也能传送适当的信息，使会展服务有形化。

二、会展服务场景的类型

服务的执行、传递和消费所处的实际有形设施被称为服务场景。由于服务生产和服务消费的性质不同，有形环境对顾客或员工的重要性存在着差异。有形环境对有些服务企业实现其目标有重要的意义,而对另一些组织则意义不大。比特纳依据服务场景的用途和复杂性两个因素,将服务企业划分成几种类型,如表 8-3 所示。

表 8-3 服务场景的用途和复杂性

服务场景的用途	服务场景的复杂性	
	复杂的	精简的
自助服务 (只有顾客)	• 高尔夫球场 • 冲浪现场	• ATM 机 • 大型购物中心的信息咨询处 • 邮局 • 互联网服务 • 快件递送
交互性服务 (顾客与员工)	• 饭店 • 餐厅 • 保健所 • 银行 • 航班 • 学校	• 干洗店 • 热狗摊 • 美发厅
远程服务 (只有员工)	• 电话公司 • 保险公司 • 公共事业 • 众多的专业服务	• 电话邮购服务台 • 以自主语音信息服务

服务场景会影响到服务中的顾客与员工的感知及行为,不同服务企业的服务场景的影响对象各不相同,表 8-3 表明基于这一维度有三种类型的服务企业。

(一) 自助服务

在自助服务环境中,往往是顾客自己完成服务。如网上展会服务,会展企业在设计服务场景时,能够专注于营销目标,如进行适当的市场细分,使相关 UI 设计能吸引顾客并便于使用,营造顾客需要的服务体验等。由于是顾客通过网络自主浏览,选择相应的服务,在网络界面的直观设计(如网站上的链接)有助于引导顾客行为。

(二) 交互性服务

交互性服务介于自助服务与远程服务之间,代表了顾客和员工都需要置身于服务场景中的情形。例如展会现场的询价、购买、体验设施设备等服务,都属于交互性服务场景。对于此类型的服务,服务场景的设计必须能够同时吸引、满足、便于参展观众和员工。对于服务场景如何影响顾客之间、员工之间及顾客和员工之间的社会性交互的属性和质量,也应当给予特别关注。

(三) 远程服务

在此类型的服务中,顾客很少或根本没有卷入服务场景中。例如招商招展服务、会展宣

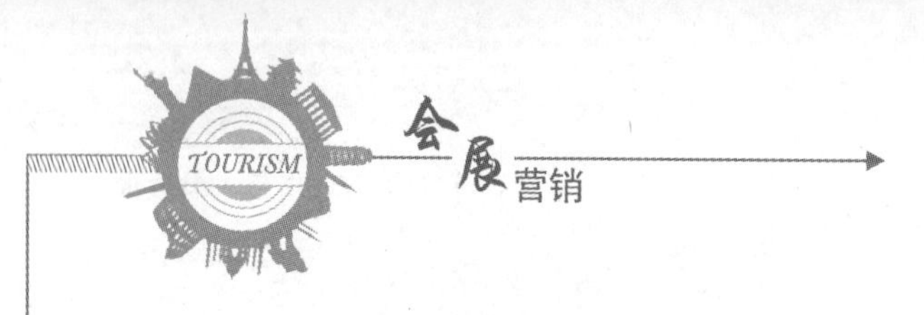

传推广服务等都是在会展顾客不能直接看到服务设施的情形下提供服务的。在这些远程服务中，服务设施的设计可以专注于员工的需要和爱好，其服务场所的设计应当以能够激励员工、有利于加强团队合作、提高工作效率及其他期望为目标。

三、有形展示策略的引导

（一）会展有形展示的管理原则

既然有形展示在会展服务营销中的地位如此重要，会展服务企业就应懂得利用组成服务的有形元素，突出服务的特色，使无形无质的服务变得相对具体化，让顾客在购买服务前，能较有把握地判断服务的特征以及购买服务后所获得的利益。因此，加强对有形展示的管理，努力借助这些元素来改善服务质量，树立独特的会展服务企业形象，无疑对会展服务企业开展市场营销活动具有重要的意义。

在会展营销实践中，有形展示的管理应该遵循以下三条原则。

(1) 为会展服务展示设计的有形载体必须是顾客感官的主要出发点，最好是顾客在购买服务过程中致力寻找和发现的事物。如果管理人员将希望传达的感受和信息放在顾客不感兴趣的事物上，则往往事倍功半。比如，展位的实际价格、通过参展可以获得的实际效益是参展商感受展会服务质量的主要着眼点，而邀请函的材质选择、入场胸卡的样式等也许让设计者耗费心思，但参展商却很少关注。

(2) 必须保证有形展示所暗示的服务承诺在真实的服务过程中能够兑现。当然，有些服务广告是明显通过夸张手法来表达创意的，顾客能轻而易举地辨识出来。例如广告语“今年 20，明年 18”强调了美容服务的效果，但并没有人把这作为一种切实的服务承诺。但对过去的服务成果、服务质量认证、顾客服务感受反馈等有形展示必须遵守“展示平均质量，保留最高质量”的原则，否则，高期望下的低满意会使有形展示招致适得其反的营销效果。

(3) 要把有形展示的管理重点放在发展和维护企业与顾客的长期关系上。具体而言，服务的有形展示并不仅仅是为了让顾客对服务产生明确的认同，对服务相关信息有所了解，还要通过有形展示在顾客与服务企业之间建立持久的联系。例如，参展商对某会展服务人员专业技术的欣赏，对舒适的展会服务气氛的认同，对服务设备精密准确的首肯等。这条有形线索的存在是培养品牌忠诚、发展长期顾客关系的基础，而实现越来越多的顾客与企业服务特色典型的有形载体的共同联系，便是有形展示策略乃至服务营销的最高境界。

（二）会展有形展示管理的要点

有形展示管理不仅是营销部门的工作，企业的每个人都有责任传送有关服务的适当线索。下面列出的是一份行动问题清单，所有的管理人员都应定期对这些问题加以自省。

(1) 我们有一种高效的方法来进行有形展示管理吗？我们对顾客可能感知的有关服务的每一件事都给予了充分的重视吗？

(2) 我们是否积极地进行了有形展示管理？我们积极地分析了如何使用有形因素来强化服务概念和信息吗？

(3) 我们对细节进行了很好的管理吗？我们是否关注“小事情”？举例来说，如果会议现场的灯光忽然出现问题，我们是立即更换还是过后再换？我们作为管理人员有没有举例向员工说明没有任何细节小到不值得管理?

(4) 我们将有形展示管理和市场营销计划结合起来了吗?例如,做出环境设计的决定时,我们是否考虑到这一设计能否支持高层营销策略?作为管理人员,我们是否熟知有形展示在市场营销计划中的作用,进而对计划做了有益的补充?作为管理人员,我们知道在市场营销计划中什么是首要的吗?

(5) 我们是否通过调查来指导自己的有形展示管理?我们是否寻找来自员工和顾客的由价格传递的线索?我们预先是否测定了自己的广告向顾客传递了什么样的信息?在服务设备设计过程中,我们征求过顾客和员工的意见吗?作为管理人员,在提高公司整体形象的过程中,我们是如何运用环境设备和其他展示形式的?

(6) 我们将有形展示管理的主人翁姿态扩展到整个组织范围了吗?在服务营销中,我们向员工解释了有形展示管理的特点和重要性吗?我们是否向组织内的每个人传达了他们在有形展示管理中的责任?

(7) 我们在有形展示管理过程中富有创新精神吗?我们所做的每件事都有别于竞争者和其他服务提供者吗?我们所做的事情有独创性吗?我们是不断地提高有形展示水平使之合乎时尚,还是跌入沾沾自喜、自鸣得意之中?

(8) 我们对第一印象的管理如何?早期与顾客接触的经历是否给我们留下了深刻印象?我们的广告、内部和外部的环境设备、标志物,以及员工的服务态度对新顾客或目标顾客是颇具吸引力还是使他们反感?

(9) 我们对员工的仪表进行投资了吗?我们有没有向员工分发服装并制定符合其工作角色的着装标准?对于负责联系顾客的员工,我们考虑到为其提供服装津贴了吗?我们考虑过提供个人着装等级津贴吗?

(10) 我们对员工进行有形展示管理了吗?我们有没有使用有形因素使服务对员工来说不再神秘?我们是否使用有形因素来指导员工完成其服务角色?我们工作环境中的有形因素是否表达了管理层对员工的关心?

四、会展服务场景与环境设计

(一) 展现服务特色

会展服务场景与环境的设计要能够展现服务特色,给顾客留下深刻的印象。例如中国国际烘焙展为了给参展观众呈现更具特色的现场,不仅邀请烘焙专家们到展会现场各显神通,使参展观众在现场见证一个个精美可爱的甜品的诞生,还举办了相关领域的专业比赛,在一些“神秘”展位上,更是有诸多外教的现场演绎,使展会现场火爆异常,这些都区别于其他烘焙展的设计。

(二) 烘托会展质量

服务场景与环境的设计,还要能够烘托服务质量。通常,高贵、豪华的服务场景与环境可以显示出高品质的服务,也就是说,服务硬件的质量可以体现服务本身的质量。

(三) 便于开展服务沟通

服务场景与环境的设计要能与顾客开展信息沟通,使顾客获得关于企业的各种信息。

例如玩具展，通过各种益智玩具的摆放和活动设置，营造休闲、放松的氛围，使玩具不再是儿童的专利，成功地吸引了很多成年人，使其改变了玩具可爱幼稚的传统形象的观念。

（四）能调节服务供求

服务场景与环境本身就是生产能力的一部分，因此，其设计要同服务供求的调节联系起来。例如，服务组织可以通过播放快节奏的音乐加快顾客消费的速度，而在没有需求或者需求很少的情况下，通过播放舒缓的音乐来增加消费者的逗留时间。

（五）便于管理服务人员

服务场景与环境的设计，还要有利于服务人员的管理。服务场景与环境不仅能向顾客提供服务信息，也能向员工展示服务理念、服务标准。工作环境的设计会向服务人员传达企业的服务理念。优良的工作环境可以对服务人员起到激励作用。

（六）与服务定价相一致

服务场景与环境的设计还要与服务定价相联系，支持服务的价格策略。顾客会通过有形要素判断服务价格的高低，从而判断服务水平的优劣。因此，不同的价格档次要有不同的环境标准。标准展位和特装展位的相关标准是截然不同的。

（七）需要定期更新

服务场景与环境的设计需要根据外部环境和顾客需求的变化进行周期性的更新。随着时间的推移，服务场景与环境可能会变得不合时宜，顾客也会对颜色、设计、款式、速度等提出新的要求。所以，企业要想保持竞争优势，必须考虑到这一点。

知识链接　　德国纽伦堡玩具展

德国纽伦堡玩具展自1949年始办，吸引着世界各地的玩具企业参展，是国际上展出规模最大、最知名的专业玩具类成交性展览会。为了保证专业观众参展热情及到访质量，该展会仅对专业贸易观众开放，每年都吸引了世界上主要玩具制造领域的厂商和客户参加。

2019年纽伦堡玩具展庆祝其70岁生日，在170000平方米的纽伦堡展览中心场地上，采购员和专业经销商们将发现与以往展会有所不同的产品类别、信息量丰富的特别展和大量与日常业务相关的专业知识。

1. 展厅变化

值此届周年庆展会之际，展会东道主推出了若干展厅布局变革。比如新的产品类别电子类玩具将在4A展厅中展出，2017年推出的Tech2Play活动展区，将作为热门节目仍旧在展厅中心期待访客的光临。规模最大的搬迁工作在7A展厅中发生，轨道模型及模型制作被合并为一类。这两个国际化行业拥有相同的目标群，其丰富多彩的所有展品现被集中在同一展厅中。9号展厅的产品类别“节日用品，狂欢用品，烟火”有重大变革。纽伦堡玩具展是该行业所有知名供应商和市场领导者的最重要的聚会点，因此，现将8号展厅的一部分场地增加给该产品类别。

2. 带增值的特别展区

超过200平方米的大型活动展区Showtime每天举行时装走秀节目，展示最新的狂欢节盛装和化妆技巧。此外，观众还可在摄像镜前试穿。参展商提供众多的装饰配件，为您拍摄留念快照添色加彩。

Toys Meet Books(玩具与书籍相遇)是针对另外一个目标群而设的特别展：寻找有利可图的补充产品组合的书商。这一于2018年成功引入的展区位于靠近中央入口的人流集中区，本届将扩大到200平方米。除了展示非书商品外，Toys Meet Books还包括讲座报告、最佳实践举例和德英双语贸易专家极速辅导。

3. 特许产品谈话

玩具行业专业观众可到Toy Business Forum玩具商务论坛汲取最新的行业知识。来自国内和国外的专家们将在3A展厅就各种与日常业务息息相关的具有高度现实性的话题作报告：流行趋势和新生事物以及变更管理和数字化带来的挑战。License Talk是玩具商务论坛新增的节目。专家谈话于周三至周五每天上午举行。展会场地提供一个涵盖面非常广泛的有关特许产品主题和特许产品本身的国际层面概览，特许产品授权方还获得众多展示其产品的机会。通过License Preview、CPLG、Viacom/Nickelodeon和NBC环球公司等多家影业大公司和代理公司可邀请特选的业务伙伴，在独享的环境中向他们展示其产品方案。特许产品在纽伦堡玩具展上的重要地位通过与全球特许授权商品联合会(LIMA)的旨在长期的合作关系以及其在12.0号展厅接待大厅中的展台得以凸显。

4. 创新型产品点子

流行趋势和新生事物在3A展厅的Trend Gallery时尚廊中相聚到一处。由11人组成的Trend Committee国际流行趋势委员会选出了三大流行趋势，并通过相应的产品惊艳亮相："Ready，Steady，Play!"将运动与乐趣相结合，激励孩子们多活动。The WOW Effect背后是具有惊喜效果的玩具，其真正的内容要在玩耍或拆开包装时才能看到。围绕Toys 4 Kidults流行趋势的产品要么是吸人眼球的东西，要么是成年人同样为之激动的收藏品。

5. 盛大周年庆典

在整个展会期间有各种周年庆祝活动增添喜庆气氛。需要歇歇脚的或想要带回一张70周年个人纪念照的观众可前去3A/4A展厅通道中的布置有彩球池和躺椅的自拍站小憩。观众、参展商和媒体代表将于2019年1月31日展会周四那天在Toy Festival活动上相聚一堂。届时有一些音乐节目和美味佳肴供来宾分享。Toy Festival派对将是一次重逢老相识、结交新朋友的好机会。无论常年的老展商，还是第一次前来的新展商，活动免费，入场只需凭借有效的展会入场券，无需提前报名登记。

(资料来源：https://www.spielwarenmesse.de/press/press-releases/press-releases-of-the-spielwarenmesse/pressebox/List/showToyfair/3077/language/1/)

本章小结

通过本章的学习，我们详细了解了会展营销过程的相关流程以及会展营销过程中的人员管理，建立有效的会展服务模型，实现内部营销的效果。从服务营销组合要素、会展服务过程设计目标、会展产品设计过程的步骤、流程、服务流程再造、服务人员、内部营销、有形展示等一系列相关概念入手，深入介绍各流程开展的人员角色和建模类型，对每部分进行整合及深化，从类型、原则、分类、目标等内容实现内部营销的最终目的。根据各相关要素，借助内部和外部环境，进行合理有效的有形展示，推动合适的发展，实施各管理原则，从而维护企业和客户的长期联系，形成有效的营销链，推动双方的共同发展进步。

关键概念

会展服务过程　会展服务流程　会展服务人员　会展内部营销　有形展示　会展服务场景

复习思考题

1. 会展服务设计过程的步骤有哪些？

2. 如何理解会展服务人员的角色？在会展服务传递过程中，员工角色又是怎样的？

3. 会展内部营销有何重要性？列举会展内部营销策略。

4. 如何进行会展服务的有形展示？

第九章

会议营销

学习目标

通过本章的学习，了解会议的概念与类型，明晰会议行业发展趋势及面临的营销问题，熟悉会议营销的四大主体和客体类型，着重了解以顾客为中心的会议营销理念的重要性，对如何开展会议营销工作有整体的把握，为后续章节的学习奠定基础。

案例引导　云栖大会

2018 年 9 月 19 日至 22 日，以“驱动数字中国”为主题的 2018 杭州云栖大会隆重召开。云栖大会是由阿里巴巴集团主办的全球顶级科技大会，从 2015 年到 2017 年已累计吸引全球 67 个国家和地区的超过十万人现场参与，数千万人在线参与，被很多科学家盛誉“云栖大会指明的方向，就是中国科技负重前行的方向”。

此届大会为期四天，举行 2 场主论坛、170 多场前沿峰会和分论坛，大会嘉宾包括阿里巴巴集团骨干、行业领军人物以及国内外学界大牛。前沿峰会和分论坛涵盖金融科技、智联网、区块链、机器智能、覆盖芯片、量子计算、人工智能、车路协同、物联网、生物识别、软硬件一体、安全等众多前沿创新领域。

2018 杭州 · 云栖大会门票有两个官网购买渠道：云栖大会官网和大麦官网，报名连接安全验证，所有到会人员必须实名购买与登记。大会门票分为 VIP 票、单日票、四日通票、ATEC 票和音乐节票 5 个种类。

(1) VIP 票：中国大陆嘉宾凭身份证，早鸟票定价￥3688，标准价￥5288；海外及港澳台嘉宾凭护照或者台胞证/回乡证，早鸟票定价＄585，标准价＄839。其中包含所有论坛入场权益(2 场主论坛、ATEC 大会、20 余场峰会及百余场分论坛)、创新展览互动体验、云栖虾米音乐节、4 日商务午餐、VIP 洽谈区以及专属入场通道。图 9-1 所示为部分会议议程。

AM 9:00—12:00	主论坛AM	阿里新零售ReX智能系统发布专场	零售品牌商专场	创客星球KOB专场	Flink专场	运筹优化专场	财税专场	阿里云智慧民政专场
	数据智能实践专场	硬件基础设施	弹性计算专场（上）	企业战略专场	飞天技术汇大视频专场	多地域互联专场		
PM 1:30—5:30	主论坛PM	企业数字化转型峰会	阿里云生态峰会	上海数据港专场	云徒营销数字化专场	数据智能专场	智能零售专场	衢州专场
	城市大脑智慧交通专场	智慧政务专场	阿里巴巴学术合作专场	弹性计算专场（下）	机器学习平台专场	飞天技术汇CDN与边缘计算专场	创新创业专场	大数据计算专场
	数据库内核专场	智能运维专场	大学合作专场	科技脱贫专场	飞天技术汇专有云专场	飞天技术汇企业级数据湖专场	阿里云赋能机器智能专场	

图 9-1　部分会议议程

(2) 单日票：中国大陆嘉宾凭身份证，早鸟票定价￥99，标准价￥168；海外及港澳台嘉宾凭护照或者台胞证/回乡证，早鸟票定价＄16，标准价＄27。包含当日峰会及分论坛（不包含主论坛及 ATEC 大会）、创新展览互动体验。

(3) 四日通票：中国大陆嘉宾凭身份证，早鸟票定价￥388，标准价￥518；海外及港澳台嘉宾凭护照或者台胞证/回乡证，早鸟票定价＄62，标准价＄82。包含 4 日主题峰会及分论坛（不包含主论坛及 ATEC 大会）、创新展览互动体验。

(4) ATEC 票：中国大陆嘉宾凭身份证，早鸟票定价￥1048，标准价￥1398；海外及港澳台嘉宾凭护照或者台胞证/回乡证，早鸟票定价＄166，标准价＄222。包含 ATEC 大会、4 日主题峰会及分论坛、创新展览互动体验。

(5) 音乐节票：中国大陆嘉宾凭身份证，标准价￥198；海外及港澳台嘉宾凭护照或者台胞证/回乡证，标准价＄31。包含当日云栖虾米音乐节。

（案例来源：根据云栖大会官网内容改编。https://yunqi.aliyun.com/）

■案例思考：

1. 2018 杭州云栖大会属于哪种类型的会议？会议要素分别是什么？
2. 2018 杭州云栖大会的会议主题是什么？有什么特色？
3. 2018 杭州云栖大会采取了哪些营销策略？如何评价其定价策略？
4. 假设你是会议举办方，你会如何设计 2018 杭州云栖大会的会议营销流程与步骤呢？

第一节　会议概述

一、会议的定义

联合国世界旅游组织（UNWTO）对会议的定义是：一群人聚集到某个地方，商讨某件事情或举办一项活动。美国会议产业理事会(Convention Industry Council,简称 CIC)对会议的定义是:一定数量的人聚集在一个地点,进行协调或者执行某项活动。

我国《会议分类和术语》国家标准(GB/T 30520—2014)对会议的定义是:会议是在特定的时间和空间,通过发言、讨论、演示、商议、表决等多种形式以达到议事协调、交流信息、传播知识、推介联络等目的的一定人数的群体活动。

综上所述,会议一般是指三个或三个以上的人聚集起来,围绕一个共同的主题,进行思想和信息交流,或洽谈、商讨、建立关系的活动。

二、会议的类型

按照不同的分类标准,可以将会议进行分类,一般根据会议主办者身份和会议活动特征进行划分。

(一) 根据会议主办者身份划分

会议的主办者是会议的组织者和策划者。根据主办者身份,会议主要分为公司类会议、协会类会议、非营利性机构(公共部门)会议、典型营利性(工商企业类)会议四类。

1. 公司类会议

公司是以营利为目的的组织形式,随着当今地理营销范围的扩大,公司的结构变得更细致和多样,会议正是公司对内和对外进行沟通的较基本方式之一。公司会议市场发展十分迅猛,每年有成千上万的会议在全国各地举行,涉及的范围也很广。需要注意的是,在公司办公室里召开的会议不属于此范畴。

公司会议活动分为内部和外部,内部会议与会者是公司员工,例如销售会议、管理会议、员工大会、培训会议等都属于内部会议;外部会议则是公司客户关系管理战略的重要组成部分,通过邀请客户参与公司的发展过程,与客户建立密切的关系,例如新产品发布或推介会、分销商会议、股东/公共会议、专业/技术会议等。

大多数公司会议在酒店召开,部分在专门的会议中心和管理培训中心召开,对办会地点的会议设施和住宿条件有较高的要求。

2. 协会类会议

协会是最常见的会议组织者,其规模和性质互不相同,地方性、全国性以及国际性协会每年举办的会议次数较多。ICCA 数据库中协会类会议需符合下述标准:按正规方式组织;至少在 4 个不同的国家之间轮流召开会议;最少吸纳 50 名与会者。协会类会议一般在专门的会议中心、会展中心或接待能力较强的酒店举行。

参照美国社团管理者协会(ASAE)的构成,协会主要分为四类:①行业协会,成员多为业内成功管理人员,是会议业最值得争取的市场;②专业或科学协会,包括全国性学会及各地分会,是由来已久的会议举办者;③技术协会;④志愿者协会和学会。

协会是为其会员和规模较大的社团提供服务的机构,往往需要通过媒体宣传获得社会关注,因而对会议管理和服务水平提出了更高的要求。协会类会议必须收回筹办会议的成本,甚至还要做出盈利的计划,以作为未来协会的管理和运营费用。另外也有一些协会,通过专业协会管理公司的会议策划部门来组织会议,例如奖励旅游管理者协会(SITE)。

3. 非营利性机构(公共部门)会议

公共部门会议与协会较相似,主要涉及政府机构、工会、宗教团体、医疗卫生服务机构等,都是非营利性的,办会资金一般来源于公共资金。

美国用SMERF(社会团体、军事机构、教育部门、宗教团体以及兄弟会)来表示那些在工作上没有直接关系的各种组织,它们对价格很敏感,更易在淡季预订会议,常常由非专业人士负责策划,且没有固定策划人员。

4. 典型营利性(工商企业类)会议

典型营利性会议完全依靠市场化运作,主办方一旦在商业界或科研界发现热点问题,就会主动选定议题来策划一个会议,一般会邀请高层次的专家进行演讲、讨论和辩论。办会的目的是向任何愿意付费参会的人士出售会议产品,获得参会费、广告费、冠名费等直接收益。成本包括场地使用费、宣传营销、邀请演讲人等,主办方自负盈亏,风险和收益并存。

(二)根据会议活动特征划分

根据会议活动特征的不同,会议可以分为:商务型会议、政治性会议、展销会议、文化交流会议、培训会议、度假型会议与专业学术会议。

1. 商务型会议

公司、企业因业务、管理、发展等需要而展开的会议被称为商务会议。出席会议的人员素质比较高,一般是企业的管理人员和专业技术人员。

商务会议一般对设施、环境和服务有较高的要求,消费标准也比较高。召开商务会议一般选择与公司形象大体一致或更高层次的酒店,如大型企业或跨国公司一般都选择当地最高星级酒店。商务型会议经常伴有宴会,效率高,会期短。

2. 政治性会议

国际政治组织、国家和地方政府为某一政治议题召开的各种会议属于政治性会议。政治性会议根据内容需要一般采取大会和分组讨论等形式。

3. 展销会议

参加商品交易会、展销会、展览会的各类展商及一些与会者除参加展览外,还会在饭店、会议中心等场所举办一些招待会、报告会、谈判会、签字仪式、娱乐活动等,这些会议可以统称为展销会议。

另外,一些大型企业或公司在饭店举行会议时,同时还会在饭店举办小型展销活动,这些会议也可划入展销会议范畴。

4. 文化交流会议

各种民间和政府组织组成的文化学习交流活动,可采用考察、交流等形式,集中商讨跨区域文化合作,有助于推动各类文化活动传承与发展,构建立体全面文化新格局。

5. 培训会议

用一个会期对某类专业人员进行的有关业务知识方面的技能训练或新观念、新知识方面的理论培训,培训会议形式可采用讲座、讨论、演示等形式进行。

6. 度假型会议

一些公司或社团协会等机构利用节假日、周末等时间组织人员度假休闲的同时参加会议。度假型会议一般选择在风景名胜地区的饭店或度假区举行,通常会安排足够的时间让员工观光、休闲和娱乐。有助于在解决问题的同时,增强互相的了解和凝聚力。

7. 专业学术会议

专业学术会议是某一领域具有一定专业技术的专家学者参加的会议,如专题研究会、学术报告会、专家评审会等。

学术会议有多种划分方法。按照会议规模即参加会议的人数,分为小型会议(出席人数低于100人)、中型会议(出席人数100—1000人)、大型会议(出席人数1000—10000人)、特大型会议(出席人数高于10000人);按照会议性质,分为年会、例会(Convention)、专门会议(Conference)、代表大会(Congress)、峰会(Summit)、专题学术讨论会(Symposium)、论坛(Forum)、讨论组(Workshop)、研讨会(Seminar)、培训会议(Training)、学会(Institute)、专题讨论组(Panel)、进修会(Retreat)、讨论分析课(Clinic)等。

三、会议的要素

会议产品本质是一种服务,会议组织者将参会者聚集在一起,采用多种形式,实现信息、知识、形象、未来发展等相互交流的综合性活动。会议主题、议题、活动等会议内容是吸引参会者的重要因素。随着会议专业性的提高,会议组织向专业会议公司购买会议服务,不但能节约成本,还能提高会议的品质,使参会者享受更专业的会议服务。

会议产品的要素包括会议参与者WHO(会议的主办单位、协办单位、承办单位、供应商、演讲人、与会者、嘉宾、志愿者等)、会议内容WHAT(会议主题、议程、参加形式等)、会议时间WHEN(举行日期、时间安排)、会议举办地WHERE(举办国家、城市、会议中心或酒店、交通等)、会议目的WHY(会议目标)和活动组织HOW(会议形式、附加服务)等系列服务要素。

(一)会议的主题、议程及内容安排

会议内容包括会议主题、议题、内容安排等要素,是会议吸引力的重要来源,尤其是主题,它往往反映了参会者关心的前沿问题。

1. 主题

主题是体现会议目标的实质性要素,特别是对于营利性会议,主题要鲜明、独特、富有吸引力。必须研究参会者行业发展的前言问题和难题,以满足他们共同关心的问题为切入点,在此基础上研究问题产生的政治、经济、社会、文化、行业影响因素,提出吻合特定参会者群体价值观念的主题。以主题来号召、聚集、激发、引导参会者,从而开发、培育、持续发展一个有特色的会议市场。

2. 议程

会议议程主要起到配合会议整个目标实现的作用。会议议程在内容、方式和期限上有所区别,但总的来说,议程要安排得妥当、丰富、衔接自然,紧紧围绕主题。

3. 内容安排

据国际专业会议组织者协会(PCO)研究报道,对于国际性协会的科学会议,会议内容是增加参加会议人数的一个最为重要的决定性因素,其中有48%的与会者认为参会主要受到

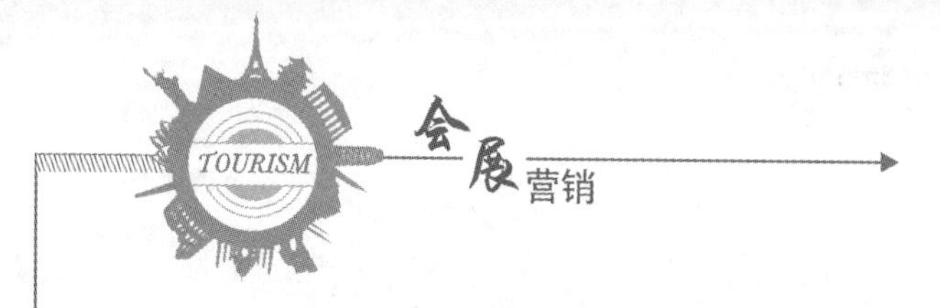

会议内容影响，26％主要受到举办地影响。

会议有时还附带展览会、休闲项目等，可以通过这些轻松愉快的活动扩展会议的主题，促进与会者之间的交流。尤其是协会类会议，经常将商务内容与社会活动结合在一起。

（二）会议举办地

在挑选会议场所时，较之其他方面的单项标准，会议组织者更为重视会议地点所在地，即会议举办的国家和城市，举办地的地理位置、交通状况、气候、城市环境、基础设施、著名景点等都是影响整个会议吸引力的重要因素。在航空、铁路和高速公路交通日益发达的今天，国际性大型会议有转移到中小城市举办的趋势。如世界互联网大会每年在水乡乌镇举行。

（三）会议地点

会议地点指会议的具体举办地点，主要包括酒店、专门的会议中心、全套房饭店（All-suite Hotel）、大学以及市政地点等。会议地点的吸引力要素组成较复杂，既包括会议室条件、客房条件、视听设备等硬件要素，也包括服务质量、接待会议经验等软件要素，还涉及会议地点的位置条件等方面。

（四）演讲人和嘉宾

演讲人的专业水平和嘉宾的档次在很大程度上决定着会议信息交流的质量和会议的影响度大小。选择好的演讲人和主持人，是影响活动成功与否的重要因素，一般会考虑选择政府相关要员、行业协会人员、行业杂志的编辑、大学教授等相关人士。

（五）人际交流

与会者选择参会，不仅是由于在会议的正式议题之中学习到东西，还因为会议能够为与会人员提供非正式的人际关系网络和寻找商机以及社会交往的机会。Internet、电话、CD光盘和电视录像虽然能带给人们声音和图像信息，但却无法给人们“现场感”，面对面的会议充满真实而强烈的互动氛围，可以给与会者留下难忘的记忆。

（六）其他服务

与会代表通过参加会议，有机会更新知识，与成功人士建立关系，还能进行会展旅游，参加休闲和文化活动等项目，获得与会乐趣。为了让会议参会者获得全方位的服务，会议主办方必须利用不同的资源，组成“一站式”或“一揽子”的产品，如航空公司、公路和铁路公司、汽车租赁公司等提供的交通服务、翻译和口译服务、住宿与酒店服务等，方便参会者顺利参会。

会议活动将人们聚集到一起，通过动人心弦的演讲、具有教育意义的研讨和令人难忘的社会活动项目外，还安排酒会、宴会、大型表演、参观等活动，提高会议的附加价值，是参会者获得有益的交往、交流和共享经历的一种绝佳方式，能满足与会人员的社群性需求。

第二节　会议营销概述

一、会议营销的定义

会议营销（Conference Marketing）指企业通过各种途径收集消费者的资料，经过分析、整理后建立数据库，然后从中筛选出所要针对的目标消费者，运用组织会议的形式，并结合各种不同的促销手段，进行有针对性的销售的一种营销模式。会议营销是直接针对目标人群进行的营销模式，减少了广告宣传的盲目性和不确定性，节约宣传资源，提高资源利用效率。

二、会议营销的特点

（一）整体性

会议宣传推广是服务于整个会议的，主要任务是促进会议招商，建立会议企业的良好形象，创造竞争优势，协助业务代表展开工作，指导内部员工接待客户等，从各个环节上维护会议企业的整体利益。

（二）阶段性

会议宣传推广各个任务不是同时实现和完成的，也不是在某一个时间段集中完成的，而是随着会议筹备工作的进展和会议的实际需要分步骤分阶段完成的。

（三）计划性

由于会议宣传的任务多、阶段性强，会议开始筹备时就必须对宣传推广工作的各个环节进行良好的计划安排，充分发挥宣传推广对会议筹备的促进作用。

（四）协调性

会议宣传推广是通过多种媒体和渠道来进行的，在推广实施过程中，对媒体渠道的利用要协调好时间分配、内容侧重以及推广效果互补，最大限度地促进会议有序完备地协同推进。

三、会议营销的流程

会议营销分为会议之前、会议之中和会议之后三部分的营销工作。

（一）前期筹备工作

组织者在会议前期的工作。包括会议销售部门对客户资源进行收集分类，采用电话、邮件邀请等方式，确定与会名单并上报给组织部门；确定会议场所，对参会人数和预期销售额进行估算；安排交通、用餐等相关辅助程序；制定突发事件的应急对策；布置会场，举行会议前的准备会议。

（二）中期宣传工作

会议期间最重要的营销活动就是向参会者传递会议承诺的活动与服务、展会会议品质。通过参会体验，感知会议产品的价值和会议质量的可靠性，形成良好的会议品牌形象和口碑，为下一届会议进行产品营销。

除此之外，通过会刊、会议 Logo 宣传会议产品，组织宴会、晚会，开展与重要参会者座谈等公关活动，向参会者沟通会议独特价值、会议服务品质，从而在会议服务中推广会议产品。

（三）后期售后工作

真正的销售始于售后，总结与售后回访对于会议本身的发展有很重要的作用。会议闭幕后对参会者进行跟踪服务，一般采用电话回访方式向顾客提供后续服务，与顾客保持良好持续的沟通，向参会者推送会议活动情况、下届会议的相关信息，进行会议后新一轮营销推广和宣传活动。

第三节　会议营销策略

会议产品成功的关键在于能满足参会者需求的程度，以及营销策略正确与否。作为一种服务性产品，会议营销涉及会议产品主题与定位、会议产品定价、会议营销渠道选择与促销、会议服务展示、会议服务人员能力、会议服务过程设计等策略。其中，主题是会议产品的核心，会议定价影响会议参会人数，会议服务展示是会议有形化的工具。

一、会议主题策略

美国营销大师阿尔·里斯和杰克·特劳特曾经说过，一个有好主题的会议就是一个稀缺的产品，选择一个好的会议主题非常重要。

例如，美国《财富》杂志每年举办全球性的财富论坛，参加者杂志评选出来“世界500强”企业董事长和总裁。将这些优秀的世界著名企业汇集到一起就是一个极富吸引力的亮点，再加上主办方每次所选择的会议地点都是世界经济所关注的焦点国家或地区，所讨论的话题也都围绕着全球所关心的焦点经济问题而展开，因此财富论坛吸引了全球的目光，获得了良好的声誉和不菲的收益。

会议本身就是一种产品，会议的主题就是这个产品的核心卖点。一个有好主题的会议，就是一种稀奇的产品，会吸引众多的消费者前来光顾和消费。

一般找准并确定会议主题，从以下四类会议主题出发。

（一）时下最受关注的热点事件和问题

社会热点问题和事件是所有人都关心和谈论的，社会大众想深入了解事情脉络，一般只能通过大众媒体的报道获得信息。然而大众媒体的报道往往较为表面，不够深入，满足不了大众的求知欲望和猎奇心，因此召集问题或事件的相关人员进行深度访谈或讨论，并将内容、结果及时告知大众，有利于引起社会轰动效应，对主办企业来说，也是一次很好的宣传机会。

（二）社会上存在争议的问题

以社会大众或某些群体所争议的或某个现实存在的社会问题为会议主题，可以作为会议的卖点。讨论争议，解决争议，请问题或事件当事人或权威人士发表看法，这对于一直关心某问题或者事件的群体极具吸引力，会引起他们极大的兴趣和注意力。

（三）行业内共同关心的或有争议的问题

一个行业所共同关心的问题包括行业动态、发展、问题、竞争、人员等方面，特别是经济性领域,一个简单的问题或事件往往能引起整个行业的反响或震动。就这些问题召集业内人士举行高峰论坛或研讨会,讨论行业发展的前景、发展中的动力或阻力、企业间的竞争等问题,商定行业通则、经营规范,往往能吸引众多的目光。特别是在社会大众较为关心、联系比较密切的行业,这样的会议经常能够令所有人瞩目。

知识链接　“开放、多边合作、创新”将成今年博鳌亚洲论坛关键词

博鳌亚洲论坛2019年年会于3月26日至29日在海南博鳌举行,年会聚焦开放、多边合作和创新等议题。本届年会主题为“共同命运、共同行动、共同发展”,设置了50场左右的正式讨论,包括开幕大会、分论坛、CEO对话、圆桌会议等。具体议题拟设置五大版块,包括开放型世界经济版块,多边主义、区域合作、全球治理版块,创新驱动版块,高质量发展版块,热点前沿版块,旨在为参会各方搭建开放包容的讨论平台,也要为凝聚全球治理共识向世界传递明确的信息。

在开放型世界经济版块,突出“开放”这一关键词,下设世界经济展望、服务业开放、WTO改革、跨境电商、自贸区与自由港等议题;在多边主义、区域合作与全球治理版块,突出“多边合作”这一关键词,下设全球治理、“一带一路”、岛屿经济、亚洲区域合作组织对话等议题;在创新驱动版块,突出“科技创新”这一关键词,下设可持续发展、5G与物联网、“AI+”时代、大数据、分享经济、海洋经济等议题。

此外,还围绕乡村和城市建设、制造业、金融、消费等领域进行探讨,聚焦政治、外交、教育、文化、健康、民生等议题,设置南海分论坛、健康分论坛、大学校长对话等活动。

(资料来源:人民网。http://hi.people.com.cn/n2/2019/0117/c231190-32542539.html/)

(四)新产品、新技术的出现

企业在新产品上市或是产品性能有重大改进等事件发生时,往往要召开新闻发布会,或是召集有关方面专家、媒体记者等进行产品论证会和产品功能研讨会,以期通过权威认证获得消费者的认可,起到教育消费者、促进销售的作用。

二、会议价格策略

会议产品的价格是营销组合中最复杂的一个因素,为了有效地开展市场营销、增加销售收入和提高利润,企业不仅要给产品制定基本价格,还需要对价格适时进行修改。随着市场的竞争愈发激烈,会议产品的定价问题越来越突出,一个合理准确的定价策略不仅应考虑目标受众接受程度,还要考虑会议组织在成本、利润和市场的竞争情况。影响会议产品定价的因素有以下四点。

(1) 会议目标。会议营销企业的定价目标一般包括维持生存、当期利润最大化、市场占有率最大化和产品质量最优化等。在考虑自身的产品定价策划时,要首先明确企业主要目标,再制定相应的价格策略。例如,当会议营销企业以追求当期利润最大化为主要目标时,一般会选择当期市场上最热门的产品,最大限度地加大产品的包装和宣传力度,力求将每场会议的成交量提升到最大。

(2) 会议成本。会议的成本主要有固定成本和可变支出,是定价的基础。

(3) 目标市场。定价过程中很重要的一点是分析目标群体的价格敏感度,分析会议价格对不同市场的弹性程度。例如,公司类会议的与会者平均消费相对较高,对价格敏感程度不高,而协会类会议的与会者一般需要自己承担费用,所以对价格敏感性强。

(4) 竞争因素。竞争严格地限制了企业的定价策略,企业在市场中立足是生存的基础,需要时刻关注市场竞争对手的产品价格,以便及时做出调整。

三、会议有形展示策略

会议服务有形展示包括物质产品和人员两个层面,物质层面包括服务设施(会议场地布局与装饰等)与服务物理环境氛围,人员层面包括会议服务人员(正式员工与临时志愿者)与其他会议参与者。会议物质和人员的展示,从一定程度上,反映出会议的品质。

会议服务设施方面,有形的会议场地布局和设计装潢的氛围,体现出会议的个性化风格和会议服务质量。因此,会议场地的选择应充分考虑参会者的专业背景、特点与需求,创造更好的现场体验。另外,当会议的规模档次较高时,对空气质量、气候、温度、周围环境等物理环境有更高的要求。例如,博鳌亚洲论坛选择在海南省博鳌镇举办,充分考虑了该地的优良的空气质量、风景和环境情况。

本章小结

会议营销的前身是活动营销,最终目的是通过向消费者提供全方位、多角度的服务以便与消费者建立长久的、稳固的关系,从而提高消费者满意度和忠诚度。本章归纳介绍了会议的相关概念,包括定义、类型、构成要素,并重点介绍了会议主题的类型;从市场营销的角度出发介绍了会议营销的相关概念,包括会议营销的定义、特点,简要梳理会议营销的流程与步骤;最后从市场营销 4P 的角度出发,为会议承办方提高自身创造性和竞争力提供了具体的会议营销的策略。

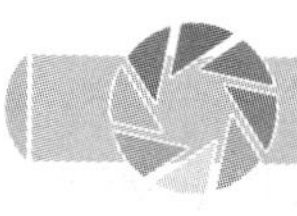

关键概念

会议　会议主题　会议营销

复习思考题

1. 会议主题有何重要性？会议的其他要素包括哪些？
2. 会议营销有何特点？基本要素有哪些？
3. 会议营销的策略有哪些？简要列举会议营销的步骤。

第十章

奖励旅游营销

学习目标

通过本章的学习，了解奖励旅游的基本定义和分类，明确奖励旅游的特点和功能，熟悉奖励旅游的营销策略组合，了解奖励旅游产品设计和运作流程，从整体上把握和了解奖励旅游营销的主要内容和思路。

案例引导　4500人的荷兰奖励之旅

2015年5月23日至6月5日，完美(中国)有限公司4500人超大旅行团在荷兰开展人文之旅，14天的行程预计将给荷兰带来700万至800万欧元的收入。荷兰政府及相关部门为迎接这个超大旅行团所做的准备也是史无前例的：硬件上，总共动用了130多部专用大巴，全程预订了16460间五星级酒店和47家餐厅，共有200余名工作人员参与服务；软件上，从如何让签证办理更通畅，到如何将荷兰最有特色的地方展现给中国客人，再到如何做好体贴细微的服务，都精心进行了有针对性的规划。

行程亮点如下。

1. 荷兰外经贸大臣接待

5月29日，荷兰外经贸大臣专门在荷兰收藏珍贵画作的海牙莫里茨皇家美术馆接待了旅行团，并与公司老板在珍贵的画作《戴珍珠耳环的少女》前握手合影。4500人的荷兰之旅，让东方的含蓄与西方的激情实现了一次完美的邂逅，中荷两国大型奖励旅游的交流也迎来了一个新开始。

2. 4500人共进晚餐

作为本次行程中的重要环节之一，2015年5月30日，4500人齐聚荷兰乌特勒支Jaarbeurs国际会展中心共进晚餐，完美公司董事长、马来西亚丹斯里皇室拿督古润金太平绅士、副董事长许国伟、总裁拿督胡瑞连等出席了活动。在晚餐中,荷兰国家旅游局局长的讲话将气氛推向了高潮,一句中文说出的"'荷'你在一起,太完美"为这次盛大的荷兰之行画上了句号。

此次完美公司组团到访荷兰,除了带来游客流量和经济效益外,还将荷兰文化、荷兰品牌等传递到了东方古国,让荷中两国的文化、经贸合作得到进一步发展,对加快荷兰当地旅游经济发展、提升社会就业率、提高生活质量以及保障社会福利也发挥了明显的推动作用。荷兰经济部长 Henk Kamp 先生通过《Asian News》表达了对中荷交流的看法和憧憬,他希望更多的中国民众能来感受荷兰的热情和激情,也希望更多的中国企业到荷兰交流发展,共同推动双边经贸合作,为两国人民带来更多实实在在的利益。

(资料来源:商务奖励旅游网。http://www.micecn.com/)

■案例思考:

1. 完美中国为什么会提供奖励旅游?目的是什么?
2. 奖励旅游具有什么特点?
3. 奖励旅游能够给企业和旅游目的地带来什么影响?

第一节　奖励旅游概述

奖励旅游的历史可以追溯到20世纪二三十年代的美国,一般包含了会议、旅游、颁奖典礼、主题晚宴或晚会等部分,企业的首脑人物会亲自到现场,和受奖者共商公司发展大计,这对于参加者来说无疑是一种殊荣。活动主要由专业旅游公司负责策划安排,将企业文化融入主题活动中,对增强员工荣誉感和责任感、加强企业团队建设具有良好的激励作用。

一、奖励旅游的定义

国际奖励旅游协会提出奖励旅游(Incentive Travel)是一种现代的管理工具,为目标参与人员提供一个非比寻常的旅行活动,可以是面向员工的奖励方式,也可以是面向客户的市场开拓方式,目的在于协助企业达到特定的目标。

《中国旅游百科全书》指出:"从性质上看,奖励旅游是一种带薪的、休闲的、免费的旅行游览活动。"需要指出的是,奖励旅游并非一般的员工旅游,而是企业业主提供一定的经费,委托专业旅游业者精心设计的"非比寻常"的旅游活动。达成参与奖励旅游的条件通常是有一定挑战性的,用旅游这一形式作为对员工的奖励,会进一步调动员工的积极性,增强企业的凝聚力。

奖励旅游的决策者是企业,参与奖励旅游的主体对象包含企业员工、企业产品经销商、企业品牌的忠实消费者。奖励旅游的真正目的是树立企业形象、宣扬企业的理念,并求最终提高企业业绩,促进企业未来发展。

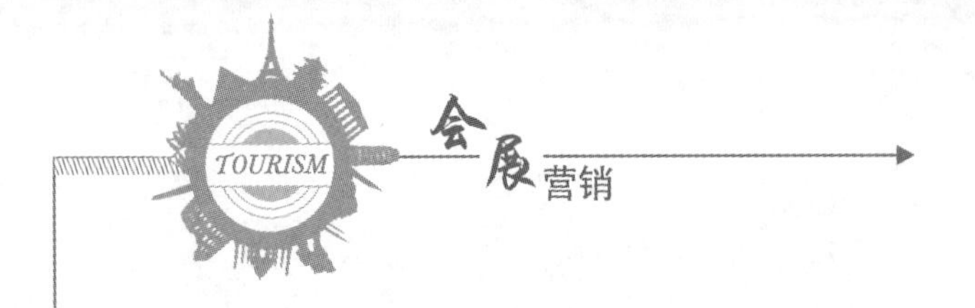

二、奖励旅游的类型

基于不同的奖励旅游目的，奖励旅游表现的活动模式也有一定的差异，本节主要从奖励目的和活动模式两个标准对奖励旅游的类型进行划分。

（一）按目的划分的奖励旅游类型

1. 慰劳型

作为一种纯粹的奖励，慰劳型奖励旅游的目的主要是慰劳和感谢对公司业绩成长有功的人员，缓解其紧张的工作压力，旅游活动安排以高档次的休闲、娱乐等消遣性活动项目为主。

2. 团队建设型

团队建设型奖励旅游的目的主要是促进企业员工之间，企业与供应商、经销商、客户之间的感情交流，增强团队氛围和协作能力，提高员工和相关利益人员对企业的认同度和忠诚度，旅游过程中通常会安排参与性强的集体活动项目。

3. 商务型

商务型奖励旅游的目的与实现企业特定的业务或管理目标紧密联系，如推介新产品、增加产品销售量、支持经销商促销、改善服务质量、增强士气、提高工作效率等，这类奖励旅游活动几乎与企业业务融为一体，公司会议、展销会、业务考察等项目在旅游过程中占据主导地位。

4. 培训型

培训型奖励旅游的目的主要是对员工、经销商、客户等进行培训，较为常见的是销售培训。旅游活动与培训的结合可达到“寓教于乐”，并能更好地实现培训的功效。

（二）按活动模式划分的奖励旅游类型

1. 传统型

传统型奖励旅游有一整套程式化和有组织的活动项目，如在旅游中安排颁奖典礼、主题晚宴或晚会，赠送赋予象征意义的礼物，企业领导出面作陪，请名人参加奖励旅游团的某项活动等。通过豪华、高档和大规模来体现奖励旅游参加者的身价，同时也可以通过制造惊喜，使参加者产生终生难忘的美好回忆。

2. 参与型

越来越多的奖励旅游者要求在他们的旅游日程中加入一些参与性的活动，而不再仅仅满足于一个“有特色的 party”。如参加旅游目的地当地的传统节日、民族文化活动和品尝风味使奖励旅游者通过与社会和自然界的接触，感受人与社会、人与自然的和谐，唤起社会责任感。

三、奖励旅游的特点

奖励旅游在本质上是一种激励方式，是一种激励员工或经销商积极努力工作并能挑战自我现代化的管理工具。同时奖励旅游又是一种新的旅游形式，与普通旅行活动有所区别。

(一)受众特殊

与普通员工旅游完全不同,奖励旅游是针对已达成,甚至超越公司预订业绩目标之特定对象,如员工、经销商、代理商等,所给予的犒赏之旅。更确切地讲,奖励旅游的对象是针对企业的有功人员,他们都是从企业团体中千挑万选出来的,必须通过特定的审核尚可获得此资格。

(二)高消费、高档次、高要求

开展奖励旅游的企业绝不允许旅游企业将奖励旅游者当作普通旅游者来接待。有实力的企业为更好激励其参与对象,开展奖励旅游常常是"不惜血本",不但在交通工具、住宿、餐饮等方面体现出了高档次的特征,如豪华饭店、大型晚宴、特殊的旅游线路等,而且在旅游活动内容、组织安排以及接待服务上要求尽善尽美。同时,奖励旅游通常需要提供奖励旅游服务的专业公司来为企业"量身定做",使活动中的计划与内容尽可能地与企业经营理念和管理目标相融合。因此,无论是对奖励旅游产品的本身,还是对设计这些旅游产品的专业公司都提出了较高的要求。

(三)利润高,季节性不强

据中国旅游有关资料显示,一个大型豪华奖励旅游团的利润通常是一个普通旅游团利润的5—8倍。一些旅行社在季节安排上会错开普通旅游的旺季时段,同时也填补了旅游公司和旅行社的淡季业务空白。

(四)行程安排的独特性

奖励旅游有别于其他的公费旅游形式,行程活动安排要求特殊。在目的上更加复杂;在内容上更为丰富、独特;在形式上更为多种多样;在对象的选择方面更具有公正性,对企业的每一个职员都有积极的正面激励效果。奖励旅游活动不仅安排特殊旅游线路和活动,一般还包含企业会议、培训、颁奖典礼、主题晚会或晚宴、舞会及个性化奖品赠送等丰富内容,最大程度上让参与者感到备受尊崇,并留下毕生难忘的记忆。

(五)创造性

奖励旅游是一种创造性的旅游活动,并非是简单提高接待标准的豪华旅游,而是融入了企业管理目标的具有创意的旅游形式,这样与众不同的体验往往能给奖励旅游者留下难忘的经历。首先整个活动设计需要设定一个创意的主题,通过各种主题活动的巧妙策划和精心安排,把各个旅游要素有机地组合在一起,从而满足奖励旅游者的需求和实现企业的奖励目的。

(六)文化性

奖励旅游为企业提供"量身定做"的专业化产品,将企业文化与理念尽可能地融合到奖励旅游活动的计划与内容中,充满着富有浓厚人情味和深寓文化气息的活动项目,具有鲜明的企业文化特征。

(七)公务性

奖励旅游区别于散客旅游,是带有公务性质的专项旅游,也是商务旅游的发展和延伸,会议与奖励旅游合二为一的倾向越来越明显。奖励旅游不仅是公费旅游,还是把办理公务事项作为主要目的的公务旅游。奖励旅游是因公而起的组织行为，而不是因私而起的个人行为，因此更注重团队和集体的名义。企业会在旅游过程中穿插培训教育等活动，有的放矢地显示内部营销的组织性和亲和力，有利于增强员工对企业使命的认可，增进员工或同事之间的沟通和友谊。

（八）激励性

奖励旅游的激励功效是显而易见的，通过专项会议、颁奖典礼、主题晚宴、集体游戏、友情赠送等一系列活动，极大地激励着员工的生产积极性和社会荣誉感，使其获得地位性身份而成为忠诚员工，以更好地为企业服务。实际上，奖励旅游的组织过程，也可视为现代企业经营的一种激励机制的养成，在对企业员工进行某种激励的同时，也起到了对企业本身组织建设的激励作用。采取奖励旅游的形式，不仅是企业工具理性的运用，而且是企业价值理性的反映，是企业文化、企业理念的体现。一次较大规模的奖励旅游活动，也是企业展现自身实力，树立社会公众形象的宣传活动。

（九）参与性

奖励旅游活动为企业员工与管理者共同参与企业发展创造了条件。平时，企业员工很难与企业管理者或高层面对面地共商企业发展大计，而通过奖励旅游活动的机会，使他们能够零距离接触，有效地调整企业上下层关系，以实现企业的“共同愿望”。奖励旅游的过程还经常会加入一些参与性活动，为企业与员工、员工与员工之间特别的朋友式的交流提供便利，能够助于直接解决一些问题，对形成团队协作精神起到事半功倍的效用。

四、奖励旅游的作用

柔性化管理是现代企业管理有效的方式之一，奖励旅游是国外现代企业管理较为常用、效果甚佳的一种柔性管理形式。伴随现代企业管理逐渐由刚性管理转为“以人为中心”的柔性管理，奖励旅游在现代企业管理中的作用也越来越突出。

（一）有助于企业的人力资源管理

企业花钱购买旅游产品，对业绩突出的优秀员工给予直接的旅游奖励，体现了实用主义的硬性人力资源管理方式。奖励旅游与重要会议、培训结合在一起，关注员工的发展，又体现了人性化“软性”的人力资源管理方式，让员工对公司更有归属感，从而促进员工工作绩效的提高。全球性研究 SITE 基金会的研究结果表明，奖励旅游可让部分员工的工作业绩提升 20%。

（二）有助于企业的营销管理

现代企业的营销管理形式多变，奖励旅游能起到促进企业营销管理的作用。因为奖励旅游表面上是企业对优秀员工的一种奖励，但其真正目的是树立企业形象、宣扬企业理念，最终达到提高业绩、促进未来发展的效果。一次较大规模的奖励旅游实际上是企业的一项重要的市场宣传活动，如在一架奖励旅游的包机上印上醒目的企业标志，或包场某一有名的旅游景点，人们会对举办奖励旅游的这家企业留下深刻的印象。所以奖励旅游又是企业在无形之中展现自身实力、宣传企业形象的大好时机，倘若附有媒体进行相关报道，效果会更佳。

（三）有助于企业的产品质量管理

由于奖励旅游是企业与专业策划公司精心策划和打造出来的旅游产品，能让参与者的体验更精彩，对增强员工的荣誉感和向心力，加强团队建设，塑造企业文化有着不可估量的作用，而这些作用将有助于增强员工对企业的认同感，激励其更好地生产高质量产品，为维护企业形象贡献一份力量。

（四）有利于创建团队精神

企业（单位）中的员工平常在各自岗位上各司其职，很少有在一起谈心与交流的机会。组织奖励旅游也是为员工提供了在一起交流的机会和场所，让员工在旅游活动中住在一起、吃在一起、玩在一起，有困难大家帮、有欢乐大家享，增进彼此了解，加深相互间的友谊，从而增强企业凝聚力，促进团队精神的培育。

（五）有利于增强管理者和企业的亲和力

日常工作中，员工与管理者的接触比员工之间的接触更少。奖励旅游给员工和管理者创造了一个比较特殊的接触机会，大家可以在这种较为随意、放松的情境中做一种朋友式的交流，让员工在交流中感受管理者的情谊、心愿和期盼，从而增强管理者和企业的亲和力。

（六）有利于延长奖励的时效性

奖励方式多种多样，既有物质奖励，也有精神奖励。发奖金、送奖品是一种最为普遍的奖励形式，但对受奖者来说，激励的时效较为短暂。一些研究管理问题的心理学家在经过大量调查和分析后发现，把旅游作为奖品来奖励员工、客户时，其所产生的积极作用远比金钱和物质奖品的效果要好。因为在旅游活动中营造的“荣誉感、成就感”氛围，使受奖者的记忆更持久，旅游活动中受奖者之间、受奖者与管理者之间通过交流增强的亲切感，能够激励员工更好地为企业服务。

（七）有利于旅游产品的多元化发展

随着社会经济的快速发展，人们对旅游的要求也日益提升，传统的旅游产品已满足不了人们的需求，这就要求旅游业界积极拓展旅游产品，改善旅游产品结构，逐渐由单一的观光旅游向多元化发展。奖励旅游在诸多旅游产品中效益高、前景好，已成为国际旅游市场的热点项目。推进我国旅游市场中奖励旅游产品的开发，有利于我国旅游产品结构的调整、升级换代和多元化发展。

第二节　奖励旅游运作流程

奖励旅游与一般团队旅游相比更为复杂，需要花费更多的精力、更长的时间去做好前期准备，制定充分完善的奖励旅游策划方案，安排好每一个细节，并且认真执行方案。奖励旅游运作流程具体分为前期准备、中期执行和后期总结评估三个阶段。

一、前期准备阶段

1. 收集信息，确定奖励旅游目标市场

从繁杂的资料中收集相关市场信息，分析了解该细分市场的构成与需求，根据自身特点和优势选择目标市场，为策划出更有针对性、更受市场欢迎的奖励旅游产品做好准备。

2. 对企业进行评估分析，制定具体方案

首先，收集委托企业的相关资料，如企业的背景、经济实力、企业特性和先前奖励旅游状况（包括举办次数、规模和后期效果等），还有受奖励人员的具体情况，这是设计奖励旅游产品的基础和依据。对企业评估和分析准确与否，将直接影响奖励旅游活动安排和效果。

接着，开展具体活动方案制定，主要有三个步骤：①决定策划主题；②选择合适的旅游时间、目的地；③精心设计活动内容，周密制定活动方案。另外，当奖励旅游方案完成后，还应充分地与企业相关人员沟通协商，按企业的要求进行适当的修改，并在双方满意、达成共识的基础上定稿确认。

二、方案执行阶段

在执行阶段主要对服务机构提出了两方面要求，一方面奖励旅游服务机构组织人员应具有较高的随机应变能力、较好的专业素质和相当丰富的经验，另一方面奖励旅游方案要具有灵活性、可调整性。

首先，奖励旅游团队一般规模比较大，经常数百人、数千人，甚至上万人，因此，奖励旅游服务机构在方案执行阶段需要保证旅游接待服务工作周密细致，派专人负责随团，指导当地接待企业做好服务，协调好各方面工作。例如，组织好欢迎仪式，安排好用车、就餐和参观游览节目，做好海关、机场和酒店等相关部门、企业的配合工作等。

另外，在奖励旅游活动进行过程中，会有一些无法预知的意外发生，对固定计划行程存在一定影响，如意外天气、旅游者意外事件等。因此要求服务机构在制订行程计划时要准备好应对预案，以保证项目圆满完成。

三、总结评估阶段

奖励旅游活动结束后，奖励旅游服务机构还要进一步做好后续服务工作。一方面做好游后服务工作，如企业物品回收、礼品的运送、场地的整理、器材的整理等，按客户要求提交评估报告等，将服务工作画上完美句号。同时征询企业、旅游者意见，收集反馈信息，对项目呈现效果进行评估，总结经验并吸取教训，改进产品与服务质量，促进双方合作关系持续进行。另一方面，奖励旅游服务机构自身要对本次活动进行总结，找出成功之处和失败教训，提出改进方案，不断提高自身策划操作水平。

第三节　奖励旅游营销策略

一、产品策略

（一）提供高水准的奖励旅游产品

高水准的奖励旅游产品是开发奖励旅游市场的前提，因此产品的设计一定要根据奖励旅游客户的企业文化和企业目标来进行量身定做，应时刻体现高端性和创造性，尽可能使参与者感受到奖励旅游不是旅行社或旅游公司的行为而是企业的一种荣誉至上的集体活动。同时，必须关注和完善奖励旅游服务流程的每一个细节，争取把一个“完美的经历”奉献给奖励旅游者。另外，奖励旅游产品不仅要有“独”“特”意识，而且应该表现出“唯我独优”“唯我独有”的特征，融合高端性、独特性、创造性、文化性、趣味性与纪念性于一体。

(二) 提升奖励旅游企业实力，打造强势品牌

品牌的影响意义深远，越来越多的数据表明，强势品牌的产品市场份额远远高于其他品牌。没有品牌就没有竞争力，没有品牌就没有市场。一个企业是否拥有强势品牌决定了该企业在奖励旅游市场的地位。因此要在行业资源优化整合的基础上，成立一批专门经营奖励旅游业务的公司，打造出具有国际知名度的企业品牌。奖励旅游企业要具有与客户建立长期合作关系的能力，从而打造企业独特的品牌优势。作为经营“文化”经济的旅游企业，还要注重自身文化内涵的建设，才能创建出名牌奖励旅游产品和名牌奖励旅游企业。

二、价格策略

鉴于奖励旅游的资金来源是企业在实现了其特定目标后，用创造出来的超额利润的一部分进行的。因此，奖励旅游产品面对高端旅游市场，需求价格弹性小于其他旅游产品，撇脂定价是较适合的价格策略。

所谓撇脂定价，是指在产品生命周期的最初阶段，把产品的价格定得很高，以获取最大利润，犹如从鲜奶中撇取奶油。企业之所以能这样做，是因为有些购买者主观认为某些商品具有很高的价值。从市场营销实践来看，开发奖励旅游产品的旅行社或会展公司可以在以下情况下采取撇脂定价。

(1) 奖励旅游市场有足够的购买者，他们需求弹性小，即使把价格定得很高，市场需求也不会大量减少。

(2) 高价使奖励旅游需求减少一些，因而产量减少一些，单位成本增加一些，但这不致抵消高价所带来的利益。

(3) 在高价情况下，仍然独家经营，别无竞争者。

(4) 某种奖励旅游产品的价格定得很高，能产生奖励旅游产品是高档产品的印象。

奖励旅游产品按照顾客要求定制的个性化产品和服务蕴含更多的“可变成本”，固定成本较低，因此具有很大的价格优势。他们对价格不是非常敏感，只要产品和服务满意，顾客认为多花点钱也是值得的，心理上的满足感占据主要位置。因此，奖励旅游产品可以实行价格撇脂策略。

三、渠道策略

(一) 奖励旅游营销渠道

奖励旅游营销渠道的起点是旅游生产企业，终点是奖励旅游购买者，中间环节是代理商等。

奖励旅游市场与其他市场不同的是，在绝大多数情况下，奖励旅游的购买者和消费者是

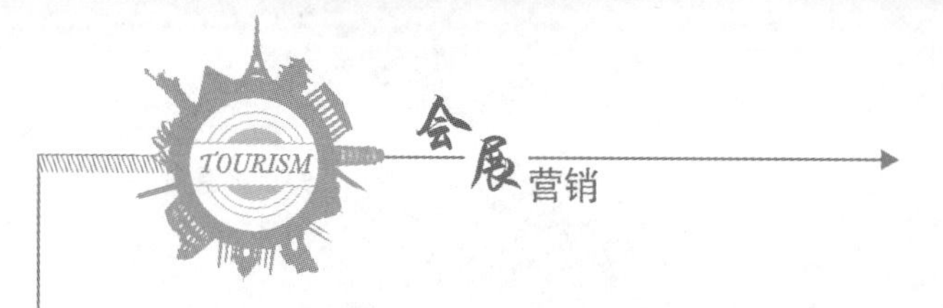

分离的，即奖励旅游的购买者主要是企业，而消费者却是企业的员工、经销商以及特定的客户。因此，营销渠道的购买者是终点，也是奖励旅游市场促销的关键。

（二）营销渠道的功能

奖励旅游产品营销渠道有两大功能，第一个是能够拓展远离旅游产品生产者和传递地点以外的销售点数量，第二个是能在奖励旅游产品生产之前实现购买。具体来说，主要有四个功能。

(1) 信息功能。一方面发放宣传资料等信息以供顾客选择，另一方面收集市场的情报信息，寻找预期购买者，提供建议和购买帮助等。

(2) 促销功能。协助旅游产品供应企业开展促销活动，根据购买者的需求适当改变产品组合，促进奖励旅游产品的销售。

(3) 提供销售点。为购买者的购买和提前预订做准备。

(4) 风险承担功能。承担开展营销活动中的有关风险。

（三）奖励旅游渠道类型

根据奖励旅游产品在流通过程中是否通过中间商，可将渠道分为直接渠道和间接渠道。

1. 直接渠道

直接渠道是旅游生产企业在市场营销活动中不通过任何一个中间商，而直接把旅游产品销售给客户的分销渠道，如奖励旅游企业直接向航空公司、酒店购买旅游产品。奖励旅游企业购买者可以通过各种直接预订方式购买，如电话顶订和互联网预订，也可以直接到旅游生产企业现场购买，或者通过旅游生产企业的自设零售系统购买。

2. 间接渠道

间接渠道是指旅游生产企业通过中间商把奖励旅游产品销售给购买者的渠道。奖励旅游发展到一定时期，市场出现了一批专业的中间代理商，包括全方位服务奖励公司、完成型奖励旅游公司和奖励旅游部。这些公司和部门负责奖励旅游的各种细节问题，他们负责与航空公司和饭店商议，协调交通、住宿、饮食、游览、娱乐和会议等活动，准备促销宣传品，甚至可以参与制定奖励旅游的目标等内容。

(1) 全方位服务奖励公司。这类专业公司在奖励旅游活动的各个阶段向客户提供全方位的服务和帮助，从项目策划到具体实施，从绩效标准的制定、开展公司内部的沟通到鼓舞士气的销售动员会，直至整个奖励旅游活动的组织和指导。这类公司的报酬是按专业服务费支出再加上交通、旅馆等旅游服务销售的通常佣金来收取的。

(2) 完成型奖励旅游公司。这类公司通常规模要小一些，它们主要是“完成”公司客户自己设计好的奖励旅游项目，业务集中于整个奖励旅游活动的旅游部分的安排和销售上，而不提供需要付费的策划服务。它们的收益就来自通常的旅游佣金。

(3) 设有奖励旅游部的旅行社。目前，许多旅行社都设有经营奖励旅游的专门业务部门，主要负责旅游计划的实施，但有些也能为客户提供奖励旅游活动策划部分的专业性服务。

(4) 设有奖励旅游部的航空公司。航空公司作为重要的交通供应商，随着奖励旅游的快速发展，许多航空公司发现了奖励旅游的商机，因此设立了专门的奖励旅游部门来负责承担奖励旅游的业务。

四、促销策略

奖励旅游产品的促销策略由广告、公共关系、人员销售、销售推广以及邀请实地考察等促销工具组合而成。由于奖励旅游产品的购买对象不是参团的旅游者,而是组织奖励旅游的企业,因此奖励旅游产品促销策略中的邀请实地考察、广告与人员销售、销售推广四种促销工具的应用方式与它们在传统的休闲旅游产品的促销运用中有所区别。

(一)邀请实地考察

有关奖励旅游产品的决策可能会涉及数百万的高额支出,因此购买者很少仅仅通过看宣传手册、录像资料和广告宣传就做出购买决定。实践证明,邀请奖励旅游的购买决策者前往旅游目的地亲身体验旅游产品的方式能有效推动购买者做出最后决定。同时,在考察行程中,奖励旅游企业可以与主办方一起就产品策划、奖励旅游主题的表现形式、住宿餐饮设施等进行细致的考察在奖励旅游的促销中是至关重要的,而这一工具在传统休闲产品促销中则较少使用。

(二)广告

常规休闲旅游产品的广告主要刊登在各地主流报刊的旅游专栏,但由于奖励旅游的促销对象是企业,更易被企业决策者接触到的是各种行业期刊,因此,选择行业期刊刊登广告是奖励旅游的一个重要的促销武器。行业期刊包括奖励旅游行业的期刊和主要奖励旅游客户所在的行业的主流期刊,其中比较著名的是2000年9月创刊发行的《亚太会展与奖励旅游》,该期刊锁定亚太地区刊登有关奖励旅游的最新动态、评论以及来自公司购买者的观点,具体内容包括会议、展览、奖励旅游等方面。

(三)人员销售

人员销售是指企业的推销人员直接帮助或劝说消费者或买方购买旅游产品的过程,它以买者和卖者的直接接触为特点,推销的针对性强,与奖励旅游的一对一定制化营销原则具有很强的内在切合性。个人销售在奖励旅游促销过程中所起的作用比平常的休闲旅游产品营销更为重要,电话销售和面对面的洽谈往往起着决定性的作用。

(四)销售推广

参加国际大型专业旅游展作为销售推广渠道,不但是宣传本国奖励旅游市场的一次大好时机,而且还能达到扩大本国旅游业影响力,提升知名度的目的。现今在国际上最有影响力的大型奖励旅游的专业交易展有:①欧洲会议奖励旅游展(EIBTM),是世界上最重要,专业水平高,交易实效最好的会议、奖励和公务旅游展之一,每年5月举办一次,且只对专业人士开放,采取买家、卖家、展商预约的方式进行;②美国"芝加哥会议奖励旅游展(T&ME)",也是世界上较为重要的会议与奖励旅游展,每年9月举办一次,展场面积为350000平方米。

自20世纪90年代以来,我国国家旅游局(2018年3月,组建为中华人民共和国文化和旅游部)已连续参加了上述两个展会,这在很大程度上推广了我国的奖励旅游市场,但我们还得从注重参展的持续性和提高参展质量方面多加考虑,结合国际专业旅游市场的动态、变化,相应地调整我们的市场战略。

第四节　奖励旅游定制营销

定制营销是指企业在大规模生产的基础上，将每一位顾客都视为一个单独的细分市场，根据个人的特定需求来进行市场营销组合，以满足每位顾客的特定需求的一种营销方式。现代的定制营销与以往的手工定做不同，定制营销是在简单的大规模生产不能满足消费者多样化、个性化需求的情况下提出来的，其最突出的特点是根据顾客的特殊要求来进行产品生产。

奖励旅游的个性化需求与定制营销的特点决定了两者之间具有内在切合性，在传统的大众化旅游营销的基础上引入定制营销策略是开展奖励旅游业务的客观要求。

一、奖励旅游定制营销的设计原则

1. 差异性原则

不同企业具有不同的特色和文化，同一企业每次奖励旅游的主题也不尽相同。因此，必须充分了解企业的特色、背景及需求，遵循差异化原则，对不同企业和不同的要求来量身定制奖励旅游产品营销。

2. 文化性原则

要将企业的文化和理念渗透到整个旅游活动的主题设计、行程安排以及细节安排中，既让活动的参加者感受到至高的荣誉，又能通过旅游活动对外宣传和塑造企业的品牌形象。

3. 专业性原则

奖励旅游是一种专业性非常强的旅游产品，在旅游行程、活动项目和营销策略的设计上都需要高度专业化。例如，当高端客户乘专机抵达目的地，就必须提前办理专机入境、机场降落等相关手续，还要考虑接机地点等细节。只有将专业化落实到每一个细节，才能真正达到预期奖励旅游的效果。

二、奖励旅游定制营销的要求

1. 以个性化需求为基础

随着社会发展和收入水平的提高，奖励旅游客户间的需求差异性会不断扩大，个性化会成为新时期奖励旅游需求的主流趋势。因此奖励旅游需求的特殊性质决定了活动计划与内容应尽可能与企业的经营理念和管理目标相融合，将企业文化建设有机地融于奖励旅游活动中，满足客户的个性化需求，为定制营销奠定了客观基础和广阔的发展空间。

2. 市场细分极限化与目标客户选择

定制营销作为划分细分市场的极端化，其实质是根据每个目标客户的个性化需要进行定制，但定制营销本身是一种成本极高的营销行为，企业不可能一味面向所有客户开展定制营销。因此开展奖励旅游业务的旅行社应根据“顾客金字塔”理论，在目标顾客群体中，按照他们对旅行社的贡献度和忠诚度将他们划分为几个等级进行区隔，尽可能选择高层客户开展定制营销。要派出专人定期与这些顾客沟通，根据他们的需要去设计、开发新的旅游线路，增加新的旅游项目，使那些实力强劲又有奖励旅游意识的客户成为旅游企业的忠诚客户。这样可更为合理地调整分配旅行社的有限资源，进一步提升为高端客户服务的水平。

3. 奖励旅游客户的全程参与

定制营销的显著特点就是奖励旅游客户可以亲自参与旅游产品的设计，将各种旅游产品模块任意拆拼、组合，甚至完全根据自身的意愿提出全新的设计。从某种意义上讲，定制营销是奖励旅游产品消费者和奖励旅游产品供应者共同推进完成的营销活动，完全实现了互动营销。

4. 客户关系管理

奖励旅游定制营销的实现必须建立在对奖励旅游客户充分了解、实现“一对一”沟通的基础上，因此旅游企业要运用现代信息和网络技术与目标客户进行互动式的信息交流，并通过数据库方式建立奖励旅游客户档案，进行客户关系管理，以便在顾客生涯的全过程中，持续追踪其需求的发展变化，为其提供终身化的定制服务。

5. 奖励旅游企业角色转换

奖励旅游定制营销要求企业在和客户进行充分信息沟通的基础上，按照客户给定的初始条件如旅游目的地、停留天数、预期花费、食宿标准等，生成多种建议和解决方案供客户选择。奖励旅游企业必须转换观念，完全充当服务商的角色。

三、奖励旅游定制营销的方式

实施定制营销是企业开展奖励旅游业务的工作核心，也是培育奖励旅游从业企业核心竞争力的重要途径。

1. 改变传统营销模式

大众营销认为产品是企业生存的基础，所以十分重视产品的性能、质量及外观，仅将顾客视为产品的购买者而非积极参与者。而定制营销则强调企业必须与顾客互动交流，根据互动中获得的顾客反馈来提供量身定制的产品或服务。因此，奖励旅游营销组织管理应由产品管理型演变为顾客关系管理型。

在高度竞争的现代买方市场条件下，客户已成为企业最宝贵的稀缺资源，留住什么样的客户，如何留住客户已是企业需要解决的重要问题，定制营销是增加“顾客份额”的重要方法。所谓“顾客份额”就是指企业在一个顾客的同类消费中所占的份额大小，占据了顾客份额的企业也就是真正地得到了顾客的芳心，拥有了顾客的忠诚度，可以在激烈的市场竞争中屹立不倒，这也是客户关系管理的宗旨所在。定制营销能让奖励旅游客户参与制造完全符合自己需要的产品，从而形成客户和企业之间的新型关系，做到“共同创造”。

2. “共同创造”奖励旅游产品

“共同创造”指价值是供应商和顾客共同创造的结果，而不是全部在供应商内部创造的。当前，产品价值创造的过程已经从产品中心和厂商中心，转移到了个性化的消费者体验。

与传统的休闲旅游产品不同，奖励旅游是一种管理工具，旅游是手段而激励是根本目的，这一特性决定了奖励旅游有不同的产品特征。奖励旅游团的行程安排除了常规旅游项目外，围绕客户企业文化建设的主题活动策划成为“非比寻常”的旅游体验开发的核心。这些特别定制的主题活动，既别出心裁地宣传了客户的企业文化，增加了客户企业的凝聚力，又带给参与者区别于程式化旅行活动的惊喜体验和深刻记忆，极大地延长了奖励的激励效用。

奖励旅游企业特别定制的主题活动计划与内容需要与客户企业的经营理念和管理目标相融合，而对客户企业文化及企业实现激励目标的种种需求，只有内部人士最了解，因此近年来，许多大型企业客户在部门内增设了与旅游企业共同开发定制奖励旅游产品的职能岗位。奖励旅游产品不再是传统商品导向逻辑下由厂商（旅行社）独立生产然后卖给顾客（组织奖励旅游的公司），而是由客户企业的负责人员与旅游企业共同组成项目小组，客户成为旅游企业定制产品的合作伙伴，双方共同创造奖励旅游的产品价值。价值创造过程以奖励旅游出游人员个体的尊贵化、个性化、异质化体验为目的，以定制化为手段，共同创造体验成为奖励旅游产品价值的基础。

3. 运用撇脂定价策略

运用撇脂定价策略的定制营销使顾客获得完全符合自己要求、没有雷同、功能独特的产品，他们对价格不再那么敏感。奖励旅游高消费、高档次的特点使其能够承担定制营销造成的高成本，这为实施定制营销提供了可行条件。

本章小结

本章归纳介绍了奖励旅游的相关概念，包括定义、类型、产品特点，并解析了奖励旅游的重要作用。从市场营销的角度，简要梳理了奖励旅游营销的运作流程，阐述了具体奖励旅游营销的策略组合，另外还对奖励旅游的定制营销进行了分析。通过这一章的学习，使学生掌握奖励旅游营销的特征特点，对实际营销工作的组合营销策略有一个整体上的了解。

关键概念

奖励旅游　奖励旅游营销　奖励旅游产品设计　奖励旅游运作流程

复习思考题

1. 奖励旅游有何特点？其对现代企业管理的重要性体现在哪些方面？
2. 奖励旅游营销的策略有哪些？请简要从4P的角度进行分析。

第十一章

节事营销

学习目标

通过本章的学习，了解节事活动的概述，包括定义、类型、特点、作用与运作要求，明确节事营销的定义、特点、战略基础(5W)以及营销的一般步骤，熟悉节事营销的策略组合，结合案例掌握节事营销的流程和运用。

案例引导　潍坊国际风筝节

潍坊国际风筝节每年四月的第三个周六在潍坊举行，有来自世界各地的30多个国家和地区参赛，是中国设立最早、连续举办时间最久、影响力最广，以及经济和社会效益最好的知名节庆会展活动，其创立的“风筝牵线、文体搭台、经贸唱戏”的模式，被全国各地广为借鉴。

2019年第36届潍坊国际风筝节(会)以“拥抱世界、共享蓝天、放飞梦想”为主题，共安排了三大类的30项活动，包括主题类活动13项、文体类活动6项、经贸类活动11项。除了每年一度的潍坊风筝大赛、世界风筝锦标赛等传统项目外，今年新增了AOPO航空嘉年华、中国非物质文化遗产暨风筝形象大使花车巡游、无人机表演、国际大马戏嘉年华、极限摩托车飞跃特技秀等群众喜闻乐见的项目。本届风筝节主要有四个特点。

一是参与性和共享性。本届风筝会除专题会议外，观众可以参与赛事、演出、展览等活动，以及风筝放飞等几十项活动。

二是活动的国际化。风筝节邀请国外风筝放飞运动员参加第15届世界风筝锦标赛。在风筝节上，世界30多个国家的宾朋齐聚潍坊，交流风筝技艺、放飞身心、沟通感情，弘扬了民族传统文化，实现了区域全方位对外开放格局。

三是市场化运作。引进多家企业赞助风筝节，节庆活动中的服装、奖牌、饮用水、场地服务等都由企业赞助，不但节省了财政支出，还推广企业产品，宣传企业品牌，达到合作共赢的目的。

四是活动创新。在充分挖掘传统文化的同时，引入科技元素和时尚元素，设计了 AOPO 航空嘉年华、无人机表演、国际大马戏嘉年华、极限摩托车飞跃特技秀等饱含科技含量和异域风情的节目。

潍坊是风筝的发源地，1988 年被“世界风联”确定为“世界风筝都”，潍坊国际风筝会自 1984 年开始，至今连续举办了 35 届，已经成为当前国际上规模最大的群众性风筝赛事，成为潍坊走向世界的靓丽名片。如今，潍坊国际风筝会不仅是文化的盛宴，也是经贸的桥梁，该市把“风筝牵线、文化搭台、经贸唱戏”贯穿在每届风筝会之中，借盛会之举，积极招商引资，每年都举办多场投资洽谈会、项目签约仪式。

（资料来源：根据中国日报网内容改编。http://qiye.chinadaily.com.cn/a/201903/22/WS5c949161a310e7f8b15724ce.html/）

■案例思考：

1. 潍坊国际风筝节属于哪种类型的节事活动？本届风筝节主题是什么？
2. 潍坊国际风筝节的创新活动对观众有怎样的吸引力？
3. 潍坊国际风筝节采取了哪些营销策略？如何看待其产品策略？

第一节　节事活动概述

一、节事活动的定义

节事(Festival & Special Event)是一个外来的组合概念，是节庆和特殊事件的统称。

节庆认为是定期举办的、公众性的、有主题的庆祝物；特殊事件多为一次性举办，是特定的仪式、展示、表演和庆祝活动。节事被认为是庆祝物或文化符号，具有庆祝和传递社区价值和认同的作用；又是旅游产品或吸引物，具有吸引旅游者的功能。

知识链接　　**节事旅游与旅游节事**

目前节事活动和旅游结合而成的节事旅游已经成为一种专项旅游产品，成为旅游营销的重要手段。需要注意的是，旅游节事和节事旅游是两个不同的概念。

旅游节事：经过系统规划开发和营销而成为一个具有旅游吸引的“节庆或特殊事件”。

节事旅游：由“节庆或特殊事件”作为吸引物而引发的一种旅游形式。

节事活动还有广义和狭义之分，广义的节事活动含有多种活动项目的节事，包括节日、地方特色产品展览、体育比赛等具有特色的活动或非日常发生的特殊事件，而狭义的节事活动是指周期性举办的节庆等活动，并不包括各种交易会、展览会、博览会、文化活动体育赛事等一次性举办的节事。

二、节事活动的类型

节事活动的类型主要从活动内容和产生属性进行分类。盖茨(Getz)根据节事活动的内容划分为八类，即文化庆典，包含节日、狂欢节、宗教节事、大型展演、历史纪念活动；文艺娱乐事件，包括音乐会、其他表演、文艺展览、授奖仪式；商贸及会展，包括展览会/展销会、博览会、广告促销、募捐/筹资等活动；体育赛事，包括职业比赛、业余竞赛；教育科学事件，包括研讨班、专题学术会议、学术讨论会、教科发布会；休闲事件，包括游戏和趣味体育、娱乐事件；政治、政府事件，包括就职典礼、授职/授勋典礼、贵宾(VIP)观礼、群众集会；私人事件，包括个人庆典(周年纪念、家庭假日、宗教礼拜)和社交事件(舞会、节庆、同学亲友联谊会)。

按节事活动产生的属性，节事活动可以分为传统节事活动和现代节事活动。传统节日指古代传统型和近代纪念型节日，古代传统型节日包括重阳节、端午节、元宵节、清明节等传统节日，以及火把节、泼水节等少数民族传统节日；近代纪念型节日包括国际劳动节、儿童节、三八妇女节以及各国的国庆等。现代节事活动指经过精心策划而形成的，带有促进本地产品销售、吸引游客、促进经济发展、提高地方的知名度等目的的一系列活动，例如潍坊国际风筝节、中国开渔节、阿尔及利亚的番茄节、大连国际服装节等。

节事活动还有一些其他的划分方法，比如根据节事活动的主题可划分为宗教性节事、文化性节事、经济性节事、体育性节事、政治性节事；根据节事活动的组织者划分为政府性节事活动、民间自发性节事活动、企业性节事活动等。

三、节事活动的特点

节事活动具有多种特征。由于节事活动是庆祝符号，具有文化性、地域性、时效性特征。节事活动本身就是文化活动，以民族文化、地域文化、节日文化和体育文化等为主导的节事活动往往具有极浓的文化气息。节事活动带有明显的地域性，成为目的地的形象的指代物、地域的名片，一些少数民族节日更是独具地方特色。同时，每一项节事活动都受到季节和时间的限制，都是按照预先计划好的时间规程开展和进行的，具有时效性。

同时，节事是一种旅游吸引物，对游客具有吸引力。因此，作为旅游活动的节事有较强的参与性，游客前往节事活动的举办地，希望能够像当地居民一样，融入当地文化中，通过节事活动了解当地生活方式，以期获得节事活动现场的实际感受。为区别其他节事活动，节事活动的内涵非常广泛，其开展形式可多元化，具有多样性特征。举办地还设计出特别出色的节事活动产品供参与者和旅游者体验，突出节事活动的个性化。

四、节事活动的作用

节事活动对于城市或者地区的发展有很多的作用。美国学者盖茨提出节事活动“是吸引游客的源泉，是城市形象的塑造者，是城市进一步发展的催化剂”。世界各国和各个旅游目的地对节庆及节庆旅游的浓厚兴趣和高度重视来源于节庆广泛而深入的影响，“节庆的强大号召力可以在短时期内使得节庆发生地的口碑获得‘暴发性’的提升”。

（一）节事活动的经济效应

旅游资源、旅游活动具有明显的季节性，有淡旺季之分，旺季时游人如织，淡季则是游客寥寥导致资源闲置。通过对本地旅游资源、民俗风情、特殊事件等因素的优化融合，举办别出心裁的、丰富多彩的节事活动，一方面可以吸引游客，为游客提供新的旅游选择；另一方面，可以调整旅游资源结构，为城市旅游业的发展提供新的机会，并能较好地解决旅游淡季市场需求不足的问题。如哈尔滨国际冰雪节，既充分利用了当地的旅游资源，又缓解了旅游市场的淡旺季的矛盾。在国际冰雪节期间，有逾百万游客来哈尔滨旅游，市内各大宾馆酒店的入住率比平时普遍提高了30％—50％。

（二）节事活动的文化作用

城市节事活动对于弘扬中华传统文化，彰显传统文化的丰富内涵和个性起到了重要作用，对于进一步密切国内外文化交流与合作，促进文化的传承、发展和经济社会全面进步，具有积极而深远的影响。如山东曲阜利用几千年的文化积淀，创办了国际孔子文化节，将当地已沉睡了几千年的历史遗迹活生生地再现出来，使传统文化焕发了活力。南宁国际民歌艺术节不仅把潜藏在民间的艺术活力借助现代传媒展现在人们面前，而且从民歌的优美旋律中，使人们感受到团结、祥和、繁荣、发展的时代脉搏和健康向上的美好气息。同时，通过充分挖掘民歌文化中的审美精神，从中提升出有益于现代社会和现代人的文化理想和生活理念，营造现代生活的艺术氛围，丰富了节事活动举办地人民的文化活动，进而推动了城市精神文明建设。

（三）树立举办地的城市形象

城市形象是一个综合的形象塑造系统，是通过对各种形象要素的整合实现的，需要花费大量精力和时间，宣传工作难度很大。而城市节事活动的开展，往往能够对城市主题形象起到很重要的宣传功效。参加者可以通过节事活动的各项内容，全面了解城市的自然景观、历史背景、人文景观、建设成就等内容，从而对城市形象有感性认识。另外，节事活动本身就是目的地形象的塑造者，举办节事活动就是目的地形象的塑造过程，成功的节事活动能够成为城市形象的代名词，如一提到风筝节，就会想到山东潍坊；一提到啤酒节，就会想到青岛。因此节事活动与举办城市之间已经形成了很强的对应关系，能够迅速提升城市的知名度。

举办节事活动，可以极大地促进城市的交通、通信、城建、绿化等基础设施建设的步伐，优化城市环境，尤其是对交通条件的改善具有很大的推动作用。如作为历年冰雪节的一项重要内容，哈尔滨灯饰亮化工程，使松花江南岸沿江一带环境得到了极大的改善，形成了两岸霓虹遥相辉映的壮观美景。

（四）促进了城市相关产业的发展

任何一次城市节事活动都具有一定的主题，与主题相关的整个产业都可以从节事活动中获得经济收益。如每一届的大连国际服装节都迎来了大量的海内外服装厂家、商家、设计师和模特，各类表演活动、发布会、展览会、洽谈会，为本地服装业及其相关产业、生产厂商提供了巨大的商机。由于服装节的举办，大连的服装交易和投资与日俱增，带来了巨大的直接和间接的经济效益。自 1984 年以来，潍坊已经成功地举办了 20 届国际风筝节，形成了庞大的风筝产业，国际风筝节成为拉动经济的新的增长点，世界风筝联合会总部也在潍坊落脚。

五、节事活动的运作要求

为最大限度发挥节事活动的各项功能和作用，举办地的各利益相关主体应制定科学的运营策略，合理运行节事活动。节事活动运营应遵循 PFCCII 策略，即定位（Positioning）、特色（Feature）、社区（Community）、协同（Collaboration）、互动（Interaction）和创新（Innovation），以保证节事活动综合效用的发挥。

（一）定位

旅游目的地依托节事活动这种特殊的产品来塑造形象，创造经济、社会、环境和文化收益，更应根据举办地独特的自然条件和文化基础，确定符合当地实际的个性化定位。

（二）特色

品牌节事活动能充分展示目的地的自然地理、民俗风情、历史、文化特色，主题特色鲜明，作为举办地的招牌和名片，向全世界展现了目的地城市形象，吸引游客前往，如傣族的泼水节、彝族的火把节、西班牙的奔牛节、巴西的狂欢节等。近年来，许多节事活动在借鉴传统的文化要素上进行了崭新的设计和策划，如环青海湖自行车赛、万州摩托艇比赛、洛阳牡丹节、景德镇陶瓷节等，对目的地资源进行了合理有效的挖掘利用，通过科学的设计、独特的创意、持续的运作和营销，使节事活动与旅游目的地相得益彰、相互促进。另外，传统节事活动也更深入挖掘了自身特色，与现代游客需求结合，促进了节事活动的传承发展，更好地推动了目的地建设。

（三）社区

节事活动的发展与传承需要依托社区力量实现，社区的人群、自然环境和文化环境要素构成了发展节事活动的基础要素。其中最重要的是人群要素，旅游目的地浓厚的人情味、良好的群众基础与广泛的民众性是节事活动赖以成功的魅力所在，当地居民的亲和力使游客有宾至如归的感受，愿意与目的地进行深层次的接触。因此要倡导当地居民踊跃参与节事活动，并且以良好的素质，以主人翁的身份、热情的态度，满足游客的多样化需求。

（四）协同

政府、企业在遵循市场运作原则的前提下进行协同、合作，由政府引导和统筹节事活动举办，加强旅游目的地基础建设。目前国内节事活动已开始采用“政府引导，企业承办，市场运作”的方法，通过“政府主导，市场运作，产业办节”的形式，将整个节事活动作为一项系统的文化、旅游、招商举措来运作，实现社会效益与经济效益的“双赢”。

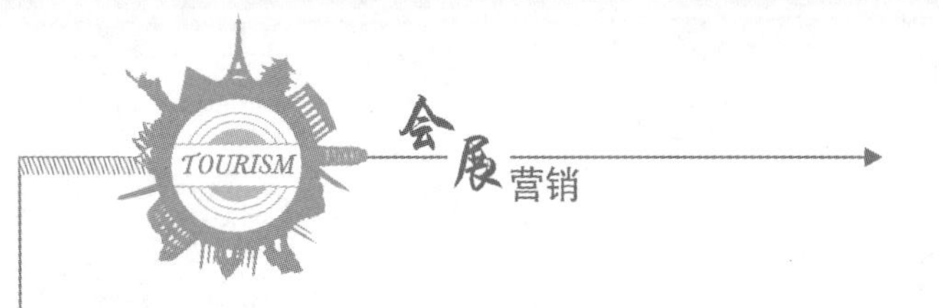

（五）互动

外来游客在参与节事活动中会与目的地居民产生互动。旅游目的地居民带有浓郁的本地情怀和特点，外来旅客对旅游目的地怀着很高的预期，两者共同来参与某种特定的节事活动，前者体验熟悉，后者体验未知，在互动中交融提升彼此体验和美好感受。因此，主办方应该耐心地梳理各种细节，精益求精，将原汁原味的本地元素淋漓尽致地传递给游客，鼓励居民充分参与进来，通过互动让游客更真切地体验到当地文化风俗，满足其好奇心、求知欲。

（六）创新

创新是节事活动可持续发展的动力，节事活动在保有文化底蕴的前提下应不断推陈出新。保持目的地文化主题和地脉内涵、特征基础上的创新，可以使游客在品味历史、触摸文化、体验风情过程中又增添新的惊喜。旅游目的地的跨越式发展应该突破自己的局限，通过创新的思维、独特的表现形式举办特色节事活动，来展示目的地独特的风情。

知识链接　节庆营销，用创意撬动乐园体验时代

节庆营销以主题鲜明的庆典活动，作为主题乐园吸引游客的关键手段，为游客创造独特价值体验，以创意为杠杆撬动宣传效果和商业市场。2017 年 9 月 25 日至 10 月 31 日，上海迪士尼史上首次开放主题着装入园的万圣节活动，以“放飞自我、放肆狂欢”为主题，设立了“大反派夜间巡游”“宝藏湾幽灵海盗”“明日世界炫舞派对”和“迪士尼朋友之不给糖就捣蛋”四项主题活动，为游客带来了奇妙的万圣节体验，受到了游客的热烈追捧和好评。

（资料来源：改编自搜狐网。http://www.sohu.com/a/193976428_758110/）

第二节　节事营销概述

一、节事营销的含义

节事营销是指在节庆和特殊事件期间，利用消费者的节事消费心理，综合运用广告、公演、现场售卖等营销手段，进行的产品、品牌推介活动，旨在提高产品的销售力，提升品牌形象。

目前对节事营销的含义主要有两种解释。

一是指节事营销是主办单位通过举办节事活动，吸引客商和大众的关注和参与，提升举办地、旅游景区或企业产品和服务的知名度和美誉度。这个解释把节事活动用作营销企业产品、文化、景区、城市乃至国家的工具，是实现其他目标的手段。

二是指节事的举办单位利用其拥有的资源，针对节事的目标受众需求打造并向其传递符合参与者期望的节事产品和服务，从而实现节事活动目标的过程。

节事作为一种十分有效的营销方式，是一种很好的营销载体，但节事本身也需要推广营销。在本节内容中，我们认为节事活动是被营销的对象，重点考虑的是如何吸引目标受众参与节事活动。

二、节事营销的战略基础

近年来，节事活动创造的巨大综合效益吸引了越来越多的企业、各级政府的参与，然而，不少企业和政府对节事营销理论上认知和实践操作还存在误区，导致节事活动举办不尽如人意。节事营销要解决战略问题，具体可以通过“5W”(即 Why，Who，When，What，Where)来分析节事营销的战略基础。

(一) 为什么(Why)

为什么顾客要花费时间和金钱来参加你的节事活动？要回答这个问题，就必须明确节事举办的宗旨，节事宗旨必须以醒目和吸引人的方式被强调出来，恰当地传递给目标受众。现在人们被大量印刷和电子宣传材料淹没，简单的邀请已很难引起他们的兴趣，因此节事营销者必须对目标受众竞争对手及自身节事活动产品内在价值进行透彻分析，要紧紧抓住目标受众，充分表达节事活动的独特性。

(二) 谁(Who)

我们在对谁进行节事营销？目标受众随节事活动的不同而不同。首先，我们要依据活动类型和规模确定目标受众，让营销范围与潜在顾客范围一致，如国际型节事应在世界范围内营销，全国性的应在本国范围内，地方性的就应在本地范围内进行营销。其次，要根据受众的不同需求分别进行营销，不同的受众感兴趣的活动内容有所区别，不同的潜在赞助商有意支持的项目也不同，因此要针对性地分别制订计划。另外，我们要依据受众群体对节事活动的了解程度来进行差异化营销，如果是首次参加，则需要详细介绍节事活动特色和基本内容，并提供更为细致的服务，对已参加过并熟知活动的观众，则应强调本次节事活动与众不同的地方。

(三) 什么时候(When)

对节事活动的举办时间需要进行仔细的分析，时间定得是否科学准确，将影响到参加者的数量以及节事活动本身的质量。节事的举办时间可以根据节事本身的性质以及它的目标市场消费群体的性质不同进行分析。

如 2008 年的北京奥运会，NBC(美国全国广播公司)买下了北美地区的独家电视转播权，之后他们向国际奥委会提出要求，希望将跳水、游泳、田径、体操等项目的决赛改到北京时间上午举行。因为这些项目深受美国观众的喜爱，加上美国队在这些项目上实力较雄厚，收视率高居全球榜首。如果按照惯例，这些项目的决赛都是在晚上进行的，那么就是美国的上午，势必大大影响收视率，而北京时间的上午正好是美国晚上的黄金时间。虽然此项提议遭到许多国家的反对，但为了北美地区的广泛市场，国际奥委会最终决定将游泳和体操的大部分项目决赛放到北京时间上午和中午举行。可见，决定节事举行时间一定要充分考虑到主要目标观众的空闲时间。

(四) 在哪里(Where)

节事举办地点也是节事营销成败的关键因素之一,大到举办的国家、城市,小到城区、道路,必须根据节事的特点周密考虑,仔细权衡。一般而言,必须考虑会场的独特性、方便性,旅行的可到达性,地方政府支持的可获得性等。地点确定之后,营销者需要挖掘地点的独特优势并加以利用,如在城区,公共交通、泊车的方便性,旅行的方便性和效率是关键;而在郊区,观赏城市全景或田园风光是优势点;在度假地,湖泊、高尔夫、高档消费、海滩和美味晚餐则是吸引游客的要素。

(五) 营销什么(What)

进行节事营销,首先要考虑节事的目的,要回答"为什么举办这个节事活动"的问题。参与者参与节事活动的目的很多,可以是获得学习和培训的机会,也可以是结交新朋友、建立有利的商业关系,或者是可以欣赏到精彩绝伦的表演,节事营销应该根据特定的目标和对象来确定内容。针对赞助商,应大力宣传本节事活动能提供给他们的各项优惠或超值政策,提高赞助商的感知期望收益;针对节事活动观众,则应强调节事的特色、亮点,吸引更多的观众参与。

三、节事营销的步骤

按照节事营销的特点,节事营销管理过程可以划分为节事活动调研、节事活动 STP 战略制定、节事活动营销组合策略、节事营销活动实施与控制和节事活动营销效果评估五个阶段。

(一) 节事活动调研

节事活动调研,主要目的是了解节事活动市场营销的现状,通过对节事活动市场营销的政治法律环境、经济环境、社会文化环境、自然环境、科学技术环境和人口环境等宏观环境,与参与者、社会公众、赞助商、服务商、竞争对手、举办地和举办者等微观环境的分析和研究,确立在目前情况下各项环境因素的特征及其对节事活动的影响,从而为举办者开展营销活动时寻找市场机会、主动利用有利方面、合理规避不利方面提供依据。

(二) 节事活动 STP 策略

根据总体市场中不同参与者需求特点,将市场分割为若干类似的子市场,即市场细分,然后根据自身的条件和竞争对手的情况,选择要服务的目标市场。为了树立节事的独特形象,区别于竞争对手,有必要对节事活动进行市场定位,定位需要通过营销组合策略进行实施和保证。

(三) 节事活动营销组合策略

制定节事定位战略后,节事举办者针对确定的目标市场,综合运用各种营销手段,结合产品、价格、促销、地点等要素,形成一个系统化的整体市场营销组合,以便达到预定的营销目标。目前主要营销组合理论包括霍伊尔 5P 理论、瓦根 5P 理论和盖茨 8P 理论,在营销组合策略拟定中可以综合考虑。

（四）节事营销活动实施与控制

节事营销活动实施是指计划转化成具体的行动和任务的过程，并保证这些行动实施和任务完成，包括分解目标、制定详细的行动方案、设立执行机构、制定有关奖惩制度等内容。

节事活动在运作过程中要受到许多外界和内部因素的影响，营销计划在实施过程中会与实际情况有一定的偏离，因此在计划实施过程中要采取相应的措施对计划的实施进行监督和控制，必要时进行纠偏，使既定的目标得以顺利实现。

（五）节事活动营销效果评估

节事活动结束后通过营销期间收集的统计信息，以及专门为评估而搜集的第一手资源，对节事活动营销计划、服务质量促销效果、价格制订的合理性、分销效果等做出深刻的分析和总结工作。总结之后将资料存档，作为下一届节事活动营销的参考。

第三节　节事营销策略

节事活动作为一种比较特殊的服务业，除了传统的4P策略组合外，还应该增加3P策略，即人（Participants）、过程（Process）和有形展示（Physical Evidence）。

一、产品策略

节事活动作为一种社会文化的仪式化表达，筹办、策划、举办和运作是一个系统工程，前期需要经过周密的准备过程。节事是一种特殊产品，其所依据的文化资源在平时是处于潜在状态的，必须经过节事策划开发，才能由潜在状态转变为可以销售给利益相关者的产品状态。

产品策略也就是节事活动服务包，主要包括以下几个方面。

（1）核心活动。

（2）附加性活动。

（3）节事商品和纪念品。

（4）提供的服务。

（5）产品和服务的传递流程。

（6）服务蓝图。

（7）节事活动环境营造。

需要注意的是，一定要挖掘出节事活动的卖点。人们参与活动的决定经常是基于情感而不是逻辑，基于感觉而不是现实，因此，营销必须聚焦于参加活动的收益。要把节事活动的特点转化为顾客的利益点，特别是作为一种无形的产品，要强调的是直接的体验感受。

二、价格策略

节事活动给予消费者的是无形的价值或利益，顾客需要亲往现场才能消费其核心服务。对节事活动而言，销售是指通过各种营销方式让顾客确认参加节事活动，并为此进行付费，

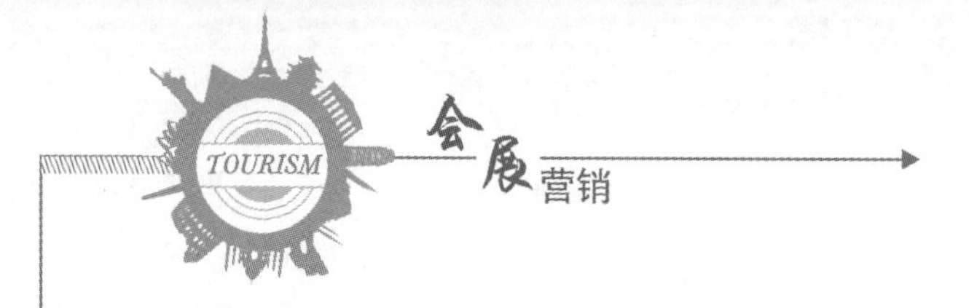

因此需要拟订各项费用项目的价格，主要包括以下几个方面。

(1) 各项目的价格，如门票的价格、展位的价格等。

(2) 物品展具租赁的价格。

(3) 会刊广告的价格。

(4) 其他开发的广告项目的价格。

(5) 餐饮价格。

(6) 商品及纪念品的价格。

(7) 其他项目的价格。

特别注意的是，价格策略并不是简单把各项目的价格确定，而是一种吸引更多目标顾客，达到收益最大化的营销手段，为其他的营销目标服务。比如，为了营造节事活动的高端定位形象，价格的制定应采取高价策略。虽然高价带来了顾客偏少的情况，但便于主办方向顾客提供更优质的服务，同时高价可以为节事活动及其顾客带来声望。而大众化的狂欢活动则对人流量有极大需求，观众越多活动效果越好，这时可以采取低价策略吸引游客。另外，为了调整节事活动顾客的流量或促进某项活动的推广，还可以采取差别定价或捆绑定价等。

三、渠道策略

(一) 核心服务分销渠道

顾客享有核心服务需要亲身参与，此时需要考虑以下 5 个方面。

(1) 选址问题：节事活动能否选择一个交通便利的城市以及一个城市中交通便利的场所？

(2) 节事活动是否可以考虑巡回举办？

(3) 节事活动能否开设分会场？

(4) 实体节事活动能否开辟网上节事活动？

(5) 对一个确定地点的节事活动，能否让市内的交通更便利？能否让主要客源与举办地的市际、省际甚至国际的交通更方便？

(二) 附加性服务分销渠道

附加性服务分销渠道本质上是一种权利的转移的确认，比如展位合同的签订，门票的销售等。对附加性服务的分销可以采用传统分销渠道的方式，可以选用的渠道模式主要有以下两种。

(1) 直接渠道：节事活动主办方——顾客。

(2) 间接渠道：节事活动主办方——零售商——顾客/节事活动主办方——代理商——零售商——顾客。

渠道策略不仅需要将渠道设计出来，还要选定分销商、确定渠道中间商的责任与权利，以及分销商的管理、激励和调整。

四、促销策略

节事活动作为会展的一个组成部分，促销策略与其他会展活动基本一致，主要包括以下几个方面。

(1) 广告策略。

(2) 公关策略。

(3) 人员推销策略。

(4) 销售促进策略。

五、人员策略

节事活动是一种以人为基础的服务,服务人员是节事服务的实施和执行者,他们在顾客心中代表着节事活动。服务于节事活动的人员包括管理委员会、工作人员、利益相关者、服务承包商和志愿者。让员工及志愿者为顾客提供高质量的服务,人员策略应包含人员的选聘、培训以及激励方面。

六、有形展示策略

由于节事活动服务本身是无形的,顾客常常在购买之前通过有形线索或者有形展示来对服务进行评价。有效的有形展示设计可以在一定程度上打消顾客的疑虑,促进购买行为的发生。这部分内容是通过"有形"的方式展示节事服务的质量,主要包括节事活动的品牌策略、CI 策略、场馆布局与装饰等。这部分内容可融合于产品策略中。

七、过程策略

节事营销的过程策略包括设计节事服务传递的流程和服务蓝图。节事活动的流程设计通常使用流程图来表示,用来详细说明顾客参与活动时的各个过程,同时也表明了节事活动的运行情形及将要发生的活动的顺序。节事活动的服务蓝图主要包括有形展示、顾客行为、接待人员的可见与不可见的行为与支持过程,这部分内容也可以融合至产品策略中。

本章小结

本章内容介绍了节事活动、节事营销的相关概念,最后从服务营销 7P 的角度介绍了节事产品策略,价格策略,渠道策略,促销策略,人员策略、有形展示策略、过程策略等节事营销策略的内容。通过本章的学习,可以熟悉节事营销的组合策略,了解节事活动承办方提高自身创造性和竞争力的具体营销框架。

关键概念

节事活动　节事营销

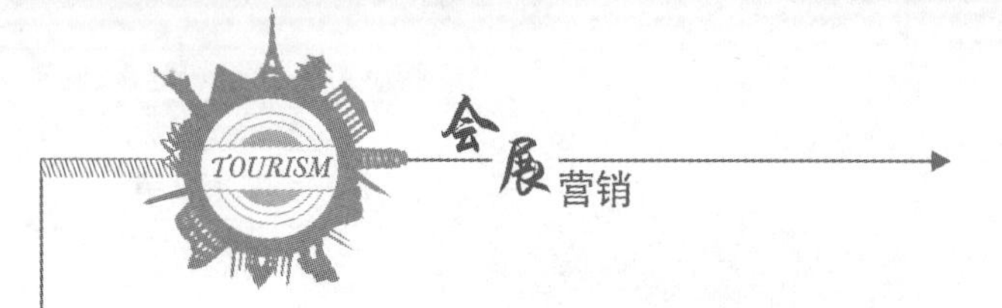

复习思考题

1. 节事活动有何特点？其重要性体现在哪些方面？
2. 节事活动运营应遵循哪些策略？
3. 节事营销要解决什么问题？请简要阐述节事营销的战略基础。
4. 节事营销的策略有哪些？并简要列举节事营销的步骤。

第十二章

新技术下的会展营销

学习目标

通过本章的学习，了解会展营销技术的环境，以及数字技术、网络技术、大数据、云计算、人工智能等新技术在会展营销中的运用，学习会展在线营销、新媒体营销及其特点与模式，人工智能技术在会展营销中的前景。

案例引导　2018 淘宝造物节

2018 年 9 月 16 日淘宝造物节落下帷幕，本届造物节场地从室内换到杭州西湖边上的室外场地；展区也从四个增加到六个：奇市、宅市、萌市、文市、夜市、宝市；主打全息技术的 MR(混合现实)购物……淘宝造物节不仅在升级，更在创新求变，尤其是淘宝博物馆、断桥时装秀和躁动森林音乐会，将杭州西湖户外场地的优势发挥得淋漓尽致，让每一位观众都能够在淘宝造物节上找到一个属于自己的 WOW Moment。毫无疑问，阿里再次为我们打造了一个会展活动的经典案例。

在新一代人工智能科技驱动会展产业发展背景下，作为一个集展会、演出、狂欢节、体验活动于一体的新物种，淘宝造物节通过年轻活跃的想象力、无处不在的黑科技、线上线下融合的新模式冲击着传统展会，拓宽了行业边界，也为未来会展营销如何“造”提供了启示。

会展营销应充分利用智能科技。从 AR、VR 到人脸识别再到大数据，智能科技为活动提供高效快捷的运营环境，体现了会展业需要连接每一个个体、倾听每一种声音的未来趋势。智能化的会展模式不仅意味着高新技术的融入、眼球效应的增益，更是产业的赋能与衍生。一方面，会展智能化将驱动物联网、云计算、三网融合等新一代信息技术的高速发展；另一方面，将进一步整合行业格局、建设创新生态，实现真正意义上用户的可识别、可触达、可洞察、可服务。

会展营销以给观众带来极致体验为核心：如果说神店实体、明星网红、商品展示是造物节的实物内容，那么青年造物、国潮引领、匠人精神、观众共鸣则是隐含其中的精神内容。体验经济时代来临，互动体验与营销传播相互作用的模式将进一步冲击传统的2C类展会圈层。从媒体引流到沟通互动再到精神链接，极致体验将进一步促进会展业内容多元化、传播多维化与体验多重化。

会展营销可考虑以社群生态为目的。从线下到线上，受众已成为展会的自媒介，多渠道、多角度、多方式的分享成为信息时代会展行业亮点。值得关注的是，线下展会观众与线上互联网受众都是社区生态的参与者，会展活动的优劣势都将被互通互联的自媒体传播无限放大。在“互联网＋”的大背景下，内容设计、现场服务、舆论趋势、社群价值所带来的口碑效益将不可估量。

淘宝造物节预示着会展将不再局限于单一的会议、展览模式，更需要着眼新科技、新场景、新服务、新体验。每一种改变都是一种进步。融信息交互、人文关怀、产业发展于一身，未来的会展业期待每一个会展人“造”意！

■案例思考：

1. 2018淘宝造物节给你带来了哪些启示？

2. “淘宝造物节”里面包含有展览、会议、活动、演出，为什么线下活动会变得越来越综合呢？

第一节　新技术环境

从互联网，到云计算、大数据、物联网和人工智能，以及即将基于5G的万物互联，都与服务业紧密联系在一起，其与服务业的融合势必催生会展新变化，尤以会展营销服务首当其冲，将极大提高其在产业链中的地位和附加值。本节内容将简单介绍新技术背景，主要包括数字技术、网络技术、VR、IoT、大数据、云计算、AI等。营销人员需要与时俱进，了解人工智能科技的发展趋势，助力会展营销。

一、数字技术

数字技术是信息社会的基础，也是新媒体的核心技术，现阶段的新媒体无不以数字技术为基础，因此也有人称新媒体为数字媒体。

从传播学的角度看，信息的数字化过程是一个典型的编码-译码的过程。具体来说，信息的数字化包括两个方面的内容：一是将人类可感知到的模拟的信息数字化，亦即对要发送的模拟信息进行编码，从而为数字技术引入各种信息系统提供前提和可能性；二是将数字化的信息进行还原，转换为人类可理解的模拟信息，亦即对接收到的数字信息进行译码。

具体到新媒体中，这种信息的数字化主要表现在：任何新媒体的信息，包括网络信息、手机信息、数字电视信息等都可以通过编码，进入信息系统的汪洋大海之中，从而可以为各种基于数字技术的媒体所共享。它实现了信息的多样化传播，整合了媒体资源，在一定程度上，使信息时代人类的传播理想——任何时间、任何地点、任何媒体、任何人的信息传播和信息接收成为可能。因此，数字技术的诞生为新媒体的出现提供了可能，为新媒体的发展提供了原动力，是新媒体当之无愧的核心。

知识链接　上海世博会的数字技术运用

上海世博会上，数字技术的应用引人注目。从数字安保到实时路况，从网上世博到排队短信等，都反映了信息化正在向社会普及。无线城市建设为世博会配套项目的实施和应用提供了很好的基础，互联网概念在世博会中的具体应用也为“世博效应”转化为“世博效益”创造了条件。例如，在世博会期间运用于上海公交系统的“车务通”服务，就是采用了 RFID 和传感网技术，是全球领先的道路交通无线综合应用解决方案。游客进入世博园区所看见的围栏，并不是普通的“铁疙瘩”，而是在里面装了许多传感器，融合多种防入侵技术。不管推动围墙的是人还是风，都可以通过智能化技术，区分有意无意的侵入，并在一定程度上实行预警、跟踪等功能，为安全世博提供立体式探测。

上海世博会展示中运用的数字技术，让我们亲身体会到了数字技术的魅力。同时，大量的类似这样的数字技术正以超过想象的速度逐步延伸到民用领域。

（资料来源：http://it.sohu.com/20100430/n271847747.shtml/）

二、网络技术

数字技术为多媒体信息的传播提供了统一的信息格式，但是信息的传播还必须要求信息终端之间存在连接，网络技术就提供了相互连接的信息传播通道。网络技术是从 20 世纪 90 年代中期发展起来的新技术，应用范围由最早的军事、国防，扩展到美国国内的学术机构，进而迅速覆盖了全球的各个领域，吸引着越来越多的用户加入其中，运营性质也由科研、教育为主逐渐转向商业化。

20 世纪 90 年代初，中国作为第 71 个国家级网加入 Internet。目前，Internet 早已在我国开放，通过中国公用计算机互联网（CHINANET）或中国教育和科研计算机网（CERNET）都可与 Internet 联通。只要有一台电脑并接入宽带就能够很方便地享受到 Internet 的资源，越来越多的会展企业运用网络技术来开展会展营销活动。

例如，中国昆明国际花卉展上采用了微网站，主办方根据需要定制了所需的 H5 自定义微站，包括供观众、专业观众与展商报名参展的注册通道、展期内的相关活动介绍，及相关新闻报道等内容，为用户的现场管理、展会自身宣传提供了稳定的技术支持，受到参会观众的一致好评。

三、虚拟技术

虚拟现实技术(Virtual Reality,简称 VR)是在计算机图形学、计算机仿真技术、人机接口技术、多媒体技术以及传感技术的基础上发展起来的虚拟技术交叉学科,对该技术的研究始于 20 世纪 60 年代。直到 90 年代初,虚拟现实技术才开始作为一门较完整的体系而受到人们极大的关注。虚拟现实是人们通过计算机对复杂数据进行可视化操作与交互的一种全新方式,与传统的人机界面以及流行的视窗操作相比,虚拟现实中的“现实”是可实现的。

企业参展的一个重要目的就是展示企业的产品、技术、服务。一些大型机器产品很难移动到场馆展示,大量展品的内部结构与运作机理也只能通过图片和人员讲解展示,一些复杂技术更是难以描述,影响了展品的展示效果。虚拟技术能通过动画手段,重构展品的三维结构,从多角度、多层面展示展品的内部结构及运行机制,为观众直观展示展品功能与特征。

四、物联网技术

物联网(Internet of Things,简称 IoT)一词最初在 1999 年提出,即通过射频识别(RFID)、红外感应器、全球定位系统、激光扫描器、气体感应器等信息传感设备,按约定的协议,把任何物品与互联网连接起来,进行信息交换和通信,以实现智能化识别、定位、跟踪、监控和管理的一种网络。简而言之,物联网就是“物物相连的互联网”。

物联网是新一代信息技术的重要组成部分,也是“信息化”时代的重要发展产物。物联网是互联网的应用拓展,与其说物联网是网络,不如说物联网是业务和应用。因此,应用创新是物联网发展的核心,以用户体验为核心的创新 2.0 是物联网发展的灵魂。

会展营销利用手机终端,将会展场馆、展区信息、客户信息、会议活动等场景相联系,参展商和观众根据需要,通过智能化识别、定位、跟踪,查询、联系需要的客户,预订发布会、餐饮、酒店等各类服务。而会展现场提供服务的各类终端设备将会采集用户的数据,结合 AI 的强算力形成全新数据,为会展的定制化服务提供依据。

五、大数据

大数据(Big Data),指无法在一定时间范围内用常规软件工具进行捕捉、管理和处理的数据集合,是需要新处理模式才能具有更强的决策力、洞察发现力和流程优化能力的海量、高增长率和多样化的信息资产。

在维克托·迈尔-舍恩伯格及肯尼斯·库克耶在《大数据时代》中指出,大数据不采用随机分析法(抽样调查)这样的捷径,而是采用所有数据进行分析处理。IBM 提出大数据具有 5V 特点:Volume(大量)、Velocity(高速)、Variety(多样)、Value(低价值密度)、Veracity(真实性)。阿里巴巴创办人马云也提到,未来的时代将不是 IT 时代,而是 DT 的时代,DT 就是 Data Technology 数据科技,其价值在于数据分析及分析基础上的数据挖掘和智能决策,显示大数据举足轻重。

会展活动的登记注册、展位租赁、现场交流活动、展品与品牌推广、展会后旅游等全程都会形成会展顾客的大数据库。大数据并不在“大”,而在于“有用”。对于会展行业而言,主办方可以利用大数据进行精准营销;参展企业可以利用大数据做服务转型。总之,如何利用这些大规模数据为参展顾客创造更多价值,是赢得竞争的关键。

六、云计算

云计算(Cloud Computing)是基于互联网的相关服务的增加、使用和交付模式。云是网络、互联网的一种比喻说法。云计算是将传统的 IT 工作转为以网络为依托的云平台运行。云计算模式具备 5 个基本特征(按需自助服务、广泛的网络访问、资源共享、快速的可伸缩性和可度量的服务)、3 种服务模式(软件即服务、平台即服务、基础设施即服务)和 4 种部署方式(私有云、社区云、公有云和混合云)。

继个人计算机变革,互联网变革之后,云计算被看作第三次 IT 浪潮,是中国战略性新兴产业的重要组成部分。云计算作为人工智能背后强大的助推器,不仅充当了存储与计算的工作,在助力人工智能发展层面意义深远。同时,它给会展业也带来改变。在 2018 世界智能大会智能科技展上,各大科技公司争相展示其云计算技术实力。

七、人工智能

人工智能(Artificial Intelligence,简称 AI)是一门基于计算机科学、生物学、心理学、神经科学、数学和哲学等学科的科学和技术。人工智能的一个主要推动力要开发与人类智能相关的计算机功能,例如推理、学习和解决问题的能力。

人工智能的起源普遍认为是 1956 年的达特茅斯会议,会上提出了人工智能的概念。人工智能进入 21 世纪第二个十年,最引人注目的成就就是深度学习。深度学习也是一种对大脑的模拟,它模仿了人类大脑的深层体系结构。到了今天,充足的食物(大数据)和强劲的消化系统(GPU,云计算)成为深度学习崛起的契机。由国家发展和改革委员会主办的 2018 年第二届世界智能大会,也将智能体验作为大会的新亮点,包括智能参会服务、展区智能互动、论坛智能语音服务、智能表演四大场景,用智能进场、智能表演、智能模拟驾驶、会议智能系统等方式,进一步提升大会的智能科技体验度。

知识链接　2018 全球人工智能产品应用博览会

2018 全球人工智能产品应用博览会是国际化高级别人工智能专业博览会。博览会采用了最高端、最炫酷的现场管理方式与博览会主题相互呼应,将智能体验作为大会的新亮点,如人脸识别闸机签到、智能参会服务、展区智能互动、论坛智能语音服务、智能表演等智能方式,用智能进场、智能表演、智能模拟驾驶、会议智能系统等方式,进一步提升大会的智能科技体验度。大会报名系统采集观众及展商面部及身份信息,现场通过识别人脸验证入场。通过人工智能应用于人脸识别签到中,准确率高达 99.9%,让传统的签到环节被赋予了更加炫酷的色彩。

(资源来源:31 会议网。https://www.31huiyi.com/newslist_2017/article/1450426678/)

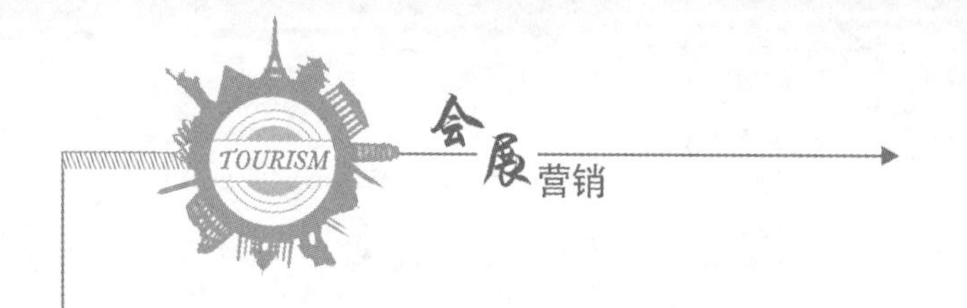

第二节　会展的在线营销

一、在线营销

（一）在线营销的定义

在线营销(Online Marketing,即网络营销)是企业营销实践与现代信息通信技术、计算机网络技术相结合的产物,是指企业以电子信息技术为基础,以计算机网络为媒介和手段而进行的各种营销活动的总称。

会展营销人员可以通过在因特网上创建一个电子站点来进行在线营销;参与论坛、新闻组、布告栏、留言板和网络社区的讨论;使用电子邮件和网络投放广告。

随着互联网技术发展的成熟以及联网成本的低廉,互联网好比是一种"万能胶",将企业、团体、组织以及个人跨时空联结在一起,使得他们之间信息的交换变得"唾手可得"。市场营销中最重要也最本质的是组织和个人之间进行信息传播和交换。如果没有信息交换,那么交易也就是无本之源。

（二）在线营销的特点

(1) 跨时空。会展营销的最终目的是占有市场份额,由于互联网能超越时间约束和空间限制进行信息交换,因此脱离时空限制达成交易成为可能,企业可以有更多时间和更大的空间进行营销,可每周 7 天,每天 24 小时随时随地地提供全球性营销服务。

(2) 多媒体。互联网被设计成可以传输多种媒体的信息,如文字、声音、图像等信息,使得为达成交易进行的信息交换能以多种形式存在和交换,可以充分发挥营销人员的创造性和能动性。

(3) 交互式。互联网通过展示商品图像、商品信息资料库提供有关的查询,来实现供需互动与双向沟通。还可以进行产品测试与消费者满意调查等活动。互联网为产品联合设计、商品信息发布以及各项技术服务提供最佳工具。

(4) 个性化。互联网上的促销是一对一的、理性的、消费者主导的、非强迫性的、循序渐进式的,而且是一种低成本与人性化的促销,避免推销员强势推销的干扰,并通过信息提供交互式交谈,与消费者建立长期良好的关系。

(5) 成长性。互联网使用者数量快速成长并遍及全球,使用者多为年轻一代、中产阶级、受教育程度较高的群体,由于这部分群体购买力强而且具有很强的市场影响力,因此是一项极具开发潜力的市场渠道。

(6) 整合性。互联网上的营销可由商品信息至收款、售后服务一气呵成,因此也是一种全程的营销渠道。此外,企业可以借助互联网将不同的传播营销活动进行统一设计规划和协调实施,以统一的传播咨讯向消费者传达信息,避免不同传播中不一致性产生的消极影响。

(7) 超前性。互联网是一种功能最强大的营销工具,它同时兼具渠道、促销、电子交易、互动顾客服务，以及市场信息分析与提供的多种功能。它所具备的一对一营销能力，正是符合定制营销与直复营销的未来趋势。

（8）高效性。计算机可储存大量的信息，代消费者查询，可传送的信息数量与精确度，远超过其他媒体，并能因市场需求，及时更新产品或调整价格，因此能及时有效了解并满足顾客的需求。

（9）经济性。通过互联网进行信息交换，代替以前的实物交换，一方面可以减少印刷与快递成本，可以无店面销售，免交租金，节约水电与人工成本；另一方面可以减少由于迂回多次交换带来的损耗。

（10）技术性。在线营销是建立在高技术作为支撑的互联网的基础上的，企业实施在线营销必须有一定的技术投入和技术支持，改变传统的组织形态，提升信息管理部门的功能，引进懂营销与计算机技术的复合型人才，未来才能具备市场的竞争优势。

二、会展中在线营销传播的运用

会展在线传播手段意味着会展企业能够向参会者提供或发送定制的信息，这些信息能够吸引顾客参展。会展在线营销传播主要有四种方式：网站、搜索广告、陈列式广告、电子邮件。

会展在线营销传播能够很容易地测量营销效果，可以记录有多少唯一身份访问者或"独立访客"点击了相关页面或广告，他们在页面上停留了多长时间，他们在页面上做了什么，以及他们之后又访问了哪些网页。

会展在线营销也存在缺点。如顾客可以轻而易举地过滤掉大多数信息。另外，有些网站可以利用软件伪造点击量，这使得营销者误以为他们的广告比实际更有效。广告商也会丧失一些对在线信息的控制力，因为这些信息有可能会被黑掉或恶意破坏。

第三节　会展的新媒体营销

一、新媒体营销

（一）新媒体营销的定义

新媒体营销即利用新媒体工具进行营销活动。新媒体营销的繁荣是基于新媒体的广泛使用和深入渗透，是4C理论最有效的贯彻。在营销过程中，我们首先必须重新审视目标消费群体的消费行为特征，然后才能有效地选择和利用新媒体工具。事实上，新媒体视野下的营销观念和传统媒体背景下的营销观念并没有本质区别，它们的根本差异在于营销渠道和工具的变化。新媒体的发展使病毒营销、社区营销、数据库营销、反向沟通、互动体验、口碑传播、精准营销、焦点渗透、事件营销等各种新的营销形式和方法不断出现。

（二）新媒体营销的特点

顾客参与是会展新媒体的特点之一。在网络时代，会展企业可以让顾客成为你营销团

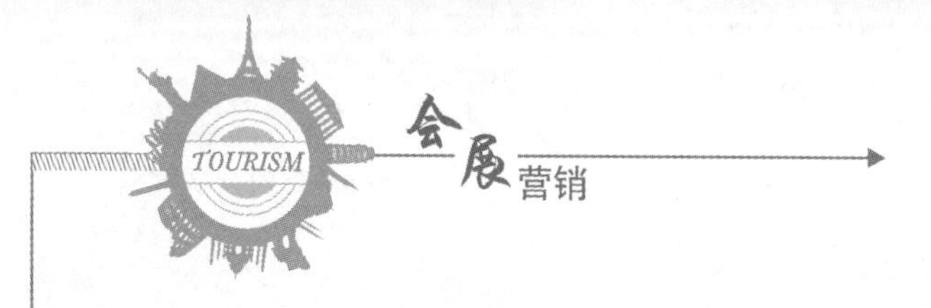

队中的一部分,变成营销的"病毒载体",会展营销人员与顾客沟通的互动性增强,有利于取得更有效的传播效果。新媒体营销让消费者占据了主导的地位,在这个崇尚体验、参与和个性化的时代,消费者的个性化需求更容易得到满足,也让会展企业能够与顾客实现更多的互动,也可以收集到更多的顾客反馈信息。

新媒体另一个特点,就是能获取大量的用户信息。信息只不过是交往时必要的谈资,但在网站眼中,用户就是精准的潜在消费者。目前的技术,完全有能力根据你的基础信息和实时交流内容,通过语境和语义的分析,算出你在哪方面有需求或有消费潜力。

新媒体让会展服务的品牌传播和品牌建构精准有效。新媒体的"精准",在传统媒体的品牌传播中几乎不可能。会展企业选择新媒体,在于传统媒体的广告效果难以评估。新媒体能够将服务点击次数、商品展现次数、粉丝数、电话咨询次数,甚至销售量进行记录和验证。

新媒体的特征吸引了会展营销者更多地关注、采用新媒体工具,进行精准营销。

知识链接 **长尾理论**

长尾(The Long Tail),是由美国《连线》杂志主编 Chris Anderson 最早提出的理论。长尾理论认为,由于成本和效率的因素,过去人们只能关注重要的人或重要的事,如果用正态分布曲线来描绘这些人或事,人们只能关注曲线的"头部",而将处于曲线"尾部"、需要更多的精力和成本才能关注到的大多数人或事忽略。在新媒体时代,由于关注的成本大大降低,人们有可能以很低的成本关注正态分布曲线的"尾部",关注"尾部"产生的总体效益甚至会超过"头部"。

例如,eBay 就是一个经典的例子。作为一家线上拍卖网站,eBay 开创了一种买主同时也是卖主的史无前例的商业模式,让数量众多的小企业和个人通过他的平台进行小件商品的销售互动,从而创造了惊人的交易量和利润。它的成功让人们看到,只要将尾巴拖得足够长,就会聚沙成塔,产生意想不到的惊人效果。Google 的成功就在于它找到并铸就了一条长尾。以占据了 Google 半壁江山的 AdSense 为例,它面向的客户是数以百万计的中小型网站和个人。对于普通的媒体和广告商而言,这个群体的价值微小得简直不值一提。但是 Google 通过为其提供个性化定制的广告服务,将这些数量众多的群体汇集起来,形成了非常可观的经济利润。

(资源来源:31 会议网。https://www.31huiyi.com/newslist_2017/article/1450426678/. https://baike.baidu.com/item/长尾理论/1002? fr=aladdin/)

二、会展中新媒体营销工具的运用

新媒体营销这些年不断被大众熟知并接受。新媒体会展营销按照其所运用的平台不同，大致可归为以下三类。

一是平台类工具。会展营销中通常采用以微信平台、微博平台、问答平台、百科平台为主的互动平台与参展商和观众交流。其中微信平台以微信公众平台、微信个人号、微信群、微信广告资源为主要营销平台，是发表会展信息、分享会展体验的重要方式。微博平台以会展企业官博、微博广告资源为主，系统地发表会展活动进展信息，是会展企业与参展商和观众进行营销沟通的权威平台。

会展微信营销是使用较多的一个网络营销方式，微信不存在距离的限制，用户注册微信后，可与周围同样注册的会展圈“朋友”形成一种联系，获取所需的信息。会展企业通过提供参展顾客需要的信息，点对点地推广会展信息。

会展微博营销是网络经济时代企业对营销模式的创新。会展主办方利用微博，就参会感兴趣的话题，与参展企业和观众交流以达到认知会展、激发参展兴趣的营销目的。

二是视频工具。它是会展主办方传播直播、视频、音频等的音视频平台。会展主办方将会展信息和活动亮点以视频、音频方式向公众传播，其中直播平台包括如映客、花椒、一直播等；视频平台包括以美拍、秒拍、优酷等为代表的平台；音频平台如以喜马拉雅为例的平台。

三是以自媒体平台、论坛平台为主的自主占位型平台。会展营销与自媒体平台合作，将信息内容通过自媒体平台传播，通过多渠道模式扩大会展服务和会展品牌的影响力。自媒体平台有头条号、一点号、网易号、搜狗自媒体等；论坛平台如豆瓣、百度贴吧等。

会展论坛营销就是会展企业利用论坛这种网络交流的平台，通过文字、图片、视频等方式发布会展产品和服务的信息，从而让目标客户更加深刻地了解会展企业的产品和服务。最终达到企业宣传自身品牌、加强市场认知度的目的。

第四节　人工智能科技在会展营销中的前景

人工智能(Artificial Intelligence，简称 AI)，即能根据大量的历史资料和实时观察找出对未来预测性的洞察。人工智能正在成为这个时代技术变革的核心驱动力，AI 在 To B 领域的渗透将会给会展行业带来革命性的改变。

一、会展产品个性化推荐

以人工智能为代表的新技术，正在深刻地改变着人们的生产生活方式，对于依托传统产业生存发展的会展行业而言，新技术新手段虽然不能代替人与人面对面的沟通，但其扩大应用也为展览行业注入了新的活力。

人工智能能够帮助建立更个性化的推荐系统。亚马逊、阿里巴巴等电子商务网站正在竭尽全力地利用这一功能来提高用户体验。推荐系统根据我们以前的搜索和兴趣显示我们的产品，用户不再需要花费数小时来搜索产品，极大地增强了用户体验。

会展领域也不例外，当我们浏览网上展会时，经常会出现商品推荐的信息。这便是网上展会根据往期的购买记录和浏览足迹，识别出这其中哪些是我们真正感兴趣，并且愿意购买的商品。

二、线上会议签到系统

会展业运用最为广泛的莫过于会议签到系统，这个系统的运用不仅能够方便快捷地统计出实际到场人数和应到场人数，了解哪些人还没有到场，进而做好相应的准备措施，也让签到方式变得更加高效、便捷。

使用签到系统代替人力，这样做不仅规范了会议活动的进场秩序，避免了参展观众在高峰时段进场时拥堵无序、排长龙的情况，也解决了主办方出现工作人员人手不够的问题。签到系统的运用为社会节省了大量的人力、物力和财力资源，是一个值得称赞的举措。

三、智能化进撤展管理系统

随着我国会展业的快速发展，办展的潜在风险也相应增加，其中就包括在布展、撤展过程中造成的突发意外事故，人为损害等带来的直接经济损失，由于管理不善造成的因自然灾害或意外事故受到的人身伤害。

会展企业为了避免上述情况的发生，采用了智能化进撤展管理系统流程，是以展品的运输和安全监控为基础，其原理是由参展商把展品送往展品集散地时，会根据展品的种类分配到不同的集散场，并贴上电子标签，根据展品标签的信息为展品从集散场到达自身展位提供最有效率的路线，并实时监控展品的流动，如果展品没有按照预定的路线进撤展，或超过设定的一定时间就会自动报警。

同时，监控中心的工作人员通过查看展品的位置数据，一旦展品运输出现拥堵问题，就快速做出反应进行调整，使展品的进展和撤展能有序进行。通过综合运用多种技术，突破了传统展会的运输管理模式，解决了高效与成本的矛盾、质量与成本的矛盾，缩短工作时间，降低运转费用，大大降低了撤展时的混乱，也有利于会展场馆的清场，更避免了工作人员因意外而受到人身伤害。

四、人工智能将优化参展体验

智能科技给会展业带来的不仅仅是技术上的改变，更重要的是行业上的“衍生”。随着信息技术时代的到来，不仅会展业的营销模式发生变革，会展产业链各环节都在发生变化。对话式人工智能能助力会展营销，如聊天机器人，这是客户支持自动化的驱动力，对话式人工智能会逐步在会展营销领域得到利用。

主办方充分利用物联网、大数据、云计算等人工智能科技，将大大提高参展商、参展观众的参展体验。比如，开车来观展的观众，完全可以一次性完成进停车场、定位空车位以及离开展馆时无人支付等环节，最大程度上缓解周边地区“每逢展览必拥堵”的情况。人工智能科技除了可以实现参展商对布展、展会进行中展位动向的全过程监控，还可以实时提供参展观众的数量、热门展区分布等统计数据，而这些数据对于主办方和参展商来说都很重要。

本章小结

随着社会经济的发展，会展的形式和规模也在不断壮大，对经济产业的带动效益日益显著，成为不少城市的支柱产业。但是随着网络经济形态，尤其是电商经济、共享经济、知识经济等不断发展，会展所带有的经济效能逐渐减弱，企业与企业、企业与用户的沟通交流已不再受到地域和时间的限制，传统会展带来的人流价值效果减弱。如何在互联网时代，让会展业有一个新时代的发展？数字技术、网络技术、VR、IoT、大数据、云计算、AI 等技术日趋丰富，利用好这些新技术，将会展业做成一个生态型的产业，是我们需要完成的一个重要命题。

关键概念

新技术环境　在线营销　新媒体营销　人工智能科技

复习思考题

1. 新技术环境下的人工智能科技在会展营销中的应用有哪些？

2. 在线营销与新媒体营销在会展中如何应用？

3. 有很多人担心互联网会“吞下”会展活动，后来发现不是这样：互联网蒸蒸日上，会议、展览、活动也依旧稳步发展。为什么在信息传递上有巨大优势的互联网没有一口“吞下”会展活动呢？

Bibliography 参考文献

[1] Zemke R., Bell C. Service Recovery: Doing it Right the Second Time[J]. Training, 1990(6).

[2] Milton T. Astroff, James R. Abbey. 会展管理与服务[M]. 北京:中国旅游出版社,2015.

[3] 包小忠. 会展营销[M]. 广州:中山大学出版社,2012.

[4] 蔡礼彬. SSME 背景下的会展服务创新研究——以青岛 2014 世界园艺博览会为例[J]. 经济管理,2012(10).

[5] 蔡亮. 奖励旅游业务与定制营销策略[J]. 企业研究,2011(11).

[6] 晁钢令. 市场营销学教程[M]. 上海:上海财经大学出版社,1999.

[7] 戴光全,保继刚. 西方事件及事件旅游研究的概念、内容、方法与启发[J]. 旅游学刊,2003(5).

[8] 丁晓光. 顾客期望管理[J]. 企业管理,2008(3).

[9] 菲利普·科特勒. 营销管理[M]. 上海:格致出版社,2016.

[10] 郭奉元. 会展营销实务[M]. 北京:对外经济贸易大学出版社,2007.

[11] 郭国庆. 服务营销[M]. 北京:中国人民大学出版社,2017.

[12] 郭国庆. 服务营销管理[M]. 北京:中国人民大学出版社,2005.

[13] 郭国庆,牛海鹏,等. 品牌体验对品牌忠诚驱动效应的实证研究——以不同产品卷入度品牌为例[J]. 经济与管理评论,2012(2).

[14] 高伟婷. 青岛"大泽山葡萄节"节事活动产品优化[D]. 青岛:青岛大学,2018.

[15] 庚为,于苗. 会展营销[M]. 天津:南开大学出版社,2011.

[16] 胡平. 会展营销[M]. 上海:复旦大学出版社,2005.

[17] 金安,李宏宇. 市场营销学[M]. 北京:中国水利水电出版社,2005.

[18] 科特勒. 营销管理(亚洲版·第三版)[M]. 北京:中国人民大学出版社,2005.

[19] 来逢波. 会展概论[M]. 北京大学出版社,2012.

[20] 刘松萍. 会展营销[M]. 重庆:重庆大学出版社,2014.

[21] 刘松萍. 会展营销与策划[M]. 北京:首都经济贸易大学出版社,2006.

[22] 刘松萍,梁文. 会展市场营销[M]. 北京:中国商务出版社,2004.

[23] 刘大可. 会展营销教程[M]. 2 版. 北京:高等教育出版社,2013.

[24] 刘金栋.顾客期望理论在服务营销中的应用研究[J].现代商贸工业,2018(15).

[25] 刘咪,田元.虚拟现实技术在市场营销领域应用综述[J].软件导刊,2017(8).

[26] 刘存绪,邱云,彭白桦,等.会展概论[M].北京:清华大学出版社,2011.

[27] 李双龙.市场导向下的顾客关系营销战略[M].北京:中国农业出版社,2015.

[28] 李雪松.刍议服务营销中的顾客期望管理[J].现代财经(天津财经大学学报),2006(4).

[29] 李玉玲,于朝东.大数据背景下会展企业营销策略的思考[J].中外企业家,2017(30).

[30] 李晓帆."互联网+"背景下的会展营销策略问题研究[J].现代经济信息,2017(7).

[31] 李欣,于渤.服务质量评价特征及服务补救策略[J].管理科学,2004(3).

[32] 李松有.中国-东盟博览会政府营销策略研究[D].南宁:广西大学,2014.

[33] 罗纪宁.市场细分研究综述:回顾与展望[J].山东大学学报(哲学社会科学版),2003(6).

[34] 吕文君,杨文华.参展商满意及其培养研究——以中国—南亚博览会为例[J].中国市场,2015(23).

[35] 迈克尔·D.赫特,托马斯·W.斯潘.组织间营销管理[M].北京:中国人民大学出版社,2011.

[36] 欧阳卓飞.市场营销调研[M].3版.北京:清华大学出版社,2016.

[37] 孙晓霞.奖励旅游策划与组织[M].重庆:重庆大学出版社,2015.

[38] 瓦拉瑞尔 A.泽丝曼尔,玛丽·乔·比特纳,德维恩 D.格兰姆勒.服务营销[M].6版.北京:机械工业出版社,2014.

[39] 韦福祥.服务营销学[M].北京:对外经济贸易大学出版社,2009.

[40] 王永贵.服务营销与管理[M].天津:南开大学出版社,2009.

[41] 吴健安.市场营销学[M].4版.北京:清华大学出版社,2010.

[42] 吴健安.营销管理[M].北京:高等教育出版社,2004.

[43] 吕莉.我国旅游节事的策划与运作研究[J].商业研究,2006(13).

[44] 谢红芹.会展营销[M].北京:北京大学出版社,2013.

[45] 许德昌,王谊.服务营销管理[M].成都:西南财经大学出版社,2005.

[46] 徐凤琴,乔忠.企业市场细分方法及目标市场的确定[J].科技与管理,2004(3).

[47] 肖凭.新媒体营销[M].北京:北京大学出版社,2014.

[48] 杨顺勇,丁萍萍.会展营销[M].北京:化学工业出版社,2009.

[49] 杨俊,刘英姿,陈荣秋.服务补救运作策略问题研究[J].外国经济与管理,2002(7).

[50] 余意峰,程绍文.会展营销[M].武汉:武汉大学出版社,2014.

[51] 余青,吴必虎,廉华,等.中国节事活动开发与管理研究综述[J].人文地理,2005(2).

[52] 周修亭,孙恒有.市场营销学[M].郑州:郑州大学出版社,2009.

[53] 朱鑫龙.基于服务原理的国际会展营销理论与实践研究[D].青岛:中国海洋大学,2013.

教学支持说明

为了改善教学效果，提高教材的使用效率，满足高校授课教师的教学需求，本套教材备有与纸质教材配套的教学课件（PPT）和拓展资源（案例库、习题库等）。

为保证本教学课件及相关教学资料仅为教材使用者所得，我们将向使用本套教材的高校授课教师免费赠送教学课件或者相关教学资料，烦请授课教师通过电话、邮件或加入旅游专家俱乐部QQ群等方式与我们联系，获取“电子资源申请表”文档并认真准确填写后发给我们，我们的联系方式如下：

地址：湖北省武汉市东湖新技术开发区华工科技园华工园六路

邮编：430223

电话：027-81321911

E-mail：lyzjjlb@163.com

旅游专家俱乐部QQ群号：758712998

旅游专家俱乐部QQ群二维码：

群名称：旅游专家俱乐部5群
群　号：758712998

电子资源申请表

填表时间：________年____月____日

1. 以下内容请教师按实际情况填写，★为必填项。
2. 根据个人情况如实填写，相关内容可以酌情调整提交。

★姓名		★性别	□男 □女	出生年月		★职务	
						★职称	□教授 □副教授 □讲师 □助教
★学校				★院/系			
★教研室				★专业			
★办公电话			家庭电话			★移动电话	
★E-mail（请填写清晰）						★QQ号/微信号	
★联系地址						★邮编	

★现在主授课程情况		学生人数	教材所属出版社	教材满意度
课程一				□满意 □一般 □不满意
课程二				□满意 □一般 □不满意
课程三				□满意 □一般 □不满意
其　他				□满意 □一般 □不满意

教材出版信息		
方向一		□准备写 □写作中 □已成稿 □已出版待修订 □有讲义
方向二		□准备写 □写作中 □已成稿 □已出版待修订 □有讲义
方向三		□准备写 □写作中 □已成稿 □已出版待修订 □有讲义

请教师认真填写表格下列内容，提供索取课件配套教材的相关信息，我社根据每位教师填表信息的完整性、授课情况与索取课件的相关性，以及教材使用的情况赠送教材的配套课件及相关教学资源。

ISBN（书号）	书名	作者	索取课件简要说明	学生人数（如选作教材）
			□教学 □参考	
			□教学 □参考	

★您对与课件配套的纸质教材的意见和建议，希望提供哪些配套教学资源：